부정과 유토피아
─아도르노의 사회인식론─

부정과 유토피아
―아도르노의 사회인식론―

초판 1쇄 인쇄 2019년 10월 11일
초판 1쇄 발행 2019년 10월 22일
_

지은이 이하준
펴낸이 이방원
편 집 이미선·김명희·안효희·윤원진·정조연·정우경·송원빈
디자인 손경화·박혜옥 **영 업** 최성수
_

펴낸곳 세창출판사
신고번호 제300-1990-63호
주 소 03735 서울시 서대문구 경기대로 88 냉천빌딩 4층
전 화 723-8660 **팩 스** 720-4579
이메일 edit@sechangpub.co.kr **홈페이지** http://www.sechangpub.co.kr/
_

ISBN 978-89-8411-905-5 93130

ⓒ 이하준, 2019

부정과 유토피아
—아도르노의 사회인식론—

Negation und Utopie
Die Gesellschaftstheorie Adornos

이하준 지음

세창출판사

머리말

올해는 아도르노 사후 50주년이 되는 해이다. 그는 68혁명이 한창이던 1969년 8월 6일에 타계했다. 50주년을 맞아 그의 고국인 독일에서뿐 아니라 세계 도처에서 기념행사들이 개최되었거나 개최될 예정이다. 그중 〈아도르노 사후 50주년 빈-시에나 2019〉가 대표적인 국제학술행사이다. 이 학술행사는 4월에 아도르노의 음악 재생산 이론을 주제로 사흘에 걸쳐 열렸고 11월에는 그의 음악사회학을 주제로 3일 동안 심포지엄이 기획되어 있다. 국내에서도 10월에 아도르노 연구자들에 의한 기념학술대회가 개최될 예정이다. 아도르노 기념학술대회가 어디서, 어떤 주제와 형식으로 개최되든 대회의 성격상 그 중심에는 그의 철학의 현재성이 주제화될 수밖에 없다. 아도르노 철학의 현재성은 그의 철학 전반뿐 아니라 분과 주제 영역도 해당된다.

아도르노 철학의 현재성은 어디에 있는가? 사실 이 문제는 여느 철학자와 철학 이론의 현재성 문제와 마찬가지로 아도르노 연구자들 사이에 그리고 그 밖의 다른 철학 전공자에 따라 얼마간의 차이가 있기 마련이다. '얼마간의 차이'는 단지 해석상의 문제에서만 발생하지 않는다. 그 차이는 무엇보다도 '하나의 아도르노가 존재하지 않는다'는 사실에서 기인한다. 아도르노는 음악이론가, 문화이론가, 사회학자, 미학자, 철학자, 문학비평가, 미디어 이론가, 역사철학자로서 수많은 개별 연구 영역과 주제의 '같고 다름의 사이'에 존재한다. 이것은 아도르노 철학으로 접근하는 문이 여럿이며 그 문의 모양과 성격에 따라 아도르노를 읽는 방식이 다르다는 점과 수많은 개별 주제들이 저마다의 역사성을 가지며 쟁점의 현재화와 맥락화, 유효성에 차이를 노정할 수밖에 없다는 데 있다. 아도르노 철학의 현재성을 바라보는 '얼마간의 차이'가 발생하는 또다른 이유는 그가 쟁점화한 각론적 문제가 비판이론 전문가를 제외한다른 전공의 철학자들과 교양 있는 시민계층에게 생각만큼 알려지지 않았고 파편적으로 이해된 데 있다.

이론적 관점에서 아도르노 철학의 현재성은 도덕철학, 정치철학, 여성 문제, 동물해방, 차이의 철학, 실존 문제 등의 새로운 연구 조류에서 확인할 수 있다. 실천적 관점에서 문화산업, 미디어 이론, 문화간 의사소통, 관리되는 사회에서 개인의 자유문제, 현실 속의 야만과 폭력성의 극복 문제, 성숙을 위한 교육에 관한 현재의 연구에서 아도르노 철학의 현재성을 확인할 수 있다. 주목할 만한 것은 간헐적으로 다루어졌던 아도르노의 도덕철학과 정치철학이 최근에 활발히 연구되고 있다는 점이다. 일반적인 사회인식의 차원에서 아도르노로부터 물려받아야 할 유산은 오늘날 객관화된 인간의 고통(Leiden)과 폭력의 비진리에 대한 민감성, 사회적 불의에 대한 중단 없는 비판적 인식 태도와 관리되는 사회를 넘어서는 다른 사회의 가능성에 대한 숙고이다. 이와 같은 근본 관점에서 그의 철학은 현재적이며 우리의 부정적 인식 태도와 사회적 실천에서 제대로 현실화될 수 있는 이중적 성격을 갖는다.

아도르노 철학의 현재성을 논하면서 우리는 그의 철학의 기본 성격과 키워드가 무엇인가에 대한 질문을 던져야 한다. 내가 볼 때 아도르노 철학은 한마디로 사회인식론이다. 그가 어떤 주제를 '어떤 방식으로' 다루든 간에 그것은 어떻게 사회를 인식하는지, 혹은 인식해야만 하는지에 대한 논의로 끝나기 때문이다. 그의 주저인 『계몽의 변증법』은 자연지배의 원역사가 낳은 문명적 합리성에 내재한 비합리성을 문제 삼는 역사철학적 사유에 기반한 문명 비판이며 "왜 인류는 진정한 인간적인 상태에 들어서기보다 새로운 종류의 야만상태에 빠졌는가"(GS3, 11)라는 물음으로 요약할 수 있다. 이 물음은 나치즘과 총체적 지배체제로서 현대사회를 규명하기 위한 역사의 사회학화로 볼 수 있다.

『부정 변증법』에서 논구되는 동일성 비판과 비동일성, 사유모델로서 조화로운 구도(Konstellation), 사유형식으로서 부정적 사유는 관리되는 사회의 발생 배경을 사유모델의 분석을 통해 보여 준다. 『미학 이론』은 역사와 사회에 관한 인식으로서의 예술 개념에서 출발한 비판적 미학이다. 그 외 사회학 저작들뿐 아니라 수많은 음악 관련 저작들, 도덕철학 저작 및 문화와 문학 관련 저작들은 한결같이 사회인식의 문제와 사회가 배태한 존재방식을 급진화된 합리성의 비합리성, 자본주의적 생산방식과 교환원리, 사회의 총체성과 사회적 자유라는 해시계를 사회구조와 연동해 일관되게 탐구한다. 이런 의미에서 아도르노의 철학은 사회조사와 경험연구로부터 포착될 수 없는 사회의 총체성을 읽어 내고자 하는 비판적 사회인식론이다.

그렇다면 비판적 사회인식론으로서 아도르노 철학을 추동하는 추동체는 무엇인가? 나는 그것이 부정과 유토피아라고 본다. 아도르노의 저작을 읽어 본 사람이라면, 그의 철학의 한 축이 부정의 철학, 변증법적 사유와 비판적 사유의 동의어로 사용되는 부정의 사유에 있음을 부정할 수 없을 것이다. 그에게 부정의 정신이란 부정성을 들춰내는 '인식 태도'이며 모든 정신 활동뿐 아니라 사회적 사실과 사태에 대한 인식도 전제되어야 하는 사유법칙이다. 부정의 사유법칙은 부정의 부정을 통한 긍정으로의 지양이 아닌 부정을 붙잡고 놓지 않는다는 것을 의미한다.

부정의 사유는 냉소적 인식 태도에서 비롯된 부정주의가 아니라 '규정적 부정(bestimmte Negation)'을 토대로 한 생산적 부정, 방법론적 부정이다. 규정적 부정이 생산적이고 방법론적 성격을 갖는 것은 그것이 '지금', '여기'의 구체적 사태의 부정성을 폭로함으로써 '비판 속의 다른 가능성'을 지향하는 사유의 모델이자 수단이기 때문이다. 이것이 그가 말하는 '방법으로서의 변증법'이다. 규정적 부정이 생산적인 이유는 부정성에 눈을 떼지 않는 인식 태도 속에 이미 비판이 잠재성으로, '아니오'에 기초한 다른 가능성이 잠재태로 내재하기 때문이다. 다른 가능성에 대한 잠재력은 긍정적 가상이나 그것에 기초한 유토피아주의를 배제하는 비판에 함축된 생산성을 말한다. 결국 부정의 사유는 비판적 사회인식론의 추동체이자 변증법적 사회이론의 단초이다.

부정의 사유가 규정적인 이상, 그것은 그 자체의 성격으로 인해 긍정적 가상을 산출하는 유토피아주의를 배격한다. 유토피아주의는 역사의 '발전'과 발전의 법칙성에 대한 승인을 전제로 하며 유토피아주의에 내재한 사이비 미래상의 전개가 가져오는 모순과 불의의 은폐는 현실에 대한 거짓 정당성을 부여한다. 이와 달리 아도르노의 철학이 유토피아

사상과 관련이 없다고 보는 시각이 있다. 혹자는 '상의 금지(Bilderverbot)' 원칙을 유토피아의 금지 원칙으로 이해한다. 나는 이 책에서 아도르노 철학의 기저에 유토피아적 모티브가 깔려 있다는 것을 규명했다. 이성적 사회의 건설, 비동일성, 미메시스, 아우슈비츠 재발을 막기 위한 교육의 정언명법, 사회적 자유, 계몽의 자기완성, 회상과 화해, 유토피아의 선취로서 예술, 철학적 사유에 함축된 구제의 이념 등의 개념들은 '객관적 야만으로 인한 고통'의 인식과 '다른 사회의 가능성'을 지향하는 아도르노 사유의 실천적 면모를 보여 준다. 이러한 점에서 그의 철학은 사회인식론으로 이해되어야 한다.

이 책은 내가 지금까지 학술지에 발표한 글들을 부분적으로 수정해서 엮은 것이다. 비록 불완전한 연구성과지만 이를 통해 아도르노 사후 50주년을 기념하게 되어 기쁘다. 아도르노 철학에 관심이 있거나 연구를 시작하는 동학들에게 작은 도움이 될 수 있기를 바란다. 이 책이 나오는 데 도움을 준 세창출판사 편집자 선생님과 원고를 검토해 준 곽영윤 선생님께도 감사의 마음을 전한다.

2019년 여름날

차례

머리말 · 5

1부 ───────────────────── **부정의 철학**

역사 형이상학과 부정적 역사철학

1) 역사에서의 부정성과 부정적 역사철학의 단초

한때 요란했던 『역사의 종말』 시대를 지나 우리는 역사 이후의 시대
를 살고 있다. 『역사의 종말』 선언 이후에도 역사는 계속되었다.[01] 이것
은 역사 읽기, 역사 해석, 역사철학적 사유가 계속 진행 중이며 진행되
어야 함을 시사한다. '오늘날과 같은 지구화 시대에 전통적 의미의 역사
철학적 사유가 가능한가'라는 질문에 답하기는 쉽지 않다. 지구화 시대
에 역사의 비동시성(Ungleichzeitigkeit)은 약화되고 동시성(Gleichzeitigkeit)이
강화되는 것처럼 보인다. 초시간성, 초공간성으로 요약되는 지구화 시
대에 역사는 더 이상 특정한 개념과 시각을 가지고 파악될 수 없는 것처

---

01 프랜시스 후쿠야마, 『역사의 종말』, 이상훈 역, 한마음사, 1997.

럼 보인다. 하버마스(Jürgen Habermas)의 지적처럼 "불투명성", "분명함의 종식"과 "새로운 세계의 무질서"[02]가 강화되고, 빠른 변화의 속도로 인해 역사적 전망과 예측이 불가능하며, 그것의 유의미성 또한 의심받는다. 이러한 이유로 전통적 역사철학이 전개했던 보편사의 역사철학적 구성이란 이제는 반시대적인 시도처럼 보인다. 그러나 어떻게 역사 현상을 인식하고 철학적으로 해석한다 해도, 인간의 역사가 계속되는 한 인간 역사의 '부정성'은 사라지지 않는다.

유토피아적 전망을 가득 담은 역사철학 역시 부정적 역사 현실의 이론적 반영인 것이다. 이러한 관점에서 볼 때 역사에서 부정성의 문제를 아도르노만큼 자신의 역사철학적 사유의 근본 화두로 삼은 철학자도 드물었다. 비록 그의 역사철학이 '부정적' 방법을 채택함으로써 하나의 체계적 역사철학을 구성해 내지는 못했지만 애초에 그는 체계성과 통일성을 추구하는 역사철학적 담론을 역사 형이상학으로 치부하고 역사현실에 내재한 역사의 숨겨진 목소리를 듣고자 한 역사철학자였다.

아도르노의 역사철학적 사유는 "전통적인 역사철학과 대결하고 현대의 형이상학과 경계를 지우는 가운데"[03] 자리 잡고 있다. 그의 역사철학 형성 과정에서 헤겔(Georg W. F. Hegel)과 마르크스(Karl Marx)는 중요한 의미를 갖는다. 아도르노는 역사의 진행과정에서 전체의 흐름을 지배하는 경향이 있음을 인정하는 점과 역사에서 개인이나 사건보다도 구조나 외부적 규정력이 더 큰 영향을 미친다는 점에서 헤겔과 마르크스의

---

02 J. Habermas, *Die Neue Unübersichtlichkeit*, Frankfurt/M. 1985, 143쪽.
03 M. Heider, *Geschichte und Erfahrung. Zur Geschichtsphilosophie Theodor W. Adornos*, Paderborn 1979, 1쪽 참조.

역사철학적 전통에 서 있다고 말할 수 있다. 그럼에도 불구하고 아도르노에게 헤겔과 마르크스의 역사철학은 역사 형이상학 이상이 아니다. 아도르노는 정신이나 물질에 기초한 역사의 재구성과 역사적 필연성의 도그마, 역사 발전의 법칙성, 미래 역사에 대한 예측을 거부한다. 이론적 거부 속에서 아도르노는 자신의 역사철학적 사유의 고유성을 확보한다. 초기 논문인 「자연사의 이념」에 기초한 그의 역사철학적 사유는 중기나 후기를 거치면서 일관되게 관철된다.

이 저작의 모티브는 중기에 접어들면서 부정적 방법론에 기초해 더욱 확장되며 후기 사유에서도 동일하게 나타난다. 아도르노의 역사철학적 사유를 부정적 역사철학이라고 말하지만, 사실 그는 어떤 역사철학적 체계이론 구축을 목적으로 하지 않았다. 이론적 형제인 호르크하이머(Max Horkheimer)와 비교해도 아도르노의 역사철학적 저술은 극히 적다고 볼 수 있으며, 논의 자체도 산발적으로 이루어졌다. 위와 같은 사정을 고려해 1부에서는 그의 역사철학적 사유의 중요 내용을 비판적으로 재구성하는 데 목적을 두었다. 이를 위해, ① 전통적 역사철학에 대한 아도르노의 이해와 비판, ② 아도르노 역사철학의 모티브, 부정적 역사철학의 골격, ③ 아도르노 역사철학의 현재성과 의의를 차례로 다루게 될 것이다.

2) 역사 형이상학 비판

(1) 헤겔 역사철학 비판

아도르노는 헤겔의 세계정신을 비판의 대상으로 삼는다. 먼저 세계정신은 헤겔 철학의 일부 해석들처럼 '신적인 것'이 아니다. 세계정신은 어떤 실체로서의 '정신' 역시 아니다. 아도르노에 따르면 세계정신은 세부에 몰두하는 철학, 철학에 개입해 어떤 영향을 미치는 것에 대한 '부정'의 성격을 갖는다. 이 점에서 "세계정신은 … 부정적인 것이다"(GS6, 298). 문제는 경험적이고 실증적인 역사 기술의 부정과 반성 개념으로서 헤겔의 역사철학의 중심 개념인 세계정신을 '신성화'하고 '신비화'했다는 데에 있다(GS3, 255 참조). 헤겔은 세계정신이 자기 자신을 실현하는 무대를 역사라고 보았고, 그것을 파악하는 것이 세계사의 철학이라고 강조한다. 역사적 주체인 개별 주체는 단순한 수행자로 수단화된다. "개인들은 소멸하여 민족정신이 원하는 바를, 실현하는 바를 현실화하는 자들로 간주"(GS6, 319)된다. 헤겔의 역사철학에서 설정하는 세계정신과 개인과의 관계는 보편의 우선성과 우월성을 잘 드러낸다.

그러나 개별성 혹은 특수를 보편이 외부로 나타나는 것으로, 특수를 보편 자체로 이해하는 헤겔의 『논리학』의 역사철학적 변형에 대하여 아도르노는 비판적이다. 아도르노의 시각에서 헤겔의 개별성과 개인은 "기만적인 개념"에 불과하다. 민족의 모든 목적과 관심을 담고 법과 윤리와 종교들을 구성하는 민족정신의 실체 속에서 존재하고 개인이 교육된다는 헤겔의 교리는 특수에 대한 민족정신과 보편을 동일시하고 그러한 보편을 우위에 두는 관점에서, 개별성이나 특수에 대한 논의는 기만적인 것이라는 점이다. 헤겔의 역사철학에서 전제된 보편의 우월성에 대한 비판이 지적하는 바는 역사에서 특수와 개별성의 범주가 비실재로 환원되거나 사라질 수 없다는 것이다.

보편성 없이는 특수에 대해 진술할 수 없지만, 이때 그러한 진술이 관계

맺고 의지하는 특수한 것, 즉 불투명한 것의 계기도 사멸하는 것은 아니다. 그 진술은 구도의 한 가운데에서 유지된다(GS6, 322).

아도르노는 헤겔의 민족정신의 역할과 자립성 테제를 비판한다. 민족정신은 개인에 대한 전제정치를 정당화하고 집단적 자의식을 형성·강화함으로써 개체와 행위 주체를 소멸시키는 역할을 한다.

민족정신의 자립성에 대한 테제는 훗날 뒤르켐(Émile Durkheim)의 '집단적 규범들' 및 슈펭글러(Oswald Spengler)의 '각 문화적 영혼들'과 유사하게 헤겔의 경우에는 개인들에 대한 전제정치를 공인한다. 어떤 보편자가 집단적 주체의 휘장으로 풍부하게 치장될수록 그 속에서 주체들은 더욱더 흔적 없이 사라진다(GS6, 332).

아도르노는 헤겔의 민족정신이 비록 "독일의 행정적 통일에 대한 욕구"를 반영한 측면이 있다 해도 그의 민족정신 개념은 허위의식에 불과하다. 민족정신이 허위의식인 이유는 첫째, 이성의 비판으로부터 스스로를 제외시키고 둘째, 민족정신의 구현물인 인륜(mores)이 관습으로 타락했다는 데에 있다.

민족정신 범주의 위험성은 "그것이 독재자들의 시대에 국가 차원에서 역사의 행진을 통해 개인들을 더욱 무기력"하게 만드는 데 있다. 또한 민족정신의 범주는 언제든 민족주의와 결탁함으로써 보편의 이름하에 '폭력'을 행사하는 항시적 위험을 갖는다. "개인들이 자기민족의 실체적 존재에 길들여지고 그것에 합당해야 한다는 헤겔의 계율"(GS6, 334)

자체가 전제적인 것이다. 아도르노는 독일 민족주의에 근간한 나치즘을 염두에 두면서 민족의 이름으로 개인에게 가하는 폭력과 보편을 가장한 민족정신이 합리적 비판을 강제하는 결과를 낳는다고 비판한다. 오늘날과 같은 다문화 다인종 사회에서 헤겔류의 민족정신 개념은 당연히 낡은 개념이다. 아도르노 역시 "전 지구적 갈등과 전 지구적 세계 건설의 잠재력이 존재하는 시대"(GS6, 334)에 민족정신에 대한 역사철학적 논의 자체가 이미 시대착오적임을 분명히 한다.

민족정신과 관련된 아도르노의 헤겔 역사철학 비판에서 또 다른 문제는 새로운 민족정신의 등장과 민족들의 몰락에 대한 헤겔적 설명이다. 주지하다시피 헤겔은 세계정신이 한 민족정신에서 다른 민족정신으로 이동하는 이러한 일련의 과정을 세계사의 진보 과정으로 해석한다. 아도르노가 문제 삼는 것은 위와 같은 일련의 과정을 반드시 '세계사의 진보'로 해석해야 할 충분한 근거를 헤겔이 제시하지 않고 있다는 점이다. 아도르노는 세계사의 과정에서 반복적으로 나타나는 민족 학살을, 세계정신이 자기 자신을 실현하는 장이자 자유의 확대로 해석해야 할 논리적 필연성을 헤겔이 제시하지 못했다고 보는 것이다. 아도르노의 관점에서 보면 '이성의 간계(List der Vernunft)' 같은 신비로운 개념이 아니라, 구체적인 고통을 산출하는 역사에서 세계정신의 자기실현으로 역사를 해석하는 것이야말로 "공포의 통일성"(GS6, 335)으로서 현실 역사에 대한 헤겔의 알리바이인 것이다. 이것은 세계정신의 개념에는 신성의 인격성 및 배려, 은총과 같은 특성들이 제거되었고, 세계정신의 '세계 계획(Weltplan)'은 무자비한 사건들의 경험을 산출하기 때문이다.

헤겔이 말하는 '세계사적 개인' 역시 문제적이다. 아도르노는 헤겔이 세계사적 개인을 지나치게 높이 평가하고 그들을 역사적 실제 모습 이상으로 서술했으며 그들이 결여한 개인적 성질과 성격을 이상화했다고 비판한다. 이와 같은 아도르노의 비판은 정당한 것으로, 세계사적 개인은 "만인의 무기력한 동경의 투사물"로서 "사슬 풀린 자유, 무한한 생산성 등의 이미지"(GS6, 335)로 채색되어 있다.

또한 그는 세계정신의 대리자로서 세계사적 개인을 심급으로 삼거나 세계사적 개인과 세계정신을 조화적 관계로 설정하는 것에 의구심을 던진다. '개인의 죽음' 테제를 주장하는 아도르노의 입장에서 '세계사적 개인'의 개념은 더 이상 유효하지도 않고 헤겔의 역사철학서에서도 개인은 세계정신의 우월성 속에서 속박당하는 존재 이상이 아니다. 헤겔 역사철학의 틀 내에서 진정한 개인과 개별성의 성취는 세계정신의 보편적 실천으로부터 면제되거나 자유로운 개인으로 존재할 때에만 가능하다. 아도르노는 세계정신에서 벗어난 개인이야말로 진정한 역사적 주체이자 역사적 실천 능력을 소유할 수 있다고 보는 것이다.

(2) 마르크스 역사철학 비판

아도르노는 마르크스의 역사철학에 기대어 헤겔의 역사철학을 비판하지만, 마르크스 역시 역사법칙의 보편성을 주장하고 역사를 신격화한다는 점에서 "무신론적 헤겔주의자"로 간주한다. 아도르노는 마르크스의 "적대관계의 역사적 필연성"(GS6, 315)에 대한 고집은 역사 인식에 있어 경제적 우선성의 원리에 토대를 두는 데 근거한다고 보았다. 마르크스에 있어 혁명에 대한 기대감은 다시금 '적대관계의 역사적 필연성'이 배제된 원시사회를 정치경제학적으로 해석하는 것이다. 원시 역사 이후의 역사를 경제에 입각한 지배와 피지배의 적대관계로 상정하고 그것을 역사의 필연성과 역사적 보편으로 끌어올림으로써 정치경제학적 역사 해석은 마르크스적 의미의 '역사적 신격화'의 방식이 된다는 것이다 (GS6, 315 참조). 아도르노에게 경제적 필연성의 논리로 역사를 총체적으로 이해하려는 마르크스적 역사철학은 "관념적"[04]이다. 또한 그것은 헤겔의 세계정신과 마찬가지로 주체를 초월해 보편을 실체화하고 총체성의 가상에 빠지게 된다. 경제적 필연성의 논리가 갖는 총체성의 가상은 절대성의 심급을 요구한다(GS6, 317 참조).

그런데 아도르노가 보기에 원시사회의 구조는 마르크스가 상정하는 것처럼 지배관계나 경제적 관계보다는 오히려 마법적이고 종교적인 관계에 의해 산출될 개연성이 크다. 마르크스가 가정한 최초의 원시사회의 가정들 역시, 역사 이래 최초의 사회가 어떠했는가를 해명하려는 전통적인 역사철학적 질문을 벗어나지 못한 것이다. 아도르노는 원시사회에 대한 마르크스의 역사철학적 답변의 진정한 동기는, 혁명의 실현이 어렵다는 생각에서 곧 임박한 혁명적 방향을 이끌기 위한 역사의 전체 구성과 관련이 있다고 보았다.[05]

계급의식의 문제와 관련해 아도르노는 오늘날 발전된 자본주의 체제 하에서 마르크스가 가정한 프롤레타리아의 통일된 계급의식은 존재하지 않으며 현대 자본주의의 직접적인 경제적, 정치적 집행력과 통합력, 경제적 생활수준의 개선 및 대중매체와 대중문화는 노동자 계급의 사회

---

04 Adorno, *Zur Lehre von der Geschichte und von der Freiheit*, Frankfurt/M. 2001, 78쪽.
05 같은 책, 81쪽 참조.

적 무기력과 노동자 스스로 계급 관계를 조망할 능력을 상실하게 만든다고 보았다(GS8, 380; GS4, 23 참조). 계급의식의 통일성은 기껏해야 형식적이거나 자본가 계층 의식의 대항이라는 부정적 방식으로만 규정될 수 있는 문제이다. 아도르노의 이러한 지적은 계급 내 분화가 가속화되고 계급 간의 이해 조정이 계급 간 이해 갈등만큼이나 중요시되는 현대 자본주의 사회에서 지극히 당연한 지적이라 할 수 있다.[06]

그러나 아도르노가 계급 사회의 성격이 시장의 역할 축소와 노동의 세분화와 전문화로 인한 노동 성격의 다양성을 근거로 약화되었다고 지적하는 부분은 마르크스의 계급사회론에 대한 직접적인 비판의 성격보다는 국가독점 자본주의로 특징되는 나치즘 체제를 염두에 둔 것으로 이해해야 한다. 아도르노는 '계급의 통일성(Einheit der Klasse)'이 사라진 자리에 인간 전체를 지배하는 사회가 자리 잡았으며 개인을 억압하는 사회를 개인의 죽음 테제로 확장시켰다.

미래 역사의 기획과 설계를 위한 역사적 주체의 설정과 실천의 문제와 관련해 아도르노는 마르크스 사유와 결별한다. 아도르노는 체제에 의한 지배가 총체화된 사회에서 역사적 주체를 설정할 수 없다고 보며, 계급적 실천 자체를 아예 언급하지 않는다. 아도르노의 이론적 관점에서 보면 계급의 구분은 총체화된 지배 속에서 이미 그 유효성을 상실했다. 체계에 의한 인간 일반의 지배하에서 개인과 특정 집단의 역사적 실천은 부정적 성격의 동일 체계 속에 포섭되기 때문에 사회적이며 역사

---

[06] 아도르노의 주장이 나오기 이미 10년 전에 호르크하이머는 혁명의 불가능성과 관련해 계급 내 이해 갈등을 언급한다.

적인 진보를 위한 실천의 유의미성을 상실하게 되었다.

개인이나 집단이 그들로 구성된 사회의 총체성에 대항해 무엇을 시도하든 간에 그것은 총체성에 의해 감염되는데 이 점은 아무 일도 하지 않는 자의 경우에도 마찬가지이다(GS6, 241).

여기서 아도르노는 특정한 사회 역사적 실천이 총체적 사회 지배의 벽을 깨뜨리지 못하고, 실천이 사회의 부정적 측면을 흡수할 것이라고 지적한다. 그런데 문제는 아도르노가 감염의 정도와 역사적 실천과의 내적 관계에 대한 일련의 사회적·역사적 분석을 시도하지 않고 점진적 개혁을 위한 역사적 실천의 의미를 부여하지 않는 과장의 논법을 구사하는 점에 있다. 이른바 '변혁적 실천'이 불가능함을 선언한 아도르노가 찾은 대안은 사유와 이론의 영역이다. 그는 실천이 불가능한 상태에서 사유나 이론을 역사적 실천의 대체물로 새롭게 해석하며 사유와 이론이 역사적 현실과 맞서야 한다고 주장한다.

관건이 되는 실천 자체가 가짜라는 절망적 사태 덕분에 역설적으로 사유는 숨 돌릴 틈을 얻게 되는데, 그것을 활용하지 않는다면 이것은 실제로 죄악이나 다름없다(GS6, 243).

아도르노에게 사유나 이론은 실천의 일부이자 역사적 현실에 맞서는 하나의 "태도(Verhalten)"(GS6, 243)로서 재정의된다. 역사적 실천의 불가능성에 대한 회의와 대안에 있어 아도르노의 난점은 분명해 보인다. 아도르노가 실천의 체계 감염을 문제시하면서도 사유와 이론의 체계 부정성의 감염을 논의하지 않는 점은 놀라울 지경이다. 그가 한편으로 이론과 실천의 매개를 강조하고, 다른 한편으로 개인의 비판적 문제의식 상실을 자주 언급했다는 점에서 특히 그렇다. 역사적 실천의 문제는 아도르노의 일반적 논의와 결부시키면 실천의 대체자로서 사유와 이론 영역역시 그 실천적 의미가 상당히 축소될 수밖에 없을 것이다.

그 밖에 아도르노는 나치즘이 등장한 이후에 쓴 연구서에서 마르크스의 역사 발전의 법칙성과 마르크스적 역사발전단계론, 혁명론과 사회분석에서 경제환원론에 더 이상 동의하지 않는다. 그는 마르크스 철학과의 거리두기와 유물론적 개념들의 중립적 사용을 수행한다. 이와 같은아도르노의 마르크스 이론에 대한 태도는 당대 또는 후대의 마르크스주의자들에게 서구 자본가 계급의 사이비 마르크스주의라는 비판을 받아왔다.[07]

아도르노 자신은 소위 정통 마르크스주의자의 마르크스 이해에 대해비판적이며 마르크스와 마르크스주의를 이론적으로 구분하고자 하였다. 이 점을 아도르노는 "마르크스는 마르크스주의자가가 아니다"[08]라는말로 요약한다. 아도르노는 변화된 사회정치적 환경에 입각해 마르크스 역사철학을 재해석하면서도, 마르크스 역사철학과 사회 비판의 중요한 논점들은 여전히 고수하고 있음을 분명히 한다. 그는 마르크스 전통에 의거해 생산력(Produktivkräfte)의 역사적 역동성을 강조한다. 그는 생

---

07 R. Bauermann/H.-J. Rötscher, "Zur Verfälschung der 'kritischen Theorie'," in: *Deutsche Zeitschrift für Philosophie*, 19, 1971, 1441-1448쪽.

08 Adorno, *Zur Lehre von der Geschichte und von der Freiheit*, Frankfurt/M. 2001, 83쪽.

산력을 인간 해방의 필연적 전제이자 자연 지배의 도정에서 인간의 자유의 잠재력을 담지하는 것으로 간주한다. 이성적 미래의 역사를 위한 사회 비판에 있어서도 아도르노는 마르크스의 논의를 충실히 따른다. 자본주의 경제 법칙의 재생산, 물신 및 사물화 비판과 교환 합리성에 기초한 사회경제적 질서의 사회적 허상에 대한 분석에서도 아도르노는 마르크스의 입장을 충실히 반영한다(GS8, 209 참조). 특히 그는 동일성 논리의 경제 현상을 비판하는 데 있어 마르크스의 사용가치 개념이 동일성 개념의 대항 개념으로서 비동일성을 내용적으로 함유한다고 본다.

지배적 생산 관계하에서조차 삶이라는 것이 어쨌든 지속되기 위해서는 동일성에 수렴될 수 없는 것이 — 마르크스 용어로 사용가치가 필요한데 이 점이 유토피아의 '말로 다 할 수 없는 측면'이다(GS6, 22).

아도르노의 관점에서 보면, 역사의 한 단계로서 자본주의에 관한 "마르크스의 접근은 역사적으로 적절하고 역사의 역동성에 더 적합"[09]한 것이다. 또한 아도르노는 해방된 미래의 역사에 대한 마르크스의 전망에 공감한다. 그는 "이윤이 아닌 삶을 위한 생산"(GS6, 192)이 가능한 사회, 그러한 역사적 단계가 실현되어야 한다는 마르크스의 희망을 여전히 버리지 않는다. 아도르노는 비록 그것의 실현에 대해 어느 정도 의문을 갖지만, 위와 같은 의식적인 희망과 구상 속에서 역사적 전망이 가능하다는 점을 지적한다. 자본주의 사회의 메커니즘과 그것의 대안에 관한 탐구

---

[09] 헬드, 『비판이론 서설』, 백승균 역, 계명대 출판부, 1999, 247쪽.

에서 아도르노의 역사철학은 자본주의 사회의 이론적 구성이자, 변화된 역사적 상황 속에서 사적 유물론을 재해석한 것이라고 말할 수 있다.[10]

3) 아도르노의 역사철학의 형성과 전개

(1) 자연사의 이념

아도르노 철학의 전체 체계나 역사철학적 논의에서 1932년의 소논문인 「자연사의 이념」은 크게 주목받지 못했다.[11] 그러나 아도르노 자신의 주장[12] 및 「자연사의 이념」과 『계몽의 변증법』의 저작 동기가 다르지 않다는 슈미트 뇌르(Gunzelin Schmid Noerr)나 뤼트케(Martin Lüdke)의 지적[13]을 언급하지 않더라도 「자연사의 이념」은 아도르노 철학 전체의 토대를 이루고 있을 뿐만 아니라 그의 역사철학 체계를 설계한 저작이라고 해도 과언이 아니다. 왜냐하면 이 저작이야말로 아도르노 철학의 키워드인 문명의 비합리성, 이성의 반이성성 비판과 그것의 대안, 즉 "자연 지배와 자연 지배적 이성에 대한 비판의 동기, 자연과의 화해"(GS2, 262)의 단서를 이미 제시하고 있기 때문이다.

「자연사의 이념」의 의도는 역사와 자연사를 이분법적 대립으로 보는 역사철학적 관점을 지양하는 데 그 목적이 있다. 자연사를 역사의 안티

---

10 알브레히트 벨머, 『사회비판이론』, 이종수 역, 종로서적, 1981, 155쪽 참조.

11 프레드릭 제임슨, 『후기 마르크스주의』, 김유동 역, 한길사, 2006, 212쪽.

12 아도르노는 『부정 변증법』의 자연사 부분에 대한 사유가 「자연사의 이념」에 기초한 것이라고 서술하였다(GS6, 409쪽 참조).

13 M. Lüdke, *Anmerkung zu einer Logik des Zerfalls: Adorno und Beckett*, Frankfurt/M. 1981, 78쪽.

테제로 간주하고 역사만을 강조하는 시각은 "역사 자체를 통해 역사의 자연 발생성을 은폐"(GS6, 351)한다는 점에서 허위이다. 역사와 자연사의 양극성 지양의 방식은 어느 한쪽으로의 수렴이나 환원을 경계하고 역사의 자연사적 측면과 자연의 역사적 측면을 드러내는 방식을 취하게 된다.

자연과 역사의 관계에 대한 질문이 진지하게 제기되면 그러한 질문은 역사적 존재를 극단적인 역사적 규정 안에, 다시 말해 그것이 가장 역사적인 지점에서 자연과 연관된 존재로 파악하는 것 혹은 자연이 자연으로서 경화된 것과 같이 보이는 지점에서 그것을 역사적 존재로 이해할 때에만 대답의 전망을 제시할 수 있다(GS1, 354).

위의 인용구는 역사철학적 관점에서 「자연사의 이념」이 "둘 중의 어떤 것도 휴식에 이를 수도, 궁극적인 종합에 도달할 수도 없는 항구적 과정"을 드러내는 것이며 이것은 자연사의 역사적 계기성과 역사의 자연사적 계기의 상호 얽힘의 관계를 통찰하는 것을 의미한다. 제임슨 (Fredric Jameson)이 옳게 지적하듯이 아도르노가 자연사를 도입하는 이유는 역사에 대한 반성과 극복에 있다. 역사를 자연사로 되돌릴 수 없다는 아도르노의 인식은 자연사를 통해 '역사'를 낯설게 하는 방식이다. 자연사적 관점에 의한 낯설게 하기를 통해 비로소 역사는 전혀 다른 역사로 파악될 수 있다.[14] 이런 의미에서 "자연사는 역사철학적 해석의 기

---

14 프레드릭 제임슨, 『후기 마르크스주의』, 김유동 역, 한길사, 2006, 239쪽 참조.

준"(GS6, 353)이다. 아도르노는 역사의 대안으로서 자연을 상정하지도 않았으며, 역사를 보는 관점을 자연사로 대체하는 것 자체가 대단히 위험하며, 그것이 역사 이데올로기와 크게 다르지 않음을 인식했다. 그는 역사인식의 원리에서 자연을 절대적인 것으로 파악하는 것은 "불변적인 것이 진리"라는 형이상학적 이데올로기와 다르지 않다고 본 것이다.

절대적 제1원리로서의 자연, 즉 자체의 매개에 대해 단연코 직접적인 것으로서의 자연에 대한 물음 자체가 이미 그에 못지않게 기만적이다. 이 물음은 자체가 갈구하는 바를 분석판단의 위계적 형식을 통해 제시하는데, 이로써 자연에 대한 물음은 그것이 벗어나고 싶어 하는 기만을 반복한다(GS6, 352).

아도르노의 「자연사의 이념」이 그의 전 철학 체계에서 역사의 반성 개념으로서 기획되었더라도 그것의 한계는 분명해 보인다. 먼저 「자연사의 이념」에서 자연 개념이 명료하게 제시되지 않았으며, 자연과 역사의 상호작용과 상호영향에 대한 이론적 설명 없이 역사의 반성 개념으로만 제시되었다는 점이다.[15] 그것이 『계몽의 변증법』에서 자연 지배의 역사철학적 재구성과 자연의 기억으로 등장하고, 『부정 변증법』에서 다시 자연과의 화해의 이념으로 변주되더라도, 「자연사의 이념」으로 역사를 다시 볼 수는 있지만, 역사를 자연사로 파악할 수는 없기 때문이다.

---

[15] U. Müller, *Erkenntniskritik und Negative Metaphysik bei Adorno*, Frankfurt/M. 1988, 16, 18쪽 참조.

결국 아도르노가 강조하는 것은 변증법적 시각을 갖고 역사를 자연사와 역사의 관점에서 파악해야 한다는 점이다.

(2) 이성과 자연 혹은 계몽의 변증법

『계몽의 변증법』은 자연과 인간의 관계 맥락에서 문명의 발생과 파괴를 다룬다는 점에서 의미 있는 역사철학 텍스트로 간주되었다.[16] 물론 이 저작은 「자연사의 이념」의 핵심 모티브들을 구체적인 인간 역사의 무대에 적용하여 역사의 탈자연화를 비판하고, 자연을 지배의 거울로 간주하여 자연의 기억, 역사의 자연사적 측면을 논의의 중심으로 끌어들인다.

아도르노의 세계사에 대한 역사철학적 재구성은 "알려지지 않은 숨겨진 역사"(GS3, 265)를 드러내는 방식을 통해 문명 속에 깊이 내재하는 고통, 불운의 명증성과 고통의 객관성을 드러내고자 한다. 아도르노에게 인간의 고통의 근본 원인은 자연 지배의 결과이다. 인간은 위협적인 자연 앞에서 '자기유지(Selbsterhaltung)'를 위해 불가피하게 자연 지배 도정에 들어선다. 자연을 양화(量化)함으로써 자연을 대상화, 수단화하는 자연 지배의 논리는 인간과 자연 관계를 넘어서 인간과 인간, 남성과 여성 관계, 인간과 동물 관계 등 인간 삶의 전 영역에 동일한 방식으로 관철된다. 자연 지배를 가능하게 하는 것은 '도구적 이성(instrumentelle Vernunft)'의 개입이다. 자연 지배의 역사는 도구적 이성의 전일화의 역사이며 도

---

[16] C.-F. Geyer, *Aporien des Metaphysik-und Geschichtsbegriffs der kritischen Theorie*, Darmstadt 1980, 180쪽.

구적 이성은 지배와 결합함으로써 고통을 산출한다. 『계몽의 변증법』은 결국 지배의 역사에 대한 역사철학적 독해인 것이다.

아도르노는 자연 지배에 의한 문명의 발전, 사회발전의 대가로써 인간의 고통은 삶을 구성하는 본질적인 것이며 사회가 존속하는 한 역사에서 결코 사라지지 않는다고 보았다. 위의 문제설정은 "왜 인류는 진정한 인간 상태로 들어서지 않고 새로운 야만상태에 빠지는가"(GS3, 11)라는 질문으로 정식화된다. 아도르노는 제1장 「계몽의 개념」에서 '신화는 이미 계몽이었다'와 '계몽은 신화로 되돌아간다'는 테제를 결합한다. 이 두 테제의 결합은 고통의 발생과 현재의 고통을 드러내는 전략이다.

「계몽의 개념」의 부록인 〈오딧세이〉와 〈사드〉 장에서 그리스 신화와 근대 유럽을 계몽과 지배의 맥락에서 고통의 '원역사(Urgeschichte)'로 해명함으로써 현재를 지금도 고통이 만연한 시간으로 역사화하고 있다. 동시에 문명의 출발을 상징하는 〈오딧세이〉에 함축된 지배와 억압의 문제를 문명사적 차원에서 해석함으로써 역사의 현재화를 시도한다. 아도르노는 『계몽의 변증법』의 「반유대주의 요소들」에서 '최고도로 계몽된 자로서 나치주의자'들을 자연을 지배하는 이성, 즉 도구적 이성의 대변자로 파악한다. 그는 총체화된 억압 체계인 나치즘하에서 받는 고통이 문명에 내재한 파괴의 경향성에서 비롯된다는 점을 논증함으로써 현재적 고통의 역사화와 자연 지배의 부정성을 고발한다.[17]

여기서 주목할 만한 개념으로 제기된 것이 원역사와 선역사(Vorge-

---

17 이종하, 「호르크하이머: 역사철학비판과 부정적 역사철학」, 『철학논총』 제58집, 391쪽 이하 참조.

schichte) 개념이다. 원역사 개념은 『계몽의 변증법』 서언에서 "반유대주의의 철학적"(GS3, 17)으로 처음 제기되었으며 직선적 시간 개념으로 사용되지 않는다. 원역사 개념은 현재의 관점에서 역사를 읽고자 하는 의도와 현재 역사의 계기에 대한 발생론적 관점을 드러내는 개념이다. 원역사란 고통의 최정점으로서 반유대주의를 가능하게 한 신화와 계몽, 퇴보와 발전, 합리성과 비합리성의 얽힘 관계를 드러내는 개념으로 사용한 것이다.[18] 아도르노는 선역사 개념에 대한 논의를 전개하지 않았지만, 선역사 개념 역시 단순한 시대 개념이 아니다.

선역사는 아도르노가 ① 자연 지배 이전의 인류사, ② 자연 지배의 역사를 자연 지배의 부정적 경험의 관점에서 해석하기 위해 도입한 개념이며, 자연 지배가 아닌 '자연에 대한 기억과 회상'을 통해 다른 역사의 시작과 그 가능성을 염두했을 것으로 보인다. 『계몽의 변증법』에 나타나는 원역사와 선역사의 개념적 장치는 「자연사의 이념」이 어떻게 이 저작의 배후에 자리 잡고 있는가를 보여 주는 한 사례이다. 역사에 대한 반성 개념으로서 「자연사의 이념」의 모티브들이 『계몽의 변증법』에서는 부정적 역사철학의 모습으로 나타난다. 그리고 『부정 변증법』에서는

---

18 아도르노의 원역사라는 개념은 벤야민에게서 시사 받은 바가 크다. 벤야민은 『파사주 베르크』에서 19세기의 원역사를 쓰겠다는 의도를 보여 준다. 한편 하버마스는 『계몽의 변증법』의 「계몽의 개념」 제1저자는 호르크하이머라고 주장하며 여기서 논의되는 호르크하이머의 역사철학이 벤야민의 역사철학에 근접한다고 본다. 여기에 대해서는 J. Habermas, "Bemerkung zur Entwicklungsgeschichte des Horkheimerschen Werkes," in: *Max Horkheimer heute: Werk und Wirkung*, A. Schmdt/N. Altwicker (Hg.), Frankfurt/ M. 1986, 166, 171쪽; W. Benjamin, *Gesammelte Schriften*, hrsg. von R. Tiedemann/H. Schweppenhäuser, Band V.1, Frankfurt/M. 1982, 576, 579쪽 참조.

부정적 역사철학에 관한 설명이 단편적으로나마 이론적으로 서술된다.

(3) 부정적 역사철학

아도르노의 부정적 역사철학은 마르크스와 특히 헤겔의 긍정적 역사철학에 대항하는 개념이며 그의 역사철학을 특징짓는 개념이다. 부정적 역사철학은 역사 속의 "세계의 고통, 고통당하는 세계 표현"을 목적으로 한다. 부정적 역사철학을 관통하는 핵심 키워드인 고통의 의미는 크게 4가지의 의미 차원을 갖는다. 첫째, 아도르노의 고통은 신체적인 고통을 의미한다. 선사 시대 위협적인 자연 앞에서 신체적인 허약함에서 오는 고통, 필요 노동에서 오는 고통, 물리적 폭력이 가하는 직접적인 고통 등을 의미한다. 둘째, 고통은 신체적, 물리적 고통에서 오는 경험을 포함하는 개념이다. 구체적이고 직접적인 고통의 심리적, 내면적 경험을 의미한다. 셋째, 세계의 부정성에 대한 경험을 의미한다. 세계의 부정성이란 사회적 폭력과 억압의 경험, 지배 이데올로기가 의식에 가하는 폭력, 전체의 소수에 대한 폭력, 보편의 특수에 대한 폭력, 차이를 증오하는 태도, 개인성 상실 등을 의미한다. 넷째, 고통 개념은 아도르노에 의해 '모든 것의 진리조건'으로 간주되는, 고통을 말하고 읽는 역사철학적 분석 개념이다.[19]

부정적 역사철학의 부정적 용법은 '현 세계의 파괴를 몰고 오는 상황에 대한 인식'과 '세계가 오늘은 파라다이스가 될 수도 있지만 내일은 지옥이 될 수 있다'는 인식에 근거한 역사 이해 방식이다. 동시에 부정적

---

19 이종하, 『아도르노: 고통의 해석학』, 살림출판사, 2007, 14쪽 참조.

역사철학은 현재적 상태가 왜 그렇게 되어야만 하는지에 대하여 비판적 물음을 제기한다. 아도르노에게 역사 속의 고통은 단순히 개인의 문제거나 우연의 문제가 아니다. 고통은 역사 단계마다 다른 양상으로 나타난다. 그래서 고통은 객관적이며 동시에 구체적이다. 고통은 역사의 시작과 함께 "주체에 짐 지워진 객관성"(GS 6, 51)이다. 자연 지배의 시작과 함께 내적 자연의 억압과 외적 자연에 대한 지배라는 고통의 두 측면이 발생한다. 사회가 발전함에 따라 자연 지배의 논리는 인간에 의한 인간 지배, 성적 지배, 동물에 대한 지배 등 다양한 형식과 내용을 갖는다.

자연 지배에 의한 고통의 역사성은 이렇듯 다양한 방식으로 흔적을 남긴다. 아도르노는 인간 역사에서 실재하는 고통의 객관성에 대한 인식과 규명에 대한 도덕적인 요구의 대부분은 고통을 정당화하는 논리로 채색되어 왔다. 헤겔의 경우 고통은 역사적 고통의 총체성을 스스로 실현하는 절대자의 긍정성으로 파악되거나 세계정신의 실현 과정에서 필연적으로 요구되는 "절대적 고통"(GS6, 314)이 아니다. 아도르노가 보기에 헤겔식의 논변은 인간이 역사현실에서 경험하는 고통의 합리화에 불과하다. 그 밖의 다른 철학들 역시 고통의 문제를 논증의 문제로 환원하거나 관조적으로 다룬다는 것이 아도르노의 입장이다(GS6, 281 참조).

아도르노의 부정적 역사철학은 역사의 철학적 구성과 해석이 필요하다는 것을 강조한다. 역사의 철학적 구성이 필요한 이유는 불연속적이고 때론 카오스적으로 보이는 역사 현상과 진행을 통일적으로 파악하는 데 있다.

보편사는 구성되어야 하며 동시에 부인되어야 한다. 역사 속에서 명시

되고 역사를 포괄하는 더 나은 상황을 위해 세계를 계획한다는 주장은
파국을 겪은 후 미래의 파국을 다시 염두해 둘 경우 냉소적일 것이다. 하
지만 그렇다고 해서 불연속적이고 카오스적으로 분산된 역사의 계기들
과 국면들을 용접해 놓는 통일성을 부인할 수는 없다(GS6, 314).

여기서 보편사 구성이 거부되어야 하는 이유는 역사적 미래, 이론적
구성에 대한 거부와 파국적인 미래상, 보편사 속의 고통의 문제에 대한
외면 때문이다.

아도르노식 보편사의 구성 원리는 세계정신이나 계급 간의 투쟁이 아
니라, 인간에 대한 지배와 궁극적으로 내적 자연에 대한 지배로까지 발
전하는 자연 지배의 통일성이다.

세계사의 철학적 구성은 일관적 자연 지배가 어떻게 모든 우회로와 저
항에도 불구하고 결정적으로 관철되고 모든 인간 내부의 것을 통합했는
지 보여 줄 수 있을 것이다. 이러한 관점에서 경제, 지배, 문화의 형식들
이 파생될 수 있을 것이다(GS3, 254).

그렇다면 역사를 이해하는 데 중요한 요소는 무엇인가? 역사 인식의
관건은 "역사 전체를 촉진하는 계기들과 그것에 대립하는 계기들조차
도 역사 전체 속에서" 파악해야 한다. 진정한 의미의 역사인식은 이 모
든 것을 인식함으로써 비로소 가능한 것이다. 이런 의미에서 역사철학
은 불가피하게 "역사 기술"이 된다. 그러나 역사철학이 단순한 역사에
관한 기술과 다르고 역사 기술을 넘어서 역사철학이 될 수 있는 것은 역

사적 "사실성을 조건 짓는 본질에 대한 통찰"(GS6, 297)에 있다. 사실성을 조건 짓는 본질에 대한 탐구를 세계정신이나 경제적 필연성이라는 '보편의 실체화'로 나타날 때 역사에 대한 철학적 인식은 역사 형이상학이 된다. 아도르노가 경계하는 것은 다름 아닌 헤겔과 마르크스 역사철학에서 명시적으로 드러난 역사의 형이상학화이다.[20] 원리와 법칙 및 특정 개념에 의해 역사 현상을 파악하고 설명하려는 모든 역사철학적 시도는 역사적 과정을 불가피하게 '필연'적 과정으로 설명하는 데 이것은 가상에 불과하다(GS6, 317 참조). 아도르노는 계속해서 역사 발전 법칙의 신격화를 비판한다.

> 역사철학이 인간의 사유를 실제로 작용할 수 있는 힘으로 만들어서 역사 속에 유입시킨다. … 세계정신으로서든 내재적인 법칙으로서든 신격화가 일어난다. 이와 같은 방식으로 역사는 직접적으로 그것의 반대로 바뀔 뿐만 아니라 필연성, 즉 사건의 논리적 흐름을 끊고 싶어 하는 이념 자체도 왜곡시킨다. … 기독교나 관념론, 유물론은 … 그것 자체가 조직력 있는 역사의 힘으로 등장하며 인류의 현실역사 속에서 조직이라는 도구를 사용하여 피로 물든 역사를 떠맡게 되는 것이다(GS3, 255).

아도르노는 헤겔과 마르크스의 역사 발전에 있어서 역사적 필연성의 테제에 대항해 역사를 '연속성과 불연속성의 통일'로 이해한다. "연속성

---

20 G. Tadeusz, *Der Zerfall der Metaphysik: Von Hegel zu Adorno*, Frankfurt/M. 2000, 231쪽 참조.

과 불연속성의 통일"(GS6, 314)로서의 역사는 지배의 연속성과 그것의 부
정성으로서 고통의 역사와 지배역사의 변경 가능성을 의미한다. 불연
속성, 다시 말해 변경 가능성으로서의 역사는 지배 역사의 항구성을 배
제하고 진정한 화해를 통한 고통의 소멸이라는 유토피아적 역사 전망을
담지하고 있는 개념이다. 또한 역사의 불연속성 개념은 총체적 지배에
대한 사회 비판의 의미도 함축하는 개념이기도 하다. 불연속성 개념이
사회분석에 적용될 때에는 이른바 사회적 총체성에 대한 대항적 의미를
갖는다.[21]

그와 달라질 수 있을 때에만, 즉 개인으로부터 보편의 실체화이자 사회
적으로 필연적인 가상으로서 총체성이 그 절대성에 대한 요구를 버리게
될 때에만 비판적 사회의식은 언젠가 상황이 달라질 수 있으리라는 사
상의 자유를 유지하게 된다(GS6, 317).

아도르노는 역사의 발전 문제와 관련해 역사 발전의 주체에 대한 구
체적 논의나 잠재적 해방의 주체, 해방된 사회의 이념과 사회 모델을 제
시하지 않았다. 역사철학의 주요 논제에 대한 입장이 제시되지 않음으
로써 부정적 역사철학은 단지 '다른 가능성을 사유하는 태도' 속에서 '유

---

21 아도르노의 역사철학은 사회철학적 관점과 사회철학적 분석이 결합되었다고 볼 수 있
다. 바우마이스터와 쿨렌캄프는 아도르노 역사철학적 해석의 배후에 사회 경험과 사회
인식이 자리하고 있다고 지적한다(Th. Baumeister/J. Kulenkampff, "Geschichtsphilosophie und
philosophische Ästhetik. Zur Adornos Ästhetischer/ Theorie," in: Neue Hefte für Philosophie H. 5,
1973, 75쪽 이하).

토피아적 전망의 계기'들을 보여 주고자 한다. 그런데 부정적 역사철학의 근본 모티브가 역사 현상에 대해 '아니다'라고 말할 수 있지만 '역사를 어떻게 만들어 갈 것인가'에 대한 설계를 찾을 수 없다는 이유로 역사의 부정성만을 문제 삼는 대안과 전망이 없는 '미완의 역사철학'이라는 비판을 받아 왔다. 여기에 구체적인 역사적 분석이 결여된 '역사 없는 추상화된 역사철학'이라는 비판이 마르크스주의자들에 의해 종종 있어 왔다. 이와 같은 종류의 비판은 아도르노의 역사철학에서 뿐만 아니라 그의 사회이론에 대한 비판에서도 자주 등장하는 논거다.[22]

위와 같은 비판은 아도르노의 '부정적 역사철학'의 모티브를 의도적으로 경시하는 데서 오는 비판이다. 부정적 역사철학은 역사의 진행과 미래 역사에 대한 '구체상(Bilder)'을 설계하거나 그리지 않는다. 유대교 전통에서 유래한 '구체적 상의 금지(Bildervervot)'가 부정적 역사철학에서는 이른바 '명확하게 설계하는 역사철학'이야말로 역사에 대한 자기만족, 긍정적 역사관의 확산, 역사적 전개와 미래 역사에 대한 환상과 거짓 설명, 역사적 모순들의 은폐에 노출되는 위험에 놓이게 된다고 확신한다.

선취한 앎에 대한 자기만족이나 구제를 위한 부정성의 거짓 설명은 기만에 대항하는 저항의 비진리적 형식이다. 구체적 상의 권리는 그와 같은 금지가 성실하게 지켜질 때 구제된다(GS3, 40).

'구체적 상의 금지'는 미래 역사의 설계 및 예측이 갖는 내적 위험과

---

22 헬드, 『비판이론 서설』, 백승균 역, 계명대 출판부, 1999, 438쪽.

역사 사회적인 부정적 역할에 대한 의미 있는 반성을 촉구하면서도 동시에 역사 자체 속으로 들어가는, 진정한 역사철학적 사유 속으로 들어가기를 권고한다. 역사에 대한 진정한 역사철학적 사유는 사유 속에 역사를 집어넣는 방식이 아닌 역사 속에서 역사와 함께 사유하는 방식이다. 아도르노는 위와 같은 역사철학적 사유 방식만이 역사를 읽어 낼 수 있다고 확신했다. "구체적인 상이 없을 때 비로소 대상이 완전히 사유될 수 있다"(GS6, 207; GS8, 456)는 아도르노의 입장이 그의 부정적 역사철학에서 역사의 설계와 예측을 허용하지 않게 만든다.

위에 언급된 비판보다 아도르노의 부정적 역사철학에 대한 좀 더 나은 비판은 다름 아닌 내재적 비판이다. 아도르노가 헤겔과 마르크스의 역사철학을 역사 형이상학이라고 비판하는 주요 논점은 두 역사철학자의 환원론적 태도이다. 내재적 비판은 그러한 관점을 아도르노 논거에서 찾아냄으로써 가능하다. 헤겔과 마르크스의 역사철학을 각각 정신환원론과 물질환원론으로 규정하는 아도르노의 역사철학은 고통의 환원론이다. 아도르노는 헤겔과 마르크스가 정신과 물질 개념을 통해 역사를 읽듯이 고통의 개념을 통해 역사를 읽는다. 그의 고통 개념의 역사철학 이론 내의 위상과 역할은 정신과 물질 개념에 헤겔과 마르크스에서 수행하는 그것과 별다른 차이를 보이지 않는다.

결국 아도르노는 자신이 비판한 역사 형이상학과 다른 '새로운 종류의 역사 형이상학'을 구축했다는 비판으로부터 자유롭지 못하다고 볼수 있다. 그의 부정적 역사철학은 긍정적 역사철학과 마찬가지로 "형이상학과 연대"(GS6, 400)하고 있다. 알프레드 슈미트(Alfred Schmidt)는 유물론자로서, 아도르노가 관념론을 진지하게 받아들였고 칸트(Immanuel

Kant)와 헤겔의 인식 비판적 성과들을 자기 이론 속에 수용하였다고 본다. 그는 이와 같은 아도르노의 이론적 태도가 형이상학적 사유의 비판자를 자임하면서도 자신의 사유 체계 내에서 형이상학적 차원을 피할 수 없게 만들었다고 지적한다.[23]

4) 지구화 시대 역사철학과 아도르노

서두에서 밝힌 바와 같이 지구화의 확산은 비동시성보다 동시성을 강화시켰다. 동시성의 강화는 통신수단과 미디어의 발달이 기폭제 역할을 했다. 그로 인해 지식과 정보의 동시적 공유, 문화와 라이프스타일의 전지구적 소비와 혼성화로 나타난다. 이러한 지구화 시대의 시간 경험과 시간 의식은 더 이상 전통적 개념으로 포착되기 어렵게 되었다. 직선적 시간 의식에 근간한 전통적인 역사철학과 역사의식은 더 이상 유효하거나 성립되기 어려운 것처럼 보인다. 지구화 시대의 역사의식과 역사철학의 이론적 구성과 관련해 특히 주목해야 하는 것은 문화의 혼성화 혹은 아도르노가 비판하는 문화의 획일화 양상이다.

하버마스나 보드리야르(Jean Baudrillard)에게서도 확인되는 아도르노의 주장은 지구화 시대의 역사의식이 전통적 역사철학에서의 문화적 고유성과 역사성의 강한 내적 연관성을 와해시키거나 역사의식에 대한 새로운 차원의 재정의를 요구받는다. 실제로 아도르노의 문화적 획일화 양

---

23 A. Schmidt, "Begriff des Materialismus bei Adorno," in: *Adorno-Konferenz 1983*, L. von Friedenurg/J. Habermas (Hg.), Frankfurt/M. 1983, 15쪽 참조.

상은 자본주의적 생산 패러다임을 전제로 논의하고 있는 것인데, 생산 패러다임에서 소비 패러다임으로 이행이 끝난 지구화 시대는 문화적 획일화가 아도르노의 시대보다 더욱 강화된 형태로 전지구적 차원에서 일어났다고 볼 수 있다. 아도르노 시각에서 획일화된 문화 소비와 문화적 가치소비는 동질화된 문화의식을 산출하며 동질화된 역사의식을 촉발시킨다.

오늘날 아도르노가 살아 있다면 후쿠야마(Francis Fukuyama)와 다른 맥락, 즉 문화적 고유성과 역사성이 사라졌다는 의미에서 '역사의 종말'을 말할 것이다. 물론 아도르노의 관점은 상당한 과장과 논리적 비약이 있다. 가령 다음과 같은 점을 지적할 수 있다. ① 문화적 획일화 양상과 함께 다양화, 이질성의 공존, 고유성의 보호도 동시에 이루어지는 복합적인 문화 양상에 대한 역사적 경험이 지구화 시대의 문화 공간이라는 점이 지적될 수 있다. ② 그의 논의는 문화적 획일화의 폭과 깊이, 획일화양상의 분야별 차이에 대한 논의 없이 이데올로기적 비판을 감행한다. ③ 문화의 획일화로 인한 문화적 정체성의 동질화가 곧 단일한 역사의식으로 나타나게 될 것이라는 아도르노 논리의 암묵적 가정의 진위는, 여전히 진행중인 '지구화'의 결과에 의존한다. ④ 아도르노는 문화적 정체성을 단일 정체성으로 가정하고 있으나, 문화적 정체성 역시 다중 정체성을 띄며 하나의 특정 문화가 정체성을 결정하는 데 더 큰 요인이 될 뿐 결정적인 요인이 아니라는 점을 간과한다.[24]

이와 같은 약점에도 불구하고 인간의 고통이 역사철학의 중요한 주제

---

24 이종하, 「세계화 시대의 문화 획일화 비판과 반비판」, 『철학과 현상학 연구』 26집, 2005,

가 되는 한, 아도르노의 역사철학은 지구화 시대에 하나의 의미 있는 새로운 역사철학 쓰기의 단서를 제공한다. 지구화 시대는 이전의 역사와 다른 종류의 고통의 문제를 낳고 있다. 이 점에서 고통의 역사철학적 읽기로서 그의 역사철학은 유효하다. 문화적 획일화에 의해 사라져 가는 민족어, 소수언어의 문제, 사라져 가는 소수민족 및 원시부족의 문화와 역사적 정체성은 지구화의 진전에 따른 '차이의 소멸'이자 지구화 시대 역사적 폭력의 경험이라고 볼 수 있다.

또한 노동의 노마드화, 자본의 국제적 이동, 고용 없는 성장, 노동의 맥도날드화와 같은 전지구적 차원의 경험은 새로운 고통을 담아내는 역사철학을 요구한다. 우리는 어떻게 지구화 시대의 새로운 고통을 읽는 역사철학을 구성해 낼 것인가? 아도르노의 방식처럼 '화해의 이념'을 규범적으로 제시하는 것으로 끝날 것인가? 자연의 기억을 통한 자연과 인간의 화해의 이념을 실현하기 위해 현실적 고통을 부정적으로 서술할 것인가? 고통 속에서 '다른 가능성'과 '왜 반드시 그렇게 되어야만 하는가'를 물을 것인가?

분명한 것은 아도르노의 역사철학은 '지금의 현실 사회와 역사현상 비판'을 끊임없이 요구하며 그 기반 위에서 유토피아적 전망을 내적으로 품고 있다는 점이다. 이것은 지구화 시대의 새로운 역사철학은 긍정의 역사철학이 아닌 구체적인 현실 비판에 근거한 비판적 역사철학이 될 것을 주문한다. 철학을 비판 활동으로 이해하는 한, 역사철학 역시 긍정의 역사철학일 수 없다. 또한 지구화 시대의 역사철학은 아도르노

114쪽 이하 참조.

의 역사철학처럼 인간의 고통에 기반을 둔 인간중심주의의 틀을 넘어서 인간-자연-동물을 포함하는 '모든 생명체'의 고통의 문제를 주제로 삼아야 할 것이다. 이것은 지구화 시대의 생태 위기가 아도르노 시대와 달리 또 다른 인간의 고통을 산출하기 때문이다. 지구화 시대의 역사철학은 자연과 인간의 화해라는 역사철학적 이념을 제공하는 아도르노의 역사철학을 뛰어넘어 구체적인 화해의 전략을 화두로 삼아야 할 것이다. '역사철학은 구성되어야 하고 그 나름의 진리성이 있다'는 그의 지적처럼 지구화 시대의 역사철학은 전통적 역사철학과 다른 방식으로 여전히 구성되어야 한다.

억압적 도덕과 올바른 삶의 가능성에 관한
사유로서 부정적 도덕철학

1) 관리되는 사회에서는 어떤 종류의 윤리학도 없다

마르크스주의 사회이론과 사회철학에서 비판적 사회이론의 도덕적 척도나 범주와 같은 문제 설정은 관심의 대상이거나 연구의 주된 대상이 되지 못했다. 이데올로기 비판이 연구의 중심을 차지하였기 때문에 기껏해야 주변부 문제거나 그러한 연구 자체가 당파성의 관점에서 의심의 대상이 되기도 하였다. 아도르노의 철학 자체나 그에 대한 연구사에서도 사정은 크게 다르지 않다. 아도르노는 전통적인 도덕철학의 주제를 철학적 관심의 중심에 두지 않았다. 그의 도덕철학 논의는 『계몽의 변증법』의 부록 편, 『미니마 모랄리아』, 『부정 변증법』의 자유의 장, 『도덕철학의 문제』라는 제목으로 출간된 강의록 등에서 지극히 제한적으로 이루어졌다. 실제로 아도르노 자신은 도덕철학에 관한 텍스트를 쓸용의가 있었지만 도덕철학의 새로운 이론을 구성할 생각은 전혀 없었다.[25] 새로운 도덕철학의 이론적 구성에 대한 아도르노의 회의는 사회적 고통과 불의를 옹호하거나 정당화하는 기존 도덕철학의 부정적 역할, 도덕적 행위를 촉발하지 못하는 이론 자족적인 도덕철학에 대한 비판적 관점의 한 원인이지만 무엇보다도 결정적 이유는 도덕의 문제를 사회철학적 관점에서 파악하는 데 있다. '허위 속에서 올바른 삶의 불가능성 테제'와 '관리되는 사회에서는 어떤 종류의 윤리학도 없다'라는 그의 주장은 고통과 불의를 양산하는 사회에 대한 철학적 반성이 곧 사회철학의 주제이고 도덕적 사유를 관통하는 주제가 되어야 함을 말해 준다.

아도르노가 천착한 '올바른 삶의 가능성'의 도덕철학적 사유는 "허위 속에서 허위에 대한 비판(Kritik des Falschen im Falschen)"[26]이라는 사회철학적 문제이기도 한 것이다. 아도르노에게 도덕 이론과 사회철학이 접점을 찾는 지점은, 바로 올바른 삶의 가능성의 토대를 말살하는 사회적으로 산출되는 고통과 불의가 발생하는 공간이다. 아도르노의 도덕철학적 사유는 고통과 불의에서 시작해 '고통과 억압적 도덕이 없는 사회'라

---

25 G. Schweppenhäuser, *Ethik nach Auschwitz*, Hamburg 1993, 7쪽 참조. 아도르노 연구사에서 그의 도덕철학에 대한 관심이 일어나기 시작한 것은 1980년대 중반이지만, 일련의 연구 흐름을 형성하지 못한 채 산발적으로 이루어지는 실정이다. 필자가 보기에 아도르노의 도덕철학에 대한 연구자들의 관심은 프랑크푸르트학파 2세대인 하버마스의 담론윤리학에서 자극을 받은 측면이 강하다. 아도르노 도덕철학의 연구 성과들 간의 미미한 입장 차이에도 불구하고 그 같은 연구의 공통점은 아도르노 철학에서 도덕철학적 사유의 단서를 찾아내려는 데에 있다. 기존의 연구 성과에 대한 간명한 논의는 T. Knoll, *Theodor W. Adorno. Ethik als erste Philosophie*, München 2002, 17쪽 이하 참조.

26 A. Thyen, "Es gibt darum in der verwalteten Welt auch keine Ethik. Moral und Moraltheorie," in: *Die Gesellschaftstheorie Adornos*, D. Auer/T. Bonacker (Hg.), Darmstadt 1998, 166쪽.

는 유토피아 속에서 사회적 고통과 불의를 주제화한다. 고통과 도덕이 없는 사회를 위한 아도르노의 도덕철학을 규명하기 위해 ① 도덕철학의 주제로서 고통과 불의, ② 도덕의 부정적 사회 기능으로서 도덕폭력 비판, ③ 칸트 도덕철학의 사회철학적 비판, ④ 고통과 도덕 없는 사회를 위한 새로운 정언명법의 문제를 비판적으로 검토하고 평가하고자 한다.

2) 도덕철학의 주제로서 고통과 불의

아도르노의 철학 일반과 도덕철학을 관통하는 핵심 사유는 '고통과 불의에 대한 관심'이다. 따라서 그의 도덕철학적 사유는 고통과 불의를 조장하는 비인간적인 현실에 대한 고발을 수반한다.

우리는 절대적 선과 절대적 규범이 무엇인지 알 수 없으며 인간과 인간 적인 것, 인간성이 무엇인지 역시 알지 못한다. 그러나 무엇이 비인간적 인지에 대하여 우리는 아주 정확히 알고 있다. 오늘날 도덕철학의 위상 은 인간 존재의 문제를 무책임하고 추상적인 상황 설명에서가 아니라 비인간적인 것의 구체적인 고발 가운데에서 더 명확히 찾는다고 말할 수 있다.[27]

아도르노는 비인간적인 것으로서 문명 속에 깊이 내재하는 고통을 읽고 세계의 고통과 고통당하는 세계를 표현하는 것이 철학의 진리성이

---

27 Adorno, *Probleme der Moralphilosophie*, Frankfurt/M. 2001, 261쪽.

46

자 '올바른 삶의 가능성'을 문제 삼는 도덕철학의 과제라고 보았다. 그의 『계몽의 변증법』이 '고통의 원역사'를 역사철학적으로 재구성하는 고통의 발생학이라면, 『미니마 모랄리아』는 관리되는 사회[28]에서 고통 경험의 편린을 서술하는 고통의 체험담이라 할 수 있다. 위의 두 저서의 직접적 동기는 인류 역사 이래 가장 체계적이고 조직화된 나치즘의 집단적 폭력과 그로 인한 고통 경험의 철학적 규명 작업이다.

아도르노는 두 저서에서 시대와 호흡하는 철학은 '지금', '여기'에서 벌어지는 '고통'의 직접성과 객관성이, 어떤 철학적 입장을 갖는지와 무관하게 모든 철학의 주제이자 도덕철학의 주제가 되어야 함을 강조한다. 따라서 도덕철학적 질문들은 추상적, 논증적 명제들의 논리적 체계가 아니라 구체적이며 직접적인 고통의 현실, 비인간적인 현실을 문제로 삼아야 한다.

도덕적 물음들은 그 역겨운 패러다임인 성적 억압 속에서가 아니라 '고문을 해서는 안 된다', '강제수용소가 있어서는 안 된다'는 명제들 속에서 구속력 있게 제기된다(GS6, 281).

아도르노는 고통의 원역사[29]를 해명하기 위해 역사철학적 지평 위에

---

[28] 총체적으로 관리되는 사회란 "자유의 가능성이 상실"된 사회이며 "개인의 결정과 이에 대립하는 사회적 책임과의 이율배반"이 사라진 사회다. 관리되는 사회에서의 고통이란 다름 아닌 "개인의 영역에서 아무런 의지의 자유가 없고 그래서 어떠한 도덕도 표명할 수 없는"(GS6, 271) 데서 오는 고통이다.

[29] 고통의 네 가지 의미 층위에 대해서는 이종하, 『아도르노: 고통의 해석학』, 살림출판사, 2007, 14쪽 참조.

서 고통의 문제를 천착한다. 그는 인간-자연의 관계에서 도출되는 '자연 지배의 논리'를 모든 관계에서 발생하는 고통의 원인으로 가정한다. 그에게 자연 지배의 전제로서 내적 자연과 외적 자연의 지배의 문명사적 전개는 고통을 산출하는 역사이다. 따라서 고통이란 주관적인 것이 아니라 주체의 필연적인 경험이다. 이런 의미에서 고통은 "주체에 짐 지어진 객관성"(GS6, 51)이다. 그에 따르면 문명사에서 실재하는 고통의 객관성에 대한 인식과 규명에 대한 도덕적인 요구가 철학에 주어져 왔는데 그것에 대한 철학적인 설명은 고통을 정당화하는 논리였다.

아도르노는 헤겔이 고통을 신에 의해 조정되는 세계사의 한 계기로 파악함으로써 고통을 정당화한다고 비판한다. 그에게 고통은 "역사적 고통의 총체성을 스스로 실현하는 절대자의 긍정성"으로 파악되거나 세계정신의 실현 과정에서 필연적으로 요구되는 "절대적 고통"(GS6, 314)이 아니다. 아도르노가 보기에 헤겔식의 논변은 고통에 대한 '도덕적 태도'가 아닌 고통의 합리화에 지나지 않는다. 또한 그는 고통과 관련된 담론들을 논증의 문제로 환원하고 고통의 문제를 관조적으로 다루는 모든 도덕철학적 사유와 태도를 고통과 그것의 절박함에 대한 조롱으로 간주한다(GS6, 281 참조).

헤겔과 달리 아도르노가 말하는 고통의 객관성은 개인의 고통 경험의 명증성(明證性)에서 출발한다. 고통의 주관적 경험은 개인의식에서 고통을 자각하고 고통의 객관성에 다가간다. 다시 말해 고통에 대한 주관적인 경험은 그것을 산출하는 사회적 현실에 대한 자각의 계기를 제공하며 주관적인 고통의 경험에 내재한 고통의 보편적인 측면을 의식하게 만든다. 이것을 아도르노는 "개인 경험은 그 자체가 보편적이기 때문에 그런 한에서 보편에 접근한다"(GS6, 56)고 표현했다. 주관적인 경험에 내재한 고통 자체의 원인은 앞서 언급한 바와 같이 자연 지배 논리의 사회적 역사적 전개에 근거한다. 문제는 고통의 주관적인 경험이 누구에게나 고통의 객관성을 인식하도록 하지 못하며 고통 인식 능력이 누구에게나 있다고 가정할 수 없다는 데 있다.

아도르노 역시 이 점을 분명히 인식하고 있다. 문화산업의 논리와 관리되는 사회의 '관리'의 기술은 고통의 객관성을 인식하지 못하도록 만든다. 여기에 필요한 것이 소위 '도덕적 노력(moralischer Effort)'이다. 올바른 삶의 가능성을 묻는 도덕철학적 문제의식은 "도덕적 노력과 함께 자신이 대변하는 대부분의 사람들이 볼 수 없거나 현실적 정의 때문에 보지 않으려는 바를 대변자의 입장에서 발언"(GS6, 51)해야만 하는 것이다. 고통과 그것을 양산하는 사회적 불의를 화두로 하는 아도르노의 도덕철학적 사유는 궁극적으로 "사회의 마지막 구성원의 육체적 고통과 그 고통의 내면적 반응 형식들까지도 부정"(GS6, 203)하는 것을 목표로 하며 고통을 정당화하고 옹호하는 모든 철학과 도덕이론을 비판한다. 아도르노의 도덕과 도덕철학에 대한 비판은 도덕의 발생의 사회철학적 규명과 도덕과 도덕이론의 폭력적 기능에 초점이 맞추어져 있다.

3) 도덕 폭력론

아도르노는 도덕의 발생과 도덕의 사회적 기능은 철저하게 사회와의 관계 속에서 조망한다. 좀 더 정확히 표현하면 도덕은 사회에 의해 규정되는 사회현상 이외의 다른 무엇이 아니다. "윤리적인 태도나 도덕적 혹

은 비도덕적 태도는 하나의 사회현상"[30]이며 "인간의 도덕적 본질 자체
는 … 객관적이고 사회적인 본질의 몫에 의해 구성"(GS4, 210)[31]된다. 그에
게 도덕은 사회적으로 생산-재생산되는 사회의 산물인 것이다. 도덕과
사회의 관계를 해명하기 위해 아도르노는 고대 폴리스부터 현대까지의
연관 양상을 간략하게 언급한다. 특히 그가 주목하는 것은 재산, 부, 소
유와 선의 상호 연관성이다. 그에 따르면 고대 폴리스 사회에서 부와 선
은 동일시되었다. 육체와 정신의 조화와 완성이라는 고대 그리스 사회
의 도덕 이념은 항상 도덕적 탁월성과 부의 결합을 전제한다.

내적 본질과 외적 본질, 도시국가에서의 개인의 타당성, 개체적 자아를
하나의 통일성으로 주장하였던 고대의 폴리스 이념은 부에 도덕적인 지
위를 부여하며 이러한 도그마는 당시 결코 의심받지 않았다(GS6, 210).

주지하다시피 중세에는 부와 도덕을 동일시하는 태도가 공식적으로
부정되었다. 그런데 아도르노는 이것을 역설적으로 해석한다. 부와 도
덕이 아무 관련이 없다는 공식적 입장은 "역으로 일반적 의식에 소유가
도덕성으로 얼마나 깊이 각인되었는지를 단적으로 보여 주는 것"(GS6,
210)이다. 이와 같은 관념은 근대 자본주의의 성장과 더불어 더욱 공고

---

30 Adorno, *Probleme der Moralphilosophie*, Frankfurt/M. 2001, 34쪽.
31 아도르노의 입장은 멀리는 니체와 마르크스, 가까이는 호르크하이머의 입장과 맥을 같이
한다. 특히 아도르노는 호르크하이머처럼 '유물론적 도덕철학'과 같은 개념을 사용하지는
않지만 그의 도덕 폭력론은 비판이론의 도덕철학 비판의 핵심적 텍스트인 호르크하이머의
「유물론과 도덕」에 영향을 받은 것으로 보인다. 여기에 대해서는 이종하, 「호르크하이머의
비판적 도덕철학」, 『철학논총』 제60집 제2권, 2010, 266쪽 이하 참조.

해졌다. 현대 자본주의 사회에서 '부자＝친절한 사람＝가치 있는 사람＝올바른 사람＝보다 나은 사람＝선한 사람'이라는 의미 도식이 통용되었다(GS6, 211 참조). 아도르노가 다소 거친 도식을 통해 말하고자 하는 바는 부와 도덕을 동일시하는 가상이 재생산되고 있으며 또한 일반적 도덕 관념 속에서 부의 질서와 도덕 이념이 대립 없이 존재함으로써 부와 권력과 도덕이 하나의 도덕 현상으로 나타나는 위험과 그것이 가지는 사회철학적인 함의다.

아도르노는 도덕 이론의 발생과 확산도 사회 역사적 상황에 의존한다는 점을 명확히 한다.

계몽의 도덕론은 종교가 약화된 상황에서 사회 안에서 자신의 입장을 견지하는 것이 이해관계로만 안 될 때 이에 대한 지적 토대를 발견하려는 헛된 노력으로부터 만들어진 것이다(GS3, 104).

아도르노는 근대 자본주의의 형성과 함께 발전한 종교와 윤리뿐 아니라 인간 행위에서 보편과 특수의 갈등을 주제로 한 칸트의 도덕철학과 마키아벨리(Niccolò Machiavelli), 홉스(Thomas Hobbes), 망드빌(Bernard Mandeville)과 같이 인간의 이기적 본성을 강조한 도덕철학적 사유를 하나같이 근대 시민사회의 사회적 환경이 투영된 이론적 생산물로 간주한다(GS3, 109 참조).

이와 같은 아도르노의 도덕에 관한 관점은 도덕 억압론, 도덕 폭력론으로 이어진다. 그에 따르면 "폭력이 법에 의해 아무리 은폐되어 있을지라도 사회적 위계질서는 폭력에 근거"(GS3, 130)한다. 법이 합법적으로 승인된 사회적 폭력이라면 도덕은 사회적 위계질서를 지탱하는 규범적 폭력인 것이다.

도덕론은 그것이 엄격하게 보이는 경우에도 선동적이고 감상적이다. 사실로서 윤리적인 힘에 대한 칸트의 호소처럼 도덕론은 도덕 자체가 아무런 근거가 없다는 의식에서 나오는 일종의 폭력 행위다(GS3, 104).

아도르노는 도덕과 같은 규범적 폭력의 사례로 기독교에서 사랑의 원리가 현실 안에서 폭력으로 나타나는 양상, 루터주의에서 여성 억압의 정당화 논리를 들고 있다. 칸트의 정언명법 역시 도덕철학에서 도덕적 폭력을 은폐하는 가장 대표적인 이론으로 간주한다. 아도르노는 여기에 그치지 않고 자신의 도덕 폭력론을 사회적 억압의 규범 체계 전체로 확장시킨다. 행위를 유발하는 모든 종류의 사회적 규범과 도덕이 갖는 강제력은 이미 '폭력적'이라는 것이다.

뒤르켐의 '도덕화=사회화'라는 도식이 아도르노에게서 '도덕화=도덕적 폭력의 작용=도덕규범'의 내면화로 전환된 것이다.[32] 도덕 명령들이 '폭력적'인 이유는 충동을 억압하는 데 있다. "충동의 포기로서 도덕은 억압과 연관성"(GS4, 210)을 갖는다는 말은 도덕이 '충동을 강제'하는 도덕적 폭력으로 작용한다는 말이다. 충동을 강제하는 도덕적 폭력은 내적 자연과 외적 자연의 지배의 결과로, 이는 아리스토텔레스(Aristoteles)나 스토아 철학, 칸트 등 서구 도덕철학의 전통 속에 면면히 내려오는 것

---

[32] Adorno, *Probleme der Moralphilosophie*, Frankfurt/M. 2001, 33쪽.

일 뿐만 아니라, 충동의 포기 역시 "문명의 과정과 일맥상통"[33]한다. 여기서 아도르노는 도덕의 발생과 역할을 문명화의 과정과 결과로 봄으로써 도덕적 억압과 문명화 과정에서 인간 억압이 결합된다는 점을 강조한다. 『계몽의 변증법』은 위와 같은 전제에서 논의를 전개하고 있지만, 도덕적 억압의 고유한 특성과 양상을 구체적으로 논구하기보다는, 문명화 속에서 도덕이 인간 억압의 수단임을 강조하는 데 그치고 있다. 아도르노에게 중요한 것은 도덕은 가상이며 가상의 도덕적 폭력이 실제적 삶의 반이성성과 비도덕성을 증명한다는 점이다. 이러한 문제의식에 근거해 아도르노는 근대 시민사회의 충실한 반영이자 관념론적 도덕철학의 정수라고 간주되는 칸트의 도덕철학을 사회철학적 관점에서 비판한다.

4) 칸트 도덕철학의 사회철학적 비판

도덕철학에 대한 본격적인 논의가 적은 가운데서도 이와 관련된 아도르노에서 대부분을 차지하는 것이 칸트의 도덕철학이다. 그는 칸트의 도덕철학을 근대 부르주아적 사유의 반영이자 법 형식의 존중과 상호 존중의 의무를 이성에 근거해 규명하고자 한 시도로 간주한다. 아도르노는 칸트의 도덕철학을 보편과 특수의 관심을 인간의 상호관계에서 어떻게 갈등 없이 결합시키는가의 문제로 요약한다. 그는 내재적 비판을 일부 전개하지만 수미일관 사회철학적 관점에서 칸트 도덕철학의 각론에 대한 비판을 수행한다. 아도르노의 지적처럼 의지의 자유 문제는

---

33 같은 책, 2001, 203쪽.

도덕과 윤리에서 핵심적인 주제일 뿐만 아니라 칸트의 도덕철학에서도 마찬가지이다. 그의 칸트 해석의 중심 부분도 『순수이성비판』의 제3 안티노미(Antinomie)와 관련되어 있으며 자유와 부자유의 사회적 연관 문맥이 주요 분석 대상이다. 의지는 "모든 충동의 법칙적 통일"로서 "자발적이고 동시에 이성에 의해 규정적"이다. 의지의 "자유란 그와 같은 충동들의 가능성"[34]을 말한다. 칸트의 자유의지에 대한 아도르노의 비판은 의지의 문제를 순수 자발성의 문제로 환원하고 개인의 결정에 대한 물음으로 축소했다는 데에 집중되어 있다.

아도르노는 칸트가 자유의 문제를 경험의 세계를 넘어서 "추상적이고 주관적으로 구성"(GS6, 215)했다고 비판한다. 칸트는 자유의지의 문제를 "개념으로서만이 아니라 경험 내용으로도 역사적 본질을 갖는다는 생각"을 전혀 하지 못함으로써 문제설정에서부터 "실제적 자유(문제)를 결여"(GS6, 217)하게 되었다. 그런데 "의지와 자유라는 말로 지칭되는 결정들 속에는 외적, 특히 사회적 현실의 수많은 계기들"(GS6, 212)이 관련되어 있으며 의지와 자유의 문제는 이러한 계기들과의 관련성에서만 논의될 수 있는 문제다. 아도르노는 자유의지의 문제의 사회적 결정조건들을 고려하지 않은 칸트를 다음과 같이 비판한다.

의지의 자유에 대한 물음이 각 개인의 결정에 대한 물음으로 축소되고 이 결정이 그것의 맥락으로부터 유리되고 개인이 사회로부터 유리되자마자 그 물음은 순수 즉자존재라는 망상에 굴복한다. 즉 제한된 주관적

---

34 Adorno, *Zur Lehre von der Geschichte und von der Freiheit*, Frankfurt/M. 2001, 262쪽.

경험이 가장 확실한 것의 위엄을 참칭하는 것이다(GS6, 213).

아도르노에 따르면, 개인을 고립된 단자로 상정하고 개별화의 원칙 속에서 주체를 과도하게 강조하는 칸트의 자유의지론은 ① 자유가 사회에 분리될 수 없고 결합되어 있으며, ② 자발성도 특정 시점의 자발성이거나 역사의 한 매듭점의 성격을 갖는다는 자유의 이중적 계기성을 간과하고 있다. 개인의 의지와 자유 문제를 다루기 위해서는 개인이 그러한가 그렇지 않은가의 문제에 앞서 "사회가 개인에게 약속하는 만큼 개인이 자유로울 수 있도록 허락하는가"의 문제와 그것을 가능하게끔 "사회 전체가 그만큼 자유로운가"(GS6, 219)의 문제가 우선적으로 논의되어야 한다. 아도르노는 부자유의 문제도 같은 차원에서 제기한다. 자유의 테제와 부자유의 테제는 상호 대립 관계가 아니라 상호 연루된 관계의 문제이며 자유는 부자유의 구체적 형태에 상응해 파악될 문제이다. 자유와 부자유의 문제에서 관건은 자유의 사회적 조건 문제이다.

계속해서 아도르노는 자유의지의 문제를 추상적 보편 개념 안에서 인과성의 영역으로부터 도출된 자유의 문제로 파악한다고 비판한다. 이와 같은 문제의 추상화 혹은 정신화와 관련해 아도르노는 칸트의 비변증법적 방법을 문제 삼는다. 그는 먼저 육체적 충동에서 오는 의지와 충동을 제어하고 잠재적으로 부정하는 의지 간의 변증법적 관계 규정이 필요함을 시사한다. 변증법적 논리의 두 번째 차원은 칸트적 의미에서 의지의 자명성과 의지의 합리성이 실천의 장에서 배제한 '긴장'과 의지의 비합리성 간의 변증법적 관계이다. 세 번째 차원은 경험적 주체와 선험적 주체의 엄격한 분리로 인해 제거된 두 주체 간의 의지의 긴장 관계이다. 의지와 자유 문제의 변증법적 규정에 대한 아도르노의 언급은 앞서 제기했듯이 자유의지 문제와 그것의 실천과의 관계에 대한 반성을 의미한다. 정신화에 대한 아도르노의 또 다른 비판은 심리학적 비판이다. 아도르노가 보기에 자유의지의 정신화는 사회적 자유라는 관점에서 보면 일종의 '자기기만'이자 자유에의 나르시시즘에 불과하다.

심리학적으로 말한다면 주체가 자유롭다는 테제에 대한 주체의 관심은 나르시시즘적일 것이며 모든 나르시시즘적인 것이 그러하듯이 끝이 없을 것이다. 심지어 자유의 영역을 절대적으로 심리학의 상부에 위치시키는 칸트의 논증에서도 나르시시즘의 효력이 나타난다(GS6, 219).

칸트의 자유에 대한 역설에도 불구하고 그가 상정한 바와 같은 자유의지와 "온전한 자율성이 실제의 삶에서 허용된 적이 없다"(GS6, 220). 칸트의 도덕철학에서 "자유의 개념은 단지 억압으로만 표상"(GS6, 253)될 뿐이다. 왜냐하면 도덕의 구체화 즉 구체적인 도덕 원칙은 경험적 존재로부터 분리된 엄숙주의에 기초하고 있고 '순수한 명령적 형식'으로서의 도덕법칙의 내면화는 "억압의 내면화를 전제"(GS6, 268)하기 때문이다. 칸트에게서 "개인은 자신의 충동을 제어하는 것" 이외의 다른 "자유를 경험할 수 없다"(GS6, 253).

『실천이성비판』에서 자유를 위하여 명령법과 인간 사이의 간극을 메워야 할 율법·강요·의무 등의 개념들 전체는 억압적이다. 자유에 근거하는 인과성은 자유를 복종으로 변조한다. 칸트는 그 이후의 관념론자들처럼 억압 없는 자유를 견뎌 내지 못한다(GS6, 231).

아도르노는 마르크스의 주장을 인용해 도덕 원칙의 명령을 수행하는 가치 집행자로서 개인은 불가피하게 부자유하며 "자유의 관념을 처음 형성할 수 있게 해.주는 사회적 적대관계들이 중대할수록 개인은 더욱 더 철저히 부자유"(GS6, 253)해진다고 말한다. 도덕적 가치의 실천은, 사회적 불의의 책임을 사회가 아닌 개인 행위의 결과로 간주하며 책임을 떠넘기고, 개인의 다양한 욕구를 스스로 억제하고, 도덕 원칙에 굴종시킨다는 의미에서 부자유를 의미한다.

칸트의 도덕법칙의 소여성(Gegebenheit)과 객관성 문제, 그리고 최고의 심급인 도덕적 자아에 대한 아도르노의 비판 역시 사회철학적 입장을 반영하고 있다. 칸트가 주장하는 도덕법칙의 객관성은 "심리학이든 합리성이든 주관적 영역으로 치환될 수 없으며 좋든 싫든 이런 영역과 분리될 수 없다"(GS6, 272). 도덕법칙은 이성의 사실성에서 산출되지도 않으며, 칸트의 지적처럼 양심이 윤리법칙의 사실성을 보증해 주지도 않는다. 아도르노에게 사회적 실재성이 보증되지 않는 도덕법칙은 객관적이지 않으며 칸트식의 객관성은 도덕적 억압과 다르지 않다.

같은 맥락에서 아도르노는 정언명법을 수행하는 칸트의 도덕적 자아 역시 부정한다. 최고의 심급으로 설정한 칸트의 도덕적 자아는 칸트 도덕철학의 체계가 만들어 낸 산물일 뿐이다. 칸트적 "주체는 스스로를 절대적 근원들의 영역으로 여기면서 자신에 대해 숙고하지만, 주체가 그런 영역인 것은 아니다"(GS6, 222). 아도르노는 다시 한번 '모든 것을 결정하는 원칙으로서 칸트적 자아'는 존재하지 않는다고 말한다. 자아의 독자성과 자율성은 단지 "자아의 타자성이나 비자아에 대한 관계 속에서만 판단되는 것이다. 자율성의 존재 여부는 그것의 대립자나 모순 즉 주체에게 자율성을 허용하거나 거부하는 객관에 달려 있는 것이다"(GS6, 222). 현실에 실재하는 자아는 자기유지 원리의 수행체로서 경제적 관계에 따라 그 위상과 지위가 정해지며 그 고유성과 독자성이 사회경제적 환경의 영향하에 놓여 있다.

느낀 것들을 종합하는 통일체인 자아, 가능한 모든 논리형식에 필연적으로 의존하는 칸트가 최고의 지점이라고 부른 심급인 자아 자체가, 실제로는 물질적 생존의 조건일 뿐 아니라 그 산물인 것이다. 자기 스스로가 자신을 돌봐야 하는 개인들은 성찰하고, 예견하고, 조망하는 심급으로서 자아라는 것을 발전시켰으며, 이 자아는 세대가 바뀌면서 경제적인 자율성과 생산을 위한 소유가 어떠하냐에 따라 확장되기도 하고 위축되기도 한다. 마지막으로 자아는 소유를 박탈당한 시민을 떠나 전체주의적인 대기업의 총수들에게 넘어갔다(GS3, 106).

아도르노는 도덕의 사회적 조건뿐만 아니라 도덕 능력의 실현 문제역시 그것을 가능하게 하는 사회적 조건 없이는 불가능하다는 점을 강조한다.

사회화된 사회에서 모든 개인이 사회적으로 필요한 도덕 능력을 갖지 못한다. 단지 해방된 사회에서만이 그런 능력을 지닐 수 있다(GS6, 294).

도덕 능력은 칸트가 가정한 바와 같은 개인의 실천 능력이 아닌 그것을 가능하게 하는 사회적 조건이 선행되어야 함을 의미한다. 아도르노가 『미니마 모랄리아』에서 "허위 속에서 올바른 삶은 존재하지 않는다"(GS4, 43)라고 한 주장 역시, 도덕 능력의 실현을 위한 사회적 조건을 강조하고자 한 것이다. 개인의 도덕적 결정의 타당성 역시 칸트의 주장처럼 법칙성의 실현 여부에 의해 결정되는 것이 아니라 사회와 개인의 관계 상태와 양상에 따라 그 타당성이 검증될 수 있다.

사회가 모든 상황에서 점점 냉혹한 객관적 적대관계 속에 빠져들수록 어떤 개별적인 도덕적 결정은 점점 그 타당성을 보장받기 어렵다. 개인이나 집단이 그들로 구성된 사회의 총체성에 맞서 무엇을 기도하든지 간에 그러한 총체성의 악에 감염되는데, 이와 같은 점은 총체성에 대항하여 아무것도 하지 않는 자의 경우에도 마찬가지다(GS6, 241).

도덕의식과 행위의 불일치 문제와 관련해, 아도르노는 그것이 가능한 사회적 환경에 대한 칸트의 간과와 도덕적 행위 동기의 칸트적 조건을 동시에 비판한다. 그는 『실천이성비판』과 『도덕 형이상학 정초』에서 밝히고 있는 법칙에 따른 행위로서의 의지나, 욕구 능력들을 통제하고 이성의 법칙에 따른 도덕적 행위가 반드시 실천으로 나타나지 않는다는 점을 강조한다. 아도르노에 따르면 개인이 사회의 갈등과 긴장 관계가 형성될 때 그와 같은 현상이 발생한다. 그는 '햄릿'의 경우처럼 "주체가 점점 더 대자적 존재가 되고 기존 질서와의 단절 없는 조화로부터 멀어질수록 행위와 의식은 점점 더 일치"하지 않게 된다고 보고 있다. 아도르노는 계속해서 불일치의 내재적 원인을 규명한다. 그가 보기에 도덕법칙에 대한 의식이 행위로 나타나지 않는 이유는 이성법칙과 그것에 대한 의식만이 행위의 유일한 동기가 아니기 때문이다. 도덕법칙의 "실천에는 의식으로 해소되지 않는 또 다른 어떤 것, 육체적인 것, 이성과 매개되어 있지만 이성과는 질적으로 다른 것이 필요하다. 그 두 계기들은 결코 분리되어 있지 않다"(GS6, 228). 이성과 질적으로 다른 것은 의지의 비합리적 계기들로서 그것은 '선자아적 충동(vor-ichlicher Impulse)'과 자발적 충동이다.

아도르노가 보기에 사회적 적대관계가 명확하고 개인들이 무기력한 사회에서 칸트식의 도덕법칙의 기준인 '일관성의 논리(Konsequenzlogik)'가 관철되기 어려우며 위와 같은 심리적 계기들이 개입할 수밖에 없다. 도덕 판단의 심리적 결정 요인을 인정하는 아도르노의 입장에서 보면 칸트는 도덕과 충동의 영역을 분리하고 인간의 충동 자체를 부정적으로만 평가한다고 볼 수 있다. 칸트는 자아 이전의 충동을 "자연에 예속된 부자유의 상태로 추방"(GS6, 221)시키며 경험적 존재의 원초적 충동을 배제한다. 아도르노는 급박하고 특수한 상황에서 "자아 충동과 같은 심리적 계기나 죽음에 대한 불안"(GS6, 224) 등은 칸트의 논리와 다르게 나타날 개연성이 충분하다고 지적한다. 도덕과 충동 관계를 매개하지 않는다면 칸트의 경우처럼 도덕은 단순히 하나의 순수의지의 문제로 축소되고 만다. 아도르노는 도덕 판단에서 선자아적 충동뿐만 아니라 육체적 계기성, 사회적 연관성을 강조하지만 구체적 사례분석을 통해 어떻게 그러한 계기가 특정한 도덕 판단을 도출해 내는지에 대한 논의를 더 이상 진전시키지 않는다.

위에서 살펴본 바와 같이 아도르노의 칸트 비판은 내재적 비판이라 기보다는 자신의 도덕 사회철학의 관점에 입각한 비판이었다. 이와 같은 점은 자유와 부자유의 사회적 연관성, 도덕 판단과 도덕적 실천의 사회적 조건, 칸트적 도덕법칙의 억압적 성격, 예지적 성격의 부정과 사회적 경험적 자아의 지위, 양심 비판 등에 대한 아도르노의 강조에서 알 수 있다. 아도르노 입장에서 도덕철학적 논의의 사회철학적 환원과 비판은 도덕철학과 사회철학의 문제 영역이 궁극적으로 사회적 고통의 극복 문제로 수렴되는 한 문제될 것이 없다. 아도르노에게 중요한 것은 도덕철학의 논증적 분석이 아닌 고통과 그것을 정당화하는 억압적 도덕이 없는 사회에 대한 전망이다. 이 문제와 관련해 아도르노는 그가 비판한 칸트의 정언명법과 다른 새로운 종류의 정언명법을 제시한다.

5) 고통과 도덕 없는 사회를 위한 새로운 정언명법

칸트 도덕철학의 사회철학적 비판을 전개한 아도르노는 사회적 고통이 없고, 억압적 도덕이 없는 '도덕 없는 사회'에 대한 성찰을 시작한다. 이러한 성찰은 억압적 도덕에 대한 비판과 고통과 도덕 없는 유토피아적 전망 및 그에 대한 도덕적 요청 사이에서 이루어진다. 아도르노가 지향하는 사회는 "충동이 더 이상 파괴적으로 표현될 필요가 없어서 어떠한 억압과 도덕이 필요 없게 되는 자유 상태"(GS6, 281)가 실현된 사회이다. 위와 같은 사회는 아도르노에게 '도덕 없는 사회=억압적 도덕이 지양된 사회=정의로운 사회=고통이 제거된 사회=자유로운 사회=행복한 개인들로 구성된 사회'라는 거친 도식을 함축하는 사회다. 아도르노가 상정하는 사회가 실현되기 위해서는 일차적으로 고통을 양산하는 사회 체제의 개혁이 필수적이다. 그런데 아도르노는 사회적 고통의 해결을 위한 사회이론적 설계나 사회적 고통의 개인적 해결을 부정하고 생명체 간의 연대의 문제로 논의의 지평을 확장시킨다. 그러한 확장의 논리 역시 구체성을 결여한 채 화두의 차원에 머물지만 고통의 근원적 처방을 위한 다양한 관계의 화해의 이념을 내포하고 있다고 볼 수 있다.

> 고통을 제거하거나 약화하는 일은 이론적으로 선취될 수도 없고 어떠한 한계를 설정할 수도 없는 정도까지 그 고통을 느끼는 개인의 몫이 아니다. 그것은 개인이 주관적으로 인류와 분리되고 객관적으로는 무기력한 객체의 절대적 고독 속에서 밀려나게 되는 경우에도 인류의 몫일 뿐이다. … 결국 고통은 자신 및 모든 생명체의 투명한 연대를 통해 실현해야 할 모두의 관심사다(GS6, 203).

고통의 제거를 통한 억압적 도덕 없는 사회의 실현을 위한 아도르노의 전략은 그가 비판했던 칸트의 정언명법을 원용해 새로운 정언명법을 제안하는 것이다. 아도르노의 새로운 정언명법은 고통의 사회적 산출을 소멸시키기 위한 사회적 정언명법이다. 칸트의 정언명법과 비교해 아도르노의 사회적 정언명법의 차이가 분명히 드러난다. 칸트의 정언명법이 추상적이고 형식적이었다면 유물론적 차원과 내용적 차원에서 정식화되었다고 볼 수 있다.

히틀러는 부자유한 상태에 처한 사람들에게 새로운 정언명법을 강요했다. '아우슈비츠가 되풀이되지 않고 그와 유사한 일이 일어나지 않도록 생각하고 행위하라'는 명령이 그것이다(GS6, 358).

아도르노의 새로운 정언명법의 유물론적 성격은 아우슈비츠에서 개인이 경험해야 하는 견딜 수 없는 신체적 고통에 대한 거부감을 담지하고 있다. 몸으로 느껴지는 거부감의 표현으로서 새로운 정언명법은 "유물론적 동기 속에서만"(GS6, 358) 도덕이 자기 역할을 할 수 있다는 아도르노의 믿음이 전제되어 있다. 내용적 차원의 새로운 정언명법은 칸트의 형식주의에 대한 비판적 대안이다. 그런데 내용적 측면에서 새로운 정언명법의 근거는 칸트의 형식주의를 따르지 않는 한 마련될 수 없다. 왜냐하면 아도르노가 새로운 정언명법을 근거로 삼는 순간, 칸트와 대별되는 자신의 정언명법 역시 모순되기 때문이다. 이점을 아도르노는 명확히 하고 있었다. 그래서 그는 다음과 같이 말한다.

이 정언명법은 지난날 칸트식 정언명법의 경우처럼 논증되기 어렵다. 그것을 논증적으로 다루는 것은 불경스러운 일이다. 왜냐하면 그 정언명법에는 도덕 속의 부가적 계기를 몸으로 느낄 수 있기 때문이다. 몸으로 느낄 수 있다는 것은 그것이 개인들이 갖는 신체적 고통에 대한 ―정신적 반응 형식으로서 개별성이 소멸된 이후에도― 실체화된 거부감이기 때문이다(GS6, 358).

새로운 도덕 정언명법의 논증 불가능성은 정언명법의 직접적 지시성에 있다. 이 직접적 지시성은 몸으로 느끼는, 제거할 수 없는 직접성에 근거한다. 개념적 논증 이전에 고통을 느끼는 몸의 직접적 경험이 근거를 요구하는 논증을 불필요하게 만든다. 이와 같은 아도르노의 입장은 저항의 도덕적 동기를 이론적으로 근거 짓는 것으로 불충분하며 저항의 도덕적 동기가 고통의 직접성에서 발생할 수 있음을 전제하는 것이다.[35] 아도르노는 칸트나 자신의 새로운 정언명법과 모든 도덕 명제가 시도하는 논증의 '덧없음'을 비도덕적인 사회에서, 도덕적인 논증의 무의미함에서 도출해 낸다. 사회적 부자유 속에서 어떤 유형의 도덕철학적 담론과 논증은 사회적 조건을 반영하는데, 그것은 불의 속에서 발생하는 다른 계급이나 타자와의 긴장과 대립을 전제한다.

자유 없는 사회에서 어떤 종류의 윤리학도 덧없다는 것이다. 이를 아도르노는 "그런 이유로 관리되는 사회에서 어떤 윤리학도 존재하지 않는다"[36]라고 말한다. 그럼에도 불구하고 문제는 여전히 남는다. 아우슈비츠의 재발 방지라는 사회적 정언명법 자체가 이미 규범적 기준을 포함하고 있다 하더라도, 그것이 하나의 정언명법으로 유효성을 가지려면 고통의 경험 내용과 고통의 육체적 계기성을 넘어서면서 보편성을 보증하는 도덕적 근거가 필요하다. 이 문제와 관련해 이론 자족적인 도덕철학에 관한 비판과 도덕의 폭력에 관한 아도르노의 비판을 염두에 두더라도 부정적으로 서술된 사회적 정언명법은 강력한 도덕적 호소력과 함께 이론적 결핍을 노정하고 있는 것이다.

---

[35] G. Schweppenhäuser, *Ethik nach Ausschwitz*, Hamburg 1993, 187쪽 참조.
[36] Adorno, *Probleme der Moralphilosophie*, Frankfurt/M. 2001, 261쪽.

6) 사회적 고통의 도덕철학적 해결 전략의 난점들

아도르노는 어떤 종류의 새로운 도덕철학도 제시하지 않았다. 이와 같은 이론적 태도는 '허위 속에서 올바른 삶의 불가능성'과 '관리되는 사회에서 어떤 종류의 도덕이 불가능'하다는 이론적 입장에 근거한 것이다. 허위와 거짓, 고통과 불의가 가득찬 사회에서 도덕을 개인의 문제로 바라보는 도덕철학적 입장이나 그것의 정당성을 제공하는 도덕철학적 담론은 하나같이 억압적 도덕이며, 도덕적 폭력을 행사하는 것에 지나지 않는다. 아도르노의 도덕철학적 사유는 억압적 도덕을 양산하는 사회와 그것을 정당화하는 도덕의 체계, 도덕철학적 담론을 메타 차원에서 비판한다는 점에서 '부정적' 도덕철학이다.

억압되고 관리되는 사회에서 도덕의 부정성은 오직 그러한 도덕을 생산해 내는 사회의 변화 없이는 개선되지 않는다. 도덕의 불가능성에 대한 그의 역설적인 테제는 결국 "사회의 해방 없이 어떤 종류의 해방도 없다"(GS4, 43)는 그의 사회철학적 패러다임의 도덕철학적 변용이다. 아도르노의 도덕의 사회철학은 도덕의 보편성을 부정하고 사회 역사적 산물로서 도덕의 변화 가능성을 사회 변화에 종속시킨다. 그의 '새로운 정언명법' 역시 사회 역사적 산물이며 따라서 사회 역사적 변화에 따라 개방성과 제약성을 동시에 갖는다.

아도르노의 도덕의 사회철학에 내재한 근본 문제는 사회 환원론적 도덕 개념에 있다. 도덕의 문제를 사회의 문제로 완전히 환원시킴으로써 아도르노는 철학적 이론 생산 영역으로서 도덕철학의 이론적 자율성을 인정하지 않는 오류를 범한다. 그의 도덕 사회 환원론적 입장은 이론 영역과 실천 영역의 상대적 독자성, 도덕과 사회의 변증법적 상호관계와 상호 규정적 변화 가능성을 처음부터 배제한다고 볼 수 있다. 아도르노의 도덕철학이 갖는 이론적 난점 중 하나는 새로운 정언명법의 '내용성'과 관련된 문제이다. 그가 칸트의 정언명법의 형식주의를 비판하면서 내용성을 강조하는 데 도덕 판단의 기준과 도덕 행위의 내용성이 '형식'을 완전히 배제할 수 없다는 점이다. 새로운 정언명법 자체가 하나의 내용성을 채워 나가는 데 형식주의는 불가피한 것처럼 보인다. 적어도 아우슈비츠가 재발하지 않기 위해서는 아도르노식 엄숙주의, 형식주의가 적용될 때 아도르노가 기대한 '내용적' 측면이 구현될 것이다. 형식의 배제가 실천의 임의성을 지양하고 내용성을 담보하는 충분조건이 될 수 없다. 내용과 형식의 매개는 도덕 이론의 근거 마련과 도덕적 실천 행위의 분석에서도 여전히 유효한 기준이 될 것이다.

칸트식 도덕철학의 유물론적 비판은 고통의 직접성과 고통의 육체적 계기성의 강조와 함께 사회적 고통에 대한 '도덕적 충동'의 강조로 나타난다. 아도르노의 고통에 대한 '도덕적 충동' 강조는 비록 그가 쇼펜하우어(Arthur Schopenhauer)의 동고(同故)의 윤리학을 비판해 왔지만 이론적 동기에서는 쇼펜하우어와 근친관계에 있다고 볼 수 있다. 문제는 슈미트 뇌르의 지적처럼 도덕적 충동 중 무엇이 '도덕적'인 태도로 승인될 수 있는지의 여부와 도덕적 충동과 인간성의 실현으로서의 도덕이라는 아도르노의 도덕에 대한 요구와의 매개가 해명되지 않고 있다는 점이다.[37] 또한 아도르노의 도덕의 사회 환원론적 관점을 적용하면 도덕적

---

[37] G. Schmid Noerr, "Moralischer Impuls und gesellschaftliche Reflexion: Das Verhältnis der

충동과 태도 역시 사회적으로 결정된다. 다시 말해 고통에 대한 반응 양식과 반응 내용이 사회적 상태에 의해 규정된다는 것이다. 아도르노가 주장한 관리되는 사회나 올바른 삶이 불가능한 사회에서는 고통에 대한 어떠한 도덕적 충동도 기대하기 어렵다.

이 점과 관련해 아도르노는 도덕적 충동을 약화시키는 사회와 그것의 부정성을 드러내고 도덕적 폭력을 인식하는 부정적 도덕철학적 사유가 어떻게 매개될 수 있는지를 심도 있게 검토해야 할 것이다. 다음으로 칸트의 이성 도덕에 대항해 보편적 도덕을 비판했으면서도 아도르노가 과연 도덕의 보편성을 완전히 거부했는가 하는 질문을 던져 봐야 한다. 아도르노의 도덕적 사유는 고통과 불의의 제거와 인간성의 실현이라는 인간의 보편적 요구와 도덕적 요구를 암묵적으로 동일시하고 있다. 그리고 그것을 '억압적인 도덕 없는 도덕 사회의 구현'이라는 유토피아의 실현으로 이해한다.

이 점에서 아도르노는 칸트와 다른 종류의 보편적 도덕, 비인간적인 인간 존재의 상태를 고발하고 고통의 경험을 사회 전체의 부정성을 인식하게 만드는 '부정적 도덕'의 보편성을 그의 전체 도덕철학적 논의에서 전제했다. 아도르노의 아우슈비츠 재발 방지에 대한 사회적 정언명법 역시 부정적 형식의 보편적 도덕 명제의 성격을 갖는 것이라 봐야 할 것이다. 끝으로 도덕과 사회, 도덕 폭력론의 논리와 사회적 고통의 도덕철학적 해결 전략으로서 화두만 던지고 끝난, 이른바 생명 연대 논리 간의 간극이 해소되지 않는다는 점이다. 도덕이 특정 사회의 특정 계층이

Kritischen Theorie zur Mitleidsethik," in: der., *Gesten aus Begriffen*, Frankfurt/M. 1997, 180쪽.

펼치는 자기 이해의 논리라는 관점을 고수하면서, 고통을 제거하기 위한 전략으로서 생명의 연대론으로 나아가기 위해서는 논리적 간극을 극복하기 위한 이론적 시도나 수정이 불가피하다.

사회 없는 실증주의 사회학과 부정적 사회이론

1) 사회이론의 변증법적 전개와 변증법적 사회학 구성 의도

사회에 관한 아도르노의 사유는 사회학 저작들뿐만 아니라 역사철학, 예술·문화 비판, 학문 비판, 이데올로기 비판, 실증주의 비판, 동일성 비판, 관념 철학 및 관념변증법 비판, 교육 비판, 자본주의 비판, 미학과 음악사회학 등 논의 전반에서 다채롭게 전개된다. 이 다채로움은 '파편적', '비체계적', '지나치게 포괄적'으로 보일 수 있다. 그러나 '아우슈비츠의 사회학과 역사적 기원을 추적한 계몽 비판, '사회학과 역사학의 통합적 교육'을 강조하는 반(反)교육 비판, '사회학과 사회철학의 탈경계화, 학문적 분업화와 분과 학문으로서 사회학의 독립화 과정에서의 물화 현상, 사회 해방 없는 개별 문제 극복의 근본적 한계 등에 대한 지적[38] 등에서 볼 수 있듯이, 그의 사회에 관한 사유는 전방위적이고 입체적이며 다층적으로 수행되었다.

사회학적 저작들과 사회학 강의록에서 '사회'에 관한 본격적인 논의를 전개한 아도르노는 자신의 사회에 관한 사유를 '변증법적 사회이론'으로 명명하였고 '비판적 사회이론', '비판적 사회학', '변증법적 사회학'이라고 칭하였다. 이러한 다양한 명명 방식은 그의 이론철학과 실천철학 및 사회학적 논의에서 비판, 변증법, 부정 개념이 다양한 의미 층위로 사용되는 데 기인한다고 볼 수 있다. 아도르노는 총체적 사회인식을 근본 목적으로 하는 변증법적 사회이론을 기획하면서 그것의 이념과 방향, 방법론을 제시하고자 했다. 그와 같은 작업은 부정 변증법적 사유에 기초한 실증주의 사회학과의 대결과 그것의 극복을 의미했으며, 사회 부정성의 인식과 구제의 가능성에 대한 부정적 반성과 개방성 논리의 토대 위에서 이루어졌다.

필자의 논의는 아도르노의 '변증법적 사회이론의 기획이 얼마만큼 성공적이었는가'라는 문제의식에서 출발한다. 국내에서 아도르노의 변증법적 사회이론에 관한 연구는 아직 이루어지지 않았다. 국외에도 그의 변증법적 사회이론에 대한 단독 연구물을 찾아보기가 쉽지 않다. 벤저 (Matthias Benzer)가 펴낸 아도르노의 사회학은 점성술, 성적 터부, 인종적 편견과 같은 각론적 문제와 마르크스, 크라카우어(Siegfried Kracauer), 벤

---

38 사회 해방 없이는 여성 해방이 불가능함, 사회개혁을 수반하지 않는 부분적인 교육개혁의 근본적 한계 등에 관한 아도르노의 입장은 '사태에 대한 구조의 우위성'에 근거한다. 그는 사회와 문화, 사회와 개인 등의 변증법적 상호작용을 강조하지만, 기본적으로 사회결정론적 입장에 가까우며 이는 사회적 억압의 총체성으로부터의 해방에 대한 이중적 입장, 즉 구제 가능성과 회의의 양가적 관점으로 나타나기도 한다.

야민(Walter Benjamin) 등의 사회이론과의 영향 관계를 주로 다루고 있으며, 변증법적 사회이론의 전모를 입체적으로 보여 주지 못한다. 슈베펜호이저(Gerhard Schweppenhäuser) 등이 펴낸 『아도르노의 후기 자본주의의 사회학―아도르노의 사회이론』 같은 논문 모음집은 문화산업, 개인, 도덕, 문학, 미학 등의 개별 주제에서 사회에 대한 그의 사유를 부분적으로 다루는 데 그치고 있다.[39] 그래서 엄밀한 의미에서 그의 변증법적 사회이론에 대한 통일성 있는 접근의 연구 성과물로 볼 수 없다.

이와 같은 연구 현황과 문제의식에 기초해, 필자는 아도르노의 변증법적 사회이론의 구조를 비판적으로 재구성하고 그것의 사회인식론적 성격과 내적 한계를 규명하고자 한다. 이를 위해 ① 사회인식의 전제로서 '해석'의 문제, ② 사회적 총체성을 둘러싼 쟁점들, ③ 변증법적 사회이론과 자본주의 비판의 내적 관계, ④ 해방적 사회를 위한 변증법적 사회이론의 역할과 그 가능성, ⑤ 변증법적 사회이론의 사회인식론적 축소화의 문제를 쟁점화할 것이다.

2) 사회인식의 불가능성과 사회인식의 통로로서 해석

사회를 정의하고 개념적으로 이해할 수 있는가? 아도르노는 객체로서의 사회 자체는 "이해 가능성과 이해 불가능성이 하나로 결합"(GS8, 295)되어 있다고 본다.[40] 아도르노가 사회에 대한 형식적 정의 불가능성과 개

---

39 M. Benzer, *The Sociology of Theodor Adorno*, Cambridge University Press, 2011.
40 노명우는 아도르노가 '사회는 정의될 수 없다'고 주장했다고 강조하며 그 근거로 사회학의 독립화 추구 과정에 대한 아도르노의 비판을 그의 음악사회학 논의를 통해 소개한다. 그의

념적 이해 불가능성의 입장을 표명하는 경우는 뒤늦게 시작된 사회학이 학문적 독자성을 확립하려는 과정에서 '사회적인 것의 상실'과 뒤르켐과 실증주의적 사회학을 비판하기 위함이다. 그는 사회가 과정(Prozess)이며 역동적인 카테고리이기 때문에 기존의 사회학이 가정하는 것처럼 사회에 대한 형식적인 정의 자체가 의미를 갖지 못한다고 보았다.

그에 따르면 실증주의 사회이론이 시도하는 사회에 대한 기능적인 규정을 통해서 사회가 이해될 수 없으며 자연과학처럼 법칙으로도 파악될 수 없다. 왜냐하면 사회는 개별 사실들로부터 추상화될 수 없으며 사회를 하나의 사실로 붙잡아 둘 수 없기 때문이다. 또한 사회에 의해 결정되지 않는 사회적 사실은 존재하지 않기 때문에 아무리 정밀한 사회조사 기법들을 동원해 사회적 사실을 수집, 정리한다고 해서 사회에 대한 인식을 획득할 수 없다(GS8, 10 참조). 이는 개별적 사회 정보의 수집과 가공이 곧 '사회인식'을 의미하지 않는다는 것을 말한다.

아도르노는 실증주의적 사회인식의 한계를 지적하면서 동시에 "오늘날 사회학은 철두철미하게 이해 불가능한 것을 이해하고 인류가 비인간적인 것으로 진입해 들어가는 것을 이해해야 한다"(GS8, 12)고 주장한다. 그는 사회에 대한 비판적 통찰과 비인간화된 사회의 비판적 인식 및 이해의 가능성을 실증주의에서 실종된 "사실들을 해석하는 것"(GS8, 485)에서 발견한다. '해석 없이 이해 없다'라는 아도르노의 주장은 '어떻게 해석하는가'의 문제로 수렴된다. 그는 주관적 해석을 배제하고 경험적 사

논의는 아도르노의 사회정의 불가능 테제만을 다루고 있어서 사회인식의 가능성을 화두로 하는 아도르노의 다른 모습에 대한 오해의 소지를 불러일으킨다(노명우, 「아도르노의 부정의 사회학 방법론과 개인」, 『현상과 인식』 31(3), 2007, 128-130쪽 참조).

회연구에서 수집된 '데이터들이 스스로 말을 하도록 하는 방식을 제안한다(GS8, 487 참조). 그에 따르면 실증주의적 사회학은, 전체의 연관 관계가 배제된 개별 데이터들에서 전체-부분, 보편-특수의 상호관계를 배제함으로써 데이터의 사회적 의미를 제대로 해석해 내지 못한다. 아도르노는 그 이유를 "보편적인 것 자체가 우리가 존재하는 특수한 상황에 의해 매개되며 오직 그 형식 안에서 드러난다"[41]는 기본 인식의 결여에서 찾는다. 개별 데이터가 사회적 의미를 획득하려면 총체적인 사회적 연관 관계에서 그것을 파악해야 '해석'이 제대로 이루어지는데, 실증주의 사회학은 해석 없는 데이터 분석만 있다고 보는 것이다.

이에 더해 아도르노는 사회적 사실과 데이터들, 현상에 대한 제대로 된 해석을 위해 다학문적, 다학제적 접근을 강조한다. 실제로 그는 자신이 참여했던 권위(Autorität) 연구 프로그램이나 기타 공동 연구 프로그램에서 그와 같은 사회연구 방법론을 실천했다. 한편 아도르노는 사회연구에서 정치경제학적 방법, 정신분석학적 방법, 문화사적 방법의 유효성과 한계를 지적하면서 동시에 비판적 사회연구를 위해 사회학과 철학의 경계를 허물 것을 요구했다. 이와 같은 요구는 학제적 연구방법을 넘어서 탈학제적 요구라고 볼 수 있는데, 이는 사회인식에서 '해석'의 타당성과 정합성을 높이려는 목적에서 비롯된 것이다. 이와 더불어 올바른 사회인식을 위한 해석을 위해 필요한 것이 '이론'이다. 아도르노에 따르면 해석은 '개별 경험이나 모티브들의 강렬함'[42]에서가 아니라 다학제적

41 Adorno, *Einführung in die Dialektik*, hrsg. von Ch. Ziermann, 2010, 203쪽.
42 아도르노는 벤야민과 보들레르가 개별 경험, 모티브, 이미지의 묘사와 나열만으로 사회적 총체성을 드러내는 데 실패했다고 본다. 그는 그와 같은 방식만으로는 사회구조 전체에

방법을 활용해 얻은 '사회 전체에 대한 인식', 곧 이론의 토대 위에서만 유의미성을 갖는다. 왜냐하면 "사회적 과정의 결정적 구조들이 이론의 간섭 없이 명백하게 알려질 수 없으며,"(GS8, 291) "이론 없이 단순히 가설들을 이용하여 꾸려 가는 경험적 연구는 체계로서의 사회, 사회라는 실제적인 객체"(GS8, 210)가 무엇인지 설명할 수 없기 때문이다.

여기서 주의를 기울여야 하는 것은 해석과 이론의 관계이다. 아도르노는 조직적이며 통합적인 이론 체계에 근거한 사실들의 규정적 해석으로서의 해석과 이론의 관계를 설명하지 않는다. 그가 말하는 이론이란 '전체 사회에 대한 이론'이기 때문에 "그렇다, 그것이 전체 사회다"[43]라고 주장하는 이론 체계가 아니다. 아도르노의 시각에서 이론은 개별 대상, 개별 사례, 개별 데이터, 개별 인식에만 매달리지 않고 변증법적 사유의 방식에 따라 '그것들 바깥에서' 그것을 규정하는 것이 무엇인지 탐구하는 사회인식의 태도, 사회적 사실의 해석 태도를 지칭한다.

아도르노가 말하는 '바깥에서 해석하는 태도'란, 다시 말해 사회적 총체성의 시각에서 데이터를 해석하는 태도란 "우리가 어떤 사회 속에서 살고, 그 속에서 이미 규정된 관계가 어떤 특정한 객관적 구조를 이루며, 모든 인격적 관계를 사전에 선험적으로 형성하는 영속화된 강압의 특정한 계기를 내포한다는 관념"[44]을 전제로 한다. 해석은 개별적인 사회현상과 그것에 작동하는 어떤 객관적 구조에 대한 사유를 동시에 이

서 무엇인가를 추론해 내는 데 한계가 있을 수밖에 없다는 점을 근거로 제시한다(Adorno, *Einführung in die Dialektik*, 2010, 132쪽 참조).

43 Adorno, *Einführung in die Dialektik*, 2010, 181쪽.
44 같은 책, 2010, 같은 쪽.

해하려는 인식 태도(이론)를 전제해야 하며 이를 통해서만 올바른 사회 인식의 가능성이 확보될 수 있다는 것이다.

3) 사회적 사태로부터 본질적인 것의 인식

사회적 사실들에 대해 바깥에서 사유하는 것이 '해석'이며 사회인식의 전제라면 "'해석'의 궁극적인 목적이 무엇인가"를 물어야 한다. 사회적 사실들이 스스로 말하게 하는 해석적 방법의 우회로를 거친다고 해서 총체적 사회인식이 자동적으로 획득되는 것은 아니다. "부분이 전체로 부터 파악되어야 하며 전체는 부분들의 협력에 근거해 파악되어야 한다고 부단히 요구하지만, 동시에 이 계기들, 전체와 부분, 보편과 특수 사이에는 어떤 긴장 관계가 유지되며, 이를 통해 그 두 계기를 결합하려는 노력은 실제로 지극히 문제적이며 난해"[45]하기 때문이다.

이 난해함의 근본적인 이유는 전체가 '실증적'으로 주어지지 않을 뿐만 아니라, 전체와 부분의 관계에서 역동적인 계기들이 지속해서 산출되는 데 있다. 사회인식을 위해서는 실증주의적 사회학처럼 '소여된 것'에 근거하지 않고 소요된 것을 '매개된 것'으로 간주하며 소여된 것, 사회적 현상 이면에 숨어 있는 전체의 힘들에 주목해야 한다.[46] 여기서 '전체의 힘들'이란 사회적 총체성의 다른 이름으로 사용되고 있는데 이 대목에서 아도르노가 말하고자 하는 바는 개별 현상을 총체성 속에서 파

---

45 같은 책, 2010, 129쪽.
46 같은 책, 2010, 207쪽 참조.

악하되 총체성을 실체화하지 말고 사회적 사태의 역동성에 근거해 그것을 끌어내야 한다는 것이다.

아도르노는 사회적 매개의 연관 관계를 사태로부터 해석하려는 이론적 시도가 사회의 본질에 대한 물음이며 이것이 사회학의 진정한 과제임을 명시한다. '현상만이 존재한다'는 기본 전제에 근거한 실증주의적 사회학은 "본질적인 것에 대한 물음을 거부"[47]한다. 아도르노는 사회인식과 비판의 출발점이 "사회적으로 본질적인 것이 무엇인가"[48]에 대한 질문과 탐구에 있다고 보았다. 그에게 본질과 현상이 사회구조에 의해 조건 지어짐으로 사회인식은 "본질적인 것이 어떻게 부상하는가 또는 어떻게 출현하는가"에 대한 대답이며 "개별적인 사회학적 사실들을 사회적인 것의 암호들(Chiffren)로 파악하고 암호들을 읽어 내는 시도"[49]이다. 아도르노가 말하는 사회적 사태로부터 사회인식의 논리적 순서는 사회적 사실과 '현상＝암호-암호 해석'이며 '암호 해석＝총체성 인식＝본질 인식'과 같다.

이와 관련해 해외취업자나 자발적 취업포기자 문제를 아도르노의 관점에서 살펴보자. 그는 특수하고 개별적인 차원에서 특정한 개인적 상황과 실존적 선택으로 논의를 축소하지 말고 한 사회의 경제적 구조와 상황, 경제·사회·노동 관련 정책, 취업시장의 구조적 변동요인, 세계경제 상황과 영향 관계 등 그와 같은 현상과 사건이 발생하는 복합적인 원인과 전개과정 전체에 작동하는 규정과 강제력을 탐구해야 한다고 강

---

[47] Adorno, *Einleitung in die Soziologie*, hrsg. von Ch. Gödde, Frankfurt/M. 1993, 37쪽.
[48] 같은 책, 1993, 109쪽.
[49] 같은 책, 1993, 41쪽.

조할 것이다. 이와 같이 사건이나 사회현상을 개별화시키지 않고 전체와의 규정적 관계 속에서 파악하는 것이 사태의 본질로부터의 사회인식 방법이다. 분리와 개별화, 미시분석은 반변증법적 사회인식 태도이다. 그렇다고 모든 개별적인 사안을 '자본주의적 사회구조'의 문제로 일률적으로 환원하는 인식 태도 역시 사태 자체에 근거한 사회인식의 방법이라고 보기 어렵다.

아도르노는 환원론적 사회인식 태도로 수렴되지 않는 문제가 있을 수 있다는 것을 시사하지만 '어떤 경우'인지는 제시하지 않고 있다. 이와 관련해서는 사적 원인과 도덕적인 책임 문제로 환원될 수 있는 사회적 행위에 의해 발생한 현상들을 들 수 있을 것이다. '현상 이면의 사회적인 것'이라고 통칭할 수 있는 것을 인식하는 것이 사태의 본질을 파악하는 것이며, 그것이 실증주의 사회학에 대항해 아도르노가 기획한 변증법적 사회이론, 비판적 사회이론의 목적이며 기본 전제다.

4) 실증주의 사회학 비판을 넘어 변증법적 사회이론으로

『사회학 저작들 I, II』와 사후 편찬된 강의록인 『사회학 개론』, 『변증법 개론』의 도처에서 아도르노는 개별 주제에 몰두하면서도 실증주의 사회학과의 대결을 동어반복적으로 감행한다. 이것은 사회이론을 지배하는 실증주의 사회학의 지배에 대한 싸움의 긴박성과 전선의 복잡성을 간접적으로 보여 줌과 동시에 변증법적 사회이론을 구축하려는 그의 분명한 이론적 목표에서 기인한다고 볼 수 있다. 변증법적 사회이론의 관점에서 실증주의 사회학을 비판할 때 가장 중요한 부분은 역사인식이 결여된 사회인식의 태도이다. 역사인식이 없는 사회학은 사회 없는 사회학만큼 사회공학의 범주를 벗어나기 힘들다.

그래서 아도르노는 "역사가 사회적 인식의 배경만이 아니라 모든 사회적인 인식의 구성"[50]요인임을 명확히 한다. 그런데 실증주의에 토대를 둔 미국 사회학은 "역사와 역사적인 연관 관계들이 사회학 자체에 근본적인 것이라는 사실을 전적으로 오인"[51]하며 역사를 부수적인 정보 수준으로 격하시킨다. "사회에 내재한 역사적인 요소들에 대해 관계를 맺지 않고는 사회적인 카테고리들의 어떠한 의미도 형성할 수 없고 사회도 전혀 이해될 수 없는 것"[52]이다. 필자가 볼 때 이러한 접근은 사회의 역사적 요소를 규명하는 '역사의 사회학화'이며 역사의 사회적 요소를 밝혀낸다는 점에서 '사회의 역사화'를 수행하는 작업이다. 아도르노는 두 계기성을 '사회인식에 접목시키는가 아닌가'가 변증법적 사회이론과 실증주의 사회학의 근본적 차이라고 강조한다.

아도르노의 실증주의 사회학 비판의 또 다른 핵심은 소위 '방법론 숭배'이다. 그의 비판의 핵심은 사회인식의 내용적 측면이 아니라 연구 방법론에 매몰되는 실증주의 사회학자들의 사회인식의 태도에 있다. 아도르노가 볼 때 실증주의는 방법론 그 자체가 "목적이 아니고 목적에 이르는 길"(GS8, 539)임을 망각하고 있다. 방법론과 인식주체의 관계 측면

---

[50] 같은 책, 54쪽. 이와 같은 아도르노의 입장은 비판적 주체 교육의 한 방식으로 사회학과 역사학의 학제적 교육의 중요성을 강조하는 형태로 나타난다(이하준, 「반(反)교육과 반(反)교양 교육을 넘어 ─ 아우슈비츠 이후 아도르노 교육사유와 절반의 교양교육비판」, 『현대유럽철학연구』 제52집, 2019, 144쪽 이하 참조).

[51] 같은 책, 2019, 243쪽.

[52] 같은 책, 2019, 같은 쪽.

에서 보면 실증주의는 인식주체에 대한 방법론의 우선성을 전제한다. 이에 반해 변증법적 사회이론은 대상에 의존하지 않는 열린 비판적 방법론이다. 이 점에서 아도르노는 실증주의를 "의식 결핍의 합리화"(GS8, 271)로 간주한다. 그는 방법론에 대한 개선된 인식의 결과로, 지적 균형 감각이 있는 사회학자들이 질적 방법론과 양적 방법론을 매개하려 하지만 거기에도 분명한 한계가 있음을 지적한다.

양적 방법론과 질적 방법론의 한계를 인식한 사회학자들은 양적 연구에 토대를 두면서 그 한계를 질적 연구방법으로 보완해 결과를 산출해 내지만, 다시금 양화의 모형에 따라 연구 결과를 양화시키는 우를 범한다는 것이다. 이를 해결하기 위해 아도르노는 '방법론적 이성'을 요구한다. 방법론적 이성은 방법론에 매몰되는 도구적 이성이 아니라, 질적 계기들 속에, 양적 계기들도 내재하며, 사회연구의 신뢰성 확보 수단으로 과대평가된, 방법론 자체에 대한 사회연구자의 통찰을 지칭한다. 방법론적 이성에 대한 아도르노의 요구가 현실화될 가능성은 매우 낮다. 집단적 차원의 발생 가능성 이전에 방법론 열광의 기저에는 과학주의적 확신이 자리 잡고 있기 때문이다.[53]

방법론 숭배에 대한 비판에서 한발 더 나아가 아도르노는 설령 방법

---

[53] 주목할 만한 것은 아도르노가 실증주의 사회학에서 방법론 숭배의 외적 요인으로 사회의식의 불확실성, 개인적 실존의 불확실성, 지적 불확실성을 제시한다는 점이다. 아도르노는 이와 같은 주장의 근거를 제시하고 있지 않지만, 현대 사회의 불확실성, 불투명성, 비가시성이 사회연구자와 연구 결과의 수신자들이 공유하고 있으며 신뢰성의 압박과 신뢰 욕구의 실현 욕구를 채울 수 있는 방법으로 양적 방법론에 경도되는 것으로 유추하는 듯하다. 방법론 숭배와 방법론주의의 근본 원인은 분석의 과학성 경쟁이라고 보는 것이 타당하며 아도르노가 언급하는 사회심리학적 동인은 부차적이며 논증되기 어려운 주장이다.

론적 요구들이 충족됐다 하더라도 무조건 '생산적 인식'이 도출되지는 않는다고 주장한다. 진정한 의미의 생산적 인식은 "절대적인 것으로 설정되고 물신화된 방법론"[54]에서 생기지 않는다. 사회학적 차원의 생산적 인식은 방법론적으로 규제되지 않은 인식, 규제되지 않은 경험에 그 가능성이 놓여 있다. 방법론으로 규제되지 못한 경험의 세계는 사회적 연관 관계에 집중하는 이론의 도움을 받아 사태를 규명하는데, 그것이 바로 변증법적 사회이론의 과제이다.

변증법적 사회이론은 "경험 세계를 이론적으로 암호를 해독하듯이 규명함으로써 경험 세계를 생산적으로"(GS8, 545) 만드는 일련의 활동이다. 아도르노는 생산적 사회인식의 결여에 대한 비판의 시각을 확장해 실증주의 사회학을 '사회 없는 사회학'으로 폄하한다. 왜냐하면 실증주의 사회학의 논의는 사회에서 출발하는 것이 아니라 개별적인 주체, 사회의 견해, 행동 방식의 자명성에 초점을 맞추기 때문이며, 매개의 장과 매개체로서 사회를 인식하는 것이 아니라 계량적 통계의 조사에 의해 파악 가능한 대상으로 사회를 인식하기 때문이다(GS8, 287 참조).

욕구마저 사회적으로 매개되어 순수 자연적 욕구 자체가 없다고 간주하는 아도르노에게 실증주의 사회학에서 가정하는 위 요소들의 자명성은 허위에 불과하며, '지배 사회학'의 요소를 잠재적으로 내포한다고 볼 수 있다. '사회 없는 사회학'에 대한 아도르노의 비판은 사회적 모순을 백안시(白眼視)하는 실증주의 사회학의 기본 시각으로 향한다. 그의 생각에, 모순의 백안시는 최고의 극단적 객관성을 추구하는 실증주의 사

---

54 Adorno, *Einleitung in die Soziologie*, 1993, 136쪽.

회학이 이상주의에 빠져있음을 보여 주는 것이며, 그런 의미에서 실증주의 사회학은 주관적이고 도구적인 이성에 붙잡혀 있는 것과 다름없다. 이상주의는 사회적 모순의 객관성을 백안시한다는 점에서 '주관적'이라 할 수 있고 도구적 이성에 매달려 있다는 것은 그와 같은 방향에서만 사회분석을 실행한다는 의미이다. 이런 맥락에서 아도르노는 실증주의 사회학을 '사회공학'으로 규정한다.

그가 볼 때 실증주의 사회학은 사회 내부를 개선하고 사회 체제를 유지하는 데 기여함으로써 지배의 사회학으로 기능한다. 아도르노는 실증주의 사회학의 체제유지 기능이 암묵적이고 비자발적으로 동원된 형식이 아니라, 실증주의 사회학의 이념 자체에 이미 내재하고 있다고 보았다. 그는 사회학적 방식을 통해 "사회를 지도하는 것이 가능해야 한다"[55]는 콩트(Auguste Comte)의 주장을 그 근거로 제시한다. 사회학이 태동한 이전이나 이후에 넓은 의미에서 관변 사회학자, 기능주의 사회학자가 많았다는 점을 고려한다면 새로운 주장은 아니다.

그렇다면 해결책은 무엇인가? 아도르노는 지배를 위한 '관리 연구로서의 사회학'을 극복할 유일한 대안을 학문적 분업 체계에서 독립화의 노력을 포기하는 것, 다시 말해 국민경제학과 사회학의 분리, 사회학과 사회철학의 분리, 역사학과 사회학의 분리를 지양하면서 총체적 사회적 연관을 탐구하는 비판적 사회이론, 변증법적 사회이론의 연구 방식에서 찾는다.

아도르노는 실증주의와 전방위적 대결을 하면서, 동시에 적극적으로

---

[55] Adorno, *Einleitung in die Soziologie*, 1993, 26쪽.

그것을 지양하고자 한다. 그에 따르면 변증법적 사회이론은 "존재하지 않을 수 없는 실증주의의 기준들을 그 자체로 평가함으로써 실증주의 개념 자체를 지양하려고 노력"[56]하는 이론적 활동과 그 내용을 의미한다. 실증주의 사회학과 달리 아도르노의 변증법적 사회이론의 방법론은 변증법, 변증법적 사유이다. 아도르노가 변증법을 "어떤 상태에 대한 부정적 표현"[57]으로 정의한 바와 같이 변증법적 사회이론은 부정적 사유를 통해 사회의 부정성을 명증하게 드러내는 것을 목적으로 한다.

사회는 "변증법적 비판과 실천의 비판적 고찰 대상"(GS4, 172)인 것이다. 이런 점에서 변증법적 사회이론은 부정 변증법의 다른 이름이라고 볼 수 있으며 '사회적 부정 변증법'으로 칭할 수 있다. 왜 사회에 대한 변증법적 사유가 필요하며 작동되어야 하는가에 대한 아도르노의 대답은 자명하다. 변증법적 사유만이 모순과 허위의 계기들을 들춰낼 수 있고, 관리되는 사회를 있는 그대로 비판할 수 있기 때문이다. 그렇다면 아도르노 자신이 수행한 변증법적 사유에 의해 파악된 사회와 사회의 부정성은 무엇인가에 대해 살펴봐야 한다.

5) 변증법적 사회이론에서 '사회'와 사회의 부정성

변증법적 사유가 작동하지 않는 실증주의 사회학에서 사회는 개인들의 종합, 유기적 조직체의 이미지에 따라 존재하는 즉자적 존재로 환

---

[56] Adorno, *Einführung in die Dialektik*, 2010, 12쪽.
[57] 같은 책, 2010, 105쪽.

원된다.[58] 헤겔식 관념 변증법에서 파악된 사회는 현실의 강압적 성격이 배제되고 선험적 주체에 의해 구상된 추상적 개념으로서의 사회이다(GS6, 22 참조). 비변증법적, 관념 변증법적 사유에 의해 파악된 사회와 달리 아도르노는 사회 동역학(Dynamik), 달리 말해 현실적으로 작동하는 사회 메커니즘에 대한 변증법적 사유를 가동시킴으로써 사회를 인식하고자 한다.[59] 즉 "사회화 원리의 전개가 어떤 복잡한 문제와 어떤 모순들에 필연적으로 이르게 되는가"[60]를 보여 주는 방식을 통해 사회를 이해한다. '사회적 조직화의 원리와 그 작동 메커니즘'을 탐구하는 변증법적 사회이론은 '자본주의적 총체성(kapitalistische Totalität)'으로서의 사회에 대한 비판의 성격을 자연스럽게 갖게 된다. 그에게 사회는 교환관계에 의해 형성된 기능 연관 체제 이상도 이하도 아니다.

사회, 조직화된 사회는 사회적으로 조직된 인간 사이의 기능적 연관 관계일 뿐만 아니라 본질적으로 하나의 존재로서 교환에 의해 규정되

---

[58] Adorno, *Einleitung in die Soziologie*, 1993, 69쪽 참조.

[59] 비판적 관점에서 본다면 아도르노의 변증법적 사회이론에서 부분과 전체, 보편과 특수, 모순, 총체성, 개인과 사회에 관한 논의는 하버마스나 마이어가 지적하듯이 헤겔의 변증법적 사유에 빚지고 있는 측면이 있다. 그러나 마이어의 주장처럼 아도르노의 변증법적 사회이론이 헤겔 변증법의 재번역과 마르크스 자본주의 비판의 수정 보완관의 산물로 간주하는 것은 '유사성 찾기 놀이' 이상은 아니라고 봐야 한다. 부렌은 마이어를 언급하고 있지 않으나 헤겔과 아도르노의 인식비판 차원의 상이성, 변화된 사회에서 자본주의 작동논리의 차이가 있음을 지적한다(L. Meyer, *Absoluter Wert und allgemeiner Wille: Zur Selbstbegründung dialektischer Gesellschaftstheorie*, Bielefeld, 2005, 16쪽 이하 참조; F. Buhren, *Phänomenologie des Ungeistes. Dialektische Gesellschaftstheorie und Metakritik der praktischen Vernunft bei Theodor W. Adorno*, Berlin, 2007, 19쪽).

[60] Adorno, *Einleitung in die Soziologie*, 1993, 63쪽.

는 연관 관계이다. 실제로 사회를 사회적으로 만드는 것은 … 교환관계이다. 교환관계는 사회의 개념을 공유하는 모든 사람을 잠재적으로 결합시킨다.[61]

사회는 교환원리에 의한 총체적인 기능연관 체계이며 교환의 원리가 매개의 형식을 취한다. "사회적으로 매개되지 않은 것"[62]은 아무것도 없다는 것은 교환원리의 전일화를 의미함과 동시에 기능적 매개의 연관 관계로서 사회적 총체성을 의미한다. 사회적 총체성 자체는 "어떤 연속적 총체성, 단절 없는 연역적 연관의 총체성, 논리적 총체성"[63]을 의미하지 않는다. 사회적 총체성은 기능적 매개의 단순한 총합 이상을 의미한다. 즉 단순히 매개된 모든 것을 가리키지 않고 그것 '위'에 존재한다. '위'라는 말은 매개된 모든 것에 작동하는 동역학을 의미한다. 사회적 총체성은 하나의 유기체처럼 고유한 생명력을 갖는 것이 아니며 "전적으로 그것의 개별적 계기들에 의해 생산되고 재생산된다"(GS8, 549). 기능적 연관 관계 속에서 작동하는 개별적 계기에서 생산되고 재생산됨으로써 인간은 사회적 총체성에서 벗어날 수 없다.

아도르노가 주목하는 것은 교환에 의해 모든 사회적 관계가 기능연관 관계로 편입되고 사회적 노동이 교환가치의 추상성으로 환원됨으로써 야기되는 부정적 결과다(GS8, 13 참조). 평균적인 사회적 노동시간에 의한 가치의 추상적 교환 상황에서 교환되는 대상들이 '일반화'됨으로써

---

[61] 같은 책, 1993, 57쪽.
[62] 같은 책, 1993, 33쪽.
[63] Adorno, *Einführung in die Dialektik*, 2010, 212쪽.

질적 계기가 상실된다. 문제는 질적 계기의 상실을 넘어서, 사회가 인간을 교환 대리인이나 운반자로 격하시킨다는 데 있다. 다시 말해 문제는 인간이 자기유지를 위해 기능수행자 역할을 자발적으로 내면화하여 사회적 지배가 이뤄진다는 데 있다. 이와 같은 사회적 지배하에서 인간의 자유는 상실된다. 아도르노는 자본주의 사회에서 자유가 이데올로기로 변질된 만큼 인간은 부자유하며 자기의 삶을 살아가지 못하는 무기력한 상태에 이르렀다고 진단한다. 그는 사회의 궁극적인 이념이 인간 자유의 실현임에도 불구하고 교환원리가 자유와 상실과 삶의 기형화를 가져왔다고 지적한다.

> 사회의 고유 개념에 따르면 인간의 관계는 자유에 기반을 두는데, 자유는 오늘날까지 인간의 관계에서 실현되지 않았다. 이 점에서 사회는 그만큼 경직되고 훼손되어 있다. 보편적 교환관계 속에서 모든 질적 계기들이 완전히 똑같은 것이 되어 버리는데, 이 질적 계기들의 본질은 구조와 같은 것일 수 있다. 제도적인 형식들의 힘이 과도해질수록 그 형식들이 강제하고 자체의 모형에 따라 기형화시키는 삶은 더욱 혼란스러워진다(GS6, 95).

사회적 자유의 상실과 그로 인한 삶의 기형화에 대한 아도르노의 관점은 자연스럽게 총체적으로 관리되는 사회의 부정성에 대한 비판으로 이어진다. 관리되는 사회란 한마디로 "사회의 밖에 아무것도 놓아 두지 않는"(GS8, 133) 사회를 말한다. 이것은 노동, 경제생활, 사회갈등, 의식, 여가, 문화, 교육, 욕구 등 인간 삶의 공적 영역을 넘어 사적 영역까지 총체적으로 사회화된 사회를 의미한다. 관리되는 사회에서 사회적인 것과 개인적인 것의 경계는 사라지고 욕구마저 사회적으로 생산된다. 이런 의미에서 관리되는 사회는 "그 어떤 독립적인 주체성이 숨어 있을 수도 있는 은신처들을 더 이상 용인하지 않는"(GS8, 54) 사회이다. 총체적으로 관리되는 사회에 대한 아도르노의 비판은 교환원리의 전일화를 가져온 자본주의 체제를 향한 비판과 다시 결합한다. 자본주의 경제 체제하에서 인간은 그 자체로 살아 있는 목적이 아니라 생산수단으로 규정되며 기계와 다를 바 없이 취급되는 '기계 인간'이다(GS4, 261 참조). "경제적인 영역의 구조가 사회의 전 영역에 확장"[64]됨에 따라 경제 논리에 의한 행동 방식의 규정, 산업주의에 의한 정신의 물화, 분업화된 노동의 결과로서 자기소외, 구체적인 노동조건의 획일화, 인간의 획일화, 노동자의 고립과 무기력은 자본주의 사회의 논리적 귀결일 수밖에 없다(GS3, 54 참조).

총체적으로 관리되는 세계에 저항이 가능한지에 대한 아도르노의 대답은 '관리되는 사회의 인식과 통찰이 가능한가'라는 물음으로 환원된다. 그는 그 가능성과 희망을 부인하지 않으며 두 유형의 상황을 가정한다. 첫째는 사회적 조직화가 아직 덜 된 영역에서 관리되는 사회에 대한 부정적 인식의 가능성이며, 둘째는 극단적으로 관리되는 사회 혹은 도피처조차 사라진 관리되는 사회에서 "완전히 함몰되지 않은 자들"(GS6, 51)의 정신적 대항이다. 이 두 경우에서 희망의 단서가 있다는 것이다.

---

[64] C. Thies, *Die Krise des Individuums. Zur Kritik der Moderne bei Adorno und Gehlen*, Hamburg 1997, 131쪽.

동시에 그는 현재의 사회적 조건들에서 가능성을 찾아내는 것이 허구일 수 있다고 주장한다. 인간의 의식은 사물화된 세계의 총체성 속의 한 계기로 물화되었고 사회적으로 약화되어 부정적 사유를 갖는 자유로운 주체로 나아가는 데 한계가 있다는 것이다.

그런데 다시 아도르노는 사물화된 의식이 허위라는 인식 안에 그것의 지양 가능성이 내재해 있다고 주장한다(GS6, 339 참조). 그의 태도를 모호하거나 양가적이라 하는 것은 성급한 비판이다. 그는 관리되는 사회에서 절망과 희망의 두 계기성을 동시에 인식하고 강조하면서 해방과 구제의 가능성을 모색한다. 이 모색의 시도에도 난점이 있다. 왜냐하면 덜 관리된 사회 영역에서 관리되는 사회의 부정성과 관련된 비판적 단서를 찾아낼 수 있다 하더라도, 관리되는 사회에 대한 비판의 기본 가정인 '오늘날 사회는 총체적으로 관리되는 사회이다'라는 테제와 논리적 긴장이 완전히 사라지거나 해소되지는 않기 때문이다. 아도르노는 먼저 '사회적 조직화가 덜 된 영역이 구체적으로 어디이며 관리되는 사회의 구조 속에서도 완전히 포섭되지 않은 자들을 누구로 상정하는지 명시적으로 제시해야 한다고 말한다. 그 후에 과연 해방과 구제의 가능성이 얼마만큼 있는지를 따져 볼 수 있을 것이다.

6) 해방된 사회를 위한 변증법적 사회이론의 과제

총체적 기능연관 체계인 사회에서 인간학적, 사회적 부정성의 양상을 고찰한 아도르노는 그것의 극복을 위해 변증법적 사회이론의 과제와 지향점을 부각시키는 데 주력한다. 그는 먼저 변증법적 사회이론의 목적을 명확히 제시한다. 그는 변증법적 사회이론의 목적이 사회에 대한 변증법적 인식에 있으며 그 인식에 기초해 사회의 변화와 해방을 추구하는 것이라고 규정한다. 변증법적 사회이론은 모순에 가득찬 사회적 현실의 경험에 의해 동기화되며 이 동기는 현존하는 사회의 부정성을 드러내면서 다른 사회의 가능성을 사유한다. 따라서 변증법적 사회인식은 실천적 의지를 수반한다. 이러한 아도르노의 입장은 부정 변증법이 "체제에 대한 비판으로서 체제 밖에 존재할 어떤 것을 상기"(GS6, 42)시키는 것이며 부정 변증법적 사유 운동이 체계에 맞서는 힘이라는 생각의 변주로 평가할 수 있다.

해방을 위한 변증법적 사회이론은 사회적 차원의 '화해'를 지향한다. 『부정 변증법』에서 아도르노가 부정 변증법의 궁극적 목적으로 화해를 언급한 것처럼, 화해는 더 이상 서로 적대적이지 않은 다수의 개별자들을 상기시키는 일이며, 비동일자를 해방시켜 다원성을 여는 일을 의미한다(GS6, 18 참조). 화해를 위해 변증법적 사회이론은 총체적 "현혹 연관(Verblendungszusammenhang)에 대한 자의식"(GS6, 398)을 자극해 그것을 깨려는 힘을 북돋아야 하며 개인의 비판적 잠재력을 촉진해야 한다.

이와 함께 변증법적 사회이론은 강요된 화해나 거짓 화해에 대한 저항과 그 존속을 분쇄하고 잘못된 "총체성으로부터의 해방"(GS4, 178)을 위해 기여해야 한다. 잘못된 총체성으로부터의 해방이란 총체성의 본래적 이념을 구제하는 것을 의미한다. 이때 총체성은 비판적 카테고리로서의 총체성을 의미한다.[65] 다시 말해 사회에 대한 총체적이고 생산적

---

65 M. Jay, "Positive und negative Totalität. Adornos Alternativentwurf zur interdisziplinären

인 인식에 근거해 현존 사회에 작동하는 지배의 "총체성에 순종하지 않는 것, 총체성에 저항"(GS8, 294)한다는 의미에서의 '비판적 카테고리'를 뜻한다. 결국 화해된 사회는 자기유지를 위해 가해지는 억압적 관리 체제로부터 자유로운 개별자들의 사회이며 사회와 비동일자인 "주체들과 화해하지 못한 측면"(GS6, 22)도 지양된 사회를 말한다.

경제적 차원에서 변증법적 사회이론이 꿈꾸는 해방된 사회는 인간성의 하향 평준화와 획일화, 노동 분업의 사회적 대체 가능성을 근본적으로 규정하는 교환원리를 규제하는 일이다. 이에 대한 아도르노의 대답은 구체적이지 않다. 그에게 규제의 가능성은 "교환가치로 표현될 수 없는 활동이 있을 수 있다"(GS4, 223)는 사유를 할 수 있는 힘과 교환가치로 대상화되면서 동시에 타자를 대상화하는 '주관적 이성'에 대한 비판적 각성에 달려 있다. 아도르노가 문화의 긍정성이 아니라 비판과 저항으로서의 문화의 부정적 성격을 말할 때, 그 중심에 교환가치의 거부를 제시하듯 해방된 사회의 가능성은 전일화된 교환의 원리가 허위임을 주장하고 거부하려는 의식적 태도에 놓여 있다(GS4, 49 참조).

변증법적 사회이론은 자본주의 체제하에서 "보편적인 물신성에 스스로 굴복하지 않는 수단을 통해 강제적 속박이 풀어지도록 기여"(GS8, 370)해야 한다. 아도르노가 변증법적 사유를 '물화에 대한 저항'이라고 주장하는 이유가 여기에 있다. 차이와 유일성의 토대 위에서 교환관계에 종속되지 않고 물신성에 저항할 때 '자유'로서의 삶의 가능성이 열린

Sozialforschung," in: *Sozialforschung als Kritik*, hrsg. von W. Bouss/A. Honneth, Frankfurt/M. 1982, 67쪽 이하 참조.

다. 삶이 삶을 살게 만드는 것이다. 이런 의미에서 변증법적 사회이론은 자본주의 비판이자 사회적 실존을 문제로 삼는 삶의 철학이라 할 수 있다.

인간학적 차원에서 해방을 위한 변증법적 사회이론은 자유로운 개인들의 연합체를 지향함으로써 '개인의 위기'의 사회적 사태를 주목하면서 개인의 사유 능력과 비판적 잠재력을 자극해야 한다. 또한 개인의 경험 속에 침전되고 은폐된 사회적 억압을 읽어내는 능력과 자유 충동을 촉진해야 한다(GS6, 56 참조). 이에 덧붙여 '지성적 양심(das intellektuelle Gewissen)'으로 하여금 올바른 사회에 대한 표상을 형성하도록 도와야 한다(GS4, 31). 문제는 변증법적 사회이론이 '살아 있는 개인'의 해방적 잠재력 및 지성적 양심을 가정하면서도, 어떻게 그들을 연결하고 조직화할 것인가와 비동일자로서 그러한 개인들의 주체 형성에 대해 구체성의 사유를 유보하고 있다는 점이다.

방법론적 차원에서 해방을 위한 변증법적 사회이론은 객체 우위, 구조우위에 기초한 짜임 관계적 인식을 강조한다. 아도르노는 『부정 변증법』에서 보여 준 '객체 우위'의 논리와 짜임 관계적 배열의 논리를 다시 사회인식에 준용한다. 그는 마르크스와 베버(Max Weber)의 논의에서 사회인식 관점의 차이, 곧 마르크스의 핵심 카테고리로서 상품 형식이 베버에서는 등가원칙, 시장, 합리성 등의 개념으로 나타나며 계기들의 차이를 노정하고 있다는 점을 강조하며 이 '차이'에 주목한다.

그는 양자의 차이가 사물, 대상에 대해 어떻게 초점을 맞추느냐에서 비롯됐다고 본다. 즉 사회인식의 차이는 사회적 객체 간의 짜임 관계적 배열 관계를 어떻게 배치하느냐에 의해 결정된다는 것이다. 그렇다면 왜 이론적 분석 대상인 '사회적 객체'가 중요한가? 인간은 어떤 형태의 관념의 담지자이자 운반자이다. 이 때문에 주체 우위적 사회인식이나, 주체의 주관적 반응과 판단에 의존하는 설문 조사기법들은 대상 중심적, 구조의 객관성을 담보하는 데 한계를 노정할 수밖에 없다.[66] 이런 이유로 객관적 구조에 근거해 객체인 사회현상을 다루는 변증법적 방법만이 진정한 사회인식에 도달할 수 있다. 여기서 주의해야 할 것은 아도르노가 객체 우위의 사회인식만이 객관성을 유일하게 보증할 수 있다고 주장하지 않는다는 점이다. 이는 사회에 대한 주체의 판단 정합성을 증가시키고 임의성을 어떻게 감소시키는가의 문제 역시 중요한 논점이라는 것을 말해 준다.

7) 사회인식론으로서 변증법적 사회이론의 제문제

변증법적 사회이론은 협의의 사회학이 아니라 사회인식론임을 자임했다. 부정 변증법적 사유에 기초한 사회인식론은 그 내적 성격으로 인해 미완에 그치게 된다. 두 문제는 서로 분리되지 않는다. 어디서 이러한 문제가 발생하는가. 첫째, 분과 학문으로서의 독립성 확보에 대한 비판과 총체적 사회인식에 대한 관심에서 오는 문제이다. 변증법적 사회이론은 분과 학문으로서의 고유성과 독립성을 주장하지 않는 사회의 이념과 본질 및 방향에 대한 물음을 구하는 학문이다.

이러한 인식하에 그는 사회학과 사회철학의 경계를 해체했다. 이 점

---

[66] Adorno, *Einleitung in die Soziologie*, 1933, 143쪽 이하 참조.

은 그가 협의의 사회학으로서의 독자적 이론을 구성하는 것을 목적으로 하지 않았으며 사회에 대한 인식 이론, 좀 더 정확히 말하면 사회에 대한 이론적 태도로서의 사회인식의 성격을 규명하는 데 관심을 기울였음을 확인해 준다. 이와 같은 아도르노의 이론적 태도는 그가 콩트 이후의 사회학 역사를 왜 학문적 독립성을 획득하기 위한 노력의 역사로 파악하고, 그것의 문제를 지속해서 제기하는지를 이해하게 만든다. 또한 이것은 그가 사회학 저작들과 사회학 강의록 도처에서 왜 그토록 실증주의 사회학과의 전방위적 대결을 했는지를 설명해 준다. 아도르노의 시각에서 실증주의 사회학은 방법론의 고유성과 정합성을 통해 학문으로서의 사회학의 독자성을 확보하려는 시도였으며, 그러한 작업이 분과학문으로서 사회학의 위상을 확보할 수 있다는 잘못된 믿음의 산물이다. 그의 사회인식은 바로 이 지점, 사회적 객체의 인식을 어떻게 할 것인가에서 다시 시작하며 그러한 질문은 처음부터 실증주의 경험사회학의 대결을 불가피하게 만든다.

이 문제와 관련해 오래되고 익히 알려져 있지만, 여전히 이론(異論)의 여지가 있어 언급할 만한 가치가 있는 것이 변증법적 사회이론과 실증주의의 관계 문제이다. 아도르노는 변증법적 사유와 실증주의 사유가 상호 대립적이지만은 않으며, 총체적인 사회인식을 위한 비판적 수용과 지양이 변증법적 사회인식론의 방법론적 전제임을 일관되게 주장해 왔다. 실증주의 사회학과 변증법적 사회이론의 내적 친화성은 〈권위주의적 성격〉 연구에서 확인된다. 그가 참여한 이 연구는 경험 연구와 질적 연구를 훌륭하게 결합한 연구 성과로 평가받는다.[67] 그와 같은 성공적 사례로 아도르노는 〈다름슈타트 지역 연구〉를 제시한다. 그는 그가 참여한 이 연구과제의 후반부 작업의 결과로 도시 관료층에 대한 시민들의 반감을 분석하면서 경험적 사회조사 연구기법과 동기 분석기법, 성격 가면들이라는 반성적 개념을 동원해 양자를 결합했으며, 그 자신이 이를 경험적 사회적 설문 방식과 변증법적 사회이론을 통합하는 연구라고 평가했다.[68] 위와 같은 작업은 "직접적인 자료들이나 기록들이 아니라 객관적 근본 법칙에서 출발하는 마르크스주의적 유물론을 사변이라고 미리 단정"(GS6, 27)하거나 변증법적 사회이론가를 '사변적 사회 형이상학자'로 폄하하는 실증주의자들에 대한 아도르노식의 실천적 반격이라 할 수 있다.

아도르노의 변증법적 사회이론의 방법론적 실천과 관련해 샤이블레(Hartmut Scheible)는 그가 "경험적 연구를 정력적으로 옹호한 지 5년도 안되어"[69] 이론 연구로 입장을 선회했다고 주장했다. 필자가 볼 때 그의 이 주장은 반쪽의 진리를 갖는다. 아도르노가 입장을 선회한 것으로 해석할 여지는 있으나, 애초에 경험 연구의 중요성을 인정했을 뿐 '정력적'인 수준으로 옹호한 것은 아니었다. 샤이블레가 제시하는 논거인 사회 인식과 사회이론의 본질적 구성요소로서 사태 개념의 우선성과 중요성

---

67 샤이블레는 이 연구가 미국적 사회연구와 독일적 사회연구의 표본적 매개 사례이며 비판 이론의 반대파들에게도 사회연구 사례로 평가받았다는 사실을 소개한다(하르트무트 샤이블레, 『아도르노』, 김유동 역, 한길사, 1989, 181쪽 이하 참조).

68 Adorno, *Einführung in die Dialektik*, 2010, 174쪽 이하 참조.

69 하르트무트 샤이블레, 『아도르노』, 한길사, 1989, 201쪽. 샤이블레와 달리 한스 에른스트 실러는 연구 실행의 어려움 속에서도 아도르노가 질적 연구와 양적 연구의 상보성과 통합을 위해 노력했다고 지적한다(H.-E. Schiller, "Philosophie und Gesellschaft bei Adorno," in: *Soziologie im Spätkapitalismus. Zur Gesellschaftstheorie Theodor W. Adornos*, G. Schweppenhäuser (Hg.), Darmstadt 1995, 206쪽 참조).

에 대한 아도르노의 입장은, 경험적 연구를 본인 스스로 진행하면서도 일관되게 유지하였다. 또한 1950년 출간된 『권위적 성격』은 물론이거니와, 사망 1년 전인 1968년 개설된 사회학 기초과목 『사회학 강의』에서도 아도르노가 경험적 연구방법을 지속적으로 비판해 왔지만 '포기 선언'을 명시한 적이 없었다. 애초에 경험주의 사회학은 인간과 사회의 비합리성에 대한 주관적 조건을 탐구하기 위해 아도르노가 보조 학문으로 이해하고 비판적으로 수용한 정신분석학의 지위와 마찬가지로, 변증법적 사회이론의 보조 방법론이었음을 샤이블레는 간과한 것이다.

이보다 중요한 문제는 실증주의와의 전방위적 대결의 숨은 의도가 사회학의 탈사회학화, '사회학의 철학화 작업'에 있다는 점이다. 이 작업은 아도르노 '사회학의 내용이 무엇인가', '사회학자로서의 아도르노는 과연 존재하는가'라는 질문을 던지게 만든다. 탈사회학화를 통한 사회인식론의 정초에 충실하면 충실할수록 사회인식의 철학적, 규범론적 성격이 더 강화된다. 아도르노의 사회학적 저작들을 번역한 문병호는 아도르노가 사회학자로서 재발견되길 기대했지만[20], 처음부터 사회인식론을 천명한 아도르노에 대한 그의 기대는 허망한 것이라고 볼 수 있다. 사회학자들에 대한 평가를 아도르노가 하고 있지만, 전통적인 의미의 사회학자로서 아도르노의 사회이론은 없다. 이는 사회적 객체를 다루는 각론적 문제에서 철학과 사회학의 탈경계화의 결과이며 변증법적 사회이론이 '철학적 사회인식론'임을 확인시켜 준다.

둘째, 변증법적 사회이론의 중의성과 관련해 아도르노의 전체 철학에

---

[20] 아도르노, 『사회학 논문집 I』, 문병호 역, 세창출판사, 2017, 791쪽.

서 철학적 사회인식론의 지위 문제이다. 필자가 볼 때 그의 사회인식론은 부정 변증법의 사유를 객체로서의 사회에 적용한 결과물이다. 그는 『부정 변증법』과 『변증법 입문』에서의 관념 변증법과 유물 변증법에 대한 비판과 지양으로서 부정 변증법적 사유를 '사회의 총체적 인식'을 위한 사유 방법론으로 사용했다. 그의 사회인식론의 밑바탕에 전제되고 부분적으로 언급된 사회인식에서 짜임 관계적 인식, 사회적 객체 우위, 사회적 모순과 갈등에 대한 규정적 부정의 지속, 사회적 인식 대상들 차이의 강조가 그것을 잘 대변한다.

이것은 '부정 변증법의 사회학화'로 부정적 사회이론 기획의 성격을 갖지만, 부정 변증법과 질적인 고유성을 확보하는 데 일정한 한계를 드러냈다고 평가할 수 있다. 부정적 사유, 규정적 부정에 토대를 둔 사회인식론의 '개방성'을 염두에 둔다고 하더라도 사회이론으로서의 '구체성 요구'에 대한 최소 대답은 피할 수 없다. 사회이론의 구성적 측면에서 볼 때 이 문제는 아도르노가 관념주의적 사회학 및 실증주의에 대한 전면적 비판과 '변증법적 사회이론의 정초'와 동일시한 결과라고 평가할 수 있으며 그것을 사회인식의 이론적 태도로 머물게 하는 결정적 요소라고 봐야 할 것이다.

셋째, 변증법적 사회이론이 파악한 사회의 부정성으로서 자본주의 사회에서 교환의 추상성과 교환 관리의 전일화로 인한 물화와 인간성의 상실, 삶의 가능성의 왜곡을 해결하기 위해 아도르노의 전략은 부정성을 놓지 않는 변증법적 시선에 머물지 말았어야 했다. 그가 사회의 이념이 '자유'임을 천명하고 인간의 상호작용이 교환원리가 아닌 자유에 기초해야 한다고 주장한 이상, 그는 비판적 개인의 해방적 잠재력을 제시하는 데 그치지 않고 '사회적인 것의 복원'을 위한 이론적 탐색을 보여 줬어야 한다. 교환원리의 사회 체제로부터 상대적 자율성을 확보할 수 있는 사회, 그것을 가능하게 하는 사회적인 것의 탐구로 나아갔어야 한다. 이것은 변증법적 사회이론의 강령들, 예컨대 ① 다른 사회, 미래사회에 대한 확실한 예측과 전망의 '기만성' 폭로, ② 쾌적하고 통상적인 다른 사회에 대한 확실성의 포기, ③ 사회에 대한 '처방전의 거부', ④ 난관에 부딪히는 다른 사회이론의 문제에 대한 사유의 비판적 성찰이 있다.

'상의 금지 원칙'과 부정 변증법적 사유의 조합물인 이러한 강령들은 열려 있고 자기반성적인 사회인식으로서의 이론적 성격을 내적으로 지향하지만, 그것과 '사회적인 것의 복원'과는 다른 층위의 문제이다. 또한 그러한 구속력 있는 이론적 강령과 사회의 강압 논리를 분쇄하고, 다른 사회의 가능성을 규정적 부정을 통해 모색해야 한다는 변증법적 사회이론의 또 다른 강령과의 긴장은 완전히 피할 수 없는 것이다. 결론적으로 아도르노의 변증법적 사회이론의 기획은 사회인식론으로는 성공적이지만, 사회이론으로서 이론의 내적 요구인 '사회적인 것의 탐색과 복원'에는 실패한 미완의 기획이라고 평가할 수 있다.

2부 ——————————————— 문명 비판과 유토피아

유토피아 비판과 유토피아 모티브

1) 아도르노의 사유에서
유토피아적 사유가 없다는 입장은 타당한가?

오늘날 유토피아적 사유는 존재하는가? 이 질문에 대해 러셀 자코비 (Russell Jacoby)는 유토피아의 종말을 말한다. 그는 이데올로기의 종말과 현실사회주의의 붕괴, 다양한 다원주의의 이념들과 현실의 변화가 비판적 지식인에게 유토피아의 종말을 불러왔으며, 오늘날의 청년 세대에 미래에 대한 유토피아적 전망을 찾아보기 힘들게 만들었다고 지적한다. 자코비는 개방적 미래상을 갖고 "질적으로 달라진 미래"[71]에 대한 유토피아적 열정을 회복해야 함을 강조한다. 자코비의 주장과 달리 유토

---

[71] 러셀 자코비, 『유토피아의 종말』, 강주헌 역, 모색, 2000, 23쪽.

피아의 종말 시대에도 다양한 유토피아의 변종들이 병존하고 있다. 정보 유토피아나 유전공학 유토피아 같은 과학적 유토피아가 여전히 존재하며 신자유주의가 표방하는 이데올로기화된 시장 유토피아와 같은 '긍정적 유토피아의 변종들'이 존재한다. 이와 같은 자코비 식의 유토피아의 종말의 상황하에서 유토피아의 종말을 재해석하고 유토피아의 변종들을 비판하는 사회 비판의 이론적 전거를 제시할 필요가 있다. 바로 이 점에서 아도르노의 유토피아적 사유는 하나의 전거가 될 수 있다.

유토피아적 사유에 관해서 아도르노는 주목받지 못하는 철학자이다. 잘 알려져 있다시피 비판 이론가 중에서 적극적으로 유토피아론을 전개한 인물은 마르쿠제(Herbert Marcuse)다. 마르쿠제의 유토피아론에 대한 논의는 국내외 연구자들에 의해 많이 연구되어 왔다. 제이(Martin Jay)나 손철성이 지적하는 바와 같이 아도르노가 마르쿠제에 대해서 유토피아적 사유에 지극히 소극적인 태도로 일관한 것은 아니다.[72]

아도르노가 본격적인 의미의 유토피아론을 전개하지는 않았지만, 그의 철학의 성격이 유토피아적 의도를 기저에 품고 자신의 철학적 논의를 전개했다는 데에는 이론의 여지가 없다. 아도르노의 유토피아적 사유는 모어(Thomas More), 캄파넬라(Tommaso Campanella), 베이컨(Francis Bacon) 류의 긍정적 유토피아의 대척점에 있으며 마르크스가 비판하는 공상적 유토피아 역시 거부한다. 마르크스와 마찬가지로 유토피아적 동기를 가지고 구체적인 유토피아적 미래상을 제시하지는 않았는데, 그 이유는 과학적 사회주의 실현을 위한 현실 비판이 아닌 유대교적 영향과

---

[72] 손철성, 「마르쿠제 사상에서 상상력과 유토피아」, 『철학연구』 59집, 2002, 196쪽 참조.

역사철학적 입장의 차이에서 비롯된 것이다. 또한 아도르노는 자신의 관점에서 블로흐(Ernst Bloch)식의 '더 나은 삶에 대한 꿈'으로서 '낮꿈'이라는 희망 의식이나 '구체적 유토피아'에 내재한 가능한 것으로서의 '아직 이루어지지 않음(das Noch-Nicht-Gewordene)'의 사유를 거부하며 헉슬리식의 반유토피아적 사유에 내재한 체념적 인식도 받아들이지 않는다.[73] 그는 자유주의자들이 전제하는 전체주의적 유토피아 역시 거부한다.

그렇다면 아도르노의 유토피아적 사유의 성격은 무엇인가? 아도르노는 "내면의 가장 깊숙한 곳까지 잘못된 세계"(GS6, 42)를 응시하며 변화의 가능성으로서 유토피아 의식을 갖고 자신의 철학을 전개해 나갔다. 그가 유토피아론을 단일한 주제하에 전개하지 않았음에도 불구하고 그의 철학의 유토피아적 모티브는 역사-사회-인식-미학-유토피아의 긴밀한 내적 연관성 안에서 작동한다. 그는 긍정적 유토피아, 유토피아적 사유 일반을 비판하면서도 동시에 자신의 '부정적 유토피아'를 일관되게 밀고 나간다.

이 글은 아도르노 철학의 '유토피아적 의도'를 규명하고 그의 유토피아적 의도가 어떻게 보이지 않는 체계성을 가지고 주요 저작과 사유를 구성하는지 살펴보고 비판적으로 검토하는 것을 목적으로 한다. 이를 위해 ① 그의 유토피아적 의도가 사회 비판과 어떤 연관성을 갖는지를 밝히고자 한다. ② 그의 유토피아적 사유가 왜 부정적 유토피아인지 규명한다. ③ 유토피아적 사유가 역사-사회-인식-미학에서 어떻게 전개되는지 검토한다. ④ 아도르노의 유토피아적 사유의 난점들과 아도르

---

73 에른스트 블로흐, 『희망의 원리』, 박설호 역, 열린책들, 2004, 156, 596쪽 이하 참조.

노의 관점에서 우리 사회의 유토피아적 이념들을 비판적으로 성찰할 것이다.

2) 아도르노 철학의 유토피아적 모티브

유토피아에 대한 아도르노의 입장은 이중적이다. 그는 유토피아적 사유에 비판적이면서 동시에 유토피아적 모티브를 품고 있다는 점에서 그러하다. 긍정적 유토피아에 비판적이면서도 역사 비판, 시대 비판, 사회 비판으로서 그의 부정의 철학은 지금 불의와 모순의 부정적 사태와는 다른 가능성으로의 변화를 의도한다는 점에서 "아도르노의 사회 비판은 유토피아적 모티브"[74]를 갖는다고 볼 수 있다.

아도르노에 따르면 사회 비판의 기능으로서 유토피아 내적 동기와 내용은 철저하게 시대의 상황을 반영한다. 이 점을 아도르노는 "유토피아라고 간주되는 것은 기존의 것에 대해 부정적인 것이며 그것에 의해 좌우된다"(GS7, 55)고 말한다. 기존 상황에 대한 특정한 부정이 아닌 기존 상황에 긍정적이거나 중립적인 사유와 기존 상황과 거리를 둔 공상적인 사유는 부정의 유토피아가 아니라 사이비 유토피아이거나 유토피아의 외피를 한 이데올로기적 사유에 불과하다. 이 가능성은 바로 상황에 대한 특정한 부정 자체에 다른 가능성의 단초가 열린다는 것을 말한다. 이러한 관점을 아도르노의 전체 철학에 확장하면 알 켐퍼(Alo Allkemper)의 지적처럼 그의 철학은 부정적 방식으로 둘러싸인 유토피아적 사유가 그

---

[74] C. Rademacher, *"Nach dem versäumten Augenblick,"* Opladen 1997, 17쪽.

중심에 있다고 말할 수 있다.[75]

아도르노가 사회 비판의 문맥에서 유토피아적 사유를 전개한다는 것은 그가 유토피아를 "전체의 변화"(Adorno, 1996, 353)에 관한 사유 방식으로 이해한다는 점에서 잘 드러난다. 전체의 변화로서 유토피아는 현존하는 세계의 변화 가능성을 문제 삼는 사유로 규정된다. 여기서 전체의 변화란 단순히 사회의 변화만을 의미하는 것이 아니라 모든 영역의 변화를 포함하는 개념이다.

> 내가 전체에 대하여 말할 때 나는 결코 인간 공동의 삶의 체계만이 아니라 모든 범주에서 인간의 고유한 결합에 의해 변화할 수 있는 것을 생각한다(Adorno, 1996, 357).

아도르노에게 유토피아란 정의나 평등, 자유와 같은 개별적인 범주로 존재하는 것이 아니라, 개별 범주들의 복합적 총체의 변화를 지시하는 개념이다. 이런 의미에서 "유토피아는 가능성에 대한 의식"(GS6, 66)인 것이다. 사회 비판의 기능으로서 아도르노 철학의 유토피아적 모티브는 사회를 포함한 총체적인 변화의 가능성이 닫혀 있다거나 불가능하다고 쉽게 단정하지 않는다. 변화 가능성에 대한 회의를 표현하는 단서들을 아도르노의 문명 비판과 사회 비판에서 흔히 찾아낼 수 있지만, 아도르노 자신은 그러한 사회가 불변하는 것으로 간주하는 것 자체 역시 잘못된 관점임을 분명히 지적한다(GS8, 459 참조).

---

[75] A. Allkemper, *Rettung und Utopie*, Paderborn/München/Wien/Zürich 1981, 11쪽 참조.

그런데 아도르노는 전체의 변화 가능성에 대한 긍정적인 상이나 현재의 불의와 모순을 극복한 유토피아적 미래상을 그려 내지는 않는다. 분명한 유토피아적 전망 없이 더 나은 사회를 위한 개인적 차원과 사회적 차원의 행위 전략이 정립될 수 있는가? 아도르노의 유토피아적 모티브와 유토피아적 전망의 부재 사이의 간극에 대한 비판은 라데마허(Claudia Rademacher)를 포함한 비판적 논자들의 주요 비판 대상이 되어 왔다.[76] 이보다 더 큰 문제는 현재의 부정성에 대한 대안의 모색으로서 유토피아적 대안을 설계하지 않았을 때, 유토피아적 모티브나 변화 가능성을 추구하는 유토피아적 의식 자체를 지속적으로 활성화할 수 있는가하는 문제가 발생한다. 이것이 활성화되지 않는다면, 더 나은 사회로의 총체적 변화에 대한 유토피아적 의식과 설계 자체가 약화되거나 좌초될 위험이 내재한다고 볼 수 있다.

그렇다면 왜 아도르노는 위와 같은 위험이 내재해 있음에도 불구하고 유토피아적 전망의 구체성을 의도적으로 제시하지 않는가? 그는 유토피아적 상을 금지하는 것이 유대교적 '상의 금지'와 깊은 연관이 있음을 지적한다(Adorno, 1996, 358 참조). 그러나 단순히 유대교적 전통의 사회철학적 적용이라고 보기에는 불충분한 측면이 있다. 보다 근본적인 이유는 유토피아적 전망이 가지는 부정적인 이데올로기적 작용과 담론 작용 때문이다. 그의 유토피아적 전망의 거부에는 파시즘으로 대변되는 지배가 유토피아적으로 제공하는 거짓된 화해의 요구와 거짓된 행복에의

---

[76] C. Rademacher, "Vexierbild der Hoffnung," in: *Utopie und Moderne*, R. Eikelpasch/A. Nassehi (Hg.), Frankfurt/M. 1996, 112쪽.

약속에 대한 거부가 숨겨져 있다.[77] 나치즘에 대한 아도르노의 역사적 경험은 총체적 지배에 의해 유포되는 유토피아적 전망이 실제로 이데올로기적 은폐와 거짓된 상들의 이미지로 대중을 포획한다는 것을 간파하게 만들었다. 또한 그는 낭만적인 유토피아적 사유들이 말하는 유토피아적 세계의 실현 전망과 현재의 부정성의 극복에 대한 낭만적 언술의 선동성을 경계해야 한다고 말한다.

계속해서 아도르노는 유토피아적 전망이 마치 현재에 실현될 것처럼 혼동하게 만드는 점을 지적한다. 그는 유토피아적 전망이 구체적이지 못하고 추상적 차원일 수밖에 없음을 강조한다. 왜냐하면 '존재하지 않는 세계'를 앞당겨 그려 낼 수 없기 때문이다. 존재하지 않는 세계에 대한 구체적인 전망과 설계란 공허한 허구로 빠지기 쉽다. 그에 따르면 현재의 사태에 붙들려 있는 유토피아적 전망은 다른 무한한 가능성 자체를 간과하는 측면이 있으며, 유토피아적인 구체적 상 자체가 오히려 전망된 미래의 가능성에 대한 판타지를 축소하는 경향이 있다는 것이다. 아도르노에게 구체적이고 긍정적인 유토피아적 전망보다 중요한 것은 무엇을 위해서 유토피아적 의식을 가져야 하는가의 문제이다.

아도르노가 상의 금지 원칙을 강조하는 또 다른 이유는 그의 역사적 경험과 연관되어 있다. 아도르노가 아우슈비츠를 운행 사고가 아닌 문명사의 필연적 결과로 간주하듯이 그의 나치 경험은 아우슈비츠가 다시는 발생하지 않게 하는 것이 교육의 목표이자 인류의 정언명법이라는 결론에 이른다. 긍정적인 유토피아적 전망을 하는 것보다 부정적인 재

---

[77] N. Rath, *Adornos Kritische Theorie*, Paderborn/München/Wien/Zürich 1982, 31쪽 참조.

앙을 막기 위해서는 현재의 부정성에 대한 특정한 부정과 비판이 손쉽게 긍정적 전망을 하는 것보다 우선된다는 믿음이다. 따라서 '존재하지 않는 세계'에 대한 유토피아적 전망은 현재의 역사 사회적 현실에 대한 특정한 부정을 통해 '현재의 현실'과 다른 유토피아적 전망을 할 수 있다. 이 전망의 내용은 실제로는 비어 있는 것으로 단지 '다르게 되어야 함'을 지시하는 기능에 그친다.

그런데 앞서 제시된 논거들이 유토피아적 전망의 구체성을 제시하고 그에 따른 행위 전략의 수립을 금지할 필요충분조건이 될 수 있는지는 회의적이다. 유토피아적 전망은 아도르노식 방식대로 그것이 지배의 이데올로기가 될 위험성을 경계하면서도, 동시에 그것에 대항하는 지배에 다른 대항적 유토피아를 설계해야 할 과제도 동시에 가져야 하기 때문이다. 사회의 전체적인 변화 혹은 다른 가능성에 대한 의식을 유토피아로 이해하는 이상, 사회 비판 이론은 비록 규범적 차원에 한정한다 하더라도 이 문제에 천착해야 한다.

유토피아적 모티브와 구체적인 유토피아적 미래상 사이의 심연을 채워 나가는 아도르노의 방식은 유토피아적 미래상에 대한 규범적 개념들과 추상적 차원의 서술을 거부하지 않는 것과 특정한 부정의 방식이다. 아도르노는 '자유인의 연합체'나 '억압 없는 사회', '비폭력적 통일', '차이의 인정', '자유의 실현'과 같이 해방된 사회와 이성적인 사회에 대한 추상적이며 일반적인 규범적 전거들을 제시한다. 특히 역사-사회-인식-미학-유토피아 사이의 긴밀한 내적 연관성과 상호 지시적 관계를 규명하려는 노력에서 규범적 전거를 찾아낼 수 있다. 『계몽의 변증법』은 자연 지배에 따른 퇴행의 원역사 추적을 통해 『부정 변증법』과 『미학이론』

에서 전개되는 인식의 유토피아와 정신과 자연과의 화해 이념을 암시하고 있다. 또한 『계몽의 변증법』은 계몽에 대한 계몽의 반성으로서 자연에 대한 기억을 제시하고 있으며 헉슬리(Aldous Huxley)의 『멋진 신세계』에 대한 독법을 제시한다. 다음 장부터는 역사-사회-인식-미학-유토피아의 내적 연관성을 살펴볼 것이다.

3) 『계몽의 변증법』과 유토피아적 모티브

아도르노의 철학을 유토피아적 모티브를 가진 철학이라고 가정할 때 핵심적인 텍스트는 『계몽의 변증법』이다. 이 텍스트를 하버마스식 독해 방식처럼 세계에서 가장 어두운 텍스트로만 이해할 필요는 없다. 아도르노는 『계몽의 변증법』에서 자연 지배를 통한 문명화의 과정에서 주체-객체-개념이 어떻게 상호 매개하면서 문화의 약속인 해방, 행복, 자유, 화해 및 자기실현이 도구적 이성에 의한 억압, 자기 망각, 퇴행으로 나타나는지를 서술한다. 『계몽의 변증법』은 계몽의 퇴행적 계기들을 자각하게 하고 방향전환을 통해 계몽이 약속한 희망을 되살리고 억압된 자유의 해방과 진정한 인간성을 실현하고자 하는 유토피아적 모티브가 분명하게 숨겨져 있다.

이러한 모티브는 계몽에 대한 비판을 통해서만 성취될 수 있다. 그래서 아도르노는 계몽 자체에 대한 계몽의 자기 계몽을 주장하며 그 방법으로 '주체 속에 자연의 회상'이라는 다른 가능성을 제시함으로써 도구적 이성의 자기파괴성을 넘어서는 유토피아적 모티브를 명확히 드러낸다. 앞장에서 언급했듯이 아도르노가 유토피아를 '전체의 변화'로 이해하는 한, 『계몽의 변증법』은 자연의 회상을 통한 화해의 이념, 개념적 사유 비판을 통한 동일성 비판, 개념적 사고에 의해 퇴출된 미메시스(Mimesis)의 복권, 총체적 지배에 대한 사회 비판으로 지배와 억압이 사라진 해방된 사회의 이념, 자유로운 개인의 재탄생, 상상력과 살아 있는 경험을 통해 드러나는 진정한 인간의 가능성, 성적 지배와 동물 지배 비판을 통한 남성과 여성 그리고 인간과 동물 사이의 화해의 이념, 자연 지배의 억압 논리의 분쇄를 통한 내적 자연과 정신의 화해, 자연과 인간을 화해시키려는 유토피아적 모티브를 저변에서 시사한다.

아도르노의 유토피아적 모티브는 자연에 대한 회상을 반복적으로 강조하는 데에서 잘 드러난다. 자연에 대한 회상의 중요성을 강조하기 위해 그는 자연에 관한 회상 능력과 자연 지배의 문명적 대가로서 망각의 관계를 규명한다(GS3, 282 이하). 자연에 대한 회상의 가능성은 "스스로를 완전히 자각하고 힘을 가지게 된 계몽"(GS3, 234)된 의식을 전제로 하며 그러한 계몽에 대한 비판적 의식만이 회상해야 할 자연의 의미를 파악해 낼 수 있다. 계몽에 대한 비판 능력의 다른 이름으로서 자연에 대한 회상은, 이상화된 자연이나 낭만적 자연이 아닌 주체 속에 억압된 자연이다. 아도르노는 억압된 내적 자연이 외적 자연 지배의 전제가 된다는 점에서 억압되기 이전의 내적 자연의 회상을 사실성의 차원이 아닌 이념의 차원에서 해석한다. 회상되어야 할 자연은 억압 이전의 상태, 지배 이전의 상태, 계몽의 자기파괴성을 갖지 않은 상태로 이해된다. 이런 의미에서 회상되어야 할 자연은 대상적 자연이 아니라 계몽의 자기 비판적 차원에서 '인식된 자연'이다(GS3, 292 참조).

『계몽의 변증법』에서 제기된 자연에 대한 회상은 아도르노 철학의 유토피아적 모티브를 전개하는 초석이 된다. 그는 자연에 대한 회상의 가능성을 확보하기 위해 『계몽의 변증법』에서 미약하게 수행되었던 개념적 사유에 대한 비판을, 『부정 변증법』에서는 인식 이론적 차원에서 본격적으로 수행한다. 『미학이론』은 『계몽의 변증법』에서 언급한 계몽의 자기파괴를 넘어서는 자연과의 화해의 이념을 전개한다. 「올더스 헉슬리와 유토피아」에서는 다시 『계몽의 변증법』에서 전개한 계몽의 부정성의 관점에서 헉슬리의 반유토피아적 사유를 비판적으로 검토한다. 이처럼 『계몽의 변증법』은 단지 지켜지지 않은 문화의 약속이나 신화로 퇴행한 계몽의 부정적 성격만을 독백하는 암울한 텍스트가 아니라 그러한 어두운 현실의 서술 속에서 화해의 씨앗을 준비하는 텍스트라고 봐야 한다.

4) 『계몽의 변증법』의 시각에서 『멋진 신세계』 읽기

아도르노의 『멋진 신세계Brave New World』 읽기는 외적 및 내적 자연 지배가 실현된 사회이자 최고로 계몽된 사회에 관한 독해이다. 그는 철저하게 자연 억압을 분쇄하려는 모든 시도가 더욱 깊은 자연 억압으로 빠지게 되는, 탈출구 없는 총체적 지배가 실현된 문명사회의 비합리성을 비판하는 『계몽의 변증법』의 시각을 『멋진 신세계』에 적용한다.

『멋진 신세계』는 "공동사회, 동일성, 안정"의 모토하에 영원한 안정성을 제1원리로 삼는 사회다. 이것을 헉슬리는 "과학적 독재주의"[78], "유토

---

78 헉슬리, 『멋진 신세계/다시 가 본 멋진 신세계』, 이성규 외 역, 범우사, 1999, 396쪽.

피아적 복지 전제정치"[79]로 표현했으며 아도르노는 총체적 지배 이념의 표현으로 서술한다. 『멋진 신세계』의 안정성의 원리는 과학적 수단에 의한 총체적으로 완벽하게 '관리되는 사회'이다. 『멋진 신세계』의 시민들은 '런던 중앙 인공부화 및 조절국'에 의해 알파, 베타, 감마, 델타, 엡실론이라는 다섯 개 계급으로 자동 생산된다. 교육은 수면상태의 최면교육을 통해 시민의 사고와 의식을 조절한다.

'소마(Soma)'라는 약품을 통해 행복감을 얻고 완전한 성적 향유를 보장받는다. 『멋진 신세계』의 시민은 한 번도 예속 상태를 의심하지 않게 조절되며, 오히려 예속을 즐거워한다. 그들은 유전적 표준화로 인해 위협받고 있는 자유에 대하여 의식하지 못할 뿐만 아니라 자유의 가치를 묻지 않는다. 헉슬리의 『멋진 신세계』는 '과학적 진보가 인간 개체에 미치는 영향'이 자유의 상실임을 보여 주고자 한다. 이것을 아도르노는 『멋진 신세계』가 "미래에 대한 환상"의 "충격들을 세계의 탈마법화 원리에 근거해 파악하고 그것의 부조리를 과장함으로써 이미 간파된 비인간적인 것의 인간 존엄성 이념"(GS10.1, 98)을 찾아내려는 소설이라고 해석한다.

아도르노의 사회이론에서 자연 지배와 같은 의미로 사용되는 세계의 탈마법화의 정점이, 『멋진 신세계』에서는 배양소에서의 조절, 의식과 무의식의 조절, 죽음의 조절과 같은 조절(conditioning)의 기제로 나타난다. 조절 기제로는 산소공급의 조절에 따른 계급의 조절, 수면 교육에 의한 의식의 조절, 소마에 의한 행복의 조절, '리스만 테니스'와 '필리'

---

[79] 같은 책, 1999, 23쪽.

라는 합성 오락 시설 그리고 프리섹스를 통한 여가의 조절, 무질병의 조절, 무감정의 조절을 통해 완벽하게 통제된 개인, 사회와 개인의 구분이 불가한 동일성의 기계적 생명체(개인)가 등장한다. 이것을 아도르노는 사회적 산물로서의 인간, 사회의 지배 체제에 완전히 동화된 인간으로 개념화한다(GS10.1, 101 참조). 이러한 조절의 사태를 아도르노는 완전히 집단화된 자들, 혹은 순수한 탈주관화로 이해한다. 그는 개인의 종말, 자유의 상실 테제에 입각해 『멋진 신세계』의 작동 원리인 조절을 파악하는 것이다.

『계몽의 변증법』의 시각에서 『멋진 신세계』 읽기는 유사한 논점의 재구성에만 그치지 않는다. 아도르노는 『멋진 신세계』가 내포한 유토피아의 사회 비판적 기능의 결핍과 한계를 지적한다. 아도르노에 따르면 『멋진 신세계』는 "자체를 낙원으로 간주하는 강제수용소"(GS10.1, 98)를 경악의 시선으로 묘사한다. 그런데 경악(Panik)이란 어떠한 탈출구도 허용되지 않는 사회, 그것이 자동화된 과학기술 사회, 완벽한 관리와 통제가 이루어지는 사회, 모든 것이 상품 관계의 논리 속에 포섭되는 사회와 문명적 상태에 관한 지식인의 무기력한 반응 방식이다.

바로 이점에서 아도르노는 『멋진 신세계』를 "경악의 합리화"(GS10.1, 98)로 파악한다. 경악의 합리화란 어떻게 "유토피아가 갈 데까지 가면 지옥으로 전도"되는지를 규명하는 것을 의미한다. 경악의 합리화가 무기력한 지식인의 반응 방식인 까닭은 『멋진 신세계』에서 보여 주는 세계 전체의 의미에 대한 의문이 더 이상 허용되지 않고 그 가능성도 원천적으로 봉쇄된 신세계에 대한 서술이기 때문이다. 이러한 경악의 시선은 비판적 측면보다는 공허함과 무기력함을 의미한다.

헉슬리의 유토피아는 이제까지 완성된 모든 유토피아들과 마찬가지로 공허한 측면을 지닌다. 면밀한 환상이 잘못은 아니다. 오히려 먼 미래에 대한 시선 자체, 혹은 비존재자의 실제상에 대한 예측이 뻔뻔스러우면서도 무기력한 면을 드러내는 것이다"(GS10.1, 120).

경악이 무기력한 이유는 『멋진 신세계』라는 강제수용소에서의 탈출을 위한 '야만인'의 모색이 소설 속에서 좌절로 끝나기 때문이다. 『멋진 신세계』의 공허함은 계산할 수 없는 인간의 변화와 인간의 변화에 대한 인간의 상상을 벗어나는 미래상을 그려 내는 데에 있다. 『멋진 신세계』의 공허함은 유토피아가 실현되었을 때, 그것이 디스토피아로 변질될 가능성에 대한 탐구만이 아니라 그 이전에 유토피아를 산출하는 "훨씬 더 절박하고 현실적인 재앙"(GS10.1, 121)을 다루고 있지 않다는 데에 있다.

계속해서 아도르노는 『멋진 신세계』가 사회 비판 소설이라는 일반적 시각에 의문을 던진다. 그에 따르면 자신을 사랑하는 '레니나'에 대한 '야만인 존'의 감정 폭발을 "순수한 인간본성의 반향"으로 묘사하기보다 부적절한 것으로 서술하는 점, 소설 속에서 비판적 지식인의 역할을 수행하는 '버나드 마르크스'의 비판적 관점 자체를 신체적 열등감에서 오는 콤플렉스로 간주한다는 점에서 헉슬리 소설은 사회 비판과 거리가 있다는 것이다(GS10.1, 109 참조). 『멋진 신세계』가 정신적인 것과 물질적인 것을 단순히 대립시키면서 정신을 실체화하는 사변적 태도를 보여주는 사회 비판적 관점을 결여하고 있는 점 역시 사회 비판적 관념의 결여로 간주된다. 아도르노에 따르면 헉슬리가 인간 삶의 '목표'를 현존하는 세계를 넘어서 설정하고 의식의 세련화와 지식의 확대에서 찾는 것은, 정신을 실체화하는 헉슬리식의 영구(永久) 철학에 불과하다. 그의 영구 철학은 "사물화된 상태를 강화하고 물질적 생산과정과 분리된 문화의 중립화 과정을 강화"(GS10.1, 111)하는 결과를 초래하며 결국 '관념론으로의 복귀'일 뿐이다.

아도르노가 볼 때 몰락의 불가피성 앞에서 탄식하며, 단순하고 직선적인 진보적 발전에 대한 믿음으로 채색된 헉슬리적 유토피아는, "사회적 가상에 의문을 품지 않은 채 이를 사실로 기술"하게 만들며 "비판적 지배관계를 공고히 하는 구실들을 제공"(GS10.1, 118)한다. 『계몽의 변증법』에서 보여 주는 퇴행으로서의 역사, 진보적 발전 개념에 대한 부정, 역사 발전의 비연속성, 역사 발전 법칙성에 대한 부정적 입장에서 볼 때, 위에서 제기한 헉슬리에 대한 비판은 자연스러운 것으로 봐야 할 것이다.

또한 아도르노는 헉슬리가 미래 사회에 유토피아가 실현되었을 때를 체념적 시각으로 걱정할 뿐 그러한 "유토피아를 저지하는 훨씬 더 절박하고 현실적인 재앙"(GS10.1, 121)을 막아 낼 "실천적 계기의 성찰"(GS10.1, 122)에 실패했음을 지적한다. 이와 같은 비판 역시 『계몽의 변증법』에서 약술하고 『부정 변증법』에서 상술하는 특정적 부정, 부정 변증법의 관점에서 봤을 때 이해될 수 있는 비판이다. 아도르노의 『계몽의 변증법』적 시각에서 『멋진 신세계』 읽기에 대한 비판은 물론 '다르게 읽기'의 가능성을 배제하고 '자신의 철학적 거울'에 입각한 독해라는 비판을 받을 수 있다. 그럼에도 불구하고 아도르노식의 『멋진 신세계』 독해는 그의 철학의 유토피아적 모티브를 파악하는 데 의미 있는 단서를 제공하는 것은 틀림없다.

5) 유토피아적 사유로서 부정 변증법

『계몽의 변증법』이 역사-사회-인식-미학-유토피아의 내적 연관성에서 역사-사회의 부정성이 가져온 원인을 자연 지배의 논리를 작동시키는 도구적 이성의 문제를 개념적 사유-자연 지배-역사의 퇴행-총체적 지배의 의미 지시 연관에서 해명하고 그것의 유토피아적 모색으로서 자연의 회상을 암시했다면, 『부정 변증법』에서는 도구적 이성을 가능하게 하는 동일성의 사유의 한계를 설정하려는 유토피아적 모색으로서 비동일성을 다룬다.

아도르노는 동일성 사유에 기반한 지금까지의 철학은 실패했다고 단정한다. 실패의 원인은 어떠한 동일성의 철학도 개념과 사태(Sache)의 참된 동일성을 밝혀내지 못한 데 있다. 그의 시각에서 동일성의 철학이 전제하는 바와 같이, 개념으로 파악된 것이 의미하는 것과 개념하에 파악된 것은 동일하지 않다. 그럼에도 불구하고 아도르노는 철학이 불가피하게 동일성의 원리를 받아들일 수밖에 없기 때문에 동일성에 대한 부정을 통해서가 아니라 동일성에 대한 비판과 한계 설정을 통해 비동일적인 것, 비개념적인 것에 다가가야 한다고 주장한다.

이제 동일성을 비판하는 철학은 비개념적인 것, 개별적인 것, 특수한 것에 관심을 두어야 하며, 동일성에 의해 포착되지 않으면서 개념에 의해 삭제되고 버려진 것, 아도르노 어법으로 표현하면 동일성 아래에서 언어로 다 표현할 수 없는 것을 표현해야 한다. 비동일성의 철학은 개념과 사태의 차이를 인식하고 이것을 제대로 인식 가능하게 만드는 것을 목표로 하는 철학이며 동일성을 구제(Rettung)하는 철학적 시도라는 점에서 유토피아적 사유라고 말할 수 있다. 비동일적인 것에 대한 일관된 사유 태도로서 부정 변증법은, 스스로 인식의 유토피아임을 자처한다.

인식의 유토피아라는 개념을 통해 비개념적인 것을 규명하며 그것을 개
념들과 동일시하지 않는 것이다(GS6, 21).

개념의 불가피성을 인정하지만, 개념이 비개념적인 것 자체를 개념으로 포함시켜 개념 자체와 동일시하는 개념의 자족성과 개념의 강압을 반성하고 '개념 속의 비개념적 요소가 갖는 본질 구성적 성격'을 보여 주려는 것이 아도르노의 부정 변증법이다. 그의 부정 변증법은 '개념의 탈마법화'를 통해 명제로 축소된 현상, 양으로 축소된 질적인 것, 개념으로 처리되지 않는 말할 수 없는 것, 침잠된 것들, 개념이 몰아낸 이질적인 것, 미메시스를 찾아가는 또 다른 인식론적 체계가 아니라 하나의 인식 태도를 말한다.

아도르노는 이러한 인식의 가능성을 신뢰하였으며 자신의 신뢰가 유토피아에 대한 신뢰와 분리될 수 없다는 확신을 갖고 있다.[80] 인식의 유토피아는 개념의 비개념적인 계기를 체계성, 논리성의 교정을 통해서나 개념적 사유의 제거나 다른 방식의 개념적 사유의 제안이 아니라 개념의 소재, 개념을 구성하는 구도들을 펼쳐 보이는 방식을 통해 개념을 넘어서려는 인식 태도이다. 이러한 인식의 태도에서 주목해야 하

---

[80] Adorno, *Vorlesung über Negative Dialektik*, in: *Nachgelassene Schriften*, Abt. IV, Bd. 16, Frankfurt/M. 2003, 111쪽 참조.

는 것이 소위 모델사유다. 모델(Modell)이란 쇤베르크(Arnold Schönberg) 음악에서 특정한 작곡을 위한 원천 재료를 의미하는 것으로 음악 작곡상의 개념을 아도르노가 차용한 것이다.[81] 아도르노의 모델사유는 구도 (Konstellation)의 실행과 결합되어 개념을 통해서 비개념적인 것을 개념과 동일시하지 않으려는 아도르노의 인식의 유토피아를 실현하는 방식이다. 모델사유는 정합성, 객관성을 완전히 포기하지 않은 채 동일성 철학의 체계성의 요구를 비판하며 인식의 진술에 있어 아포리즘(aphorism)이나 에세이적인 표현 형식의 다양성과 미메시스적 요소의 복권을 노린다.[82]

아도르노에 따르면 특수에 대한 철학적 진술이 보편과 동일성을 전제하지만, 언어에서 보편의 계기는, 특수를 온전히 사태에 입각해 진술하지 못한다. 언어나 철학적 개념은 사태 자체를 분명하게 파악할 수 없으며 단지 모호하고 묘사적이며 구도적으로만 진술이 가능하다. 보편적이며 동시에 사태에 적합한 진술은 구도 속에서만 특수한 것을 나타낼 수 있다(GS6, 322). 모델분석은 개념과 사태(Sache)를 구도적 관계에서 구성하는 사유를 의미한다.

---

81 프리드릭 제임슨, 『후기 마르크스주의』, 김유동 역, 한길사, 2006, 153쪽 참조; 아도르노에게 예술은 곧 인식이며 작곡과 인식은 동의어로 사용된다(H.-K. Metzger, "Mit den Ohren denken. Zu einigen musikphilosophischen Motiven von Adorno," in: Frankfurter Bläter VII, München 2001, 44쪽 이하 참조).

82 아도르노의 에세이식 글쓰기나 그의 아포리즘적 글쓰기는 전통 철학의 체계적 글쓰기에 대한 단순한 저항이 아니라 동일성에 대항하는 비동일적 글쓰기이며 개념으로 환원될 수 없는 경험의 유토피아를 서술하는 방식이다. 에세이식 글쓰기는 비동일성의 의식의 표현인 것이다(이종하, 「글쓰기의 철학과 좋은 글쓰기를 위한 전략―아도르노의 비동일적 글쓰기를 중심으로」, 『범한철학』 58집, 2010, 129쪽 이하 참조).

사유모델은 특수한 것(das Spezifische)을 그것의 좀 더 보편적인 상위개념을 통해 소멸시키지 않고 포착하면서, 또한 그 이상을 포착한다. 철학적으로 사유한다는 것은 모델들을 통해 사유한다는 것이다. 부정 변증법은 모델분석들의 앙상블이다(GS6, 39).

모델사유는 인식에서 동일성과 비동일성을 매개하는 작업이 아니라, 동일성 속에서 그것의 반대되는 것을 발견해 내려는 작업이다. 부정 변증법으로서 모델사유의 유토피아적인 측면은 동일성을 넘어서 다양성의 상호 연접성을 규명하려는 시도에 있다. 유토피아로서 부정적 사유, 부정 변증법은 동일성 비판을 통해 동일성을 사라지게 하는 것이 아니다. 개념적 사유의 방향전환, 다시 말해 이성(Ratio)과 미메시스의 화해(GS6, 26 참조)를 통해 개념적 사유를 벗어나지 않으면서도 개념적 사유를 비판할 가능성을 만들어 냄으로써 그것을 질적으로 변화시키는 데 초점이 맞춰져 있다.

그러나 슈네델바흐(Herbert Schnädelbach)처럼 아도르노가 인식의 유토피아로 가정한 부정적 사유로서 비동일성이 하나의 실체나 순수정신의 어떤 것 혹은 이념(Idee)으로 간주하는 것은 잘못된 이해이다.[83] 비동일성의 인식은 오직 동일성을 통해서만 가능한 것이다. 아도르노의 철학 내에서 부정적 사유, 부정 변증법을 인식의 유토피아로 지속적으로 견지해 낼 수 있는 방법은 존재하지 않는다. 오직 특정한 부정을 수행하는 가운

---

[83] H. Schnädelbach, "Dialektik als Vernunftkritik. Zur Konstruktion des Rationalen bei Adorno," in: *Adorno-Konferenz 1883*, F. von Ludwig/J. Habermas (Hg.), Frankfurt/M. 1983, 91쪽 이하 참조.

데 비동일성에 대한 부단한 의식을 유지하는 방법뿐이다. 인식의 유토
피아로서 부정적 사유는 논리학의 억압적 성격을 분쇄하려는 시도 속에
서만 살아남을 수 있다. 이 점에서 인식의 유토피아는 부정적 사유를 절
대화하는 유토피아적 급진화의 위험과 동일성의 억압적 성격으로 빠져
들지 않으려는 의식적 활동이라는 두 가지의 자기 비판적 의식을 견지
해야만 한다.

아도르노의 부정 변증법이 인식의 유토피아를 가능하게 하는 길을 제
시했는가에 대한 대답은 이미 위의 서술 내용에서 유추할 수 있다. 인식
의 유토피아로서 부정 변증법은 유토피아적 의도를 갖고 있지만, 이를
실현하기에는 한계가 있다. 그것은 그가 부정 변증법을 동일성의 한계
설정, 개념의 한계를 설정하려는 인식적 태도이자 인식 활동으로서 그
효력범위의 한계를 지우는 데에서 연유한다고 볼 수 있다. 이런 점에서
아도르노의 인식의 유토피아는 적극적 방식이 아닌 동일성의 한계 설정
이라는 부정적 방식을 통해서만 그 가능성을 확보할 수 있다.

아도르노가 자연 지배의 도정에서 계몽의 무기인 동일성의 원리의 문
제성을 비동일성에 대한 의식으로서 인식의 유토피아적 가능성을 탐색
했다면, 예술에서 그는 사회와 문명의 구제, 자연과 인간의 화해의 유토
피아론을 전개한다.

6) 미적 유토피아

아도르노는 예술에서 유토피아를 가정한다.[86] 아도르노의 『미학이론』
은 단순히 예술의 형이상학적 내용을 규명하는 순수 미학적 차원의 논

의가 아니다.[85] 벨머(Albrecht Wellmer)의 지적처럼 그의 『미학이론』은 『계몽의 변증법』에서 시작된 자연 지배적 이성비판의 연장선상에서 미적 유토피아를 다룬다.[86] 왜냐하면 아도르노는 예술에서, 문명화 과정 중에 야기된 자연과 정신, 주체와 객체의 분리와 대립을 넘어서는 화해의 유토피아를 찾아내기 때문이다. 그에 따르면 "예술에는 더 나은 세계를 만들려는 소망"(GS7, 22)이 작동하며 그 소망은 예술의 이념 자체에 숙명적으로 따라다니는 것이다.

예술에는 아직 존재하지 않는 유토피아가 검게 숙명처럼 따라다닌다. 그 때문에 예술은 아무리 매개되어 있을지라도, 가능한 것을 몰아낸 현실에 반대하는, 그 가능한 것에 대한 기억임에는 변화가 없다(GS7, 204).

예술작품이 형식(Form)을 통해서 존재하지 않는 것을 드러낸다는 의미에서 아도르노는 예술작품이 곧 유토피아라고 주장할 수 있었다.[87] 아도르노에게 예술적 경험(Erfahrung)은 "조야한 미적 주관주의"(GS7,

84 M. Seel, *Die Kunst der Entzweiung. Zum Begriff der ästhetischen Rationalität*, Frankfurt/M. 1985, 325쪽 참조.

85 R. Tidemann, *Mythos und Utopie, Aspekte der Adornoschen Philosophie*, München 2009, 119쪽 참조. 아도르노의 미학이론이 단순한 예술철학이 아니라 역사철학, 예술사회학이며 자연미학의 구제라는 티데만은 주장은 사실 일반적인 주장이다. 아도르노의 미학이론은 사회학이며 사회철학이고 다른 면에서는 종교철학이기도 하다.

86 알브레히트 벨머, 『모더니즘과 포스트모더니즘의 변증법』, 이주동 외 역, 녹진, 1990, 40쪽 참조; 울리히 슈바르츠 역시 아도르노의 미적 유토피아의 설계는 자연 지배적 이성을 공격하려는 역사철학적 틀 내에서 기획되었다고 주장한다. 여기에 대해서는 U. Schwarz, *Rettende Kritik und antizipierte Utopie*, München 1981, 15쪽 참조.

87 U. Schwarz, *Rettende Kritik und antizipierte Utopie*, München 1981, 203쪽.

527)가 아니라 유토피아적 계기를 갖는 "의식을 형성"하는 것을 말한다. 예술적 경험은 "현실의 변화를 야기할 수 있는 의식의 변화"(GS7, 361)를 촉발한다. 결국 예술적 경험은 기존의 사회적 관계를 변화시키는 유토피아적, 실천적 계기를 담지한다. 아도르노는 정신과 자연미를 대립시킴으로써 자연미에서 예술의 유토피아를 발견하고자 한다. 자연미란 그에게 아직 존재하지 않은 것으로, 화해의 암호문과 같은 것이다. 또한 예술적 자율성에 대한 아도르노의 논의 역시 "사회에 대한 예술의 대립적 입장"(GS7, 335)을 규명함으로써 예술의 유토피아적 성격을 규명한다.

사회의 안티테제로서 예술은 그때마다 작품 속에 현실을 반영한다. 이때 예술은 '절대적 부정성을 통해 표현할 수 없는 것을 표현'하며, 그러한 예술의 본성이 곧 예술 자체에 내재한 유토피아적 계기가 된다. 예술의 절대적 부정성은 "행복이 현재하고 있다는 것을 부정함으로써 행복의 이념을 생생하게 간직"[88]하는 부정성의 방식과 거짓된 화해를 "단호히 거부함으로써 화해되지 않은 것 가운데에서 화해"(GS7, 55)의 이념을 제기하는 방식으로 드러난다. 예술은 "비화해적 상태를 드러내며 동시에 그것을 화해시키는 경향"(GS7, 251)을 갖는 것이다. 그런데 화해의 상태는 현실의 부정성을 넘어서는 피안의 그 어떤 것이기 때문에 개념적 사유의 대상이 되지 못하며 현실에 대한 부정으로만 예술적 체험 속에서 경험되는 것이다(GS7, 364 참조).

그런데 예술적 유토피아는 명시적으로 드러나지 않는다. 예술작품은 무엇인가를 말하면서도 동시에 같은 호흡으로 무엇인가를 숨기는 방식

---

[88] 프리드릭 제임슨, 『후기 마르크스주의』, 김유동 역, 한길사, 2006, 310쪽.

을 통해서 수수께끼 방식으로 유토피아를 드러낸다(GS7, 32 참조). 유토피아로서 예술은 가상(Schein)을 통해서 유토피아를 표현한다. 예술에서 가상은 존재하지 않는 것을 존재하는 것처럼 보이게 하는 것을 말한다. 예술적 가상이 유토피아적 기능을 수행하는 것이다. 존재하지 않는 것이 예술적 가상 속에서 나타남으로써 실현을 약속한다. 결국 예술적 가상에 나타나는 존재하는 것과 존재하지 않는 것의 상호관계적 구도 속에 예술적 유토피아가 구현된다(GS7, 347 참조).

유토피아를 표현하는 예술적 수단은 미메시스이다. 미메시스란 주체가 객체와 분리되기 이전의 표현방식 혹은 인식 태도로서 예술에서의 대상화, 사물화에 대립 개념이며 개념적 사고, 비동일성의 예술적 표현방식이다. 주객 분리 이전의 상태와 동일성을 추구함으로써 비동일성에 관계하는 것이 미메시스적 계기의 핵심이다. 동시에 미메시스는 다수의 비폭력적 통일을 추구하는 고유한 합리성의 계기, 즉 미메시스적 계기와 합리성의 계기의 변증법적 활동을 통해 합리화된 미메시스로서의 성격을 갖는다. 이런 의미에서 아도르노에게 예술의 미메시스적 계기는 곧 예술의 유토피아적 계기이며 화해적 계기로 이해된다.

한편 아도르노는 유토피아로서의 예술을 가정하면서도 예술이 유토피아가 되지 말아야 한다고 강조한다. 이것은 유토피아로서의 예술이 거짓된 화해나 가상, 위안이나 오락거리로 전락해 사이비 유토피아의 역할 수행을 하지 말아야 한다는 의미를 함축한다. 유토피아로서 예술은 바로 "유토피아의 현실적 가능성, 즉 생산력에 비추어 볼 때 지구가 지금 이 자리에서 직접 낙원으로 될 수 있는 가능성이 다른 극단에서는 총체적인 파국의 가능성과 결합"(GS7, 55)되어 있다는 인식을 보여 줌으로써 거짓 가상이나 위안거리로 빠지지 말아야 한다는 것이다. 예술에서 나타나는 화해의 양상, 다시 말해 유토피아의 진리성은 아주 짧은 순간에 섬광처럼 나타나며 다른 가능성의 상을 보여 준다. 아도르노는 다른 가능성을 '비폭력적인 관계', '사물들이 지배 없이 다른 것으로 구분되며 상호관계를 맺으며 존재하는 것', '사물화가 멈추어진 상태' 등으로 언급했다.

7) 사회적 유토피아의 가능성과 딜레마

아도르노 철학의 유토피아적 모티브는 기존의 부정적인 것에 대한 부정적 사유를 통해 다른 것의 가능성에 대한 의식으로 요약할 수 있다. 이런 측면에서 그의 유토피아적 사유는 부정적 유토피아라고 규정할 수 있다. 부정적 사유가 가동되는 그의 전 철학 체계는 유토피아적 모티브를 다양한 주제에 따라 다르게 서술하며 그것은 부정적 유토피아의 중심점으로 수렴된다고 볼 수 있다. 이 장에서 재구성한 역사-사회-인식-미학-유토피아 사이의 상호 지시성이 이것을 잘 말해 준다. 이러한 지시 연관에서의 핵심은 결국 '전체의 변화'이다. 전체의 변화를 위한 이론적 탐구는 궁극적으로 사회적 유토피아라고 지칭할 수 있다.

아도르노는 먼저 소위 잘못된 사회적 유토피아를 문제 삼는다. 그가 말하는 사회적 유토피아는 생산력의 발달에 따른 굶주림으로부터의 해방을 넘어 인간이 원하는 모든 욕구가 해결된 사회를 제시한다. 아도르노는 사회적 유토피아는 일반적으로 경제-유토피아의 형식을 취하는 것으로 간주하며 사회주의적 유토피아를 그 전형으로 제시한다(GS8, 394

참조). 그런데 사회적 유토피아는 욕구 해결과 유토피아적 삶을 동일시하며 생산력 발전과 사회발전 자체를 궁극적인 목적으로 가정하는 오류를 범한다. 아도르노의 전 사유 체계에서 보여 주는 직선적 진보 개념에 대한 비판, 사회발전에서 오는 퇴행의 결과에 대한 지적, 그리고 그것의 결과로 발생하는 인간성 자체의 왜곡과 인간의 소외를 고려한다면, 기존의 사회적 유토피아는 현실의 부정성을 회피하는 '유토피아로의 도주'로 이해될 수밖에 없다. 왜냐하면 아도르노는 생물학적 욕구의 해방과 물적 토대의 문제만이 아니라 '자유'로서의 삶의 가능성과 인간성의 실현이 담보될 때만이 진정한 유토피아가 실현될 수 있다고 보기 때문이다.[89]

자본주의 체제하에서 진정한 유토피아는, 그가 『미학이론』에서 사물화의 대립 개념으로서 예술을 제시한 것과 같이 사물화와 물신숭배로부터 벗어난 상태이다.

> 차이와 유일성으로 지배적인 교환관계에 종속되지 않은 양질의 유토피아가 자본주의 사회에서는 물신숭배의 특성 속으로 도피하게 된다(GS4, 136).

그런데 과연 아도르노가 언급하는 사회적 유토피아가 실현 가능한가? 이 문제에 관해 아도르노는 규범적 방향을 제시하지만, 유토피아의

---

[89] Adorno, "Etwas fehlt …, Ein Rundfunkgespräch mit Theodor W. Adorno," in: E. Bloch, *Tendenz-Latenz-Utopie*, Frankfurt/M. 1985, 353쪽 참조.

실현 가능성 자체에 대해서는 스스로 회의한다.

> 현재의 사회적 조건하에서 특히 정신적 생산력들을 조정하고 가위질하
> 고 여러모로 불구화하는 교육 조건 아래에서, 또 이미지의 빈곤이 지배
> 적인 상황에서, 정신분석학의 진단이 현실적으로 전혀 바꾸어 놓지 못
> 한 유아기의 병적 과정들 속에서, 모든 사람이 모든 것을 파악하거나 단
> 지 알아차리기만이라도 할 수 있다고 가정하는 것은 허구다(GS6, 51).

이렇듯이 아도르노는 총체적 지배의 탈출구 부재, 사물화에 대한 저항
과 다른 가능성에 대한 의식의 성립 자체에 대한 근본적인 회의를 보여
준다. 이러한 회의는 문화산업에 대한 이데올로기적 비판과 그 밖의 심
리주의적 분석, 사회이론적 분석에 의해 뒷받침된다. 아도르노는 교육
적 차원에서 아동기부터 이루어지는 다양한 현실적응 교육 역시 유토피
아적 사유를 제약하는 원인으로 간주한다. 결국 아도르노는 '전체의 변
화'에 대한 가능성의 의식인 유토피아적 사유 자체가 불가능하다고 선언
한다. 왜냐하면 인간이 상상이나 사유를 할 무한한 능력을 상실했기 때
문이다.[90] 소위 유토피아적 상상력의 상실과 앞에서 서술한 아도르노의
'상의 금지' 원칙의 내적 긴장, 다시 말해 다른 가능성의 요청과 구체적인
서술 금지 원칙 간의 갈등적 긴장은 아도르노 유토피아 사유의 딜레마
적 상황에서 빠져나오는 것을 어렵게 만든다. 여기서 아도르노의 선택

---

[90] Adorno, "Etwas fehlt …, Ein Rundfunkgespräch mit Theodor W. Adorno," in: E. Bloch, *Tendenz-Latenz-Utopie*, Frankfurt/M. 1985, 353쪽 참조.

은 불가피하게 특정한 부정, 부정적 유토피아일 수밖에 없는 것이다.

사회적 유토피아와 관련해 아도르노의 헉슬리 비판 역시 균형 잡힌 비판이라고 보기 어려운 측면이 있다. 자신의 철학적 입장 내에서 헉슬리에 대한 비판을 시도함에도 불구하고 유토피아적 미래에 대한 규범적 단서의 유사성은 얼마든지 찾아낼 수 있기 때문이다. 헉슬리는 베르댜예프를 인용하면서 자신이 꿈꾸는 것이 "조금이라도 완전하지 않은, 조금이라도 자유로운 사회"[91]이며 지금 그것을 위해 상상력을 발휘해야 할 것을 주문한다.

아도르노와 헉슬리는 총체적 지배와 과학에 의한 독재사회의 귀결인 자유의 상실과 개인의 죽음에 대한 동일한 문제의식을 공유한다. 비판적 의식을 약화시키는 교육, 미디어에 대한 분석과 그것에 대한 이데올로기적 비판의 내용 역시 내용적 차이는 크지 않다.[92] 현 사태의 변화 가능성에 대한 회의적 전망 역시 양자의 차이는 크게 나지 않는다. 비판적 주체의 복권을 위한 '교육의 역할'과 관련하여 양자의 주장이 있다.

그런데 양자의 주장인 '성숙을 위한 교육'[93]과 '자유를 위한 교육'의 규범적 내용 역시 서로 간에 본질적인 차이를 찾아보기 어렵다. 헉슬리는 자유를 위한 교육과 함께, 자유를 위한 법률, 사회조직의 정비와 개혁을 강조하며, 아도르노와 비교해 산아제한, 인구정책, 환경보호와 대체에

91 헉슬리, 『멋진 신세계/다시 가 본 멋진 신세계』, 이성규 외 역, 범우사, 1999, 396쪽.
92 같은 책, 1999, 20쪽 참조.
93 A. Gruschka, "Adornos Relevanz für die Pädagogik," in: *Sozialogie im Spätkapitalismus, Zur Gesellschaftstheorie Theodor W. Adornos*, G. Schweppenhäuser (Hg.), Darmstadt, 1995, 95쪽 참조.

너지 개발과 같은 구체적인 정책적 논의를 제시한다.[94] 아도르노가 헉슬리를 겉으로는 반유토피아적 사유를 보여 주면서도 긍정적인 유토피아주의자라고 평가하는 것은 정당하다. 그러나 아도르노 자신의 부정적 유토피아가 지향하는 더 나은 세계의 규범과 헉슬리의 그것과의 차이는 그가 생각하는 만큼 완전히 다른 것은 아니다.

그렇다면 '유토피아의 종말' 시대에 아도르노의 부정적 유토피아가 한국 사회에 어떤 의미 있는 자극을 줄 수 있는가? 아도르노가 말하는 경제적 유토피아라는 관점에서 본다면 한국 사회에서 경제적 유토피아는 종말을 고했다. 수많은 경제지표들과 중·장기 경제전망들이 경제적 유토피아의 실현가능성을 어둡게 하고 있다. 근래의 무상복지 논쟁이나 경제민주화 논쟁이, 경제적 유토피아를 지향하는 사회개혁 모델로 자리잡을 긍정적인 변화를 기대하기는 쉽지 않다. 여전히 한국 사회는 이데올로기로 전락한 '시장 유토피아'가 지배한다. 시장 유토피아의 종말과 함께 '공동체 자본주의'로의 이행을 주장하고 있지만, 한국 자본주의의 현실은 '천민 자본주의' 그 이상도 그 이하도 아니다.

아도르노가 말하는 '물신숭배로의 도주'가 자본주의 사회의 일반적 현상이라 해도 한국과 같이 경제적 양극화에 시달리면서도 경제적 약자나 강자 양쪽에서 물신숭배적 양상을 보여 주는 사례를 찾는 것도 쉽지 않을 것이다. 이것은 금전, 돈과 관련된 각종 의식조사에서도 확인되는 바이다. 공동체적 자본주의를 지향하는 데 필요한 경제정의와 관련된 각종 조사에서도 사정은 마찬가지이다. 사회적 유토피아의 또 다른 축인

---

94 헉슬리, 『멋진 신세계/다시 가 본 멋진 신세계』, 이성규 외 역, 범우사, 1999, 386쪽 이하 참조.

사회정의와 연관된 지표들이나 사회 구성원들의 입장도 어두운 전망이 지배적이다.

위와 같은 상황인식 아래에서 아도르노가 말하는 '가능성에 대한 의식'으로서 유토피아적 사유는 한국 사회에서 긴급하게 요청되는 의식이자 사유이다. '전체의 변화'를 문제 삼는 유토피아적 사유는 한국 사회 구성원들이 '다른 가능한 사회'를 의식적으로 지향하기를 촉구한다. 그러나 과연 한국 사회에 그런 가능성이 존재하는가? 앞의 대답들에 근거한다면 그 가능성은 많지 않다. 하지만 아도르노의 분석과 달리 오늘날 우리 사회는 '관리되는 사회'와 '상대적으로 자율적인 사회'의 양상, 개인의 종말과 새로운 개인이 등장하는 양상, 자유의 확대와 자유의 상실의 양상, 획일화와 다양성이 병존하는 양상, 제도 정치와 울리히 벡(Ulrich Beck)이 말하는 하부 정치가 병존하는 복합적인 양상들이 혼재하고 있다.

이러한 점에 주목한다면 한국 사회는 유토피아적 사유와 전망을 아직 포기해야 할 상황은 아니다. 현실 사회에서 한국 사회의 사회적 유토피아를 구현하는 방식은 이러하다. 아도르노가 말하는 '상의 금지 원칙'을 내세우는 사회적 원인들을 경계하며, 한국 사회가 나아가야 할 분명한 방향에 대한 사회 구성원들 간의 구체적이고 개방적인 커뮤니케이션이 필요하다. 비동일적 사유를 커뮤니케이션으로 이해하는 아도르노의 관점을 사회에 적용하면, 그것은 차이에 근거해 사회적 이해당사자 간의 이익 조정과 사회협약을 통한, 낮은 차원과 높은 차원의 협치적 방식이 되어야 할 것이다. 이것은 구체적으로 한국 사회의 다른 가능성에 대한 길을 모색하는 과정을 의미하며 기든스(Anthony Giddens)가 말하는 유토피아적 현실주의(Utopian Realism)[95]의 입장과도 맞닿는다.

　이러한 과정들을 아도르노식으로 표현하면 상의 구체화와 실현을 통해 '상의 금지 원칙'을 구제하는 일이 될 것이다. 그러기 위해서는 오늘날 한국 사회의 고통에 대한 민감성, 부정적 현실에 대한 부정적 사유를 가지는 것에서 출발해야 할 것이다. 한국 사회에 대한 특정한 부정은 궁극적으로 다른 가능성에 대한 의식의 표현이며 한국 사회 구성원의 '비폭력적 화해'의 이념 속에서 수행되어야 하는 의식적인 활동이다.

---

[95] 기든스는 제3의 길이 성찰적 근대화라는 새로운 유토피아적 시도이자 현실의 다양한 문제를 반영한다는 점에서 자신의 이론적 기획을 위와 같이 명명했다(앤서니 기든스, 『제3의 길』, 한상진 역, 생각의 나무, 2001).

문명 비판의 관념성과 실천성:
헉슬리의 경우

1) 헉슬리 앞에 선 아도르노

2016년 3월 9일 이른바 인간과 인공지능 알파고 간의 세기의 대결이 펼쳐졌다. 이 바둑 대국은 전세계 사람들의 주목을 받았다. 그 이유는 '과연 인공지능이 인간을 넘어설 수 있는가'의 문제로 요약된다. 이 대국을 계기로 수많은 사람들이 인공지능에 의한 인간의 지배를 우려했다. 어떤 이는 인공지능에 의한 지배가 이루어지지 않더라도, 수만 개의 일자리가 사라질 것이며 그것이 인간에게 재앙이 될 것이라고 주장했다.

그런가 하면 혹자는 그래 봐야 인간이 만든 인공지능에 불과하며 오히려 노동 없는 세계의 도래를 통한 삶의 질의 새로운 차원을 열 것이라는 전망을 내놓기도 했다. 위와 같은 생각들은 과학기술이 가져오는 유토피아와 디스토피아에 대한 막연한 예측을 표현한 것이다. 한편 과학자들은 '인간과 알파고로 대변되는 인간과 인공지능의 공존, 인간을 위한 인공지능 혹은 로봇', '인간의 관리와 책임 아래 통제 가능한 과학기술'을 강조하였다. 이러한 과학자들의 입장은 흔히 '중립주의적 과학관'에 기초하고 있다. 중립주의적 과학관은 과학지상주의 비판가인 헉슬리나 아도르노의 사유에서 발견되지 않는다.

헉슬리는 『멋진 신세계』에서 알파고 시대와 비교할 수 없는 과학에 의해 지배되는 포드 사회(Ford Society)를 묘사하며 동시에 인간성 회복의 가능성을 모색한다. 그는 베르댜예프(Nikolai Berdyaev)의 말을 통해 자신의 생각을 표현한다. "인간의 삶은 유토피아를 향해 달려간다. 그러나 지식인과 교양인은 유토피아를 회피하며, 불완전하지만 자유로운 비유토피아적인 사회로 돌아가기 위해 갖가지 방법을 생각할 것이다. 그러한 새로운 세기가 시작될 것이다."[96]

아도르노는 헉슬리와 문제의식을 공유한다. 그에게 자연 지배 곧 탈신화의 과정이 유토피아로 나아가는 계몽의 과정이라면, 계몽의 자기파괴성은 유토피아가 디스토피아로 변질되는 것을 의미한다.[97] 아도르노는 그러한 자신의 사유를 "왜 인류는 진정한 인간적인 상태에 들어서기보다 새로운 종류의 야만 상태에 빠졌는가"(GS3, 11)라는 물음으로 정식화했다. 그의 관점에서 『멋진 신세계』는 세계의 탈마법화를 "부

---

[96] 헉슬리, 『멋진 신세계』, 이덕형 역, 문예출판사, 1988, 5쪽.

[97] 로버트 베이커는 도구적 이성에 대한 신뢰의 상실, 사회조직의 기술관료적 형식과 대중문화산업 등에 대한 헉슬리의 비판적 시각이 호르크하이머와 아도르노의 계몽의 변증법의 핵심적인 사유에 영향을 주었다고 주장한다(R. S. Baker, "Science and Modernity in Huxley," in: *Aldous Huxley. Between East and West*, ed. C. C. Barfoot, Amsterdam/New York 2001, 38쪽 참조).

조리한 것으로 과장하고 이미 간파된 비인간성에서 인간 존엄성의 이념"(GS10.1, 98)을 찾아내려는 시도이다. 양자는 공히 과학 유토피아가 인류의 눈앞에 가까이 와 있고 그러한 "유토피아가 갈 데까지 가면 지옥"(GS10.1, 99)으로 바뀔 것이라는 인식을 공유한다.[98] 아도르노는 헉슬리가 "역사적 경향이 어떠한 목적도 없는 상태에서 단순한 수단으로 전락한 주체의 자기소외와 완전한 외화(外化)"를 제대로 파악했으며 자신의 입장과 다르지 않음을 지적한다. 이러한 차원에서 아도르노는 『멋진 신세계』를 다시 읽는다.

아도르노의 헉슬리 '다시 읽기'는 동의와 비판이라는 이중적인 전략을 취한다. 동의가 과학 유토피아에 대한 비판이라면, 비판은 헉슬리의 양자택일적 관점, 실천적 계기성의 결여, 무반성적 개인주의 그리고 실증주의적 사유와 관계된 것이다. 이 글은 『멋진 신세계』와 『다시 찾아본 멋진 신세계Brave New World Revisited』에서 헉슬리의 입장과 아도르노의 그것을 비교 및 검토하고 어떻게 아도르노가 헉슬리를 독해했는지 비판적으로 고찰하고자 한다. 이를 위해 ① 아도르노의 계몽적 관점에서 포드 사회를 분석한다. ② 지배로서의 계몽과 포드 사회에서 지배를 검토한다. ③ 양자에서 지배의 심리학에 관한 분석의 차이와 유사성을 검토한다. ④ 아도르노와 헉슬리의 사유에서 인간 해방의 가능성의 단서를 찾아본다. ⑤ 아도르노의 헉슬리 문명 비판에 대한 '다시 읽기'를 비판적 관점에서 검토할 것이다.

---

[98] 김현생, 「올더스 헉슬리의 『멋진 신세계』의 과학, 축복인가, 재앙인가—디스토피아 과학」, 『인문과학연구 14집. 2010, 49쪽 참조.

2) 계몽과 계몽의 완성으로서 포드 사회

아도르노에게 있어 계몽의 목표는 '세계의 탈신화'이다. 이를 통해 인간은 위협적 자연에 대한 공포를 몰아내고 인간 자신이 세계의 주인이 되고자 한다. 계몽은 자연 지배로부터 시작된다. 자연 지배는 자연에의 맹목적 순응이냐 지배냐 하는 선택 부재의 상황에서 자기유지를 위한 인간의 불가피한 선택을 전제로 한다. 자연 지배는 자연의 위협에 대한 방어적 차원의 신체적 미메시스 단계, 조직적인 주술적 미메시스 단계, 신화적 단계, 개념적 사유의 단계를 거친다. 인간은 외적 자연과 내적 자연을 완전히 지배함으로써 자연 지배를 성취한다. 외적 자연의 지배는 개념적 사고, 즉 동일성 사고의 작동을 전제로 한다.

동일성 사고는 자연의 수학화를 통해 자연을 양화한다. 자연의 수학화는 주어진 자연을 추상화된 시공간적 관계에 포섭시킴으로써 자연을 계산과 유용성의 대상으로 양화시킨다. 외적 자연의 지배에서 계산 가능성과 유용성은 계몽의 유일한 척도이며 수학만이 필수적이고 객관적인 것으로 '사유의 의식'이 된다(GS3, 42 참조). 아도르노에 따르면 외적 자연의 양화는 자연의 질적 계기들을 제거하는 폭력으로 작용하며 이것은 계몽의 도정에서 돌이킬 수 없다. 동일성 사유 속에 내재한 양화의 지배 계기는 내적 자연으로서 인식 주관인 자신의 질적 계기를 순수 논리적인 것으로 환원시킨다. 내적 자연의 질적 계기의 해체는 종국에 인간의 획일화와 개체로서의 개인 개념을 실종시킨다. 아도르노는 동일성 사고에 의한 전면적인 질적 계기의 결과를 계몽의 전체주의적(totalitär) 성격에서 찾았다.

아도르노가 말하는 계몽의 관점에서 포드 사회를 보자. 헉슬리의 포드 사회는 수학으로 대변되는 과학의 세계와 진리가 동일시되는 사회이다.[99] '계몽이 신화가 되었다'는 아도르노의 테제를 적용하면 포드 사회는 과학적 유토피아가 신화적 힘을 발휘하는 사회이다. 포드력 632년 영국 소재의 '런던 중앙 인공부화·조건반사 연구소', 이곳은 미래의 과학기술이 완벽하게 구현된 상징물이자 인간 공장이다. 이 연구소는 "자연을 노예적으로 모방하던 영역에서 인간적 발명성"이 자유롭게 드러나는 "흥미로운 세계"[100]를 상징한다.

아도르노가 자연의 모방을 계몽 이전의 단계로 보았다면, 헉슬리는 포드 이전과 이후를 완벽한 과학 사회의 경계로 설정한다. 다시 말해 외적 자연만이 아니라 내적 자연도 완전하게 생산·관리되는 사회가 바로 포드 사회인 것이다. 게놈 프로젝트 수준을 뛰어넘는 '보카노프스키 과정(Bokanovsky's process)'에 의한 인공인간의 생산은 철저한 계획과 엄밀한 선택 시스템에 의해 수행된다. 즉 강력한 X-레이에 8분간 노출, 냉각, 알코올에 보관 등을 거쳐 적응 능력이 있는 '표준형 인간'을 생산해 낸다.[101]

이것은 무스타파 몬드(Mustapha Mond)로 상징되는 과학 지상주의자에 의한 사회적 지배의 완성을 의미한다. 인공인간에 의해 구성된 포드 사

---

[99] 얀 아렌트 푸제는 비판이론과 많은 공상과학 영화들이 공유하는 기본 생각이 '이성의 가능성'에 대한 물음이라고 말한다. 특히 얀은 〈드론〉, 〈다크 시티〉, 〈매트릭스〉 등과 같은 영화들이 인간과 과학, 현실과 사이버 리얼리티의 관계를 묻는 사회 비판적 특징을 갖고 있다고 보았다(J. A. Fuhse, "Das Andere der Gesellschaft—Science Fiction als Kritische Theorie," in: *Soziale Welt*, 54, 2003, 226쪽 이하 참조).

[100] 헉슬리, 『멋진 신세계』, 이덕형 역, 문예출판사, 1988, 20쪽.

[101] 같은 책, 1988, 12쪽.

회에서 조상, 부모, 가족, 노령, 영혼, 신 개념 자체가 존재하지 않는다. 포드 사회는 "주님 대신 포드가, 십자가 표시 대신 T형 모델"이 지배한다. 여기서는 "착란 상태의 명백한 특징인 도구들에 대한 물신주의적 사랑이 바로 자신의 실제적이고 현실적인 사랑으로 여기는 자들에게 주입되며 삶의 규범으로 격상"(GS10.1, 104)된다.

이러한 포드 사회에 유통되는 소마는 아도르노의 관점에서 내적 자연의 완벽한 지배를 의미한다.[102] 소마는 "지금 여기의 자발적 경험"(GS10.1, 99)을 무력화하고 표준화인 가상의 경험을 직접적 경험으로 오인하게 만드는 심리적 도구이다. 이렇듯이 아도르노의 시각에서 포드 사회는 계몽의 기획이 완성된 사회이다. 그렇다면 도대체 왜, 무엇을 위해서 포드 사회는 완전한 내적 자연의 지배를 추구하고 실현했는가? 이것은 곧 지배 이념과 목적에 대한 질문으로 이어진다.

3) 사회 지배와 몬드의 세계 — 공통성, 동일성, 안정

아도르노의 계몽 개념과 헉슬리의 포드 사회에서의 지배는 도구적 이성이 최고도로 발현된 사회다.[103] 『멋진 신세계』의 몬드의 세계가 바로 그러한 사회이다. 아도르노에게 사회적 지배는 권력에 의해 빈틈없이 관리되는 사회, 즉 총체적 지배이며 그는 멋진 신세계에서 "총체적 집단

---

[102] 헉슬리, 『멋진 신세계』, 이덕형 역, 문예출판사, 1988, 71쪽 참조.

[103] 아도르노나 헉슬리 이전에 콩트는 인간 삶의 기본질서를 구축해 안정을 추구하는 것은 이성을 통해서만 가능하다고 보았다(A. Comte, 『실증주의 서설』, 김점석 역, 한길사, 2001, 368쪽 이하 참조).

화와 총체적 지배"(GS10.1, 100)를 본다. 헉슬리에게 지배는 과학기술에 의한 총체적 사회 지배를 말한다. 공통성(community), 동일성(identity), 안정(stability)이 포드 사회의 지배 이념이다.[104] 이것은 사회 지배의 "원초적 필요조건이자 궁극적 필요조건"[105]이다. 아도르노는 몬드 세계의 세 가지 지배 이념을 다음과 같이 해석한다.

> 공통성은 (포드 사회의) 전체의 기능에 각 개인이 무조건적으로 종속되어 있는 공동체의 상태를 말한다. 동일성은 개인적 차이들이 소멸하거나 생물학적 토대에 이르기까지 규격화되는 것을 말하며 안정은 모든 사회적 역동성의 종말을 의미한다.[106]

몬드 세계의 지배 이념은 '생물학적 토대의 규격화'를 제외하면 아도르노가 말하는 현대 사회의 사회적 지배 이념 및 방식과 크게 다르지 않다. 아도르노와 헉슬리의 사유에서 지배는 공히 사회의 자기유지라는 최고 원리에 의해 작동되며 그것의 결과는 획일화, 동질화, 탈인격화, 무화(無化)이고, 다르게 표현하면 개인의 죽음과 자유의 상실이다.[107] 양자의 지배에 대한 비판은 사회학적 언어를 사용하는가, 과학의 언어를

---

[104] 이러한 지배 이념은 인간이 원초적으로 가지고 있는 '질서에 의지'하려는 충동이며, 이것은 과학, 예술, 문학 등 모든 면에서 나타난다. 포드 사회의 지배 이념은 그와 같은 의지의 사회적 실현을 뜻한다(한수영, 「'nature'와 'nurture'의 관점에서 본 헉슬리의 멋진 신세계」, 『문학과 환경』 14권 1호, 2015, 191쪽 참조).

[105] 헉슬리, 『멋진 신세계』, 이덕형 역, 문예출판사, 1988, 56쪽.

[106] 같은 책, 1988, 같은 쪽.

[107] 멋진 신세계는 계급별 동일 의식과 동일 노동의 법칙, 일정한 시점에 유사 종교의식(소마

사용하는가, 지배와 피지배의 속성과 양상의 차이만 존재할 뿐 지배의 논리와 지배의 현상학에는 근본적인 차이는 발견되지 않는다. 아도르노는 지배 질서의 발생을 정신노동과 육체노동을 구분하는 사회적 노동 분업에서 찾았다. 이러한 분리는 명령하는 자와 복종하는 자라는 사회적 범주를 만들어 내며 자발적 노동과 강요된 노동이라는 지배 관계를 야기한다.

아도르노는 자본주의가 발달함에 따라 노동 분업의 세분화 및 전문화에 의한 사회적 기능연관의 총체화가 발생하며, 그와 같은 사회를 "보편적으로 사회화된 사회(universal vergesellschaftete Gesellschaft)"(GS6, 264)라고 규정한다. 이것이 사회의 자기유지(Selbsterhaltung) 메커니즘이며 그것 자체가 개인에게 집단적 억압 메커니즘으로 작동한다. 총체적 기능연관 사회는 개인에 대한 극단적인 객관화와 병적 분열"(GS4, 263)을 가져오며, 그 결과 무력감의 내면화와 일상적 탈인격화가 발생한다. 주지하다시피 이것으로부터 아도르노는 개인의 죽음 테제를 내세웠다.

이제 사회-개인의 관계에 관한 아도르노의 시각에서 몬드의 세계를 살펴보자. 몬드의 세계는 소수의 과학자들에 의해 설계된 유전자 계급 사회이며 그들에 의해 만들어진 인조인간들의 총체적 기능연관 체계에 의해 작동되는 사회이다. 유전공학적인 프로그램에 의해 생산된 인공

컵 돌리기, 바닥에서 섹스)을 행한다는 점, '필리'에서의 오락, 일과 후의 리스만 테니스 즐기기 등에서 확인되듯이 획일화된 사회다. 섹스와 관련해서 헉슬리와 같이 과학에 의해 지배되는 획일화된 사회를 비판한 조지 오웰은 전혀 다른 입장을 보여 준다. 그의 소설 『1984』에서 섹스는 자유에 대한 인간의 욕구를 의미한다(조지 오웰, 『1984』, 정회성 역, 민음사, 2007, 97쪽 이하 참조).

인간은 똑같은 얼굴을 하고 똑같은 복장을 입는다. 이것은 단순히 획일화만을 의미하는 것만이 아니라 성격, 역할, 계급의 기능적 통합에서 오는 안정과 균등의 공유를 의미한다. 몬드의 세계가 총체적 기능연관 체계라는 것은 만인이 다른 만일을 위해 일하는 사회시스템이며 그 속의 기능수행자는 언제든 대체 가능하다는 것을 뜻한다. "사회라는 육신은 그것을 구성하는 세포가 변해도 존속"[108]한다. 몬드의 세계에서 인간은 과학이라는 거대한 병 속에 들어가 있는 '자동인형'처럼 존재하며 각 계급은 집단윤리에 의해 빈틈없이 관리된다. 이 세계에서 "체계 전체에 대한 의문이 더 이상 허용되지 않거나 아에 가능하지도 않다."(GS10.1, 100) 영혼 없는 인간은 "자기 자신과 같지 않은 것을 지각하지도 생각하지도 못하며"(GS10.1, 104) 주어진 세계에 만족한다.

헉슬리나 아도르노가 볼 때 몬드의 세계는 "각 개인들이 그들의 잠재력을 실현하여 행복하고 창조적인 삶"[109]을 기획할 수 없는 사회이다. 그의 관점에서 몬드의 세계는 "개체 존재로서 인간이 해체"(GS10.1, 106)된 사회이며 자신의 '개인의 죽음' 테제를 소설적 언어로 보여 주는 세계이다. 아도르노와 마찬가지로 헉슬리도 몬드의 세계를 "과도한 조직화의 결과로 빚어진 비인간화"[110]된 사회라고 보았다. 위에서 지배 이념과 그것을 실현하는 사회적 메커니즘을 살펴보았다면 사회 구성원을 움직이는 보이지 않는 지배의 기술, 특히 핵심적인 역할을 하는 지배의 심리학을 살펴봐야 한다.

---

108 헉슬리, 『멋진 신세계』, 이덕형 역, 문예출판사, 1988, 121쪽.
109 헉슬리, 『다시 찾아본 멋진 신세계』, 안정효 역, 소담출판사, 2015, 73쪽.
110 같은 책, 2015, 78쪽.

4) 지배의 심리학과 소마

아도르노와 헉슬리는 어떻게 지배 체제가 대중의 심리를 조종하고 지배하는가를 철학적·사회학적 언어와 소설적 언어로 규명한다. 아도르노는 프로이트주의자로서 프로이트의 정신분석학적 주요 개념을 나치분석, 문화산업 분석, 재즈 분석 등에서 적극적으로 활용했다. 아도르노와 달리 헉슬리는 『멋진 신세계』나 『다시 찾아본 멋진 신세계』에서 프로이트의 정신분석학적 분석 틀을 소설 언어로 번역하지 않는다. 그럼에도 불구하고 『멋진 신세계』는 체제에 의해 가해지는 지배의 심리학을 어느 소설보다도 직접적인 방식으로 잘 보여 준다. 지배의 심리학과 관련해 『멋진 신세계』에서 암시 반응과 『다시 찾아본 멋진 신세계』에서 대중 의식 조작에 관한 헉슬리의 논의는 아도르노의 이데올로기 개념 및 문화산업론의 주요 테제와 상당한 유사성을 보여 준다.[111]

먼저 『멋진 신세계』에서 지배의 심리학을 살펴보자. 포드 시대의 세계 국가는 심리 관리 시스템에 의해 작동된다. 심리적 지배의 방식은 일

---

111 데이비드 가렛 이조는 헉슬리의 멋진 신세계와 그의 에세이들이 아도르노의 문화산업론에 영향을 미쳤을 것으로 추정한다. 그의 입장은 출간 연도를 고려하거나 '자유, 주체의식, 사이비 개성'에 대한 입장의 유사성을 감안한다면 합리적인 추론이라고 볼 수 있다. 이와 같은 관점은 리차드 볼린에서도 나타난다. 그는 '총체적으로 관리되는 세계'와 '내적지배'와 관련해 헉슬리의 멋진 신세계가 호르크하이머와 아도르노(『계몽의 변증법』의 문화산업론), 마르쿠제(『일차원적 인간』)의 시대 비판에 중요한 기준이 되었을 것으로 판단한다. 볼린의 입장 역시 충분한 설득력이 있다(G. Miller, "Political Repression and Sexual Freedom in Brave New World and 1984," in: *Huxley's Brave New World: Essays*, ed. D. G. Izzo/K. Kirkpatrik, Jefferson/London 2008, 120쪽 참조; R. Wolin, "Introduction to the Discussion of 'Need and Culture in Nietzsche'," in: *Constellations*, Vol. 8, No. 1, 2001, 128쪽).

종의 체면 암시 교육인 수면 학습법(sleep-learning)과 심리 치료제인 소마에 절대적으로 의존한다. 수면 학습법은 "어떠한 시대에도 가장 위대한 윤리화 및 사회화의 교육법"[112]이라 간주되는 것으로, 수면 중에 지속적인 암시를 통해 아동의 욕망, 판단, 결정 능력 등을 형성하는 교육 방식이다. 수면 학습법은 '언어적 암시'의 방식으로 국가에 의해 관리·수행된다. 헉슬리는 경험 연구에 근거해 언어적 암시가 수면 중 반복적으로 이루어질 경우 어휘와 구호 및 공식들이 기억 속에 깊이 뿌리를 내린다고 주장한다. 그는 범죄자 수용시설인 우들랜드 로드 캠프의 실험과 다수의 최면 연구가들의 연구에 근거해 수면 암시의 성공 사례들을 제시한다. 그러한 성공 사례에는 수험생, 다이어트에 관심 있는 사람, 자신감이 부족한 사람과 상업 활동의 경우도 포함된다.

암시 반응은 외부에 의해 통제된 자동 조건 반응으로서 "다른 누구가의 암시에 순종하는 몽유병자처럼 평생"[113]을 보내는 효과를 유발한다. '레리나'의 성적 유희의 향유는 '그대가 오늘 가질 수 있는 즐거움을 내일까지 미루지 말라'는 암시 교육의 결과이다. 추방의 땅인 아이슬란드로의 전출에 대한 '버나드'의 두려움이나 뉴멕시코의 야만인 보호구역의 야만인에 대한 레리나의 인지 반응도 암시의 효과이다. 이러한 암시 효과는 '암시의 내용 자체가 인간 의식의 내용'이 된다는 것을 의미한다. 〈유아보육실 신파블로프식 조건반사 양육실〉은 암시를 통해 알파, 베타, 감마, 델타, 엡실론 계급의 암시 반응을 만들어 내는 공간이다. 책과

---

112 헉슬리, 『멋진 신세계』, 이덕형 역, 문예출판사, 1988, 38쪽.
113 헉슬리, 『다시 찾아본 멋진 신세계』, 안정효 역, 소담출판사, 2015, 178쪽.

꽃을 증오하거나 자연이나 전원을 싫어하게 하는 것, 안정에 대한 신념, 포드에 대한 경외 등 모든 의식과 행위 양식은 수면 학습법에 따라 만들어지는 암시 반응이다.

완벽한 심리적 지배를 위해 수면 학습법 외에 일반 구급 약품인 소마가 활용된다. 소마는 "행복감을 주고 마취시키며 유쾌한 환각 증세"를 유발하면서 "분노를 진정시키고 적과 화해시키고, 인내하고 고난을 참도록 한다."[114] 소마 몇 그램은 단순히 임시방편의 심리치료제가 아니라 조건반사적 의식과 행위를 하도록 만드는 편리한 심리적 지배 수단이다. 문명으로부터 일시적으로 벗어난 문명인 '린다'의 소마에 대한 갈망은 그녀가 얼마만큼 심리적 지배의 수단인 소마에의 종속성과 소마의 강력한 위력을 잘 보여 준다.

그런데 소마가 왜 문제시되는가? 소마는 문명과 지배를 상징하며 소마의 복용은 문명과 사회에 전적으로 순응하는 노예적 태도를 의미하기 때문이다. 포드 사회에서 "소마를 한 번도 손대지 않고도 평생을 살 수 있는 인간"[115]은 실질적으로 존재하지 않는다. 인공인간이 소마에 의지하지 않게 된다는 것은 곧 포드 사회의 해체를 의미한다. 이와 같은 차원에서 헉슬리가 말하고자 하는 바는 수면 학습법이나 소마가 권력의 도구와 지배의 수단이 될 수 없도록 통제·관리해야만 한다는 것이다.[116]

『다시 찾아본 멋진 신세계』에서 헉슬리의 주장은 아도르노가 말하는 현대 사회의 지배 심리학과 본질적인 차이가 없다. 헉슬리는 현대 사회

---

114 헉슬리, 『멋진 신세계』, 이덕형 역, 문예출판사, 1988, 69쪽.
115 같은 책, 1988, 77쪽.
116 헉슬리, 『다시 찾아본 멋진 신세계』, 안정효 역, 소담출판사, 2015, 171쪽.

에서 지배가 조직적인 폭력과 교묘한 심리적 조작을 통해 이루어진다고 보았다. 그는 조직적인 폭력에 의존하는 지배의 형식으로 나치의 집단 학살 수용소, 한국전쟁 당시의 중국의 포로수용소를 사례로 제시한다. 헉슬리는 정교한 심리적 압박이 개인에게 피로감, 부정적 정서, 만성적인 불안감과 죄의식을 갖게 만들며 그것으로 인해 개인이 어떻게 자신에게 폭력을 가하는 조직에 협력하고 충성하는가를 고찰한다.

히틀러로 대변되는 나치즘에 대한 그의 분석은 나치즘이 '독일 민중의 열망, 좌절, 불안감, 비밀스러운 공포심과 소망'을 어떻게 활용했는지에 초점이 맞추어져 있다. 이 문제와 관련해 헉슬리가 조직-개인 사이의 심리적 폭력에 논의를 한정시켰다면, 아도르노는 나치즘이 독일 시민에 가한 폭력의 다차원성과 독일 시민이 유대인에게 행사하는 폭력의 이중구조를 프로이트 심리학과 사회·역사철학적인 차원에서 분석했다. 이러한 차이에도 불구하고 매체를 동원한 교묘한 심리적 조작과 그 영향에 대한 이들의 분석 내용에서는 큰 차이를 찾아보기 힘들다. 주지하다시피 아도르노는 매체가 욕구를 생산 및 재생산하며 조종하고 강화함으로써 획일화된 욕구와 기호, 소비 패턴을 갖게 만든다고 말한다 (GS3, 166 참조).

헉슬리는 매체나 상업 광고 전문가들이 대중의 공통된 욕망, 무의식적인 두려움이나 불안감, 소망을 탐구해 판매해야 하는 제품과 결부시키는 방법을 찾아낸다고 말한다.[117] 아도르노가 매체에 의한 거짓 욕구의 재생산을 말하는 것과 같은 맥락에서 헉슬리 역시 텔레비전, 잡지,

---

117 헉슬리, 『다시 찾아본 멋진 신세계』, 안정효 역, 소담출판사, 2015, 118쪽.

광고 문구나 광고 노래(CM Song)가 어떻게 욕구를 재생산하는지를 분석한다. 특히 광고 문구, 광고 노래, 욕구 재생산과 관련된 헉슬리의 논의는 아도르노의 매체론을 광고 영역에 확장한 보드리야르의 논의와도 매우 유사하다.[118] 위와 같은 유사성에도 불구하고 아도르노와 헉슬리의 논의에는 분명한 차이가 있다. 즉 아도르노가 지배-대중-매체의 상호작용을 이데올로기적 차원에서 비판했다면, 헉슬리는 아도르노와 달리 매체-대중의식 관계에 논의를 한정했을 뿐만 아니라 심리학적 차원의 미시분석에 그친다.

위에서 필자는 계몽의 자기파괴성에 대한 비판으로서 멋진 신세계의 지배 이념과 지배 메커니즘의 측면을 아도르노와 헉슬리의 관점을 교차해 살펴보았다. 그런데 언뜻 보면 문명 비판으로서 아도르노의 계몽 비판이나 헉슬리의 포드 사회에 대한 비판은 비관적 전망으로 일관된 듯 보이는 것도 사실이다. 그렇다면 과연 그들의 비관적인 전망과 다른 가능성을 그들에게서 찾아볼 수 없는가? 이 문제를 검토해 봐야 한다.

5) 문명의 '독'으로부터 해방의 가능성 혹은 계몽의 계몽?

앞서 언급했듯이 문명의 비합리성으로부터의 해방에 대한 아도르노

---

[118] 헉슬리의 관점에서 광고는 제품을 구매하는 꿈의 실현이며 고객을 꿈에서 환상으로 이끌어 가는 기능을 한다. 그는 그 사례로 '특정한 차를 사는 것은 그냥 차를 사는 것이 아니라 품위를 사는 것이다', '오렌지를 사는 것이 아니라 활력을 사는 것이다'와 같은 광고 문구를 든다. 유사한 논의는 장 보드리야르, 『소비의 사회』, 이상률 역, 문예출판사, 2000, 187쪽 이하 참조.

의 논의는 기본적으로 회의적이다. 아도르노의 회의는 총체적 지배와 관리되는 세계에 대한 논의, 대중 기만으로서의 매체 이론, 현대적 야만의 지속, 고삐 풀린 기술, 개인의 죽음, 부정의한 사회에서 올바른 삶의 가능성에 대한 논의 등 도처에서 발견된다. 그럼에도 불구하고 아도르노는 해방의 가능성을 전적으로 부정하지 않는다. 그는 한편으로는 계몽의 자기파괴성을 과장의 논법을 동원해 강조하지만, 다른 한편으로는 계몽의 계몽 즉 계몽의 자기 계몽을 요구한다. 계몽의 자기 계몽의 규범적 방향은 크게 '억압받기 이전의 자연에 대한 기억', '자연과의 화해', '차이의 인정', '사유와 행위에서 비판적 태도', '절반의 교육의 극복을 위한 교육적 정언명법의 실행' 등을 들 수 있다. 해방과 관련해 아도르노가 말하는 개인적 차원의 "지성적인 양심"(GS4, 31)에 주목할 필요가 있다. 여기서 지성적인 양심은 '올바른 사회에 대한 개인의 표상'을 말한다. 지성적인 양심은 "이성을 통해 자신의 관심사를 추구할 수 있는 자립적 존재로서 사회와 대립"(GS6, 218)할 수 있다. 아도르노는 사회 체제에 대한 맹목적인 믿음과 적응에의 노력을 거부하고 자유를 추구하는 시민을 요청하며 그 속에서 희망의 단서를 발견할 수 있다고 본다. 개인의 죽음 테제가 지성적인 양심과 논리적 긴장 관계가 있는 것처럼 볼 수 있다. 그러나 그의 개인의 죽음 테제가 개인에게 닥친 위기의 강조 용법이라는 점을 이해한다면 이 문제는 해소된다.

헉슬리도 멋진 신세계로부터의 해방의 가능성을 문명의 독에 대한 '헬름홀츠', '버나드'와 '야만인 존'의 비판적 인식에서 찾는다. 아도르노의 지성적인 양심이 헉슬리에게는 '존'이다. 존의 "문명이 나에게 독을 먹였어. 그래서 나는 오염되고 말았어"라는 인식은 이미 그 오염에서 벗어나려는 방법적 모색을 포함한다고 볼 수 있다. 이 방법적 모색은 자기 정체성의 인식과 다른 세계의 가능성에 대한 사유를 의미한다. "내가 그렇게 될 수 없는 것이 어떤 이유"에서인지 "조건반사적 교육으로 노예화 되지 않았다면 도대체 어떤 존재가 되었을까, 하는 의심" 섞인 버나드의 질문이 바로 그것이다.

물론 버나드는 야만인 존으로 진화하지 않는 이상 '회의에 그치고 마는 자'가 된다. 멋진 신세계에서 셰익스피어(William Shakespeare)의 책 『오셀로』, 『로미오와 줄리엣』, 『햄릿』을 읽는다는 것은 다른 가능성의 세계로 나가는 통로다. 그의 책은 해방의 전초기지로서 '뉴멕시코의 야만인 거주 지역' 곧 "어떤 이유로 지나치게 자의식이 강해서 (포드 사회적) 공동생활에 적응하지 못하는 인간들이 있는 곳"이자 "지나치게 인간다운 인간이 사는 곳"[119]의 다른 이름이다. 아도르노 언어로 번역하면 존은 항복하지 않는 반항아, 체계로서 삶 전체를 지배하는 (과학)문명의 탈출구를 찾는 인물이다(GS10.1, 98 참조).

그렇다면 '문명의 독에서 벗어나려는 헉슬리적 방법은 무엇인가? 문명의 위험을 극복하는 방법으로 아도르노가 '자연의 기억'을 말한다면, 헉슬리는 '겨자와 더운물'을 말한다. 이것은 인디언들이 사용하던 "자신을 정화하는 방법"[120]이다. '자기 정화'라는 말이 시사하듯이 헉슬리의 방식은 일종의 '방법론적 개체주의'를 취하고 있다. 그렇다면 자기 정화의 구체적 방법은 무엇인가? 헉슬리는 문명화된 장소를 떠나 자신만의 은

119 헉슬리, 『멋진 신세계』, 이덕형 역, 문예출판사, 1988, 288쪽.
120 같은 책, 1988, 307쪽.

신처를 제안한다. 그 은신처는 자기 훈련을 위한 강한 결심, 자기 수행, 양심에 충실해지려는 노력의 공간이다.

문명의 병을 치료하는 자기 수행은 예수의 종교적 희생의 심급만큼이나 격상된다. 헉슬리는 야만인 존이 예수, 푸콩 신과 독수리에게 기도하며 "십자가에 못 박힌 것처럼 양팔을 뻗고 몇 시간이고 고통을 참으며 팔을 내리지 않는다"고 서술하고 있다. 자기 구원을 위한 절박한 기도와 '십자가 고행'을 통해 체화된 문명적 의식과 논리를 극복하고자 하는 야만인 존은 문명에 대한 구원자적 역할을 자처하는 것으로 묘사된다. 이러한 헉슬리적 방식은 신과 영혼, 자연생식, 가족, 노화 등을 극복한 포드 시대를 되돌려 다시금 신, 자유, 죄의 시대로의 회귀를 추구한다.

저는 안락을 원치 않습니다. 저는 신을 원합니다. 시와 진정한 위험과 자유와 선을 원합니다. 저는 죄를 원합니다.[121]

위의 인용구에서 말하는 신과 죄가 단순히 순수 종교적 의미 층위만을 갖는 것은 아니다. 신과 죄의 요청은 포드 시대의 부정을 함축한다. 그러나 헉슬리가 문명으로부터의 자기 정화의 방식을 예수의 종교적 희생과 같은 차원에서 서술했다는 점을 고려할 때, 그가 말하는 신과 죄는 과학적 유토피아를 건설하지 못하는 인간의 근원적 불안정성에 대한 인정을 의미한다. 동시에 헉슬리 자신의 인간에 대한 애정과 인간의 불안전성에서 자연적으로 배태(胚胎)되는 신과 죄에 관한 관념을 그가 수용

---

121 같은 책, 1988, 305쪽.

했다는 것을 의미한다. 위의 인용구에서 '자유'에 대한 야만인 존의 요구에 주목할 필요가 있다. 헉슬리에게 자유는 해방의 전제조건이다.

야만인 존은 "자유가 없다면 인간은 완전한 인간"[122]이 아니라고 믿는 자이다. 그는 자유를 위한 투쟁의 상징인 셈이다. 그렇다면 어떻게 자유를 실현할 수 있는가? 헉슬리는 사회적 차원에서 자유를 실현하기 위해 자유의 가치에 대한 교육이 필요하다고 믿었다. 그것은 곧 "윤리적 자유와 관용 및 상호 박애의 가치관을 가르치는 교육"[123]이다. 그렇다면 자유 교육을 통해서 과연 자유가 실현될 수 있는가? 헉슬리의 대답은 '가능하다'이다. 그는 "인간에게 자유를 위한 교육이 가능하며 우리는 지금보다 훨씬 훌륭한 자유 교육을 실행할 능력"[124]이 있다고 확신한다. 그는 구체적으로 자유의 실현을 위한 사회정책의 변화, 즉 사회적인 조직의 슬림화, 입법화와 법적 제도의 확립 및 산아제한 등을 제시한다.

아도르노에 비해 헉슬리의 제안은 대단히 구체적이다.[125] 산아제한 정책과 관련해 그는 출생률의 감소와 식량 생산의 최대화, 범세계적 토지 및 환경정책의 변화를 요구한다. 산아제한 정책이나 식량문제는 각 국가마다 다른 상황과 조건에 놓여 있기 때문에 그의 주장은 일반적인 주

---

122 헉슬리, 『다시 찾아본 멋진 신세계』, 안정효 역, 소담출판사, 2015, 216쪽.
123 같은 책, 2015, 196쪽.
124 같은 책, 2015, 206쪽.
125 헉슬리가 자유 교육을 강조하고 그 가능성을 믿는 데 반해, 아도르노는 비판의식을 형성시키는 교육을 강조한다. 아도르노에게 교육은 궁극적으로 성숙, 저항, 탈야만화(맹목적 복종, 폭력, 억압, 특정 민족 말살, 정당성 없는 권위와 법령의 강제성), 비판적 주체의 형성을 지향해야 한다(Adorno, *Erziehung zur Mündigkeit*, Frankfurt/M. 1970, 116쪽 이하 참조; 이종하, 「소외된 교육과 해방의 교육―아도르노의 교육현실 비판」, 『시대와 철학』 12, 2005, 186쪽 이하 참조).

장에 불과하다고 볼 수 있다. 하지만 토지 및 산림 그리고 환경정책에 대한 헉슬리의 주장에는 충분히 동의할 수 있다. 특히 그의 주장은 전지구적 환경문제와 관련해 꽤 설득력이 있다.

광범위한 관료화와 사회의 전체주의화로 인한 개인의 '정신적 황폐화'를 해결하기 위해 헉슬리는, 소규모 시골 공동체의 부활 혹은 그와 같은 도시형 모델의 구축, 대도시의 인간화를 주장한다. 그의 제안은 사회적이며 동시에 개인적인 차원이라고 볼 수 있다. 실제로 헉슬리의 제안은 소수 개인과 그러한 개인들의 공동체에 의해 실험되고 있다. 그런데 문제는 과연 그와 같은 정책이 전체 사회적 차원에서 실현될 수 있는가이다. '완전한 인격으로서 개인들 간의 협동적 삶을 구현하려는 대도시의 인간화'라는 이념은 과연 실현가능한가? 헉슬리의 주장은 상당히 매력적이지만, 실현불가능한 주장이다. '화폐의 중심지'로서 대도시의 논리와 그것이 인간에게 미치는 부정적 영향들,[126] 지구적 차원의 '노동과 생존의 위험들', 특히 정글의 법칙이 지배하는 우리 사회를 고려할 때 그의 주장은 규범적 방향성을 제시한다고 평가할 수 있으나 실현가능성의 측면에서 보면 낭만주의자의 환상일 뿐이다. 게다가 그 자신이 말하듯이 모든 것에 대한 전체주의적인 통제를 향해 흘러가는 지금의 추세를 중단시키기 위해 개인의 저항과 희생이 준비되어 있지 않다.

그럼에도 불구하고 헉슬리는 문명의 독으로부터 해방의 가능성을 믿는다. 그는 현대 사회에서 인간은 여전히 얼마간의 자유를 갖고 있다는 것이다. 이를 토대로 인간은 자유를 위한 저항의 의무를 자각해야 하며

---

[126] 짐멜, 「대도시와 정신적 삶」, 『짐멜의 모더니티 읽기』, 새물결, 2005, 35쪽 이하 참조.

자유를 위해 분투해야 한다는 것이다. 그러나 해방의 전제조건으로서 자유의 실현에 대한 헉슬리의 논변은 사회적 차원의 접근과 개인적 차원의 접근을 어떻게 유기적으로 결합할 것인가의 문제를 간과하고 있다. 그는 또 사회정책에 관해 이론의 여지가 많은 각론적 차원의 제안을 하다가 윤리적 의무를 강조한다.

엄밀히 말해 헉슬리식 해방의 전략은 경험 근거가 빈약한 정책을 제시하고 규범의 이론적 토대가 미약함을 드러낸다. 만약 헉슬리가 둘 중 하나의 이론적 전략을 선택했다면 문명의 독으로부터 해방되는 더 나은 대안을 제시했을 것이다. 앞서 살펴본 바와 같이 문명의 독에 대한 비판과 해방의 가능성에 대해 아도르노와 헉슬리는 비판적 의식의 회복이 우선되어야 한다는 입장을 같이한다. 그러나 아도르노는 헉슬리식 해방의 전략을 포함한 그의 기본 관점들에 대해서는 비판적이다. 아도르노는 그가 헉슬리와 어떻게 다른가를 구체적인 비판을 통해 보여 주고자 한다. 이제 아도르노가 헉슬리의 문명 비판을 어떻게 다시 읽었는지 살펴보자.

6) 아도르노의 헉슬리 다시 읽기

아도르노의 헉슬리 다시 읽기는 철저하게 자신의 철학적 관점에서 행해진다. 아도르노의 다시 읽기는 '나(아도르노)하고 많은 점에서 문제의식을 공유하며 각론적 차원에서 당신의 분석에 일부 동의하는 바가 있으나 당신의 소설에서 지배의 논리에 동의하는 흔적들이 도처에 발견된다'라고 요약할 수 있다. 그의 헉슬리 비판 중에서 주목해야 하는 것은 마르크스주의적 관점에서 헉슬리의 정신문화에 대한 동경, 그의 영원의 철학에 대한 비판이다. 아도르노는 오늘날의 문제가 물질문화가 정신 문화를 압도하고 결국엔 역전되었다는 데 있지 않으며, 정신적인 것과 물질적인 것을 이분법적으로 구분하는 것이 '피안의 어딘가'에서 진정한 가치를 찾는 관념 철학, 영원의 철학과 다를 바 없다고 비판한다.

아도르노에게 모든 정신적 산물은 사회의 물질적 토대와 직접적인 영향 관계에 있으며 그것을 거부하는 것은 허위이자 가상이다. 그는 "예로부터 구상된 어떠한 정신적 산물이나 세계로부터 도피하려는 모든 꿈은 그 내용상 물질적 변화를 객관적으로 내포하지 않을 수 없다"고 강조한다. 이와 같은 시각에서 아도르노는 '포드 사회로부터의 탈주=셰익스피어의 작품 읽기'라는 헉슬리식 도식을 초월적인 것의 찬양에 불과하다고 비판한다. 결국 이것은 "물질적 생산 과정과 분리된 문화의 중립화 과정"(GS10.1, 111)을 강화하는 형태로 나타난다는 것이다. 아도르노의 비판은 유물론자로서 헉슬리의 관념론적 경향성에 대한 자연스런 비판이라 할 수 있다. 극단적인 과학 유토피아에 대한 헉슬리의 혐오가 '셰익스피어'로 상징되는 정신적 가치를 절대성의 심급으로 격상시킨다고 비판할 여지는 충분하다. 같은 차원에서 아도르노는 헉슬리가 생물학적 욕구 같은 다른 종류의 불변적 욕구, 즉 형이상적 욕구를 가정하지만 그러한 가정 자체가 반역사적이라고 비판한다. 왜냐하면 욕구는 역사적이며 욕구의 불변 자체가 "소유 관계의 존속 상태에서 시장 및 경쟁이 제거됨에 따라 영속적 성격을 띠게 된 물질적 생산에 대한 반응"(GS10.1, 112)이기 때문이다. 그의 주장처럼 역사적 상황과 사회적 조건이 바뀌면 욕구 자체가 변한다.

아도르노의 헉슬리 다시 읽기에서 또 다른 중요한 문제는 헉슬리식 양자택일의 문제이다. 그가 볼 때 헉슬리는 인간의 행복과 불행을 내포하는 사회와 포드 사회와 같이 수준 높은 과학 사회 중 하나를 결정하라고 요구한다는 것이다. 헉슬리를 향한 아도르노의 비판은 과연 이것이 양자택일의 문제인가라는 의심에서 비롯된다. 다시 말해 그는 피상적으로 생각하는 인간과 과학기술의 갈등 및 과학기술이라는 수단의 자율성과 자립화를 바라보는 헉슬리의 관점을 문제 삼는다.

아도르노가 볼 때 헉슬리가 생각하듯이 과학기술 그 자체가 문제가 아니다. 근본 문제는 과학이 인간의 개별성과 자율성을 확장해야 하는데, 과학기술이 이것을 충족시키지 못한다는 데 있다. 아도르노의 비판은 한마디로 헉슬리가 과학기술 자체가 인간의 문명적 불행을 가져오는 것이 아니라, 총체적으로 과학기술에 눈이 먼 인간 자신의 문제, 인간의 비인간화를 스스로 망각하는 인간들에게 있다는 것을 간과했다는 데 있다. 필자가 볼 때 아도르노의 비판은 중립주의적 과학관의 입장에서 과학 결정론에 대한 전형화된 비판이다. 그의 주장처럼 헉슬리가 과연 과학 결정론의 입장을 분명하게 내세웠는지는 불분명하다. 인공인간의 생산과정에 대한 자세한 기술과 소설의 마지막에서 몬드와 존의 대화 결과가 존의 자살로 끝이 났다는 사실, 미래 과학의 위험성에 대한 헉슬리식 경고와 형이상학적 가치에 대한 지향만으로 헉슬리의 사유를 과학 결정론으로 치부될 수 있는지는 확실하지 않다. 헉슬리의 입장에서는 극단적 과학발전이 인간을 어떻게 노예화하는 것인지 보여 줌으로써 과학기술의 자율성이 문제가 아니라 그것에 대한 인간의 태도 변화를 촉구하고자 하는 의도였다고 말할 수 있기 때문이다.

다음으로 아도르노의 헉슬리 비판의 또 다른 축을 이루는 것은 그의 관점에 대한 이데올로기 비판이다. 아도르노는 헉슬리가 유토피아가 실현되었을 때의 재앙을 경고하지만 정작 그러한 "유토피아를 저지하는 훨씬 더 절박하고 현실적인 재앙"(GS10.1, 121)에 대해서는 침묵하며 그것을 깨뜨릴 '실천적 계기를 반성'하지 못한다고 비판한다. 그는 헉슬리가 문명 비판을 위해 아직 존재하지 않는 과학적 유토피아를 만들어 놓고 그것에 대해 분노하고, 탄식하며 동시에 다른 가능한 변화를 숙고하지도 않은 채 관상학적 기술을 함으로써 자신이 비판한 세계의 지배 관계를 공고히 하는 구실을 제공했다고 본다.

이러한 아도르노의 시각은 헉슬리가 실증주의자를 비판하지만 실증주의자의 면모를 보여 준다는 비판과 '모두가 행복한 사회'라는 포드 사회의 지배 이념을 희화화하면서도 그 자신이 조화론적 세계관을 은연중에 품고 있지 않은가 하는 의심으로 확대된다. 헉슬리의 실천적 계기의 빈곤에 대한 아도르노의 비판은 사회철학자로서 충분히 제기할 수 있다. 그러나 그의 비판과 달리 헉슬리는 『다시 찾아본 멋진 신세계』에서 기아나 인구과잉의 문제만이 아니라 사회조직의 문제, 교육의 문제 등 현재와 미래에 다가올 재앙에 어떻게 대처해야 하는가를 각론적 차원에서 논의하고 있다. 이 점과 관련해서 헉슬리는 규범적 대안을 제시하는 데 그치고 있는 아도르노의 문명 비판보다 더 '실천적 계기성'을 내포하고 있다고 말할 수 있다.

아울러 헉슬리의 사유에 실증주의적 시각과 더불어 조화론적 역사관을 은연중에 내포하고 있다는 아도르노의 의구심은 구체적인 논거 없이 이루어지고 있다. 이런 점에서 그의 헉슬리 비판은 이데올로기 비판이라고 평가할 수 있다. 사회철학자로서 아도르노는 계속해서 그가 '무정부적 개인주의'로 칭하는 헉슬리식의 가상적 개인주의를 비판한다. 여기서 가상이란 헉슬리가 자신과 같이 개인의 죽음을 선언하지만, 사회해방을 전제로 한 개인 해방을 모색하지 않는다는 점에서 가상적이라는 의미이다.

아도르노의 비판은 버나드나 존에서 발견되는 개인의 자각만으로 개인의 자유가 사회 속에 실현될 수 없다는 믿음, 개인은 사회적 산물이라는 믿음에 기초한다. 이 시각에서 아도르노는 헉슬리가 사회구조에서 발생한 문제를 개인의 책임으로 돌리는 전형적인 부르주아적 개인 개념을 갖고 있다고 말한다. 그가 볼 때 헉슬리는 사회라는 기능연관 체계에서 개인의 대체 가능성을 개인의 불성실이나 이기심과 같은 심리적인 문제로 환원시키는 오류를 범한다는 것이다.

아도르노가 말하고자 하는 바는 헉슬리의 인식 저편에 개인이 전체주의적인 멋진 신세계에서 적응해야 한다는 생각이 은밀하게 자리 잡고 있다는 것이다. 필자가 볼 때 아도르노의 인식은, 소마와 몬드의 세계에 대한 절대적 믿음을 고수하려는 레니나의 강박이나, 추방의 두려움을 완전히 극복하지 못하는 경계적 존재인 버나드와 헬름홀츠를 기억한다면, 설득력 있는 주장이다. 또한 어떻게 포드 사회를 해체할 것인가를 고민하지 않고 존과 같이 개인적인 탈주를 시도하는 것이 도대체 어떠한 사회적 의미를 갖는지에 관한 아도르노의 문제 제기 역시 타당하다.

7) 아도르노적 헉슬리의 두 측면

지금까지 아도르노와 헉슬리의 문명 비판의 유사성과 차이 그리고 아도르노의 관점에서 『멋진 신세계』를 중심으로 한 헉슬리 다시 읽기를 살펴보았다. 아도르노가 계몽의 문명사적 과정을 자연 지배의 논리 즉, 내적 자연과 외적 자연의 지배의 도정으로 설명했다면 헉슬리의 멋진 신세계는 소위 계몽의 완성으로서 자연 지배가 완성된 사회를 그렸다. 다르게 표현하면 아도르노가 도구적 이성의 작동 원리와 그것의 자기파괴성을 규명하고 있다면 헉슬리는 도구적 이성이 구현된 전체주의 사회를 소설적 언어로 비판했다. 아도르노와 헉슬리는 지금이냐 미래냐 하는 시점만 달리할 뿐 문명의 자기파괴성과 완성된 문명의 전체주의적 속성, 총체적 지배에 대한 비판적 문제의식을 공유했다.

또한 그 속에서 체제에 의해 어떻게 주체가 말살되는지, 자유와 자율성이 어떻게 사라지는지를 현대 자본주의와 포드 사회의 문맥에서 다른 방식으로 보여 주었다. 지배 이념과 사회의 자기유지 메커니즘, 억압으로서의 사회 체제에 대한 논의에서도 이들의 근본적인 차이를 발견하기 어렵다. 단지 차이는 분석의 대상에 있다. 즉 유전자 계급 사회인가 아니면 현대 자본주의 사회인가의 문제이다. 의식의 조정과 행위의 규제를 통한 지배의 심리학, 특히 『다시 찾아본 멋진 신세계』에서 의식의 조정에 대한 헉슬리의 각론들은 아도르노에 의해 사회철학적 언어로 번역되고 세련화되었다고 주장해도 무방할 정도이다.

한편 아도르노의 헉슬리 다시 읽기는 자신의 철학적 관점에서 일관되게 수행되었다. 그의 헉슬리 비판의 주요 내용은 문명 비판의 보수주의적 색채, 정신문화에 대한 관념론적 동경, 실증주의적 성격, 무정부적 개인주의, 지배의 공고화를 위한 암묵적 기여, 사회적 해방을 위한 실천적 계기의 결핍으로 요약될 수 있다. 아도르노의 헉슬리 다시 읽기는 기본적으로 이데올로기적 차원에서 수행되었으며, 사회철학자로서 그러한 비판은 자연스러운 것이다. 단지 정합성의 문제일 뿐이며, 해석에 다소 자의적인 측면이 있는 것은 사실이다. 이러한 원인은 아도르노의 헉슬리 다시 읽기의 텍스트가 주로 『멋진 신세계』에 머물러 있는 데서 연유하기도 한다. 이러한 텍스트의 제한성은 한편으로는 오독의 위험을, 다른 한편으로는 아도르노의 테제를 더 강화할 수 있는 이중적 측면을 내포한다. 즉 아도르노가 『다시 찾아본 멋진 신세계』를 충실히 읽었다면 헉슬리의 실천적 계기에 대한 근본적 의구심은 거두었을 것이며 단지 각론적, 기술적 접근에 대한 비판에 그쳤을 것이다.

또한 아도르노가 헉슬리의 후기 소설을 다시 읽기의 토대로 삼았다면 그는 자신이 명명한 무정부적 개인주의, 방법론적 개체주의에 대한 비판을 더 날카롭게 전개할 수 있었을 것이다. 아울러 후기 소설에 등장하는 이상적 사회에 대한 헉슬리적 구상을 아도르노 자신이 주장해 온 '상의 금지 원칙', 허구적인 유토피아적 사유의 위험성 논거들을 동원해 더 정교한 비판을 수행할 수 있을 것이다. 동시에 아도르노는 진정한 유토피아적 모티브가 없는 문명 비판[127]이 "사회 전체의 변화"[128]를 가져올 수

---

127 아도르노의 사회·역사철학은 유토피아적 사유에 기초한다. 그러나 아도르노는 유토피아적 모티브와 유토피아적 전망 사이의 내적 연관성을 논구하지 않는다. 여기에 대해서는 C. Rademacher, "Nach dem, versäumten Augenblick," Opladen 1997, 17쪽; C. Rademacher, "Vexierbild der Hoffnung," in: Utopie und Moderne, R. Eikelpasch/A.

없으며 그런 차원에서 헉슬리를 기능주의적 사회 개선론자로 규정했을 것이다.

아도르노와 마찬가지로 필자의 관점에서도 헉슬리는 총체적 지배로부터 해방된 사회에 대한 유토피아적 모티브를 충분히 보여 주지 못하고 있다. 진정한 문명 비판은 탄식과 분노, 총체적 지배에의 적응의 불가피성과 개인적 탈주에 대한 동경의 차원이 아니라 기존의 것에 부정적이며 부정의 방식을 통해 모든 것의 변화를 요구해야 한다. 그렇지 않다면 헉슬리식의 문명 비판과 그 아류들은 소설적 울림을 갖지만 새로운 가능성에 대한 환기와 실천적 구상으로 나아가지 못할 것이다.

아도르노가 말하는 계몽의 계몽이나 헉슬리가 꿈꾸는 인간의 얼굴을 한 과학기술은 결국 사회 전체의 변화와 분리해 생각할 수 없다. 문제는 규범적 방향과 실천적 전략을 위한 구체성의 사유를 어떻게 결합하고 밀고 나가는가가 중요하다. 이 점에서 헉슬리와 아도르노는 일정한 한계를 노정한다. 그럼에도 이들 논의는 간과할 수 없을 만큼 강렬한 철학적 자극을 준다. 즉 알파고 시대, 감성 로봇 시대에 헉슬리와 아도르노의 문명 비판은 비록 각각의 약점에도 불구하고 인공지능과 인간의 공존, 그것을 위한 사회적 조건의 형성이라는 점을 논의할 때 이들의 사유만큼 반성적 단서를 주는 경우도 드물다는 점이다.

Nassehi (Hg.), Farnkfurt/M. 1996, 112쪽 참조.

128 Adorno, "Etwas fehlt …, Ein Rundfunkgespräch mit Theodor W. Adorno," in: E. Bloch, *Tendenz-Latenz-Utopie*, Farnkfurt/M. 1996, 353쪽.

문화의 약속과 문화의 야만성:
베블런의 경우

1) 문화의 야만성에 대한 두 시각

문화 비판의 역사는 철학의 역사와 같다고 해도 과언이 아니다. 당대 문화에 대한 비판을 수행하지 않은 철학자는 없다. 철학적 관점의 문화 비판에서 빠질 수 없는 키워드는 문화의 야만성이다. 이 개념을 사용하지 않은 문화 비판도 기본적으로 문화의 야만성을 기저에 두고 있다. 특히 루소(Jean-Jacques Rousseau) 이후 문화(문명) 비판가들은 문화의 야만성이라는 논제를 통해 당대 문화에 대한 비판과 문화적 야만의 발생학을 전개해 왔다. 현대 철학자 중에서 문화의 야만성을 문명화의 관점에서 가장 심각하게 논의한 인물이 아도르노다.

그의 철학은 문화적 야만과 야만의 현재성에 대한 숙고의 산물이라고 해도 틀린 말이 아니다. 주지하다시피 아도르노의 현대 문명 진단은 "왜 인류는 진정한 인간적 상태에 들어서기보다 새로운 야만 상태에 빠졌는가"(GS3, 11)라는 질문으로 요약된다. 그는 자연 지배의 역사와 문명의 야만 문화를 같은 맥락에서 다룬다. 계몽과 신화의 변증법은 바로 위의 문제를 규명한 것이다. 아도르노의 문화의 야만성, 문화의 죽음에 대한 논의는 역사철학적인 관점과 사회철학, 사회학적 관점을 유기적으로 결합하고 있다. 그는 문화의 야만성과 관련해 문화 야만, 문화의 거세, 문화의 몰락, 시장의 명령에 따르는 문화, 상업과 문화의 유착관계, 광고로 변질된 문화, 지배로서의 문화, 문화 소외 등의 개념 등을 곳곳에서 사용한다.

베블런(Thorstein Veblen)의 야만문화론에 대한 아도르노의 관심은 그가 경제결정론적 관점에서 '야만 문화(babaric culture)'의 발생학과 야만의 현재성을 전개한다는 데서 비롯됐다. 아도르노는 사회학적 상상력의 결핍과 방법론에서 오는 이론적 난점, 우울증적 문화 비판의 한계를 들춰낸다. 그는 베블런의 이론이 광범위하게 인정받고 있음을 지적하며 『유한계급론』의 문화의 야만성 논의를 자신의 야만문화론의 관점에서 독해한다. 아도르노의 언급처럼 베블런의 저작에서 '야만 문화' 개념은 "제의용 가면처럼 경직된 모습으로 그의 주저에 지속적으로 등장"(GS10,1, 72)한다.

그의 관점에서 베블런의 작업은 "문명화된 야만 상태"(GS10,1, 18)와 유한계급에서 발견되는 "모든 문화와 사회적 죄의 연관 관계"(GS10,1, 19) 규명에 초점이 맞춰져 있다. 베블런의 야만문화론에 대한 아도르노식 독해방식의 의미는 그것에 대한 대부분의 논의가 일반적인 문화이론, 소비이론이 경제학적 관점에서 이루어진 점과 철학자들에 의해 그의 논제가 거의 주제화되지 않았다는 점에서 찾을 수 있다. 국내의 서지 조사 결과 베블런 이론 연구는 빈약하기 그지없으며 철학적 관점에서 베블런의 문화론을 연구한 국내 논문은 존재하지 않았다. 이와 같은 인식에 기초해 필자는 아도르노가 어떻게 베블런의 '문화에 대한 공격'을 읽었고, 그의 독해 방식의 타당성과 한계가 무엇인지를 비판적으로 검토하고자 한다. 이를 위해 ① 아도르노의 야만문화론과 베블런의 야만문화론을 비교분석한다. ② 아도르노의 베블런 독해의 주요 내용을 검토한다. ③ 아도르노와 베블런의 야만문화론적 관점이 한국 사회의 문화적 야만성 비판의 전거로서 얼마만큼 유효하며 어떠한 난점들을 갖는지 살펴보고자 한다.

2) 문화의 약속과 문화의 야만성

아도르노에게 문화는 사회 역사적 삶의 과정이자 산물이며 '총체(Ganzes)'다. 그에 따르면 문화의 시작은 자연 지배와 궤를 같이한다. 자연 지배는 부정성과 긍정성을 동시에 갖는다. 그것의 긍정성은 '문화의 약속(Versprechen der Kultur)'에 있다. 그것은 인간의 문화화, 인간성의 실현, 지배 사회의 안티테제, 비판과 저항, 자유와 개인의 실현, 부정, 이성적인 사회의 건설을 함의한다. 문화의 부정성은 자연 지배를 가능하게 하는 동일성 사고의 부정적 극단화로 인한 반계몽의 다양한 형식과 내용에 있다. 그것의 정점에 아우슈비츠가 있다.

그에게 아우슈비츠는 "문화가 야만으로 드러난"(GS6, 359) 사건이며 문화의 죽음을 상징적으로 보여 주는 사건이다. 동시에 아도르노는 야만의 현재성을 "아우슈비츠 이후의 문화는 그것에 대한 절박한 비판을 포함해 모두 쓰레기"(GS6, 359)이며 "아우슈비츠 이후에 시를 쓴다는 것은 야만적(barbarisch)"(GS10.1, 30)이라고 극적으로 표현한다. 이것은 아우슈비츠 이후의 문화가 그것이 되풀이되는 것을 막아야 하는 정언명법을 수행하지 못한다는 지적에서도 확인된다(GS6, 358 참조). 그에 따르면 문화는 '적응'이 아니라 기존 사회에 대한 '부정과 비판'이다. 따라서 문화(비판)는 단순히 문화의 사물화만이 아니라 삶 자체의 사물화, 상실된 문화의 약속에 저항해야 한다.

베블런은 아도르노처럼 문화의 약속이나 문화의 이념이라는 개념을 사용하지 않는다. 베블런도 아도르노와 마찬가지로 야만 문화의 발생학을 보여 준다. 그는 "산책용 지팡이와 잔디, 스포츠의 심판, 가축들의 성격"(GS10.1, 73)이라는 알레고리들을 통해서만이 아니라, 야만 문화의 생성 이전부터 오늘날의 야만 문화의 현재성을 경제적 관점을 중심으로 추적한다. 그가 문화의 발전을 야만 문화의 형식 변화로 파악하고 그 결과가 '야만적'이라고 본다는 점에서 문화의 죽음에 관한 아도르노의 테제와 결론이 유사하다. 이 둘의 방법론적 차이는 역사철학적, 인간학적 차원의 분석이냐, 경제적 관점이냐의 차이에 있다.

문화개념의 의미층위와 문화의 사회적 기능, 문화의 발전 과정, 문화의 야만성 개념에 대해 양자는 차이를 보여 준다. 아도르노는 문화의 야만성을 문화의 사물화, 체제 적응 기제로서의 문화, 상품으로서의 문화, 지배 문화, 속물화된 자기표현으로서의 문화, 파시즘을 막아 내지 못한 독특한 독일 문화 등에서 찾는다. 이에 반해 베블런은 문화를 약탈 문화, 야만 문화와 동일한 의미로 사용한다. 문화의 기능과 관련해 아도르노는 이데올로기 측면에서 적응으로서의 문화와 저항(사회의 안티테제)으로서의 문화를 구분한다.

반면 베블런은 문화를 유한계급의 사고습관과 생활습관을 포함한 의식 태도 전반을 포함하는 포괄적인 개념, 다른 말로 하면 '아비투스(habitus)' 기능으로 규정한다.[129] 문화의 발전과 관련해 아도르노는 이성의 병리학의 차원에서 '미메시스-신화-동일성 사고-사회적 지배-총체적 지배(관리되는 사회)'로 구분한다. 베블런은 문화의 진화 단계를 '원시 공동체(평화로운 단계)-약탈 단계-외견상 (준)평화적 단계(수공업 사회)-평화로운 단계(산업 사회)'로 설정한다. 주목할 만한 것은 베블런이 원시 공동체 사회에서는 약탈 문화가 존재하지 않는다고 본다는 점이다. 그 이유는 그가 이 시기의 인간의 심리적 경향을 온순하고 평화적이라고 전제했기 때문이다.[130] 베블런은 원시적 토다(Toda)족, 부시먼(Bushman)족, 에스키모(Eskimo)족이 평화로운 집단이며 폭력적 행위가 배제된 원시 공동체라고 주장한다. 아도르노는 그의 주장의 인류학적 경험 연구의 결핍을 의심하지 않은 채 '루소주의'적이라고 비판한다. 그가 설정한 원시 공동체는 아도르노의 이론 체계 내에서는 신화와 계몽이 얽혀 있는 단계로 파악할 수 있으며 사회적 위계가 이미 형성된 사회다.

문화의 야만성 개념과 관련해 아도르노는 광의(객관적)와 협의(심리적)

---

129 유한계급의 아비투스로서 문화는 아리스토텔레스의 기계적 반복 행동 방식으로서의 에토스(ethos)와 다르다. 부르디외의 아비투스 개념도 베블런의 개념과 크게 다르지 않다. 부르디외 개념은 베블런의 영향을 받았다. 그의 소비이론도 부르디외의 취향소비론, 보드리야르의 기호-상징소비론에 영향을 주었다(부르디외, 『사회학의 문제들』, 동문선, 신미경 역, 2004, 148쪽 참조; A. Lenger/S. Priebe, "Demonstrativer Konsum und die Theorie der feinen Leute: Geschmack, Distinktion und Habitus bei Thorstein Veblen und Pierre Bourdieu," in: *Pierre Bourdieus Konzeption des Habitus*, A. Lenger et al. (Hg.), Wiesbaden 2013, 91쪽).
130 베블런, 『유한계급론』, 김성균 역, 우물이 있는 집, 2014, 258쪽.

의 야만 개념을 제시한다. 그는 객관적 야만에 "민족 학살, 고문"(GS10.2, 507)과 같은 물리적 폭력만이 아니라 정당성이 의심되는 사회질서, 권위, 견고한 권력의 작용 등도 포함한다. 객관적 야만과 달리 공격 욕구, 원시적 증오, 파괴 충동, 광적인 편견 등은 심리적 야만으로 간주된다 (GS4, 207 참조). 베블런은 노예제, 신분제를 제도화된 야만으로 규정한다. 그러나 그의 야만 개념은 약탈 정신으로 표현되는 심리적 야만이 중심축을 이룬다.

베블런은 약탈을 인간의 기본적인 심리구조로 보고 약탈 본능 개념을 제시하지만, 그것이 왜 본능인지 설명하지 않는다. 심리적 본능이라는 약탈 정신은 "습관적인 호전적 정신상태"[131]를 말한다. 약탈 정신을 구성하는 약탈 기질은 기만, 맹목적인 이기주의, 술수, 폭압과 협박, 교활함, 생명존중 의식이 없는 태도와 같은 비인격적 심리특성에 의해 구성된다. 베블런의 심리적 야만 개념은 아도르노의 그것과 큰 차이가 없다. 단지 광적인 편견과 같은 인지적 왜곡의 요소들이 빠져 있다.

베블런은 '약탈 문화(predatory culture)'를 "약탈 특성, 약탈 습관, 약탈 전통이 누적되면서 점진적으로 성장하는 문화단계"[132], "전투를 집단의 공공연하고 대표적인 일로 삼는 단계"[133]로 규정한다. 이 단계에서 전투의 한 형식이 바로 경쟁이다. 물건의 획득을 둘러싼 경쟁은 약탈 문화에서 '공인된 형식'이다. 약탈 문화에서는 '명예로운 일과 강탈이 동일한 것'으로 간주된다. 이 문화단계에서 무기, 파괴력, 공격행위는 명예를 쟁취

---

131 베블런, 『유한계급론』, 김성균 역, 우물이 있는 집, 2014, 48쪽.
132 같은 책, 2014, 49쪽.
133 같은 책, 2014, 47쪽.

하는 중요한 수단이며 노동과 경제활동은 불명예스러운 것, 수치스러운 일이다.[134] 베블런에 따르면 부를 최고의 명예로운 것으로 간주하는 약탈 문화는 후기 단계인 '금력과시 문화(pecuniary culture)'로 이행한다. 금력과시 문화에서 부는 높은 사회적 지위, 존경을 획득하는 기본조건이 된다. 금력과시 문화는 새로운 형식의 약탈 문화이다. '약탈 문화는 단지 형식만이 바뀔 뿐 사라지지 않는다'는 베블런의 테제는 야만 문화의 현재성을 강조한다. 이 점에서 그는 '지금도 계속해서 재생산되는 야만'의 현재성을 말하는 아도르노와 인식을 공유한다.

3) 베블런의 야만문화론에 대한 아도르노의 독해

(1) 문화의 야만성론의 이론적 토대

아도르노는 베블런의 야만문화론이 미국식 실용주의, 구실증주의, 마르크스주의라는 세 가지의 지적 원천에 기대고 있다고 보았다. 특히 그는 실용주의가 베블런 사유의 중심이라고 평가한다. 문화의 발전에 대한 베블런의 주장은 '인간 삶이 생존 투쟁이며 제도들의 자연 선택 과정을 통해 사회의 진화가 발생하고 적합한 사고습관과 개인들의 적응이 인간 삶을 이끌어 왔다'로 요약된다. 아도르노는 문화-인간-삶의 상호관계에 대한 베블런의 설명에서 적응, 순응, 조정 개념 등이 핵심을 이룬다고 지적한다.

그에 따르면 베블런은 사회적 조건들의 발생과 그것의 변화에 따른

---

[134] 같은 책, 2014, 46쪽 참조.

적응의 과정을 진보라고 인식했다. 아도르노는 베블런이 순응의 절대적 필요성에 의문을 제기하지 않은 채 자기식의 순응 이론을 정치하게 만들었다고 주장한다. 그가 볼 때 베블런은 진보가 갖는 맹목적 자연 연관성과 진보의 질적인 측면 즉 진정한 진보는 무엇인가와 같은 규범적 물음을 놓치고 있다. 그가 말하는 베블런 철학의 실용주의적 토대는 엄밀히 말해 베블런의 진화론적 세계관에 대한 실용주의적 독해라고 볼 수 있다.

아도르노가 파악한 베블런 사유의 두 번째 토대는 콩트와 스펜서(Herbert Spencer)로 대변되는 실증주의다. 그가 옳게 파악하듯이, 베블런은 실증주의의 이념에 따라 인과적 법칙의 우월성에 기초해 사회적 현실을 파악하고, 모든 목적론적 개념과 관념을 배제한다. 베블런의 적응-진보의 논리는 역사 발전의 단계론으로 나타난다.[135] 베블런이 진화론적 세계관에 기초해 역사와 사회의 발전을 파악한다는 점에서 아도르노의 주장은 새로울 것이 없다. 베블런 사유의 세 번째 이론적 토대로서 아도르노가 제시하는 인물은 마르크스이다. 그는 베블런의 마르크스 상관성을 사유의 전유라는 차원이 아니라 마르크스 사상의 실용주의적 변용이라는 측면에서 찾는다.[136] 그는 베블런과 마르크스 사상의 연결고리

---

[135] 베블런의 방법론은 인과론, 귀납적 방법론이며, 약탈 기질과 습관이 원시 공동체로부터 시작해 역사 전반에 어떻게 전개되었는가라는 관점에서 보면, 인류학적 방법론의 영향을 받았다고 볼 수 있다.

[136] 아도르노는 유한계급론을 중심으로 마르크스와의 유사성을 언급하고 있으나 경제이론 부분에서 마르크스와의 유사성을 제기하는 필자들도 많이 있다. 포드와 맥클러치는 베블런의 저서인 『비즈니스 사업이론The Theory of Business Enterprise』을 분석하면서 이론적이고 방법론적 차이에도 불구하고 현대자본주의의 운영에 대한 분석에서 상당한 유사

를 상품의 물신적 성격에 대한 이해에서 찾는다. 베블런이 말하는 과시적 낭비 개념은 소비행위 자체가 중요한 것이 아니라 교환되는 상품 자체가 우선성을 갖는다는 의미에서 마르크스가 말하는 상품의 물신성과 생각이 맞닿아 있다는 것이다.[137] 아도르노식으로 분석하면 필요재 이외의 모든 기호재 소비에 상품 물신적 성격이 내재하고 있다고 봐야 한다. 이런 차원에서 보면 베블런 유한계급 분석의 마르크스적 영향을 지적하는 아도르노의 논점은 일반적 수준의 분석이라고 평가할 수 있다.

계속해서 아도르노는 경제적 관계가 의식의 형식과 내용을 강제한다는 베블런의 생각이 '존재가 의식을 결정한다'는 마르크스의 테제에 영향을 받은 것으로 본다. 실제로 베블런은 "약탈적인 태도에 적합한 물리적 환경의 형성"[138]이 습관화된 호전적 정신상태를 낳는다고 보았다. 마르크스의 영향과 관련해 아도르노가 포착하고 있는 또 다른 지점은 베블런에서 볼 수 있는 변증법적 모티브이다. 여기서 변증법적 모티브란 베블런이 인간의 역사, 사회적 순응 과정을 통한 발전에서 발생하는 적대관계를 분석한다는 의미이다. 베블런이 노동분업, 계급문제, 성적 지배[139]와 자원을 둘러싼 이해대립 등을 분석의 대상으로 삼는다는 의미에

성이 있으며 생산, 갈등, 소외문제에서도 유사한 결론을 맺고 있다고 주장한다(K. Ford/ W. McColloch, "Thorstein Veblen: A Marxist Starting Point," in: *Journal of Economic Issues*, Vol. 46, No. 3, 2012, 771쪽 이하 참조).

137 아도르노의 시각을 확장하면, 보드리야르의 상징적 소비(커뮤니케이션)로서의 소비 개념이나 켐벨 등이 말하는 상품 소비가 곧 자아 정체성(자기표현)이라는 테제 역시 소비 자체보다 상품 자체의 지위가 더 중요하다는 점에서 마르크스의 상품 물신성 테제와 관련된다(C. Cambell, "Romanticism and The Consumer Ethic," in: *Sociological analysis*, Vol. 44, No. 2, 1983, 279쪽 이하 참조).

138 베블런, 『유한계급론』, 김성균 역, 우물이 있는 집, 2014, 49쪽.

서 변증법적 모티브를 찾을 수 있다. 아도르노가 지적하고 있지 않지만, 베블런이 문화라는 상부구조에 대한 토대(경제)결정론적 입장을 견지한 다는 점과 원시 공동체에서 소유권 개념이 등장하면서 야만 사회가 등 장한다는 전제는 마르크스에 토대를 두고 있다고 볼 수 있다.

위와 같은 분석에도 불구하고 베블런 야만문화론의 이론적 토대에 대 해 아도르노가 간과하고 있는 점이 있다. 먼저 지적해야 할 것은 베블런 의 이론 체계 저변에 깔린 심리주의 혹은 정신분석학적 토대다. 그 근거 로 심리적 야만 개념, 소유권 주장이 생존의 욕구, 안락의 욕구에서 비 롯되었다는 점, 약탈 문화를 결정하는 심리적 동기가 시기와 시샘, 선망 에서 비롯된 경쟁심리의 반영이라는 점, 부의 소유 여부가 자존심과 자 만심의 척도가 된다는 점, 부의 평등한 분배가 실현된 사회에서도 부를 축적하려는 인간의 욕망이 억제되지 않는다는 점, 과시 여가와 과시 소 비 등의 심리적 원인 분석, 대리여가(代理餘暇)를 수행하는 특수한 계급 이 유한계급의 체면치레 욕구의 발산이라는 점, 특히 약탈 본능이나 기 질이 약탈 정신이라는 심리적 태도를 만들어 내고 그것이 유한계급 형 성의 직접적 원인이라는 관점[140] 등을 들 수 있다.

---

139 아도르노는 베블런을 '여성운동의 때늦은 옹호자'로 평가한다. 실제로 베블런이 새로운 여성운동에 대한 남성주의자들의 평가를 비판한다는 점과, 신여성 운동이 발생하게 되는 사회적 환경을 지적한다는 점에서 아도르노의 주장은 타당하다. 베블런은 "모든 사회에 서 여성이 차지하는 지위는 그 사회와 그 사회의 구성계급들이 도달한 문화수준을 명시하 는 가장 확실한 지표"(유한, 393)임을 분명히 한다. 여성성이 사회적 산물이라는 점에서 베 블런과 아도르노는 같은 입장을 취한다. 그러나 베블런이 성적 지배의 근원을 단순히 경 제적 원인에서 봤다면, 아도르노는 보편적인 자연 지배의 논리와 성적 지배의 상호관련성 에서 그 근원을 찾는다는 점, 여성의 불구화에 대한 비판의 심각성과 극복의 가능성에 대 한 규범적 원리를 제공했다는 점에서 차이가 있다.

이러한 측면을 강조한다면 베블런의 이론적 토대에서 중심을 차지하는 것은 그가 언급한 세 가지 토대보다 심리주의적 분석 관점이라 볼 수 있다. 또한 아도르노는 베블런의 사유의 특징으로 흔히 지적되는 다원주의에 대해 언급을 지극히 자제한다. 베블런은 본능, 제작 본능, 기질, 자연 선택, 선택 적응, 적응과 진화, 약탈 기전의 격세유전, 유전적인 변종 등 진화론의 중요한 술어들로 논의를 전개한다.[141] 본능이나 제작본능을 생물학적 의미에서 사용한다는 점, 기질과 사고습관의 형성은 환경에 대한 선택적 적응의 결과라는 주장, 본능과 의식의 상관성 옹호나 문화의 야만성의 제도화로서 유한계급이 격세유전을 지향한다는 명제 등에서 그의 다원주의 면모를 쉽게 읽을 수 있다.[142] 아도르노가 베블런의 진화론적 사유를 굳이 이론적 토대 중의 하나로 제기하지 않은 것은 철학적 사유의 유형 틀 내에서만 영향 관계를 찾았기 때문으로 보인다.

(2) 과시적 여가와 소비에서 문화의 야만성

'과시적 소비(conspicuous consumption)'와 '과시적 여가(conspicuous leisure)'

---

140 베블런, 『유한계급론』, 김성균 역, 우물이 있는 집, 2014, 229쪽 이하 참조.

141 M. Spindler, "Adorno's Critique of Veblen," in: *In Pratice. Adorno, Critical Theory and Cultural Studies*, ed. H. Briel/A. Kramer, Oxpord/Bern/Berlin/Wien 2001, 119쪽 참조.

142 베블런의 핵심방법론이 다원주의에 입각해 있다는 것은 아도르노가 베블런 야만문화론을 분석하기 훨씬 이전에 나온 일반적 지적이며 논제는 그의 진화주의 경제학의 난점에 대한 것이었다. 여기에 대해서는 G. M. Hodgon, "Veblen and Darwinism," in: *International Review of Sociology*, Vol. 14, No. 3, 2004, 343쪽 이하 참조; 이와 관련된 유일한 국내 연구는 성낙선, 「베블런의 진화생물학과 다원주의」, 『동향과 전망』 100호, 2017, 219쪽 이하 참조.

는 유한계급의 제도적 산물이다. 이것은 "금력을 증명하는 증거"[143]이며 동시에 명성, 명예를 획득하는 수단이다. 베블런은 여가를 단지 아무것도 하지 않는 것을 의미하는 것이 아니라 "시간을 비생산적으로 소비"[144] 하는 것으로 정의한다. 유한계급에게 여가는 우아하고 고결한 것, 명예를 드러내는 것으로 간주되며 생산활동은 무가치하고 비천하며 도덕적으로 허용될 수 없는 것, 수치심을 불러일으키는 것으로 여겨진다. 노동은 금기의 대상이다. 여가의 형식인 유사 학문적, 유사 예술적 활동, 세련된 화법, 최신식 예법, 경주마나 애완동물 사육법 등의 교양을 익히는 활동은 명예와 평판을 확보하기 위한 비생산적 활동이다.[145] 위와 같은 여가활동은 유한계급에게 "명예로운 여가"[146]이며 '명예로운 삶'을 위한 생활로 간주된다.

그에 따르면 유한계급은 정치, 전쟁, 스포츠, 종교의식을 독점하며 이 것을 간접적인 방식의 생산적인 활동으로 생각한다. 그는 간접적인 생산활동으로 여기는 정치와 전쟁이 금전적 이익을 확보하는 수단이 되는 이상 그것은 '약탈적'이라고 주장한다. 정치와 전쟁은 약탈이나 횡령 같

---

143 베블런, 『유한계급론』, 김성균 역, 우물이 있는 집, 2014, 71쪽.

144 같은 책, 2014, 74쪽.

145 베블런이 예법과 세련된 화법 등을 야만 문화의 형식으로 비판하고 있으나 엘리아스는 세속상류층의 행동양식의 변화로 간주하며 그 중심에 본능과 감정의 합리적 관리가 있다고 보았다. 특히 그는 감정의 정확한 조절, 자기절제, 심사숙고 등은 상류층 문화의 발달, 궁정 합리성의 구현과정이라 주장한다(노르베르트 엘리아스, 『문명화 과정 II』, 박미애 역, 2006, 362쪽 이하 참조).

146 베블런, 『유한계급론』, 김성균 역, 우물이 있는 집, 2014, 74쪽. 부르디외의 관점에서 유한계급이 명예, 명성, 권위, 좋은 평판을 얻기 위한 노력은 상징자본을 확보하려는 노력이다(부르디외, 『구별짓기: 문화와 취향의 사회학』, 최종철 역, 새물결, 2006, 453쪽 참조).

은 방식을 통해 이익을 획득하기 때문이라는 것이다.[147] 베블런이 과시적 여가에서 말하는 문화의 야만성을 드러내는 또 다른 증거는 신분제 문화이다. 베블런의 시각에서 신분제도는 약탈 문화의 제도화다. 그는 신분제 문화의 성장을 유한계급의 과시적 여가활동에서 찾는다. 유한계급은 자신들의 명예를 획득하고 과시하는 수단으로 하인과 여성(부인)들의 수를 증가시킨다.

또한 유능하고 전문화된 하인들을 고용한다. 주부나 하녀들에게 주어지는 대리여가 활동도 유한계급의 과시적 명예추구 동기에서 출발한다. 이들의 대리여가 활동은 반강제적 활동이며 유한계급 사이의 과시 경쟁에서 비롯된 위장적 여가활동이다. 베블런은 과시적 여가활동의 주체와 유사 주체의 관계가 주인과 노예의 관계이며 이 관계는 모든 영역에서의 계급적 차별과 강압, 복종훈련과 노예근성을 유지하는 방식을 통해 작동된다고 말한다. 아도르노는 과시적 여가에서 베블런의 야만성 논의에 대해서 언급하지 않는다. 그의 여가 문제에 대한 논의는 다른 저작들에서 발견되며 '여가의 정치사회적 의미'를 밝히는 데 초점이 맞추어져 있다.[148]

신분제 사회가 '약탈적'이라는 명제, 더 정확히 말해 '착취적'이라는 데는 이론의 여지가 없다. 필자가 볼 때 경제학자인 베블런이 경제와 노동

---

147 앞의 책, 70쪽 참조.

148 아도르노에게 여가는 후기자본주의 체제의 자기유지를 위한 관리와 조정의 대상이며, 여가산업, 취미 이데올로기가 이를 수행한다. 여가는 산업 생산성과 지배 체제의 합리성의 제고가 목적이다. 따라서 노동 시간의 연장 이상의 것이 아니다(GS3, p.153.: GS8, p.10 이하 참조: GS10,2 p.647 이하; 이종하, 「문화사회에서 노동과 여가—아도르노와 마르쿠제 '노동과 여가 논의의 현재성과 한계」, 『철학과 현상학연구』 27집, 2006, 150쪽 이하 참조).

영역을 완전히 배제하고 유한계급 사이의 명예 과시 동기라는 협소한 분석 대상에 기초해 신분제의 약탈적 성격을 규명하는 것이 '약탈성'을 규명하는 데 더 효과적인지 의문스럽다. 베블런은 또 과시적 여가에서 파생된 대리여가 활동에서 약탈적 성격은 없는가를 논의했어야 한다. 여기서 약탈적 성격은 대리여가 활동의 주체들이 단순히 대리여가를 수행하는 것에 그치지 않고 유한계급의 과시적 여가에 내재한 약탈성의 대행자라는 점의 분석을 통해 드러날 것이다.

필자가 볼 때 비록 신분제가 공식적으로 폐지되었지만 계급의 고착화로 계급이동이 거의 이루어진 사회는 새로운 야만 사회이다. 이 사회에서 약탈성은 베블런이 말하는 신분제 문화의 야만성보다 더 강하고 견고하다. 그는 과시적 여가와 마찬가지로 과시적 소비도 명성을 획득하는 데 핵심적인 수단으로 간주한다. 인류학적 보고들을 고려하면 약탈 문화의 초입 단계부터 이미 최초의 차별적인 소비가 있었다는 그의 주장은 타당하다. 금력과시 문화 단계에서 사치 취향의 강화는 곧 소비의 계급화를 의미한다. 주목할 만한 것은 그가 현대 사회에서 소비의 계급화의 양상이 여전히 존재하며 다른 한편으로 과시 소비가 하류계층까지 확산했다고 본 점이다.

우리 사회에 계급과 무관하게 번져 있는 명품 구매 열기 등은 그의 주장을 뒷받침한다고 볼 수 있다. 베블런의 야만문화론적 시각에서 과시적 소비의 야만성을 찾아낸다면, 인격이 아닌 겉치레에 몰입하는 속물 근성과 과도한 정신 에너지의 낭비, 절대적 빈곤이 아닌 한에서 모든 계층에서 과시적 소비성향이 증가한다는 점 등을 들 수 있다.[149] 베블런의 유한계급의 과시 소비 논제는 문화적 야만성의 관점을 명확히 하기보다

평면적인 고찰에 중점을 둔다는 약점이 있다. 쉬퍼(Lena Schipper)가 지적하듯이 취향적 선호와 실제적 가치 혹은 사물의 본질적 미 자체의 상호연관성에 대한 논의가 배제된 점도 문제이다.[150]

펜튼(Bruce Fenton)은 구체적 근거를 제시하지 못했지만, 아도르노는 베블런의 소비문화 비판의 기본 논리를 더욱 발전시켰으며 베블런의 입장을 더 분명하게 드러내고 이론적 틈새를 보완했다고 평가한다.[151] 아도르노는 소비사회의 내적 본질의 분석과 이데올로기적 비판을 주로 수행했으며 그 차원에서 과시적 소비론을 독해한다. 아도르노는 먼저 왜 현대인들이 과시적 소비에 몰입하는지에 대한 분석의 빈곤을 지적한다. 그는 "베블런이 과시적 소비라고 폭로한 개별 이미지들의 세계는 종합적인 이미지의 세계"(GS10.1, 85)라고 지적한다. 이미지의 세계란 허상의 세계, 가상을 의미하며 곧 '거짓'을 의미한다.

그에 따르면 현대인들은 구체적인 것, 즉 과시적 소비 상품들에 대해 거짓 이미지를 스스로 만들어 낸다. 왜 그들은 거짓 이미지를 스스로 만드는가? 그들은 소비 상품을 만드는 방식에서의 경험의 상실, 곧 익명의 대중을 상대로 한 대량생산의 확실성에서 오는 경험의 상실을 벗어나고자 한다. 그 방식은 구체적 상품을 획득해 자신의 것을 만듦으로써 현대

---

149 트위첼은 서구 사회에서 과시 소비를 주도하는 주체가 소위 중간계층이라고 주장하지만, 각 계급 내에서 과시 소비의 목적과 기능에 대한 논의는 빈약하다(제임스 트위첼, 『럭셔리신드롬』, 최기철 역, 미래의 창, 2003, 118쪽 이하 참조).

150 L. Schipper. "Thorstein Veblen: Spott auf die feinen Leute," in: *Frankfurter Allgemeine Zeitung*, 7. Juni 2014.

151 R. Fenton, "Conspicuous Consumption of the Leisure Class: Veblen's Critique and Adorno's Rejoinder in the Twenty First Century," in: *Politics and Culture 1*, 2012.

적 생산방식이 상정하는 대량생산-미래적 소비자라는 추상적 관계(동일성)를 탈피하는 것이다. 그 과정에서 그들은 구체적인 것, 곧 상품에 거짓의 이미지를 씌운다.

과시용 상품의 소비에 의미를 부여하는 것은 거짓 이미지를 씌운다는 의미다. 아도르노가 볼 때 그러한 작업은 실패로 끝난다. 왜냐하면 그들은 '상품 물신(Warenfetisch)'을 근본적으로 극복할 수 없기 때문이다. 그는 베블런이 그와 같은 상품 물신성이 가지는 이중적 성격을 인식하지 못했다고 비판한다. 과시 소비란 상품 물신성을 전제로 한다. 상품 물신은 단순히 과소비를 통한 명성과 평판 획득으로 파악할 수 있는 문제가 아니다. 그에게 상품 물신은 "교환과 동화되지 않는 것을 대변하지만 동시에 이 교환의 우선성으로부터 생겨난 환각적 신성(Gottheiten)과 같은 것"(GS10.1, 85)이며 그러한 의미에서 이율배반적이다. 과시용 상품을 산다는 것은 그것에 실존적, 사회적 의미를 부여하고 사용함으로써 상품 논리를 거부하는 성격을 갖지만, 그 이전에 교환원리가 전제되며 작동한다. 아도르노가 볼 때 교환원리는 거부한다 해도 거부될 수 없다. 교환과의 동화에 대한 소비자의 거부 태도도 본질적으로 거기에서 파생되는 환각이다. 거짓 이미지는 상품 물신의 이율배반에서 만들어지는 것이다.

과시 소비와 관련해 아도르노는 왜 베블런이 그토록 과시 소비를 비판하는지 그 의도를 파악하고자 한다. 그가 볼 때 베블런은 과시 소비를 "인간의 욕구 및 인간적 행복에 기여하지 못하고 낡은 상황을 유지하기 위해 낭비되는 사회적 생산의 일부"(GS10.1, 86)로 간주한다. 아도르노는 그의 생각이 단순하며 그것에 지나치게 충실한 태도를 취한다고 비판한다. 왜냐하면 오늘날 사치를 위한 지출과 행복은 완전히 분리될 수 없으며 과시 소비에 빠진 상품 물신주의가 행복에 관여하는 방식에 행복-사회의 관계의 기본 원리와 진리성이 내재하기 때문이다.

아도르노에게 "사회 전체의 행복을 잠재적으로 내포하지 않는 개인적 행복은 가능하지 않으며", "행복의 구체적 실현은 항상 전체 사회의 상태"(GS10.1, 86)와 관련된 문제다. 아도르노의 비판은 그가 과시 소비의 야만성을 비판하고 혐오하는 데 그칠 뿐 아니라 사회 전체의 차원에서 사회적 행복을 위한 구조적인 문제를 테제화하는 데 실패했다는 것을 의미한다. 이러한 비판은 개인의 행복, 자유의 실현만이 아니라 여성 해방이 사회 해방 없이는 요원하다는 아도르노의 기본 시각에서 비롯된다(GS4, 116 참조). 아도르노가 비판하지는 않았지만, 베블런은 과시 소비를 상징자본의 확보를 위한 심리적 욕구의 생산과 재생산, 그리고 그것의 일회적 순환 체계를 직시하지 못했다고 평가할 수 있다.

4) 베블런 야만문화론의 근본적 한계

아도르노의 베블런 야만문화론의 비판적 읽기는 베블런 야만문화론 구성의 기본 성격과 시각의 근본적 한계를 밝히는 데 초점이 맞춰져 있다. 그는 베블런의 청교도 노동윤리 논점과 우울증적 문화 비판의 전망 부재의 쟁점화를 통해 이를 보여 준다.

(1) 청교도 노동윤리 관점의 근본 문제

아도르노는 베블런이 "지칠 줄 모르고 금기들을 공격하지만 그의 비판은 노동의 신성함 앞에서"(GS10.1, 82) 멈추고 생산을 가치의 기준으로 삼는다고 주장한다. 그는 사회 전체의 과정을 전체의 과정으로 보지 못하고 생산적 영역(산업적인 것)과 비생산적 영역(금전적인 것)으로 구분하는 베블런의 시각에 문제가 있다고 지적한다. 아도르노가 볼 때 베블런은 금융 부분, 상업 부분도 산업 영역처럼 생산적 관리 체계에 편입되도록 압력을 가해야 하며 그래야 비합리적 분배 메커니즘에 변화가 생길 것으로 생각했다.

그는 위와 같은 베블런의 엄격한 구분에 청교도식 노동윤리가 자리 잡고 있다고 간파한다. 그는 '도대체 베블런에게 경제적이란 것이 무엇인지' 물으며 불필요한 지출을 비경제적으로 보는 시각을 문제 삼는다. 그가 파악한 바와 같이 베블런은 그의 저서 서두에서 '경제적'이란 개념과 생산활동을 동일하게 본다.[152] 아도르노가 지적하듯이 실용주의자로서 베블런이 '경제적'이 무엇인가를 규명하기 위해서는 경제적 관점에서 유용함과 무용함에 대한 면밀한 논의가 선행됐어야 한다. 한마디로 베블런의 경제 개념은 생산 패러다임에 기초한 것이라고 볼 수 있다.

계속해서 아도르노는 베블런의 여가 논의에 '인도주의적 관점의 여가 개념'이 배제되었다고 비판한다. 여기서 쟁점은 아도르노가 더 이상 구체적으로 말하는 않는 '인도주의의 전제로서 여가' 개념을 누구에게 적용하는가의 문제가 될 것이다. 필자가 볼 때 아도르노는 유한계급의 과시적 낭비의 다양한 형식들도 최소한의 인도주의적 성격, 즉 여가의 권리를 인정해야 한다는 입장이며 그것에도 경제적 성격이 내재한다고 보

---

152 베블런, 『유한계급론』, 김성균 역, 우물이 있는 집, 2014, 29쪽 참조.

는 듯하다. 인도주의의 기본 전제인 여가는, '노동으로부터 해방된 노동 외 시간을 향유할 권리'를 의미한다는 점에서, 비유산계급의 여가는 인도주의 여가 개념에 포함된다. 실제로 아도르노는 여가의 사회적 성격을 논할 때 후자를 집중적으로 다룬다. 그는 베블런의 완고한 청교도 노동윤리적 관점의 배후에 노동 패러다임 및 생산 패러다임의 경제관이 있다는 점을 지적했어야 한다. 아울러 여가의 인도주의적 성격만이 아니라 '여가의 경제학'을 제시하면서 여가의 무용성이 아니라 '유용성'을 강조하는 방식을 통해 베블런적 실용주의를 내재적으로 비판했어야 한다.

다른 한편으로 베블런의 청교도 노동윤리관에 대한 아도르노의 비판은 형식 비판 측면에서 나무랄 것이 없다. 그러나 그의 비판에는 '왜 베블런이 청교도적 노동윤리 시각을 취하고 있는지'에 대한 관용의 원리가 적용되지 않고 있다. 유한계급의 약탈적 과시 문화를 가능하게 하는 노동으로부터의 해방을 비판하기 위해 베블런은 청교도식 노동윤리라는 규범적 판단의 잣대가 불가피하게 필요했을 것이다. 이 점을 감안해도 베블런은 청교도적 노동윤리의 노동 이데올로기화의 위험성에 대한 인식을 보여 주지 못하고 있다.

(2) 우울증으로 채워진 문화 비판의 한계

아도르노는 베블런의 야만문화론이 한마디로 "우울증 모티브(Motiv des spleen)"(GS10.1, 90)에 기초하고 있다고 주장한다. 그가 볼 때 유행의 광적 추종에 대한 비판, 여성들의 종교 몰입과 종교 의례에 쏟는 낭비에 대한 조소, 스포츠와 종교적 관습에서의 야만적 유사성에 대한 회의와 원시 시대의 자연성에 대한 과도한 의미부여 등이 문화의 야만성에 대한 우울증적 반응의 증거이다. 아도르노의 시각을 확장하면 명예 과시 문화, 고등교육과 고전에 대한 유한계급의 과시 풍조도 우울증적 반응이라고 할 수 있다. 아도르노가 주목하는 것은 "우울증 자체의 인식 기능"(GS10.1, 90)이다. 그는 베블런식 우울증을 문화의 야만성에 대한 일종의 거부반응으로 파악한다. 이 거부반응은 고발적인 성격을 갖지만, 거부하는 대상의 원인에 심층적으로 접근하지 못하고 그것의 현상들에서 책임을 묻는 오류를 범한다. 아도르노는 베블런이 야만적 사치의 현상을 문제 삼고 그것만 표피적인 차원에서 비판하는 데 그치고 있다고 비판한다. 이는 베블런의 우울증은 야만문화론은 주체와 객체의 변증법적 내적 운동성을 보여 주지 못한 채 야만 문화의 현상만을 본다는 지적이다.

야만 문화에 대한 우울증적 인식은 "환상 파괴 혹은 헐뜯기"(GS10.1, 92)라는 성격을 갖는다. 베블런은 종교는 교화를 위해서 언어의 화가들을 통해 환상을 심어 주며, 하늘나라는 신의 하인들에게 주어지는 대리 여가의 성격을 갖는다고 말하며 신의 영광을 재현하는 하인 부대들의 시간과 노력은 비생산적인 것에 불과하다고 폄하한다. 아도르노가 볼 때 눈에 천국의 이미지에 대한 조소, 행운에 대한 믿음과 종교의 동질성, 정령숭배 믿음과 인격신 신념과의 동질성은 인격신 숭배가 지배-복종의 원리를 근간으로 한다는 점, 신전, 사원, 제복, 성물, 의례용 장식품과 종교 의례에서 과시적 낭비, 신분 체제 강화를 촉진한 종교의 역할, 종교와 스포츠의 공통성 속에 작동하는 약탈적 성격 등에 대한 베블런의 고발이 환상 파괴다.

아도르노는 베블런식의 환상 파괴는 환상을 수행하는 주체들에 대해 문제 삼지 않고 제도로서의 객체만 문제 삼는 오류를 넘어서지 못하며 비방과 분노의 차원에 머문다고 비판한다. 주체의 자율성 상실에 대한 논의의 결핍에 대한 아도르노의 지적은 지극히 타당하다. 아도르노는 비방이 아닌 명확한 거부와 야만 문화에 대한 (진정한) 문화의 우월성을 주장하는 데 그치지 말아야 함을 강조한다.

> 야만적 문화에 대한 참된 비판은 야만적으로 그 문화를 비방하는 데 만족할 수 없을 것이다. 참된 비판은 문화 없는 적나라한 야만 상태를 그 문화의 목적이라 규정하고 거부해야 하며, 단지 야만 상태가 이제 거짓말을 하지 않는다는 이유만으로 조야하게 그 야만 상태에 문화에 대한 우월성을 부여해서는 안 될 것이다(GS10.1, 93).

야만 문화에 대한 우울증적 반응에 가하는 아도르노 비판의 정점은 베블런식 우울증에 내재하는 전망 부재의 문제이다. 그는 가난한 사람들이 왜 보수화되는지, 부자들이 왜 보수적일 수밖에 없는지에 대한 베블런의 시각이 바로 전망 부재를 고스란히 보여 준다고 진단한다. 그가 볼 때 가난한 자들이 생존의 고단함과 내일의 삶에 대한 불투명성 때문에 보수적이라는 베블런의 주장[153]은 내일과 모레를 생각하지 못하는 베블런 자신의 퇴행적 모습의 투영에 불과하다. 아도르노는 베블런이 가능성, 곧 가난한 자가 보수적이지 않을 가능성을 보여 주고 그 가능성의 방법을 제시하지 못하고 가난한 자가 현실에 순응한다는 사실만

---

[153] 베블런, 『유한계급론』, 김성균 역, 우물이 있는 집, 2014, 243쪽.

을 진술하고 있다고 보는 것이다(GS10,1. 96). 아도르노의 비판과 무관하게 베블런의 가난과 보수성의 상관성 논제는 경험 연구가 뒷받침되어야 그 정당성을 보증받을 수 있다.

아도르노는 전망이 부재한 베블런의 우울증적 문화 비판에서 "가능성 이념(Idee der Möglichkeit)"(GS10,1, 94)의 실종을 문제 삼는다. 가능성의 실종은 모든 제도가 저항의 결과가 아니라 순응의 결과라고 보는 시각과 인간이 선택적 적응을 끊임없이 요구받으며 적응을 통한 발전 이후에도 새로운 적응을 해야 하는 조건과 상황에 영속적으로 노출된다는 베블런의 사유에서 확인된다.

아도르노 시각에서 베블런의 사유에는 다원주의적 생존 투쟁과 적응의 원리를 문제 삼는 '의식의 주체'가 존재하지 않는다. 따라서 아도르노는 그의 사유에서 의식과 변화하는 상황이 요구하는 것과의 화해의 지점이 없다고 판단한다. 위와 같은 아도르노의 비판은 사회적 진화론자라고 볼 수 있는 베블런 이론 전반에 대한 타당한 평가로 보인다. 실제로 베블런은 야만 문화의 변화양상을 추적하고 기술하는 데 그치고 있으며 문제해결을 위한 구체적인 전망이나 의미 있는 대안을 제시하는 데 실패했다.

(3) 문화적 야만성의 지속과 회귀적 희망의 이미지

앞서 언급한 바와 같이 베블런은 야만 문화의 지속성이 "정상적"(GS 10,1, 85)이라고 밝히고 있으나 그에 대한 대안적 모색을 보여 주지 못했다. 아도르노는 베블런이 그 가능성에 회의하며 회귀적 희망만을 품고 있다고 비판한다.

그에게는 오직 인류의 원시 역사에서만 희망이 있다. 그가 보기에 몽상 없는 현실적 태도와 산업적 노동 세계의 조건들에 대한 순종적 적응 등의 요구로 차단되어 있는 모든 행복은 낙원과 같은 원시 상태의 이미지 속에 반영되어 있다(GS10.1, 88).

아도르노의 이 비판은 타당하다. 베블런은 원시 공동체 사회의 구성원이 야만적 기질로 대변되는 호전성, 잔인성, 교활함, 극단적 이기주의 등을 찾을 수 없다고 주장했기 때문이다. 베블런이 그리고 있는 원시공동체 사회는 자족적인 경제생활이 가능함에 따라 경쟁이나 싸움이 일어나지 않고 상호 호혜와 친교 등이 자연스럽게 이루어지는 사회다. 필자가 볼 때 그의 원시 공동체 사회는 마르크스가 말하는 원시 공산제 사회와 크게 다르지 않으며 지극히 루소적인 구상이다.

아도르노가 베블런이 제시한 원시 공동체를 향해 '원시 상태의 이미지'라며 냉소적인 시각을 드러내는 이유는, 행복으로 가득 찬 낙원이라는 베블런의 가정이 '역사적'이지 않다는 점 때문일 것이다. 그것은 또한 베블런의 회귀적 태도가 갖는 수동적이고 도피적 성격을 드러내기 위함이기도 하다. 이러한 비판은 아도르노 시각에서 충분히 제기할 수 있다.

그러나 아도르노의 베블런 비판 논법은 자신에게도 적용된다. 그는 사회개혁과 해방을 곳곳에서 논의하고, 야만 극복을 위한 교육적 처방을 제시한다. 동시에 그의 텍스트에서는, 문화의 시작과 문화의 병리화를 가져오는 자연 지배 논리가 미친 내적 자연의 훼손과 자연 지배의 논리가 작동하는 다양한 부정성의 원초적 극복 방안으로, '자연에 대한 기억(Eingedenken der Natur)', 그리고 자연과의 화해를 강조하고 있다. 그가 말하는 훼손되기 이전의 자연이 기억될 수 없다는 점, 기억한다 해도 계몽된 이성에 의한 기억이라는 점에서 이는 규범적 차원의 결론이며, 회귀적 태도라는 점을 부인할 수 없다. 베블런의 회귀적 희망에 대한 아도르노의 신랄한 비판은 야만 문화 비판론자로서보다 사회학자이자 사회철학자로서의 해방된 사회에 대한 그의 시각이 강하게 배어 있다.

5) 문명의 야만성 논제와 한국 사회

앞에서 밝힌 바와 같이 야만 문화의 현재성이라는 측면에서 아도르노와 베블런은 입장을 공유한다. 여기서는 두 인물의 문화적 야만의 현재성 논의에 근거해 한국 사회의 문화적 야만성을 검토하고 그와 같은 테제의 설명력의 한계가 무엇인지 검토할 것이다. 우리 사회의 문화적 야만성과 관련해 베블런이 말하는 심리적 야만은 많은 설명력을 갖는다. 그가 약탈적 기질이라고 말하는 기만, 맹목적인 이기주의, 술수, 폭압과 협박, 호전적 성향 등은 어느 사회에나 상존하는 문제지만 우리 사회에서 더 강도 높게 체감할 수 있다. 혈연, 지연, 학연과 같은 관계지향형 폐쇄 문화에 내재한 배타주의와 집단적 이기주의, 잠재적 형태의 적대적인 지역감정, 팽배한 이분법적 사고 습관에 내재한 공격성, 권위적인 수직문화, 결과를 우선시하는 문화가 야기하는 호전적 성향의 활성화, 무한경쟁의 일상화가 사회의 전 영역에서 작동하는 우리 사회를 베블런이 본다면 '한국적 야만 사회'의 현재성을 고발할 것이다.

아도르노가 말하는 물리적·심리적 폭력은, 우리 사회에서 일어나는 갑을 관계, 감정 노동자와 고객의 관계, 애정 관계 등에서 일상화되어 있다. 여성혐오 현상, 외국인 노동자 혐오 현상도 베블런이 말하는 원시적 증오의 한국적 현상이라고 봐야 한다. 오늘날 우리 사회에 존재하는 노동의 소외, 노동배제, 워킹푸어, 노동수입의 심한 격차로 인한 투명한 신분제의 정착에 대해 베블런은 약탈 문화의 한국적 현재성이라고 평가할 것이며 아도르노는 객관화된 제도적 폭력이라 비판할 것이다.

야만의 지속성 및 재생산과 관련해 우리 사회에서도 베블런식의 회귀적 희망은 항상 제기되어 왔다. 각종 사회적 범죄, 반인륜적 행위나 외모지상주의, 과도한 소비문화, 근거 없는 마녀사냥의 현상들에 대해 사회진단을 내리는 인물들이 가장 쉽게 제시하는 것이 과거 지향적 인성교육, 도덕교육 만능론이다. 구조적 개혁을 등한시한 이러한 회귀지향적 희망이 현재의 야만 문화를 치료하는 근본 수단이 될 수는 없다.

인성교육과 도덕교육은 지속적으로 이루어져 왔으나 사회와 유리된 형식이었다. 회귀적 희망에 머물지 않는 적극적인 치유책은 아도르노의 생각처럼 사회구조의 문맥에서 발견될 수 있다. 문화와 권력 간의 관계에 대한 양자의 인식은 우리 사회의 문화적 야만성 진단에 단서를 제공한다. 베블런이 문화를 지배계급의 권력의 전시효과 창출도구, 가치의 전파 수단으로 이해한다는 점과 아우슈비츠를 만들어 낸 문화와 현대 대중문화의 이데올로기적 기능에 대한 아도르노의 분석을 염두에 둔다면, '그렇다'라고 말할 수 있다. 아도르노는 문화를 "광고, 즉 권력, 착취물, 이익의 전시"(GS10.1, 78)의 장이라고 표현했다. 과거 군사독재 시대만이 아니라 그 이후 정권 홍보 차원에서 권력에 의한 언론의 통제와 관리 및 박근혜 정부의 예술인 블랙리스트 사건이 권력에 의해 작동되는 문화적 야만의 한국적 사례들이다.

문화적 야만성의 형식으로서 금력과시 문화에 대한 비판은 오늘날 한국 사회를 분석하는 데 준거가 될 수 있는가의 질문과 이것이 갖는 한국인의 행복과의 관계에 대해 살펴볼 필요가 있다. 금력과시 문화의 야만성은 상류층의 초호화 아파트, 최고가 명품소비를 통한 계급 차별성 심리라는 측면에서 확인할 수 있다. 오늘날 금력과시 문화가 낮은 계층에서도 나타난다는 베블런의 주장[154] 역시 한국 사회에도 준용될 수 있다. 맹목적 소비행위, 집단준거적 소비행태, 유사 생활규범 차원의 체면 문화의 야만성에 대한 베블런의 분석 내용은 한국 사회를 설명하는 데 위력을 발휘할 것으로 판단된다.

전통문화의 잔재와 현대 사회에서 차별화에 대한 부정적 경험의 체화가 혼재된 한국인들에게 체면 문화적 소비 경향은 어느 사회보다 강하며 '경쟁적'으로 나타난다. 베블런의 이론 틀 내의 체면 유지를 위한 과시적 소비는 유한계급에 한정되지만, 우리 사회에서는 일반적 현상이다. 이와 같은 소비행태는 베블런이 말하듯이 과도한 사회적 에너지의 소진, 이기적인 속성의 재생산에 그치는 것이 아니라 우리 사회에서 보듯, 사회 범죄의 원인이자 사회갈등의 관리비용 증가를 가져온다. 과시적 소비와 행복 간의 상관성에 대한 아도르노의 분석도 어느 사회보다 우리 사회의 관련 양상을 이해하는 데 도움을 준다. 한국과 같은 천민자본주의적 문화, 타자의 자본 축적의 정당성을 항상 의심하는 문화, 상대

---

[154] 홍훈은 금력과시 문화의 대중화 형식인 모방 소비를 부유층에 의한 상징적 착취로 파악한다. 그러나 그는 모방 소비의 자발적 측면을 과소평가한다. 모방소비에서 비자발성-자발성, 비주체적-주체적 소비의 경계는 분명하지 않다(홍훈, 「마르크스의 착취관계와 소비 및 동양의 인간관계」, 『마르크스주의 연구』 8권 2호, 2011, 28쪽 참조).

적인 경제적 박탈감이 만연한 사회에서 소비와 행복관의 상관성은 매우 높다고 볼 수 있다.

소비와 행복 간의 균형을 맞추기 위해서는 아도르노의 생각처럼 한국적 소비사회를 떠받치고 있는 사회구조의 변화와 개혁이 중요하며 이를 통해 시민 전체의 행복, 공적 행복을 증가시켜야 한다. 아울러 그가 문화산업에서 밝히고 있는 사이비 소비 욕구를 버리고, 주체적이고 자발적인 소비와 상품 물신에 대한 자각이 한국 소비자에게 일어나야만, 소비와 행복의 균형을 찾을 수 있다. 과시적 소비의 주체와 관련해 베블런이나 아도르노가 놓치고 있는 것은 오늘날에는 상류계급뿐만 아니라 대중 스타들도 그것을 견인하고 있다는 사실이다.

보드리야르가 지적하듯이 경제구조가 생산 패러다임에서 소비 패러다임으로 전환되면서, 스타가 새로운 소비문화의 주역이 되었으며 한국적 모방 소비의 중요한 원천이 되었다.[155] 이는 스타마케팅을 통한 '완판신화 만들기'에서도 확인된다. 양자가 볼 때 한국식 문화산업은 대중스타로 하여금 과시적 소비의 대리인 역할을 수행하게 만들며, 동시에 그 뒤에서 이익 극대화 실현을 위한 가상의 이미지 조작을 통해 세련된 형식의 약탈을 수행하는 것이다. 문화산업의 논리는 보편적이지만 한국 사회에서 더 약탈적으로 작동한다.

아도르노와 베블런이 공유하고 있는 문화의 야만성의 현재성을 극복하는 일은 쉽지 않다. 아도르노는 문화의 약속, 즉 인간화, 자유의 실현,

---

155 장 보드리야르, 『소비의 사회』, 이상률 역, 문예출판사, 2000, 47쪽 참조; 장 보드리야르, 『기호의 정치경제학 비판』, 이규현 역, 문학과지성사, 2014, 30쪽 이하 참조.

이성적인 사회의 건설 등을 들고 있고, 야만의 극복을 위한 비판적 의식의 회복, 사회개혁, 교육적 처방[156]을 제시한다. 그의 처방을 한국 사회에 적용하는 데에는 시대, 사회적 문맥의 차이, 사회개혁 자원의 재조직과 동원 능력, 시민적 역량이라는 측면에서 한계가 있다. 베블런의 경우 직접적인 처방을 제시하지 않고 있기 때문에 그의 전체 논의에서 유추할 수밖에 없다. 성적 지배와 관련한 베블런의 언급은 시사하는 바가 크다. 성적 지배에 대한 그의 언급은 법률적, 경제적 차원의 여권신장 정책의 세밀화와 입체화, 양성평등 문화의 증진이 성적 지배에서의 야만성을 극복하는 규범적 단서를 우리 사회에 제공한다.

　다음으로 서구 유한계급의 상징 및 문화자본의 획득 노력에 대한 베블런의 비판에서 우리 사회의 문화적 야만성의 극복을 위한 전략을 역설적으로 찾아낼 수 있다. 가령 한국의 유한계급이 명성 획득을 위해 절제된 금욕, 문화재단과 병원 및 기부 활동과 같은 공적 서비스 등을 제공한다면, 우리 사회의 문화적 야만성을 극복하는 사회적 촉매제가 될 수 있을 것이다. 또한 기본적으로 문화예술 엘리트주의를 취하고 있는 아도르노의 입장이 한국 유한계급에 긍정적으로 이식되어 그들이 유사 학문 활동, 유사 문화 활동의 적극적 행위자가 된다면 그들의 교양문화 수준의 향상으로 이어져 미래 한국 사회의 방향 설정에 긍정적으로 작용할 것이다. 문화 없는 유한계급, 약탈적 기질로 가득 찬 한국의 유한계급(상류층)의 변화와 우리 사회의 문화적 야만성의 극복의 문제는 궤

---

156 이종하, 「소외된 교육과 해방의 교육—아도르노의 '교육현실' 비판」, 『시대와 철학』 16권 2호, 2005, 200쪽 이하 참조; 「아도르노의 절반의 교육을 대한 비판을 통해 본 교양교육」, 『교육이론과 실천』 20권 3호, 195쪽 이하 참조.

를 같이 한다.

아도르노와 베블런의 문화 야만성 논제에 대한 급진적인 비판은 '도 대체 문화적 야만성 개념에 포착되지 않는 사회문화 현상이 있을 수 있 는가'로 정식화할 수 있다. 다르게 말하면 개념의 포괄성과 일면성, 문 화와 야만 문화의 경계 문제에 대한 비판이다. 그러나 우리가 문화의 약 속이라는 개념을 받아들인다면 양자의 문화적 야만성에 대한 비판의 본 질이 비인간화된 사회, 이성적이지 않은 사회에 대한 비판에 있으며 그 러한 비판이 이성의 이념에 대한 확신에서 비롯된 것임을 인정할 수 있 을 것이다. 아울러 그들의 비판이 한국 사회의 문화적 야만성 독해에 기 여할 수 있다는 주장에도 동의할 수 있을 것이다.

3부 ——————————————— 종교, 교육, 개인

지배와 비판으로서 종교

1) 아도르노의 종교 사유를 보는 여러 갈래들

2000년대 이후 하버마스, 로티(Richard Rorty), 지젝(Slavoj Žižek), 바티모
(Gianni Vattimo)에 의해 종교 문제가 하나의 철학적 주제가 되었다.[157] 이
러한 현상은 '종교로의 귀환(Return to Religion)'이라고 불리기도 한다. 이
와 관련해 위의 논자들과 달리 종교의 부정성과 종교현상을 비판적으로
검토한 아도르노의 종교 사유를 뒤돌아보고 그의 관점에서 종교 문제를

---

[157] 아도르노는 전후 독일에서 발생한 종교의 르네상스가 진정한 종교의 르네상스가 아니라
'종교철학의 르네상스'라고 평가했다. 필자가 볼 때 '종교로의 귀환'이라고 할 만한 2000년
대 전후의 종교철학적 담론 역시 아도르노가 「이성과 계시Vernunft und Offenbarung」에서
내린 위와 같은 평가와 크게 다르지 않다.

성찰하는 것도 의미 있는 일이 될 것이다.[158] 사실 서구의 아도르노 철학의 연구사에서 그의 종교 사유는 오랫동안 주변적 문제로 취급되었으며 논자들도 많지 않다. 국내 학계의 사정은 더욱 심하다. 아직까지도 국내에서 아도르노의 종교철학에 대한 연구는 전무한 실정이다. 서구에서 아도르노 철학의 종교적 함의를 찾아내려는 시도들은 적지만 최근에도 간간이 발견된다. 이러한 시도들은 몇 갈래로 나누어진다. 먼저 기독교계 신학에서 고통(Leiden)의 개념을 기초로 해 조직 신앙을 이론적으로 보완하려는 시도가 있다. 다음으로 아도르노 철학의 키워드인 기억, 고통, 화해, 해방의 개념을 정치신학적 관점에서 해석하는 것이다.

또 다른 시도는 모든 철학의 관점이 "구제의 관점에서 서술"(GS4, 293)[159]되어야 한다는『미니마 모랄리아』의 명제에 의거해 아도르노 철학의 신학적 모티브를 규명하는 관점이다. 이와 같은 시도들은 아도르노의 종교 사유를 '부정신학'이라 지칭해 왔다. 이것은 아도르노 철학의 부정적 방법론을 그의 종교 사유에 투영한 것이다. 이런 점에서 위의 관점은 일견 타당성이 있다. 그러나 필자가 볼 때 그러한 연구들은 종교와 신, 기독교와 유대교, 종교 지도자 등에 대한 비판 및 반유대주의의 기

---

[158] Ch. C. Brittain, *Adorno and Theology*, London/New York 2010, 2쪽. 아도르노는 더 나은 삶의 가능성을 모색하기 위해 사회적 부정성의 공범인 종교를 비판의 무대에 올려놓는다. 그의 종교 비판은 종교가 그 본래적 이념에 충실해야 한다는 입장을 암묵적으로 전제한다.

[159] 아도르노 철학에서 구제의 관점이란 억압에서 개인과 사회의 구제로 요약될 수 있다. 사실 이와 같은 아도르노의 관점은 호르크하이머에게도 발견된다. 호르크하이머는 「폴 틸리히에 대한 회상」에서 '모든 철학은 신학적 계기를 갖는다'라고 말한 바 있다 (Max Horkheimer, "Erinnerung an Paul Tilich," in: *Max Horkheimer. Gesammelte Schriften*, Bd. 7, Frankfurt/M. 1985, 276쪽).

독교적 뿌리에 대한 아도르노의 분석과 충돌한다. 필자는 아도르노 철학의 중요한 개념과 그것들의 논리적 연결망과 층위를 종교적 사유로 보기 어렵다고 판단한다. 그러한 연구들은 아도르노 철학의 종교적 함의가 아니라 '종교철학'의 관점에서 아도르노 철학을 해석하는 데 기인한 것이다.[160]

주지하다시피 아도르노는 종교나 종교철학에 관한 연구서를 출간한적이 없다. 그럼에도 불구하고 그의 여러 저서에서 종교에 대한 파편적인 서술을 찾아볼 수 있다. 자세히 살펴보면, 아도르노는 종교의 제도화와 권력화된 종교, 종교와 현실 권력의 유착, 종교의 해방적 잠재력의상실과 관련해 일관적인 논지를 전개했다. 이러한 점은 그의 종교에 대한 접근이 사회 비판의 차원에서 이루어지고 있음을 말한다. 따라서 크로트(Jürgen Kroth)의 주장처럼 아도르노의 철학적 사유 전체를 신학적 모티브에서 찾는 것은 큰 의미가 없다.[161]

아감벤(Giorgio Agamben)은 아도르노의 부정 변증법이 반메시아적 사유에 기초하고 있다고 논증한다.[162] 이들에 앞서 1980년대 중반에 지베르트(Rudolf Siebert)는 그의 짧은 에세이에서 아도르노의 종교에 관한 관점이 철저하게 마르크스주의적이라고 지적했다.[163] 그러나 그의 주장처럼 아도르노가 마르크스의 종교적 주장을 동일하게 되풀이하지는 않

---

160 아도르노는 특정 철학에 대한 종교적 함의를 추적하는 연구들이 신학적 해석을 지나치게 확장하는 오류를 범한다고 평가한다(GS10.2, 610쪽 이하 참조).

161 J. Kroth, *Die Grenzen der Vernunft. Zu einem Kapitel Negativer Theologie nach Theodor W. Adorno*, Norderstedt 2011, 391쪽.

162 G. Agamben, *The Time that Remains*, Stanford University Press, 2005, 38쪽 이하 참조.

163 루돌프 지베르트, 「아도르노의 종교론」, 이경덕 역, 『현상과 인식』 10집 3호, 1986, 97쪽 참조.

았다. 실제로 아도르노는 사회적 관점에서 종교 비판을 감행하지만, 죽음과 종교 도그마에 관한 내재적 비판도 수행하기 때문이다. 그럼에도 불구하고 그의 종교에 관한 사유는 사회 비판으로서의 종교 비판을 그 중심에 두고 있다. 필자는 이 점을 규명하기 위해 ① 종교와 사회의 관계, ② 죽음의 문제와 종교, ③ 지배로서의 종교와 지배와 결합된 종교, ④ 반유대주의의 기독교적 기원에 관한 아도르노의 논의를 검토할 것이다. 마지막으로 필자는 아도르노의 종교 비판의 난점과 성찰에 근거해 한국 사회에서 부정적 종교 현실을 부분적으로 살펴볼 것이다.

2) 종교와 사회

아도르노가 철학, 문학, 음악, 예술, 노동, 사랑, 개인과 여성의 문제가 사회적 규정력을 벗어날 수 없다고 생각했듯이 종교 역시 사회로부터 분리될 수 없다. 그에게 종교는 역사적이며 동시에 사회적이다. 역사적이란 종교적 발전의 역사성을 의미하며, 사회적이란 종교가 사회적 산물이라고 의미한다. 아도르노에 따르면 애니미즘과 토테미즘, 주술사의 종교 의례, 올림포스의 가부장적 신, 물활론(物活論), 기독교의 제도화가 사회의 발전 및 문명사와 연관성 속에서 파악되어야 한다. 주술사들의 의례는 계몽 이전에 자연의 공포 앞에서 인간이 만들어 낸 원시종교의 한 형태이다.

이 시기의 삶과 죽음의 문제는 신화적인 세계관과 결부되어 있다. 합리적 사고의 진전은 신령들의 자리를 신들로 대체시키며(GS3, 21 참조), 신들 사이에 등급을 매기고 제물에도 위계를 부여한다. 올림포스 신의 등장은 사회적 지배 체제가 확고히 자리 잡았으며 사회적 노동의 분업이 확립된 사회가 되었다는 것을 의미한다. 아도르노의 관점에서 종교적 도그마의 성립, 종교의 제도화, 유대교와 기독교의 국교화, 종교개혁 및 반개혁과 같은 종교의 발전과 종교 내적 역학은 하나같이 당대의 사회구성체의 요구와 사회적 필요성에 기인한다(GS3, 24 참조). 한편 합리적 세계상이 확고하게 자리 잡으면서 계시종교의 위상은 급변한다. 근대적 이성은 종교 경전에 대한 해석학적 반성을 시도하였으며[164] 근대적 경제 주체의 형성은 종교적 표상으로서 불멸성의 신앙을 약화시켰다.

경제적 차원에서 형성된 자율성은 개인의 절대성에 대한 표상 속에서 완성된다. 이것은 경험적으로 개인을 상대화시켰던 불멸성에 대한 신학적인 희망의 색이 바래지는 시기와 때를 같이한다(GS4, 264).

간단히 말해 경제 발전과 "시민적인 무신론"(GS3, 49)의 발생은 상호 밀접한 관계가 있다. 종교의 힘이 약화된 상황에서 종교를 대체하는 것은 도덕이다. 아도르노는 칸트식의 도덕론, 행동의 원칙으로서 정언명법의 전제인 상호 존중의 의무 윤리가 이해관계의 충돌이 심화하는 사회발전단계에서 종교의 역할을 대신한다고 보았다(GS3, 104 참조). 오늘날과 같은 "고삐 풀린 기술"(GS3, 59)과 과학이 지배하는 후기 자본주의 사회에서 "기성 종교의 객관적인 권위"(GS3, 141)는 더 이상 유효하지 않

---

164 H.-E. Schiller, "Zergehende Transzendenz. Theologie und Gesellschaftskritik bei Adorno," in: ders., *An unsichtbarer Kette*, Lüneburg 1993, 65쪽 참조.

다. 아도르노는 교환가치가 전일화되고 물화된 사회에서 신은 더 이상 존재하지 않는다고 선언한다. 그러한 사회에서 종교에 뿌리를 둔 예술도 물화되며 사유는 도구적 이성으로 축소된다. 물화된 세계에서 문화는 퇴행한다. 또한 사회의 억압과 통합 메커니즘은 개인의 위기를 불러온다. 이 점이 종교 문제와 관련해 중요하다. 아도르노는 개인의 위기 속에 등장한 점성술과 다양한 신비주의가 유사 종교의 역할을 한다고 보았다.

문제는 그것이 사회적 무력감에 빠진 개인을 호도하는 데 있다. 그에 따르면 신비주의나 점성술은 후기 자본주의적 사회에 동화되는 방식을 취함으로써 의식의 퇴화를 강화한다(GS4, 174 참조). 그는 심령술사나 점성술사가 그들의 상담소에서 수정 구슬과 각종 기구 그리고 최면술에 쓰이는 소품들을 통해 내담자를 위협하거나 관청에서 명령을 내리는 것처럼 무기력한 인간의 삶에 개입한다고 말한다. 그러한 소품들은 '만병통치약'이 되며, 심령술사와 점성술사의 주문과 미소는 내담자의 영혼을 물질적으로 착취한다. 한편 개인은 이것을 자신의 무력감을 보충하는 보완제로 활용한다.

오늘날 늘어나는 대학가나 영화관의 주변에 있는 카드점들, 평생교육원을 통해 양성되는 역술인의 직업화 현상은 이것이 무한경쟁 체제하에서 생존 기계로 내몰린 한국 사회 개인의 삶의 불투명성을 반영하는 것이며 사회 구성원의 허무주의적 사회인식과 사회가 개인에게 가하는 억압으로부터의 심리적 피난처 찾기와 연관되어 있다. 카드점, 점성술, 명리학은 영혼 산업의 변종들이다.

3) 죽음의 형이상학 비판과 사회 역사적 범주로서의 죽음

아도르노는 '종교가 죽음이라는 공포를 먹고 사는 산업'이라는 인식을 갖고 있지만, 그러한 산업이 영원할 것이라는 믿음에는 동의하지 않았다. 왜냐하면 "죽음의 고통을 없애 주겠다고 약속한 객관적 종교들이 몰락"(GS6, 363)했기 때문이다. 그는 "죽음을 표현하려는 언어적 시도"(GS6, 364)들도 더 이상 큰 의미가 없으며, "죽음에 의미를 부여하는 성찰" 역시 "무기력"(GS6, 362)할 뿐이라고 주장한다. 또한 그는 "죽음의 형이상학이 영웅적인 죽음에 대한 광고로 전락하거나 인간은 결국 죽을 수밖에 없다는 오해의 여지가 없는 사실을 단순히 반복하는 천박성"(GS6, 361)과 '모든 것은 공허하다'는 추상적인 논변을 비판한다.

특히 그는 하이데거(Martin Heidegge)식 죽음의 형이상학을 신랄하게 비판한다. 아도르노는 하이데거의 철학을 '존재 신앙', '존재 신화', '존재 숭배', '실존 교리'라고 규정한다. 왜냐하면 하이데거의 철학은 "다른 모든 존재자에 앞서는 현존재의 여러 가지 우선성"[165]을 규명하기 때문이다. 아도르노의 관점에서 볼 때 존재의 망각을 비판하면서 '죽음에 이르는 존재로서의 현존재'의 죽음, 혹은 '불가능성의 가능성으로서 죽음의 가능성'에 대한 하이데거의 주장은 인간이 죽을 수밖에 없다는 자명한

---

[165] 아도르노는 '현존재의 본질은 실존에 있고, 자신에게 가능한 방식으로 있는 현존재는 사물적 본질이 아니라 존재를 드러내는 것'이라는 하이데거의 기본 입장이 객체의 우선성, 주체-객체 관계의 존재론적 환원의 오류성, 실존의 신앙으로 인한 주체의 상대주의화를 가져오며 개인에 우선하는 사회를 망각한다고 비판했다(Heidegger, *Sein und Zeit*, Tübingen 1986, 42쪽; GS6, 127쪽 이하 참조).

사실에 대한 천박한 반복에 지나지 않는다. 하이데거가 말하는 '죽음에의 선구' 테제는 죽음을 표현하려는 언어적 시도에 불과하며 "표현할 수 없는 것을 표현하려는 철학적 욕구"(GS6, 114)의 산물에 불과하다.

아도르노의 관점에서 죽음에의 선구를 통해 본래적 실존의 가능성을 획득하고 자기 삶의 진정성을 갖고 기투할 수 있다는 하이데거의 믿음은 본래성이라는 낡은 범주를 통해 "무기력한 신학적 아비투스를 모방"(GS6, 119)하는 것에 지나지 않는다. 아도르노에게 하이데거가 말하는 '죽음에의 선구'라는 논리야말로 유령에 대한 현대적인 믿음이다. 아도르노는 인간의 죽음이 '불가능성으로부터 가능성'을 존재론적으로 확보할 수 없다고 말한다. 이것은 죽음에 함축된 '가능성'에 그것의 불가능성을 비판하는 것이다.

아도르노는 죽음에의 선구에 내재한 '삶을 기투하게 만드는 죽음 선구의 고귀함'은 사회적 고통의 현재성을 망각하는 데서 확보하는 것을 가상의 가능성일 뿐이라고 평가한다. 오늘날 죽음은 단지 자연적 생명체가 사회로부터 분리되는 것, 다시 말해 사회적 기능수행자 역할의 소멸이라는 아름답고 고귀한 것이 아니다(GS4, 265 참조). 아도르노는 현존재가 죽음을 선구할 수 없는 더 근본적인 이유를, "가까운 사람이 죽은 후"에 "삶을 새롭게 기획"(GS3, 243)하지 못하고 '완전한 사라짐의 공포'를 느끼는 인간의 모습에서 찾는다.

그가 죽음의 형이상학을 비판하는 목적은 죽음이 사회 역사적 범주임을 밝히기 위해서다. 이를 위해 그는 현대 사회에서 인간이 어떻게 죽음을 이해하는지에 주목한다. 사회화된 사회 속에서 사는 오늘날의 인간은 "죽음을 단지 자신에게 외적이고 낯선 것으로만 느끼며 … 자신이 죽을 수밖에 없다는 점"(GS6, 362)을 받아들이지 않는다. 왜 이런 현상이 발생하는가? 아도르노는 현대인의 죽음에 대한 인식이 단순히 죽음을 자연적인 사건으로 수용하지 못하기 때문이 아니라고 말한다. 그에 따르면 죽음과 죽음을 견디거나 경험하는 것은 근본적으로 사회적이고 역사적인 성격을 갖는다. 사회화된 사회, 다시 말해 빠져나갈 수 없을 정도로 사회적 질서에 의해 조직화된 삶을 살아가는 현대인에게 죽음은 필연적이며 자연적인 사건이 아니라 우연적인 사건으로 인지된다.

또한 특정한 죽음을 처리하고 기념하는 방식들은 "문명을 통해 죽음을 통합하는 것"이며 그러한 방식들에 사회적인 것이 자리 잡는다. 죽음을 치장하는 고상한 수사는 타자에 의한 사회적 기능의 대체를 함축한다. 또한 죽음은 수로, 사물로 처리된다. 이것은 실존적 죽음 속에 내재한 다른 세계에 대한 희망이 사회적 가치의 우선성에 의해 해체되기 때문이다. 그러나 영원한 평화와 파괴적 죽음으로부터의 탈주를 어떻게 밀도 있게 관계 지을 수 있는가에 대해 아도르노는 말이 없다.[166]

그에게 죽음은 역사적인 범주이며 죽음을 경험하는 개인 역시 역사적인 범주이다. 아도르노는 역사적 범주로서의 죽음의 사례로 강제수용소에서의 죽음을 제시한다. 아우슈비츠에서의 죽음은 죽음 자체를 두려워하는 것이 아니라 죽음보다도 더 나쁜 것을 두려워한다는 것이다

---

[166] 프리쉬는 이러한 문제를 제기하지만, 그는 완전히 다른 세계의 알레고리로서 죽음의 계기를 지나치게 부각한다. 이 점은 상대적으로 죽음을 사회 역사적 범주로 하는 아도르노의 시각을 명료화하는 데 한계를 갖게 만든다(R. Frisch, *Theologie im Augenblick ihres Sturzes. Theodor W. Adorno und Karl Barth. Zwei Gestalten einer kritischen Theorie der Moderne*, Wien 1999, 98쪽 참조).

(GS6, 364 참조). 다시 말해 강제수용소에서의 죽음은 일반적인 죽음과 비교해, 죽기까지의 과정과 죽음을 야기한 자의 외적 요인들에 대한 전혀 다른 종류의 공포와 의미를 갖는다. 이 공포는 죽어 가는 동료를 보는 공포와 잔혹하게 죽임을 당하는 것을 예측하며 그 죽음을 기다리는 인간의 고통을 의미한다.

아울러 '그들'로 취급되어 기념되지 않고 삶의 어떠한 흔적도 남겨지지 못하는 사회적이며 역사적인 죽음이 갖는 고통이다. 고귀함이 아니라 '수(數)'로 표기되는 사물화된 죽음, 아름답고 고귀한 죽음이 아닌 어떠한 희망을 찾을 수 없는 광기 앞에서의 무기력한 죽음 말이다. 이런 의미에서 아도르노는 나치즘에 의해 발생된 아우슈비츠에서의 죽음이야말로 나치즘적 광기가 만들어 낸 사회적이며 역사적인 죽음이라고 봤다(GS4, 66 참조).

4) '지배'로서의 기독교와 지배의 조력자로서의 기독교

아도르노는 '지배'로서의 기독교를 다루기 위해 종교 이념의 교리화가 어떻게 '지배'로 전환되었으며 기독교가 어떻게 현실 권력과 결탁했는지를 비판적으로 검토한다. 그는 먼저 기독교의 도그마를 부정한다. 그에 따르면 그리스도의 신성과 육화의 도그마는 허위이며 예언자를 신의 상징으로 보거나 빵과 포도주를 그리스도의 피와 살로 간주하는 것은 주술의 정신화이자 주술 행위의 종교적 변형에 불과하다고 보았다. 이와 같은 반이성적인 도그마의 인위적인 구성을 통해 기독교는 종교적 차원의 지배를 추구한다.[167] 아도르노에게 종교 이념의 교리화와 종교의 제도화는 종교적 '지배'의 전제이다. 그가 말하듯이 예수 그리스도나 견유주의자(犬儒主義者)들 그리고 우파니샤드는 종교나 학파를 만들지 않았다. 문제는 이들의 후계자들이 하나의 통일된 이론 체계를 수립하면서 지배의 문제가 발생한다.

아도르노에 따르면 교리의 수립과 조직의 체계화가 기존 세계와 거리를 유지하던 이념들을 종교로 이행하게 만든다. 체계적인 교리와 행동 지침들이 종교 내부의 위계화와 성적 차별을 낳았다는 것을, 금욕주의를 지향했던 고타마 교단이나 초기 불교 승단에서 확인할 수 있다. 이와 같은 고찰을 통해 아도르노는 "옛날 종교나 학파의 역사는 현대의 정당이나 혁명의 역사처럼 생존을 위해 지불해야 하는 대가가 실천적인 협력이며, 이념을 지배로 변화시키는 것이라는 사실"(GS3, 242)을 간파한다. 결국 종교의 제도화는 종교 시스템의 위계화, 계층화의 차원에서 애초의 종교적 이념과 결별한다. 이것은 종교가 '기존의 잘못된 질서를 부정하고 거리두기'를 하던 이념적 차원을 넘어, 사회 안에서 자기유지 메커니즘을 작동시킨다는 것을 의미한다. 아도르노는 이러한 자기 메커니즘의 논리를 '지배'로 표현한다. 여기서 지배는 시스템 차원의 내적 지배를 의미한다.

'지배의 체제'가 구축된 기독교는 종교의 해방적 잠재력과 사회 비판의 기능을 상실하며, 그러한 과정에서 기존의 체제와 뒤엉켜 버리게 됨

---

167 아도르노는 기독교와 달리 유대교나 기타 아시아 종교들이 자기유지의 원리에 근거한 믿음 체계라고 보았다. 기독교 신의 자기희생이란 교리는 자기유지의 원리와 결별을 의미함과 동시에 인간 존재의 격하를 통해 지상의 세계를 떠나 신의 세계에 들어가는 것을 의미한다.

으로써 하나의 현실 권력이자 세속 권력의 협력자가 된다. 아도르노의 종교 비판은 바로 이 지점에서 시작된다. 그는 사회나 국가와의 대립을 해체한 루터주의의 득세가 기독교의 비판적인 사회 역할과 기능을 붕괴시켰다고 진단한다. "루터주의가 칼과 채찍을 신교의 핵심으로 만들면서 국가와 교리의 대립을 제거"(GS3, 130)했으며 기독교의 사회적 억압이 기제가 되고 지배와의 유착 현상이 발생했다.

문제는 기독교가 제도화되면서 다양한 차원과 심급에서 현실 권력과 직·간접적 연관을 맺으면서 현실 권력의 암묵적인 협력자 역할과 사회적 영향력을 행사했다는 데 있다. 이와 관련해 아도르노는 베버의 중립적 기술과 달리 개신교의 종교적 노동가치설이 어떻게 노동 억압으로 작용하는지에 주목한다. 아도르노는 칼뱅(Jean Calvin)과 루터(Martin Luther)에서 나타나는 노동-소명-구원의 신학적 입장이 '시민적인 질서', 다시 말해 자본주의적 부르주아 사회 체제를 확장하고 공고히 하는 데 기여했으며, 그들의 노동에 대한 찬양이 자본주의 질서의 지배 이데올로기인 노동 이데올로기로 작용했다는 것이다. 아도르노의 관점에서 개신교적 노동가치설은 자본주의 체제 발전 시기에 게으름, 노동하지 않는 자에 대한 냉소적 비판, 노동 억압과 노동 착취의 전거를 제공했다. 그의 메타포인 '군홧발'은 바로 노동을 억압하는 자본과 자본주의 사회에서 노동자와 노동에 대한 억압을 상징한다.

자본주의 사회에서 군홧발은 노동 분업에 의해 작동된다. 자기유지를 위한 사회 구성원의 노동은 하나의 역할 수행자로서 사회적 기능연관 체계에 편입된다. 사회 전체는 노동 분업이라는 기능들의 완전한 통일체인 것이다. 여기서 발생하는 것이 사회적 노동의 기능수행자인 인간의 소외와 무기력이다. 왜냐하면 사회 구성원이 자기 자신이 되는 것, 아도르노 식으로 말해 동일성을 강요하는 억압적 기능연관 체계인 사회에서 인간은 비동일적으로 존재할 수 없기 때문이다(GS8, 69 참조). 주지하다시피 현대 자본주의 체제하에서 개신교의 노동 이데올로기는 더 정교화된 형태의 노동 억압으로 나타난다. 오늘날의 물질 노동이나 비물질 노동의 방대한 노동관리 체계에서 기독교적 노동윤리의 새로운 변종들이 퍼져 있다. 고용 없는 성장시대에 개신교의 노동 이데올로기는 신자유주의적 자기 계발 이데올로기와 결합되어 있다. 부드럽고 세련된 노동력을 이끌어 내며 책임을 개인에게 전가하는 새로운 형식의 신자유주의의 자기 계발 이데올로기는 개신교 노동윤리의 원칙인 성실성의 원칙과 기능상의 차이가 없다고 볼 수 있다.

아도르노에 따르면 사회적 억압 기제로서 기독교는 자본주의의 질서를 가능하게 하는 노동 이데올로기만을 유포시킨 것이 아니라 성적 지배의 정당성을 종교적인 차원에서 뒷받침한다. 기독교는 남성 신(神)의 종교로서 가부장적 지배 질서를 옹호한다. 따라서 기독교는 그러한 질서에 반하는 과거의 여성 신과 예언하는 여성들에 대한 외경의 이미지와 여성 숭배를 제거한다. 이것이 마녀에 대한 박해와 여성에 대한 경멸로 나타나는 것이다.

아도르노는 기독교의 이웃사랑이라는 도그마가 원칙적으로 여성에 대한 억압을 금지하지만, 실제로는 여성에 대한 증오와 경멸이 뿌리 깊게 자리 잡고 있다고 보았다. 사랑의 원리가 기독교의 지도자들에 의해 약하고 무기력한 여성에 대한 보호라는 이름으로 성적 억압을 정당화했다고 말한다(GS3, 131 참조). 구약시대에 여성은 율법을 배우거나 율법 교사가 될 수 없었을 뿐만 아니라, 중요한 절기에 여성의 예배 참여가 금지되었던 점을 고려하거나 "이웃의 아내, 남종과 여종, 나귀와 같은 소유물은 탐내서는 안 된다"[168]는 구약의 교리 및 "각 남자의 머리는 그리스도요 여자의 머리는 남자요"[169]라는 신약의 교리는 아도르노 관점에서 남성적인 권력을 정당화하는 교리인 것이다. 아도르노가 기독교에 의해 자행된 성적 억압을 강하게 비판하는 이유는 기독교가 남성 지배 질서를 교리화하고 문명화하는 과정에서 종교적·사회문화적 핵심 역할을 담당했다는 데 있다.

5) 반유대주의의 기독교적 뿌리

반유대주의의 기독교적 뿌리에 관한 아도르노의 분석은 애초에 나치 체제의 문명사적 규명을 위한 이론적 시도의 일환으로 기획되었다. 그러나 그것에 대한 아도르노의 논증 방식은 심리주의적인 분석과 나치즘이라는 파괴적인 권력에 기독교가 어떻게 결합되어 있는가, 즉 권력 비판의 차원이라는 이중전략을 채택한다. 주지하다시피 반유대주의의 뿌리는 오랜 역사를 가지고 있다. 아도르노는 기존의 반유대주의를 크게 민중운동으로서의 반유대주의, 시민적 반유대주의, 자유주의적 반유대주의, 민족주의적(정치적) 반유대주의로 구분하며 나치즘 속에 작동하는 반유대주의의 종교적 토대를 분석한다. 그의 테제는 유대인과 유대교

---

168 「출애굽기」 20:17, 『성경전서』, 대한성서공회, 2015.
169 「고린도전서」 11:2-3, 『성경전서』, 대한성서공회, 2015.

에 대한 기독교의 종교적 적대감이 독일의 파시즘 확산에 일정한 역할을 했으며 나치 권력에 종교적 정당성을 부여했다는 것이다. 다시 말해 '독일의 기독교 세력은 아우슈비츠와 같은 학살의 대참사를 막지 못했을 뿐만 아니라 오히려 그러한 반인륜적 범죄의 종교적 토대를 제공했다'는 주장이다.

그렇다면 어떠한 방식으로 기독교가 반유대주의를 확산시켰는가? 이것에 관해 아도르노는 종교심리적 차원에서 짧게 언급한다. 그는 기독교의 반유대주의가 구원의 확신에 찬 정신에서 비롯된 증오감의 표현이며 그것 자체가 폭력적 성격을 갖는다고 말한다. 이것은 "자신들의 역사나 믿음의 의식을 그러한 권리를 부인하는 사람들에게까지 강요하고 집행"(GS3, 204)하게 만든다.

아도르노가 볼 때 아버지 종교인 유대교는 신을 특정 민족의 유일신으로 만든 종교, 세속적인 세계를 관장하는 율법의 권위에 맹목적으로 순종하는 반그리스도교적 종교이며 우상을 숭배하는 반종교이다. 이에 반해 기독교는 주술의 정신화와 세속의 논리를 거부하고 믿음을 통한 구원의 권리를 주장하며 특정 민족의 신이 아닌 보편 신을 만들어 낸 종교이다. 그는 기독교가 유대교와 다른 방식의 '정신화된 신학'을 통해 신에 대한 지식을 유대인보다 더 잘 알고 있다는 자기 확신을 가지게 되었다고 분석한다.

이와 같은 기독교적 자기 확신이 그들이 가정하는 신에 대한 지식과 믿음을 절대화하고 '신을 자기들의 방식으로 이해하지 못하는 유대교'를 증오하게 만든다. 아도르노는 기독교적 관점에서 신성한 질서를 거부하는 용인될 수 없는 유대인들의 종교적 태도가 반유대주의의 종교적 원천이라고 파악한다. '메시아로서 예수가 이미 세상에 왔다는 신성한 지식을 자신들만이 안다'는 주장과 그러한 믿음에 기초해 구원을 추구하는 기독교의 종교적 확신이, '기다림의 종교'인 유대교 신도들의 불행한 삶을 직접적으로 확인하고 싶게 만든다. 이와 동시에 기독교인들은 "이성을 제물로 바치지 않은 사람들의 불행을 보면서 자신들의 영원한 축복을 확인"(GS3, 204)한다. 아도르노는 기독교인의 유대교에 대한 자연스러운 증오야말로 종교적 폭력이라고 말한다. 한마디로 예수를 메시아로 인정하지 않고 메시아에 대한 지식과 믿음, 그리고 예수의 계시를 거부하는 구약의 집행자에 대한 증오가 반유대주의의 기독교적 뿌리인 것이다.[170]

기독교의 종교적 확신에도 불구하고 아도르노가 볼 때 기독교의 구원에 대한 종교적 확신이 보장되지 않는다. 그는 기독교적 믿음이야말로 구원에 대한 믿음을 망각하고 무시함으로써만 유지될 수 있다고 평가한다. 그의 관점에서 종교적 반유대주의를 극복하는 유일한 방법은 종교적 차이에 대한 인정을 통해서만 가능하며 기독교가 차이에 대한 분노를 해소하지 않는 이상 기독교도 다른 종교의 증오 대상이 될 수 있다는 점을 인식해야 한다고 말한다(GS3, 233 참조). 민족적 유대주의에 관한 아도르노의 관점에서 볼 때, 타 종교의 '차이에 대한 증오'는 종교적 차원에서의 '잘못된 투사'와 '편집증'에 근거한 것이다.

차이에 대한 인정에 근거한 종교적 다원주의를 시사하는 아도르노의 시각은 이스라엘과 팔레스타인의 분쟁만이 아니라 세계 도처에서 벌어

---

170 J. Kroth, *Die Grenze der Vernunft. Zu einem Kapitel Negativer Theologie nach Theodor W. Adorno*, Norderstedt 2011, 299쪽.

지는 종교갈등 문제를 해결하는 규범적 단서를 제공한다. 물론 그것이 얼마나 현실 가능성이 있는지는 회의적이다. 최근까지 서구 일부 지역에서 발생한 가톨릭과 신교의 갈등, 이슬람과 기독교 간의 오래된 종교 갈등의 역사가 이를 말해 준다.

6) 해방적 종교의 가능성과 아도르노 관점에서 본 해방신학

지배로 기능하는 기독교, 현실 권력과 결탁하는 종교 및 죽음에 대한 현대인의 의식과 관련해 종교적 권위가 실추되었다는 아도르노의 입장에서 볼 때, 과연 종교에서 희망을 찾을 수 있는가? 이것에 대한 그의 대답은 한마디로 회의적이다. 아도르노는 죽음에 대한 현대인의 '형이상학적 감각의 결여'가 죽음에 대한 무관심을 낳으며 그러한 이유로 현대인은 종교에서 희망을 찾지 않게 되었다고 주장한다. 그에 따르면 육체의 부활에서 희망을 찾는 것은 어떠한 사변적 형이상학보다 더 형이상학적인 논변에 지나지 않으며 그것은 종교가 표방하는 희망과 대립된다.

또한 그는 "종교 안에서 마술과 미신이 계속해서 번성한다는 오랜 의심의 이면"에 제도화된 기성 종교에서 강조하는 "피안에 대한 희망"(GS6, 390)이 중요한 문제가 아니었다는 것을 말해 준다고 보았다. 거듭 언급했듯이 아도르노의 시각에서 현실에 타협하고 순응하는 종교와 신학에서는 어떠한 희망도 존재하지 않는 셈이다. 그렇다면 현실 비판적인 정치신학, 남미를 중심으로 일어난 해방신학의 운동에서 종교에 내재하는 희망이나 해방적 잠재력을 발견할 수 있는가? 아도르노 관점에서 이 문제에 대한 대답은 '그렇다'라고 할 수도 있으며 '그렇지 않다'고 말할 수

도 있다.[171]

　정치신학의 대변자인 몰트만(Jürgen Moltmann)의 '희망의 신학'에서 말하는 희망은 개인, 사회, 우주를 포함하는 총체적 구원에 대한 약속을 의미한다.[172] 이 관점에서 미래의 희망은 단순히 종교적 차원에 국한되지 않으며 사회 전체에서 나타나는 억압과 고통을 극복하는 사회적인 구원을 포함한다. 정치신학과 해방신학에서 수행하는 사회 비판과 사회 구원의 입장은 아도르노가 기대하는 진정한 종교의 역할에 부합되며 그러한 차원에서 그것은 희망과 해방적 잠재력을 갖는다.

　해방신학의 중심인물인 구스타보 구티에레즈(Gustavo Gutiérrez)는 마르크스의 정치경제학적 관점에서 라틴아메리카의 사회 현실을 분석했으며 정치경제적 차원에서 푸에블로(pueblo)의 이중적 종속(선진 자본주의와 국내 자본)의 극복을 해방으로 이해했다. 또한 그는 그것으로 인한 비인간화의 인간화를 해방으로 간주했다. 구티에레즈의 해방론은 사회정의 실현의 다른 표현이다. 이것을 아도르노의 언어로 환원하면 사회 해방을 통한 자유로운 개인의 실현과 이성적인 사회의 건설을 의미한다. 구티에레즈는 정치사회적 억압과 경제적 불평등으로 표현되는 구조화된 악을 척결하고 해방과 자유의 공동체를 지상에서 실현하는 데 종교의 사회적 역할을 역설했다. 그는 전통적 죄 개념을 사회구조적 악에까지 확장했다. 같은 차원에서 진정한 신앙인이라면 사회적인 죄악을 척

171　아도르노가 해방신학에 대해 언급하지 않게 된 이유는 해방신학이 아도르노 사후에 발생했기 때문이다. 한편 종교에 대한 그의 사회 정치적 비판이 주로 초기와 중기 저작에 집중되어 있는 것도 한 원인이다.

172　박지영,『몰트만의 교회론: 정치 윤리적 함의에 대한 연구』, 계명대 출판부, 2014, 46쪽 참조.

결하고 진정한 해방자인 신의 뜻에 따라 자유와 해방의 공동체를 실현해야 한다고 강조한다.[173]

그런데 아도르노 시각에서 보면 정치신학과 해방신학은 부활, 하나님 나라, 불멸성, 종교적 허무주의라는 기독교적 도그마에 기초한 사변적인 이론 구성물에 지나지 않는다. 몰트만은 "기독교 자체가 전적으로 완전히 종말론이요 희망"[174]이라는 근본 전제에서 인간의 역사를 종말론적 지평에서 해석했다. 인간 역사의 종말이 희망으로 해석되기 위해서는 역사의 종말이 역사의 종식이 아니라 신의 약속이 완성되는 긍정적인 사건으로 해석해야 한다. 여기서 역사의 종말은 신의 약속이 완성되는 것을 의미하며, 동시에 신의 약속이 실현되는 희망의 다른 이름이다.

아도르노 관점에서 희망의 종말론적 지평에서 부활, 메시아론, 성령론, 교회론, 삼위일체론을 전개하는 몰트만의 새로운 정치신학은, 부정적 사회 현실을 비판하는 신학적 근거를 찾아내는 듯하지만, 그것을 현실에서 극복하려는 실천적 요구를 제대로 수행하지 못하는 자기기만의 신학일 것이다. 구티에레즈의 경우도 크게 다르지 않다. 아도르노의 시각에서 볼 때, 구티에레즈가 현실에 대한 신학적 숙고를 중심에 두고 자신의 실천신학을 전개했다고 해도, 그의 정치신학은 여전히 추상적이고 사변적인 이론에 불과하다.[175] 그에게 죄는 우선적으로 신을 받아들이지

---

173 박삼경, 「민중신학과 라틴아메리카 신학의 해방의 의미」, 『기독교사회윤리』 24집, 2012, 130쪽 이하 참조.

174 위르겐 몰트만, 『희망의 신학』, 이신건 역, 대한기독교서회, 2002, 22쪽.

175 구스타보 구티에레즈, 『해방신학: 역사와 정치와 구원』, 성염 역, 분도출판사, 2000, 21쪽 이하 참조.

않는 것과 신의 제1명령인 사랑을 실천하지 않는 것이다. 비록 구티에레즈가 위의 죄 개념으로부터 사회적 죄의 개념을 도출했지만, 기독교적 신의 개념을 부정하고 기독교적 사랑의 왜곡과 병리를 비판한 아도르노의 관점에서 그의 정치신학은 여전히 하나의 종교적 교설일 뿐이다.

아도르노는 현실 종교에서 과연 해방적 잠재력이 있는가의 물음에 회의하면서 다른 영역, 즉 예술에서 다른 종류의 희망의 가능성을 발견한다. 예술에서 희망을 발견할 수 있는 이유는 현세에 대한 부정, 곧 종교적 허무주의를 예술에서 극복할 수 있기 때문이다. 아도르노는 종교나 신학보다 희망에 대한 표현이 "예술작품에서 더 강렬하게 분출"(GS6, 389)된다고 주장한다. 그에게 희망은 인간적인 것에 대한 표현과 맞물려 있다. 이 문맥에서 인간적인 것의 표현이란 '주체 없는 종교적 자아'를 강요하는 종교와 존재 신앙의 무의미성을 자각하는 것, 사회와 역사의 거울로서 예술의 거짓 화해가 아니라 지금과 다른 사회의 가능성을 함축하면서 유토피아의 그 무엇을 미리 맛보게 하는 것을 포함한다.

유토피아의 그 무엇은 화해의 가상에 대한 부정과 화해되지 않은 상태의 절대적 부정을 통해 지금과 다른 새로운 세계의 희망을 의미한다. 이것은 '신학으로부터 예술의 분리'를 전제한다(GS7, 10 참조). 그런데 종교에서 찾을 수 없는 희망의 단서를 예술에서 발견할 수 있다는 것이, 곧 종교에 해방적 잠재력 자체가 없다는 것을 의미하지는 않는다. 아도르노는 종교의 해방적 잠재력이 '부정의'에 대한 종교의 비판적 태도에 내재하며 부정의를 극복하고자 하는 종교적 실천 속에 있다고 보았다.

그에게 종교의 해방적 잠재력은 키르케고르(Søren Kierkegaard)식의 종교성으로서의 귀환, 다시 말해 신 앞에선 '단독자(den Enkelte)'가 되는 방식[176]을 통해 실현되지 못한다. 종교는 지배와 지배 조력자의 기능과 결별하고 세계에 대한 부정성으로서의 비판적 인식 태도를 견지할 때 해방적 잠재력을 지닐 수 있다.[177] 종교가 현실을 구제하는 방식은 칸트적 실천이성의 요청처럼 "기존 질서의 견딜 수 없는 상태를 심판하여, 그것을 인식하는 정신을 강화"(GS6, 378)하는 데 달려 있다. 아도르노에게 진정한 종교의 해방은 사회적 해방에 대한 실천적 노력과 그 궤를 같이하는 것이다.

7) 사회 비판으로서 종교 비판의 내재적 한계와 의의

본문에서 언급한 바와 같이 최근까지 아도르노 철학의 종교적 배후를 탐구하는 연구는 간간이 그러나 주기적으로 있었다. 그것에 대한 비판은 아도르노 철학의 사회철학적 관점에서 제기되어 왔다. 이 장에서는 종교 비판, 기존의 연구 경향과 달리 각론적 차원을 강화했으며, 아도르노의 관점에서 해방신학에 대한 두 가지 해석 가능성을 따져 보았다. 또한 이 책은 아도르노가 마르크스주의적 종교 이해에 충실한 것으로 파악하는 관점의 일면성을 부분적으로 비판했다.

그럼에도 불구하고 전체적으로 보면 그의 종교 비판은 사회 비판의

---

176 키르케고르, 『죽음에 이르는 병』, 강성위 역, 동서문화사, 2011, 273쪽.

177 종교의 해방적 잠재력에 관한 아도르노와 호르크하이머의 입장은 유사하다. 호르크하이머는 현실의 부정성에 대한 종교 차원의 비판 대상과 비판이론이 집중[연구]해야 할 문제 영역이 크게 다르지 않다는 점을 분명히 했다(이종하, 「후기 호르크하이머의 '아주 다른 것에 대한 동경'의 사회철학」, 『철학탐구』 28, 2010, 160쪽 이하 참조; 전석환, 「삶과 사회, 그리고 비판: 막스 호르크하이머 초기 사상에서 있어서 비판개념을 중심으로」, 『철학사상문화』 10, 2010, 82쪽 참조).

관점이 주를 이룬다고 봐야 한다. 그는 기독교가 어떻게 지배로서 작용하고 현실 권력에 대한 정당성을 부여하면서 권력과 결탁했는지를 분석했다. 이러한 차원에서 아도르노는 기독교 신학이 만든 형이상학보다 더 형이상학적인 인공적 종교 도그마와 성직자들의 역할에 대한 비판 및 기독교의 반유대주의와 나치즘의 내적 관계에 대한 비판을 수행했다. 아울러 그는 사회 비판의 차원에서 현대의 신비주의적 종교에 대한 비판과 하이데거를 포함한 죽음의 형이상학을 비판했다.

필자의 시각에서 볼 때 아도르노의 종교 비판에는 몇 가지 한계가 있다. 아도르노는 권력 그 자체였던 중세시대의 기독교 현실 권력에 대한 비판을 거의 하지 않았다. 그가 이 점을 좀 더 심층적으로 분석했다면, 사회 비판으로서 종교 비판의 내용이 더 풍성해졌을 것이다. 또 지적해야 할 것은 아도르노의 종교 비판이 종교의 부정성을 드러내는 것을 중요한 목적으로 두었기 때문에 종교가 가지고 있는 긍정적인 측면을 지나치게 간과했다는 점이다.[178]

여기에는 그가 지적하듯이 삶에 의미를 부여하는 기능[179]뿐 아니라 긍정적 의미의 사회통합 기능, 영국의 기독교 사회주의 운동과 라틴아메리카의 해방신학적 실천 등에서 보여 주는 사회 저항적인 종교운동 등

---

[178] 아도르노와 달리 하버마스는 후기 세속사회에서 세속사회와 종교 간 대화와 전통적인 종교 규범들을 새롭게 사회적 차원에서 재해석해야 한다고 주장한다. 그는 종교의 필요성에 대한 새로운 인식이 대두되었으며 종교가 현대에 새롭게 발생한 윤리적 문제와 개인의 삶에 영향을 줄 수 있다고 믿었다. 그는 종교와 세속사회의 상호보완과 성찰적 학습 및 협력을 통해 사회연대에 기초한 새로운 사회공동체를 탐구한다(J. Habermas/J. Ratzinger, *Dialektik der Säkularisierung. Über Vernunft und Religion*, Freiburg 2005).

[179] Adorno, *Studien zum autoritären Charaker*, Frankfurt/M. 1973, 285쪽 참조.

이 속한다. 한편 아도르노는 종교의 해방적 잠재력에 회의적이었지만 그것 자체를 완전히 부정하지 않았다. 그러나 기성 종교에서 해방적 잠재력의 발현 가능성, 특히 기복신앙, 개별교회 이기주의, 성전 중심의 종교 태도가 야기한 종교 건축물의 거대화와 같은 부정적 종교 현상을 감안한다면, 우리 사회에서 종교의 해방적 잠재력을 찾아내는 것은 요원하다. 기억해야 할 것은 아도르노의 종교 비판의 궁극적 목적이 계몽에서 야기된 문명의 병리적 현상, 즉 사회의 총체적 억압과 개인의 종말이라는 어두운 현실에 대한 체념에 그치는 것이 아니라, 현실의 부정성을 드러내고 다른 가능성의 세계를 모색하는 데 있다는 점이다. 다른 말로 표현하면 그의 종교 비판은 단순한 지배로서 작동하는 종교 비판에 그치지 않고 그 속에 다른 가능성을 숙고하는 '유토피아적 사유(utopisches Denken)'를 내포하는 것이다.[180] 이것이 진정한 화해의 상태를 의미하며 진정한 신학적 진리라고 봐야 할 것이다.[181]

아도르노의 유토피아는 현실을 호도하고 순응하게 만드는 공허한 유토피아나 계산 불가능한 미래의 실제상에 대한 허구적 예측을 의미하지 않는다(GS10.1, 121 참조). 오히려 상 금지의 원칙하에 문명적 퇴행이 강화될수록 드러나는 다른 가능성에 대한 자각을 의미한다. 이러한 점을 고려할 때 아도르노는 현재의 종교에서 종교의 해방적 잠재력에 회의적인 태도를 취하면서도 동시에 종교의 해방적 잠재력에 대한 믿음도 완전히

---

[180] J. Kroth, *Die Grenze der Vernunft. Zu einem Kapital Negativer Theologie nach Theodor W. Adorno*, Norderstedt 2011, 93쪽 이하 참조.

[181] Ch. Tuerke, "Adornos inverse Theologie," in: *Adorno im Widerstreit. Zur Präsenz seines Denkens*, W. Ette/G. Figal/R. Klein/G. Peters (Hg.), München 2004, 92쪽 참조.

버리지 않았다고 볼 수 있다.

사회 비판으로서 종교 비판의 내적인 한계에도 불구하고 유대교와 기독교의 관계에 관한 그의 분석은 오늘날 종교 근본주의로 인한 종교분쟁, 다원주의 사회에서의 종교 갈등 문제를 풀어나가는 데 있어, 차이의 인정과 화해의 이념과 같은 규범적 단서를 제공한다고 평가할 수 있다.

이 밖에 아도르노의 종교 비판은 서구의 현실 종교보다 오늘날의 한국 사회에서 종교-사회관계를 규명하고 비판적인 성찰을 하는 데 의미 있는 이론적 단서를 제공한다. 즉 한국 교회의 종교 산업화 현상, 교회 세습, 목사 권위에 대한 비상식적인 과잉 인정, 사회 구원에 대한 무관심, 선교 중심의 종교 활동과 교리에 대한 이데올로기적 공세, 배타성, 정치 권력화, 종교사회에서의 빈익빈 부익부, 각종 공직선거에서 출마자들이 대형 교회에 접근하는 현상, 공직에서 개별 교회(이명박 정권 시절의 소망교회) 출신들의 인위적인 배치, 사회 엘리트의 커뮤니티 성격의 종교활동을 등을 고찰하는 데 아도르노의 종교 비판은 하나의 안내서가 될 수 있다.

이러한 부정적인 한국의 종교 현상에 대한 경험적 근거와 사례를 제시하는 것은 무의미하다. 또한 하나의 권력이자 일정한 권력 작용을 만들어 내는 한국 기독교의 권력화는 어제와 오늘의 일이 아니다. 한국 현대 정치사에서 종교 세력과 정치의 결탁 그리고 정치 사회적 불의에 대한 침묵 문제에서도 아도르노의 종교 비판은 유효하다. 이와 같은 모든 현상은 미완의 세속화라고 지칭할 수 있을 것이다. 결론적으로 아도르노의 사회 비판으로서 종교 비판은 여전히 '미완의 세속화'에 머물러 있는 우리의 종교 지형과 사회-종교 관계를 비판하는 하나의 거울이자 무기다.

절반의 교육과 성숙

1) 교육, 교양교육의 현실: 왜 아도르노를 호명해야 하는가?

오늘날 국내 대학의 교양교육은 어떠한가? 어떤 모습으로 존재하는가? 다양하지만 특색 없는 교육 상품의 진열장들인가? 아니면 실용주의라는 지배적인 시대 정신을 좇는 교양교육의 모습을 하고 있는가? 그것도 아니면 '학부교육 선진화 선도대학 지원 사업(Advancement for College Education)' 등과 같은 국책 교양교육 사업의 평가지표에 조정되거나 반대로 자유교육으로서 교양교육의 본래성을 회복하려고 시도하고 있는가?

필자의 관점에서 볼 때 교양교육의 내용적 측면, 특히 교육과정과 관련한 한국대학의 교양교육의 특징적 양상은 '가벼운 교양과 진지한 교양의 혼재', '융복합, 창의성 인성 강좌 등과 같은 시대 변화에 대응하는 중립적 실용주의와 고전 교육 강좌와 같이 교양교육의 목적에 부합하는 교육과정의 혼재', '직업 및 도구 과목의 확대', '주지주의 중심 교양교육과 체험 중심 교양교육의 혼재', '진지한 교양 예술교육의 전반적인 빈곤'으로 볼 수 있다.

필자는 이와 같은 한국대학의 교양교육의 현실을 비판적으로 검토하기 위해, 아우슈비츠 극복을 위한 교육을 설계하고 가벼운 교양교육을 비판한 아도르노를 불러내고자 한다. 아도르노를 호명하는 근거는 아우슈비츠 극복을 위한 그의 교육적 사유가 일부 아도르노 연구자들이 이해하듯이 단순히 정치교육론으로 귀결되지 않는다는 점, 그의 교육 개념은 포괄적인 의미에서의 교육만이 아니라 교양교육 개념과 크게 다르지 않다는 점, 반(反)교육으로서 절반의 교육 개념이 한국대학의 교양교육의 현실을 비판하는 데 여전히 유효하다는 점, 특히 목적이 망각된 교양교육, 가벼운 교양교육의 득세, 적응 교육을 위한 교육 공학주의와 기술주의의 승리, 긍정적 교양교육의 지배를 비판함에 있어 그의 사유가 충분한 전거를 제공한다는 데 있다.

이러한 인식을 전제로 필자는 아도르노와 함께 부분적으로 그를 넘어서서 국내 대학에 나타나는 교양교육의 문제성을 쟁점화하고자 한다. 이를 위해 ① 아도르노 사유에서 교육적 사유의 역사적 단서와 중요성, ② 탈야만 교육, 성숙을 위한 교육 담론과 교양교육 목적과의 상관성, ③ 절반의 교육 논제를 포함해 그 밖의 아도르노의 교육적 입장표명에 기초해 국내 대학 교양교육과정의 제문제를 분석할 것이다. ④ 마지막으로 아도르노 교육 논제의 한계와 교양교육과정에서 보완 적용의 가능성을 탐색한다.

2) 인간 교육의 특수한 형태로서
과거 극복의 교육학과 보편 교육학적 사유

아도르노의 전체 철학을 관통하는 주도적인 질문은 "왜 인류는 진정한 인간적인 상태에 들어서기보다 새로운 종류의 야만상태에 빠졌는가"(GS3, 11)이다. 그의 사유는 새로운 야만상태의 상징인 아우슈비츠의 원역사를 밝히는 작업에서 시작해 '아직도, 여전히 존재하고 작동하는 야만을 어떻게 극복할 것인가'로 귀착된다. 아우슈비츠는 그에게 문명의 운행 사고이거나 일회적 사건이 아니라 보편화된 사회적 억압 논리의 일체를 지칭하는 수사이며 동시에 '살아 있는 야만'의 동의어이다.[182]

이를 해명하기 위한 그의 이론적 전략은 자연 지배 논리(계몽의 변증법), 사유 논리(부정 변증법), 미적 논리(미학이론)를 재구성하며 교육·문화·사회의 강압 논리(교육학, 사회학적 저작)의 분석과 대안의 가능성을 모색·제시하는 것이었다. 따라서 아우슈비츠의 철학이라고 부를 수 있는 그의 철학에서 교육에 대한 사유는 주변적 문제가 아닌 중요한 위상을 차지한다.[183] 교육에 관한 그의 사유는 "인간성의 객관적 종말"(GS4,

---

182 사회적 측면에서 모든 인간의 자발성을 질식시키고 사이비 활동으로 견인하고 관리되는 세계, 기능연관 체계로서의 기능수행자로 인간을 소외시키는 세계도 아도르노에게는 야만 사회다(GS10.2, 797쪽 참조).

183 아도르노 철학 연구사에서 교육사상 연구는 비교적 주변에 있던 주제였다. 특히 그의 철학과 교육 담론에 영향을 받은 비판 교육학파와 그 전통을 비교할 때 더욱 그렇다. 그런데 스토야노프는 아도르노의 전 철학에서 교육사상이 핵심적인 자리를 차지하며 오늘날 시각에서 그의 다른 어떤 철학보다 의미 있는 단서를 제공한다고 본다. 그는 아도르노 철학의 비관주의, 부정주의적 색채와 달리 아도르노의 교육철학이 긍정적이고 구체적이며 올바른 교육적 행위와 교육기관의 개혁을 보여 준다고 주장한다(K. Stojanov, "Theodor W.

41)인 아우슈비츠의 재발을 어떻게 막을 수 있는가의 문제에 집중되어 있다(GS10.2, 680 참조). 이러한 그의 사유는 정치적, 문화적 차원에서 전후 독일 사회의 미진한 과거 청산을 목도하며 촉진되었다. 아도르노는 1954년에 독일대학의 민주화를 요구했고 1959년에는 '계몽된 성인교육(aufklärende Erwachsenenbildung)'을 촉구했다.[184] 1956-1969년 사이 그는 '오늘의 교육'을 주제로 한 방송물에 여러 번 출연해 당대의 교육 문제를 비판했다. 그는 또 독일 사회학회의 교육사회학 분과위원장을 맡으면서 교육 이슈를 다루기도 했다.

아도르노의 교육에 관한 사유는 '과거 극복의 교육학'이라는 특수성과 보편 교육학의 면모를 동시에 보여 준다. 1949년 독일의 건국과 함께 하나의 사회적 의제로 떠오르는 것이 바로 과거 청산과 극복의 문제였으며 그 문제의 중심부에 있던 인물이 호르크하이머와 아도르노이다. 양자에게 '과거 극복(Vergangenheitsbewältigung)'과 교육 문제는 별개의 문제가 아니었다.

건국 해에 귀국한 아도르노는 과거에 대한 회한과 향수가 남아 있는 사회문화적 분위기, 정치적인 과거 청산의 미진함, 권위적인 교육의 현실을 눈여겨보면서 교육 문제를 주요한 사유의 대상으로 삼게 된다. 독일로 돌아오기 전에 그는 호르크하이머, 노이만(Franz Neumann),

---

Adorno-education as social critique," in: *Theories of Bildung and Growth*, Rotterdam 2012, 125쪽 이하 참조).

184 아도르노는 〈독일대학의 민주화에 대하여〉에서 교육 독점 현상을 비판하며 노동자 자녀에게 고등교육 기회제공, 교수법과 평가방식의 개혁, 교육정책과 정치에 대한 자유로운 입장표명만이 아니라 대학의 민주화와 사회의 민주화의 연동성, 대학의 민주화를 위한 교육으로서 비판적 자의식의 강화 등을 강조한다(GS20.1, 332-338쪽).

키르히하이머(Otto Kirchheimer), 마르쿠제가 수행한 전후 독일 문화와 교육제도에 관한 비밀 연구(1942-1949)를 인지하고 있었으며, 전후 독일에서 본격화된 교육 영역의 과거 극복 운동인 정치교육 중심의 '재교육(Reeducation)' 프로그램도 익히 알고 있었다. 또한 아도르노는 호르크하이머가 헤센주 정부에 제안한 '긴급 교육 프로그램(Sofort-Erziehungsprogramm)'의 주요 내용, 즉 권위주의적 대학 분위기, 교육제도의 후진성, 능력 있고 신뢰할 만한 교사에 의한 교육, 민주주의 교육으로서 정치교육의 필요성에 대한 인식을 공유했다.[185]

호르크하이머가 대학교육 개혁과 정치개혁을 위해 프랑크푸르트 대학의 총장과 민주주의 교육을 위한 미국 연수프로그램을 추진하는 정치교육연구소를 책임지는 실천적 교육운동을 전개했다면, 아도르노는 교육 이론적 측면에서 과거 극복을 논제화했다. 1958년에 발표한 글인 「과거 극복, 무엇을 의미하는가?」는 아도르노 사유의 '교육학적 전회(pädagogische Wende)'로 평가되기도 한다.

알브레히트(Clemens Albrecht)는 이 글과 관련해서 아도르노가 "과거 청산 주제를 선취한 최초의 사회학자"[186]라고 말했다. 아도르노가 과거 극

---

185 프라이가 지적하듯 과거사 극복은 전범과 협력자의 처벌이라는 과거[사] 청산의 의미만이 아니라 새로운 법률의 제정과 사회, 문화, 교육제도의 개혁 등을 통한 새로운 사회 건설이라는 의미를 지녔다(N. Frei, *Vergangenheitspolitik. Die Anfänge der Bundesrepublik und der NS-Vergangenheit*, München 1996, 참조; 호르크하이머의 정치교육론과 실천에 대한 논의는 이종하, 『호르크하이머의 비판이론』, 북코리아, 2011, 284쪽 이하 참조).

186 C. Albrecht, "Die Massenmedien und die Frankfurter Schule," in: *Die intellektuelle Gründung der Bundesrepublik. Eine Wirkungsgeschichte der Frankfurter Schule*, Frankfurt/M. 2000, 235쪽.

복의 문제를 교육적 프리즘을 갖고 접근하는 데 큰 자극을 준 것은 소위 '하켄크로이츠 낙서 사건'이었다.

1959년 12월 25일 나치를 추종하는 독일제국당의 두 회원이 새로 문을 연 쾰른의 유대교회에 하켄크로이츠 모양의 낙서를 하고 나치 휘장을 휘두른 사건이 발생했다. 이 사건은 독일을 넘어 국제적 반유대주의 흐름을 촉발했고, 국제 사회의 이슈로 떠올랐다. 사건이 발생한 후 극복되지 않은 과거에 대한 사회적, 교육적 차원의 반향이 일어났고 민주주의적 정치교육의 중요성이 새롭게 떠올랐다. 이 사건은 "다른 모든 것에 대한 히틀러적 세계의 분노, 편집증적 광기 체제"(GS10.2, 566)로서 '나치즘의 지속적 생존(Nachleben des Nationalsozialismus)'을 아도르노에게 확신시켰으며, 그의 사유의 여정을 야만에 대한 역사철학적, 문명사적 해명에서 교육적, 사회적 해명과 대안의 모색으로 향하게 했다.

발생학적 측면에서 보면 야만의 청산을 위한 교육은 정치교육을 의미했다. 기존의 정치교육과 다른 정치교육을 위해 아도르노는 교육자의 교육만이 아니라, 대학에서의 사회학 교육의 강화, 사회학과 연동된 학제적 역사 연구의 필요성을 강조하고, 불충분한 교육에 있어서 재교육 프로그램을 수행해야 한다는 점을 강조한다(GS10.2, 569 참조). 그는 "민주주의에 반하는 파시즘적 경향의 지속보다 민주주의에서 나치즘의 지속이 잠재적으로 더 위험"(GS10.2, 556)하다고 보았기 때문이다.

여기서 주목해야 하는 것은 아도르노가 야만의 청산으로서 민주주의 체제에서 과거 극복을 위한 교육의 역할을 성숙한 인간의 양성에 둔다는 점이다.[187] 이것은 과거 극복을 위한 교육이 민주주의에 관한 교육 그 이상임을 함의한다. 성숙한 인간에 대한 요청은 그로 하여금 네오나치의 조직이나 그들에 의해 야기되는 객관적 야만의 형식보다 민주주의 체제에서 나치즘을 지속시키는 시민적 차원의 주관적 야만에 더 많은 주의를 기울이게 했으며[188] 그러한 인식의 관심은 탈야만화 교육, 성숙을 위한 교육, 절반의 교육론의 변주로 나타난다.

이때 교육은 그의 논의 문맥에서 교육, 문화, 교양(교육)의 궁극적 목적으로서 인간 교육의 문제로 수렴된다. 역사적 측면을 강조하면 아도르노의 교육적 사유는 과거 극복의 특수교육학이라 할 수 있다. 하지만 '야만의 보편성'과 그것에 대한 교육적 대응이라는 측면을 고려하면 그의 교육적 사유는 처음부터 인간 교육이라는 보편 교육학적인 탐구였다고 할 수 있으며 이것은 아도르노식 맥락의 비판적 자기 형성으로서의 '교육(Bildung)' 및 교양교육의 이념과 크게 다르지 않다.[189]

3) 탈야만화 · 성숙을 위한 교육과 교양교육의 이념

아도르노는 "아우슈비츠가 되풀이되지 않고 그와 유사한 일이 발생하

---

187 Adorno,"Erziehung - wozu?," in: *Erziehung zur Mündigkeit. Vorträge und Gespräche mit Hellmut Becker 1959-1969*, G. Kadelbach (Hg.), Frankfurt/M. 1970, 112쪽 참조.

188 알브레히트는 이러한 아도르노식 방식을 "개별화에 의한 도덕 심리학적 내향화"라고 부른다(C. Albrecht, "Im Schatten des Nationalsozialismus: Die politische Pädagogik der Frankfurter Schule," in: *Die intellektuelle Gründung der Bundesrepublik. Eine Wirkungsgeschichte der Frankfurter Schule*, Frankfurt/M. 2000, 447쪽).

189 김누리는 아도르노의 교육 담론이 과거청산의 교육학이라는 측면에서 정치교육론임을 강조한다. 그의 주장은 담론 발생의 역사적 특수성과 동기 및 사건으로서의 아우슈비츠에 대한 해석의 과잉이라고 볼 수 있다(김누리, 「아도르노의 교육담론」, 『독일언어문학』 78집, 2017, 285쪽 이하 참조).

지 않도록 사유하고 행위"(GS6, 358)하게 하는 것이 교육의 궁극적 목적이자 정언명법임을 반복적으로 강조하며 "교육의 이상에 대한 어떤 논쟁도 아우슈비츠가 반복되지 않아야 한다는 것과 비교해 무의미하거나 중요하지 않다"(GS10.2, 674)고 선언한다. 새로운 교육의 정언명법을 실천하는 교육으로 아도르노는 탈야만 교육, 성숙을 위한 교육을 제시한다.

탈야만 교육이 살아남아 있는 야만의 극복이라는 시대 문맥적 상황을 상대적으로 더 반영한 교육 개념이라면 성숙을 위한 교육은 보편적 인간 교육의 측면이 상대적으로 강조된 개념이다. 그런데 아도르노의 두 교육 개념의 이념과 방향은 전통적인 의미의 교양교육의 이념을 충실히 따르고 있다. 먼저 교육에 대한 아도르노의 정의에서 전통적 의미의 교양 개념, 교양교육 개념과 크게 다르지 않음을 찾아낼 수 있다.

교육 일반에 대해 내가 생각할 수 있는 것은 교육은 흔히 말하듯 인간 만들기가 아니라는 것이다. 왜냐하면 외부로부터 인간을 만들 권리를 그 누구도 갖고 있지 않기 때문이다. 또한 교육은 단순히 지식 전달이 아니라 … 올바른 의식을 형성하는 것이다.[190]

인용구에서 아도르노는 교육의 궁극적 목적이 '올바른 의식의 형성'임을 천명한다. 중요한 것은 누가 올바른 의식을 형성하는가이다. '권리 없음'에 대한 그의 주장은 타자, 부모, 교사, 교육기관의 권리 없음에 대

---

190 Adorno, "Erziehung-wozu?," in: *Erziehung zur Mündigkeit. Vorträge und Gespräche mit Hellmut Becker 1959-1969*, G. Kadelbach (Hg.), Frankfurt/M. 1970, 112쪽 참조.

한 선언이 아니라 누가 주도하냐의 문제이다. 올바른 의식 형성의 본질적 주체는 자기 자신이다. 지식의 전수가 교육의 목적이 아니라, 올바른 의식의 형성이라는 아도르노의 교육 개념은 보편적 가치를 지향하고 실천하는 전인적 인간 양성을 교육의 목적으로 삼는 교양교육의 이념과 다르지 않다. 올바른 의식의 형성을 위해 아도르노는 "비판적 자기 성찰을 위한 교육"(GS10.2, 676), 곧 자기 계몽, '자기 자신을 형성하는 것(Selbstbildung)'을 강조한다. 이러한 아도르노의 교육에 대한 기본 입장은 성찰적 자기 인식을 통한 자기실현이라는 인간 교육, 교양교육의 이념과 맞닿아 있다.

'탈야만화(Entbarbarisierung)' 교육의 이념도 교양교육이 추구하는 교육의 이념을 공유한다. 탈야만화 교육은 '인간의 목적에 대한 명확한 성찰'을 요구하는 교육, 과거의 파시즘과 여전히 살아 있는 파시즘이 지워 없앤 자율적 주체성을 회복시키는 교육, 파시즘을 낳은 사회 체제가 미성숙 상태에 머무는 것에서 벗어나게 만드는 교육, 억압의 현혹 연관을 파악하도록 하는 교육, 적응의 필연성과 기존의 것 및 주어진 것과의 동일시를 성찰하는 교육이다(GS10.2, 567 참조).

탈야만화 교육이 지향하는 바는 문화적인 야만을 극복한 '인간다운 인간', 곧 "인간성 실현(Verwirklichung der Humanität)"(GS20.1, 391)에 있다. 탈야만화 교육의 이념과 교양교육이 추구하는 교육적 이념이 동일하다는 것은 탈야만화를 위한 교육 내용에서도 확인된다. 아도르노는 탈야만화 교육의 핵심은 신체적, 물리적 폭력을 포함한 모든 '야만에 대한 혐오(Abscheu gegen Barbarei)'와 '부끄러움(Scham)'을 알게 하는 것이라고 말한다. 혐오와 부끄러움을 아는 인간은 보편적 인간의 가치를 내면화한 도덕적 인간이며 인간다운 인간이다. 탈야만화를 위한 아도르노의 탈권위적 교육에의 요구는 열린 개방성에 기초한 비판적 정신, 자율적이며 자기성찰적 주체, 성숙한 인간을 지향한다는 교양교육의 이념적 방향과 궤를 같이한다.

「성숙을 위한 교육」에서 아도르노가 전통적 교양교육의 이념을 고수하고 있다는 점을 확인할 수 있다. 그가 밝히고 있듯이 성숙 개념을 둘러싼 교육학적 논의나 사상사적 논의에서 중대한 당파적 입장의 차이를 발견할 수 없다.[191] 인간학적 측면에서나 교육적 측면에서 '성숙(Mündigkeit)'은 궁극적 목적으로 간주되어 왔기 때문이다. 아도르노 역시 성숙이 교육의 궁극적 목적임을 분명히 하며 그 전거를 칸트에서 찾는다.

그는 칸트의 성숙 개념인 '성숙 = 되어짐의 과정 = 이성 사용의 능력과 용기 = 자기 계몽 = 자기 형성 = 스스로 생각함과 자율적 행위 = 주체 형성 = 인간화'라는 도식을 수용한다. 양자의 차이는 사회적 성숙 개념을 얼마나 강조하느냐의 차이, 미성숙에 대한 원인 분석의 차이 외에 발견되지 않는다. 교양교육을 포함한 교육의 목적으로서 성숙에 관한 아도르노의 논의에서, 성숙의 어려움과 다시 미성숙으로 돌아갈 위험에 주목할 필요가 있다. 그는 '미성숙의 메커니즘'으로 무조건적 적응과 역할 수행의 논리, 맹목적 권위 추종과 피상적 권위 비판, 사회의 부자유, 문화산업에 의한 내면의 계획적 조종, 살아 있는 경험의 제약, 수업시간에 상업영화와 대중가요를 분석하며 젊은이를 '썩게 만드는 교육(Erziehung des

---

191 Adorno, "Erziehung zur Mündigkeit," in: *Erziehung zur Mündigkeit. Vorträge und Gespräche mit Hellmut Becker 1959-1969*, G. Kadelbach (Hg.), Frankfurt/M. 1970, 143쪽 참조.

Madigmachen)'을 사례로 제시한다.

타율적 존재로 살아가게 만드는 미성숙의 주관적 메커니즘과 사회적 메커니즘에 대한 아도르노의 대안은 성숙에의 호소가 아니라 "반대와 저항을 위한 교육"(GS8, 571)이다. 반대와 저항을 위한 교육은 약한 자아(Ich-Schwäche)를 "주체로 전환(Wende aufs Subjekt)하는 주체의 자의식과 자아를 강화"(GS10.2, 571)하는 진정한 의미의 주체 형성 교육이다.

아도르노는 이것이 성숙을 구체화하는 유일하고 실제적 방법이라고 간주한다. 성숙을 위한 교육은 곧 비판적인 사회의식의 고취, '잘못된 사회의 메커니즘'과 그것의 작동 원리 및 현상을 읽어 낼 수 있는 "메커니즘에 대한 일반적 의식을 깨우는 … 노력"(GS10.2, 676)이며 잘못된 사회구조에서 '올바른 삶의 가능성'을 모색하는 교육이다. "올바른 사회 속에서만이 올바른 삶의 가능성"(GS6, 388)이 존재한다는 확신에 의한 교육은 반대와 저항을 위한 교육으로 나타나며 진정한 인간학적 의미를 획득하게 된다. 탈야만화를 통한 성숙한 인간의 양성을 추구하는 아도르노의 인간교육론은 결국 교양교육의 근본 목적과 동일한 것이다.

4) 절반의 교육, 절반의 교양 그리고 교양교육

탈야만화 교육, 성숙을 위한 교육이 무엇을 위한 교육인가에 대한 대답이라면, 반(反)교육으로서 '절반의 교육(Halbbildung)'과 절반의 교양에 대한 논의는 '오늘날 교육을 어떻게 할 것인가'에 대한 대답의 단서를 제시한다. 아도르노가 말한 절반의 교육론은, 하버마스의 표현을 변형하면, 세상에서 가장 어두운 교육적 견해를 밝힌 책이다. 왜냐하면 '절반의 교육'은 교육의 위기, 교육의 붕괴 징후를 개념화한 말이지만 학교, 학교 교육 관계자, 학생, 교육정책 담당자, 교양계급 등 모든 곳에서 절반의 교육을 확인하기 때문이다. 게다가 절반의 위기 극복이 고립된 교육개혁 정책이나, 사회 없는 교육적 성찰의 의미 없음을 밝히고 있다는 점에서 그렇다. 아도르노는 절반의 교육론 모두에 '사회개혁 없는 교육의 위기로서 절반의 교육 극복은 불가능하다'는 논제를 던진다(GS8, 93 참조).

아도르노가 교육의 위기 극복의 어려움을 주제화하는 데에는 절반의 교육이 우리의 '현재적 의식의 지배적 형식'이 되었다는 데 있다. 절반의 교육은 교육의 결과로서 '다수 대중의 의식이나 인지적 태도'와 그것을 형성한 광범위한 교육적 활동 일반을 지칭한다.[192] 그에 따르면 교육은 문화와 마찬가지로 저항과 적응의 두 계기를 가지며 교육이 그 정점에 도달할 때 '인간성 개념(Humanitätsbegriff)'을 성취한다.

그러나 오늘날 절반의 교육은 보편적인 것이 되어 버렸다(GS8, 574 참조). 절반의 교육은 한마디로 주체 없는 교육, 자아 없는 자기유지를 위한 교육, 평균적 가치와 사회적 적응을 우선으로 하는 교육을 통칭한다. 절반의 교육은 교육의 진리와 살아 있는 주체들에 대한 생동하는 관계를 희생시켜 사물화된 교육의 관련 내용만이 남게 되며 교육의 이념인 '자율성과 자유(Autonomie und Freiheit)'는 사라진다. 이런 의미에서 아도르노는 절반의 교양을 "상품 물신성에 붙들린 정신"(GS8, 108)이라고 규정한다.

---

[192] 필자가 볼 때 절반의 교육 개념은 이중적으로 사용되고 있는 것처럼 보인다. 즉 교육 내적 문제들과 관련해서는 절반의 교육이라는 의미로, 교육 외적인 문제와 관련해서 사용될 때는 절반의 교양이라는 의미를 갖는다. 다수 대중의 의식이나 인지적 태도 혹은 일반 시민의 평균적 의식이라는 측면에서는 수박 겉핥기식 절반의 교양으로 이해되어야 한다.

이와 관련해 아도르노는 교육 문화상품들이 "절반의 교양을 갖춘 자들의 욕구(das halbgebildete Bedürfnis)"(GS9. 109)에 맞춰 생산되고 유통된다는 점에 주목한다. 그에 따르면 높아진 생활 수준과 기술, 사이비 민주주의적 상업 이데올로기가 결합해 모든 정신적인 산물을 문화상품으로 전락시켜 '절반의 교양'을 양산한다.

아도르노는 절반의 교양의 현상으로 라디오 그룹에서 진지한 음악은 오락음악으로 변질되며 수용의 측면에서 내적 비판이 수행되지 않는 점, 절반의 교양 상품을 소비함으로써 상류계급으로 파악되길 원하는 욕구의 생산, 고고학이나 박테리아학 같이 완전히 학문적인 서적이 거칠고 자극적으로 변형되어 소비되는 경향, 독자에 대한 격려와 위안이 통상적인 것이 되는 것을 들고 있다. 이런 의미에서 "작금의 지배적 조건하에서 교양의 신선하고 즐거운 확산은 그것의 절멸과 곧바로 일치한다"(GS8, 110). 동시에 이것은 "교양의 상실과 야만적인 무질서"(GS3, 183)를 의미한다.

그렇다면 절반의 교육, 절반의 교양은 구체적으로 어떤 결과를 낳는가? 한마디로 요약하면 그것은 "단순히 정신만 제약하는 것이 아니라 감각적 삶도 왜곡"(GS8, 108)[193]함으로써 "절반의 이해자(Halbverstandene)와 절반의 경험자(Halberfahrene)"를 낳는다. 가령 스피노자(Baruch de Spinoza)의 윤리학을 말하는데 데카르트(René Descartes)의 실체론과 사고하는 존재와 연장되는 사물의 매개에 관한 문맥의 난점을 파악하지 못한다면 사고의 혼란과 절반의 이해에 빠질 것이다.

---

[193] Unbildung과 Halbbildung의 차이에 대한 논의는 이종하, 「소외된 교육과 해방의 교육—아도르노의 '교육현실' 비판」, 『시대와 철학』 16권 2호, 2005, 188쪽 이하 참조.

이것이 아도르노가 말하는 절반의 이해, 엄밀히 말해 이해 없는 이해로서 절반의 이해의 한 사례다. 음악산업은 표준 작품을 즉각 알아차리게 하는 방식을 동원하거나 작품의 객관성을 개인화하고, 에피소드를 동원하는 방식으로 음악적 의식을 훼손시킴으로써 절반의 경험, 절반의 예술 경험을 양산한다. 아도르노가 평균적 "취향에 절대로 부합하지 않는 참된 예술작품"(GS4, 259)의 이해와 경험을 강조하는 이유는 절반의 이해와 경험이 쉽게 권위의 오류에 빠지고 때론 편견과 미신에 빠지게 하는 데 있다. 그가 문제 삼는 것은 이해와 경험의 훼손과 왜곡이 가져오는 교양의 보편적 위기다. 그는 여기서 한발 더 나아가 정신분석학적 방법을 동원해 절반의 교양의 심각성을 보여 준다.

아도르노는 절반의 교양자들이 소유하기, 대화에 끼기, 전문가인 척하기, 거기-속함이라는 태도로 그들 '모두를 위한 비밀 왕국'을 만든다는 점에서 집단적 나르시시즘과 아무런 차이가 없다고 비판한다. 아울러 그는 획일주의가 지배하는 상황에서 절반의 교양 속에 내재한 파괴적인 잠재력이 편집증이나 추적망상으로 변질될 수 있으며 이 경우 절반의 교양은 광기어린 시스템이 되어 통일되지 않는 것을 통일시키며 기만적인 대체 경험들을 동원시킨다고 경고한다. 이런 의미에서 절반의 교양은 '소외된 의식'의 다른 이름이다(GS8, 115 참조).

절반의 이해자이자 절반의 경험자로서 절반의 교양인은 "자아 없는 자기유지"(GS8, 108)를 가동시키는 자이며 교양의 전단계에 있는 자들이 아니라 '교양의 원수' 같은 존재들이다(GS8, 111 참조). 이 주장은 무교양이 절반의 교양보다 성숙의 길에 접어들 가능성이 높다는 그의 인식과 궤를 같이한다. 또한 그가 도구적 이성에 관한 최적의 사례로 제시한 나치주의자들과 그들의 무비판적 추종자들을 절반의 이해자, 절반의 경험자로 간주하고 있음을 시사한다.

5) 아도르노의 교육 논제에서 교양교육의 제문제 비판

(1) 성숙한 인간 형성과 교양교육의 목적 설정 및 교육 과정

여기서는 아도르노의 탈야만화를 위한 교육, 성숙을 위한 교육, 절반의 교육론에 입각해 한국대학의 교양교육의 현실을 진단해 보고자 한다. 그의 시각에서 교양교육은 주체로의 전회를 통한 비판적 성찰 능력을 가진 성숙한 인간, 주체적인 인간 형성을 그 목적으로 삼아야 하며 교육 과정도 그 목적에 부합하게 편성되어야 한다.

서울대 교양교육의 이념은 "1. 올바른 사고와 실천적 지혜를 갖추고 열린 마음으로 봉사하는 인재를 양성한다. 2. 지식기반사회화로 특징지어지는 21세기를 이끌어 갈 지식과 기술을 창조하여 학문과 예술의 창달에 기여한다. 3. '겨레의 대학'으로 민족 문화를 계승 발전시키고, 나아가 '세계의 대학'으로서 인류 공존의 정신으로 세계문화를 선도한다"[194]이다. 이 대학은 교양교육의 목적을 제시하지 않고 이념을 제시하고 있는데 2, 3의 이념이 교양교육의 본래적 목적에 부합하는지 의문이다.

2는 사회와 인류에 기여한다는 것이며, 3의 경우 민족문화의 계승 발전이라는 특수한 목적 및 세계문화 선도라는 세계 사회의 기여를 목적으로 설정되어 있다. 필자가 볼 때 2, 3은 대학의 설립 이념에 더 부

---

[194] http://liberaledu.snu.ac.kr/index.php?hCode=EDUCATION_02_01

합되는 내용일 뿐, 성숙한 인간 형성으로서의 교양교육에 부합되는 이념 설정이 아니다. 서울시립대는 교양교육의 목표를 다음과 같이 제시한다. "1. 전문적인 학문을 수행하는 데 필요한 기초 역량을 함양한다. 2. 다양한 학문을 통해 폭넓은 지식을 갖춘 지성인을 양성한다. 3. 사회적 통섭 역량과 공익적 인성 역량을 갖춘 시민을 양성한다."[195] 이 대학은 교양교육의 중요 요소로 전공 기초교육, 다양한 지식교육, 통섭 및 인성 역량을 제시한다.

아도르노의 관점에서 성숙한 인간 형성을 위한 교육과 관련이 있는 것은 3이며 1, 2는 사회적응을 위한, 아도르노식으로 표현하면 자기유지를 위한 지식교육에 해당된다. 이 두 대학만이 아니라 대다수 대학이 학교의 교육목표와 교양교육의 목표로 지역과 세계 사회에 봉사하는 인재 양성을 제시하고 있다. 아도르노 역시 교육에 대한 사회적 요구와 교육의 목표를 일치시키는 것이 결코 쉬운 일이 아님을 인정하지만, 자기 형성으로서의 교육, 성숙한 주체의 형성이 교양교육에서 기능적 봉사 역량 교육보다 우선되어야 함을 거듭 강조한다.

이들 대학과 달리 경희대의 교양교육 목적 설정은 칸트의 『계몽이란 무엇인가』를 현대어로 새롭게 번역한 것처럼 보일 정도이며 아도르노가 주장하는 교육 및 교양교육의 궁극적 목적과 일치한다. 이 대학은 "학부생의 성숙을 돕는 일이 교양교육의 기본 목표"임을 분명히 하며 이는 곧 "자신의 독립된 '정신적 삶(life of the mind)'을 시작"하도록 돕는 일이라고 규정한다. 또한 "정신이 의존 상태를 벗어나 독립의 단계로 이동하

---

195 http://liberal.uos.ac.kr/liberal/intro/target/target.do?loginCheck=false

고 책임지지 않아도 된다고 여겨졌던 것들에 대해서도 책임을 의식한다는 것은 성숙의 조건 중에서도 결정적으로 중요한 부분"임을 강조한다.

이 대학이 말하는 성숙한 인간 개념에는 아도르노가 말한 자율성, 자유, 책임, 독립성, 주체성, 비판적 자기성찰로서의 성숙의 요소들이 잘 드러나 있다. 교양교육의 최종 목표로는 "한 인간이 삶의 불확실성 앞에서도 의미 있고 행복한 방식으로 자신의 한 생애를 이끌어 나갈 수 있게 할 내적 견고성의 바탕을 길러 주는 데"[196] 있음을 천명한다. 필자가 볼 때 경희대만큼 인간 교육의 이념에 맞게 교양교육의 목적을 설정한 국내 대학은 찾아볼 수 없다.

인하대의 경우 "교양교육 과정은 궁극적으로 건강한 가치관과 규범적 판단력 그리고 인간적인 품성을 함양하는 것을 목적"[197]으로 삼고 있으나 공통 교양 과정 편성에는 설정된 목적이 반영되어 있다고 보기 어렵다. 타 대학에서 흔히 볼 수 있는 크로스오버 교과 융합교육을 공통 교양으로 설강한다는 점에서 그렇다.

많은 국내의 대학들이 성숙한 인간을 함양하기 위한 목적으로 인성교육과정을 운영하고 있으며 그중 일부 대학은 공통 교양으로 편성하고 있다. 대표적인 경우가 성균관대이다. 성균관대는 학부 교육의 목표를 "합리성, 도덕성, 책임성을 겸비한 인성 함양"에 두고 '우리들의 세상 논어로 보다' 교과목을 필수 이수하도록 하고 있다.[198]

경희대의 경우는 성균관대와 달리 서양고전 중심에 동양고전과 현대

---

196 http://hc.khu.ac.kr/v2/01/02.php
197 http://generaledu.inha.ac.kr/curriculum/curr_020101.aspx
198 https://hakbu.skku.edu/hakbu/intro/objective.do

고전 등을 망라한 폭넓은 고전 교육 기반 인성교육을 실시하고 있으며 '인간의 가치탐색', '우리가 사는 세상' 두 교과목 6학점을 필수 이수하도록 하고 있다.[199] '인간을 존중하는 대학'을 건학이념으로 표방하는 가톨릭대는 '인성, 지성, 영성을 갖춘 윤리적 리더의 양성'을 교육목적으로 삼고 있으며, 이에 따라 '인간학 1', '인간학 2' 교과목을 필수로 이수하도록 하고 있다.[200] 서울여대의 경우는 타 대학과 달리 총장 직속 산하에 바름인성교육원을 운영하며 독립 건물과 기숙사를 갖고 있다. 또 국내 대학 중 선도적으로 바름인성척도라는 인성 지수를 개발해 활용하고 있다.[201] 이 대학만이 아니라 점차 많은 대학이 선언적 차원, 산발적 차원의 인성교육을 강조하는 것을 넘어 교양 선택과목에서 인성 관련 교과목을 점차 늘려 가고 있다.

문제는 인성교육의 강화가 과연 성숙한 인간 형성에 기여하는 방향으로 운영되는가이다. 인성교육의 결과, 인성 지수가 높아졌다고 해서 그것이 곧 성숙함의 지표라고 반드시 말할 수 없다. 성숙을 위한 인간 형성 교육이 도덕성 교육으로 환원되지 않기 때문이다. 또 인적자원개발의 차원에서 특수목적화된 인성교육, 예절교육이나 도덕교육으로 축소된 초보적 수준의 인성교육은 아도르노 시각에서 권위주의적 교육, 적응을 위한 교육의 변형된 형식에 불과하다.

그의 시각에서 인성교육을 통한 성숙한 인간 형성 교육은 도덕성 교육보다 사회를 조망하고 개혁하려는 사회적 성찰 능력에 주안점을 두어

---

[199] http://hc.khu.ac.kr/v2/?pmi-sso-return2=none
[200] http://www.catholic.ac.kr/life/04_07_new2.html
[201] http://www.swu.ac.kr/www/bahromedu_3.html

야 한다. 그에게 현실성 없는 정신화된 순수 도덕교육, 사회 비판 없는 인성교육, 주체 없는 인간화 교육은 사이비 성숙 교육이기 때문이다.

(2) 성숙한 인간 교육과 역량 기반 교양교육 과정

한국대학의 교양교육은 대학에 따라 다양한 인재상과 그 인재상에 따른 필요한 역량을 제시한다. 교육과정 편성은 전국의 대부분 대학이 설계된 역량 교육 모델에 기반해 운영되고 있으며 진단 도구를 개발해 수업설계와 운영도 역량 진단 결과를 반영하는 단계에 이른다.

이화여대의 경우 지식탐구, 창의융합, 문화예술, 공존공감, 세계시민의 5개 핵심역량을 제시하며 이를 통해 사회적 요청에 부응하는 실용 인재, 융복합 능력을 갖춘 창의 인재, 공동체의 화합을 주도하는 공감 인재를 키우고자 한다.[202] 대학마다 역량 우선 순위와 역량의 요소만 다를 뿐 모든 교양교과목에서 직무 수행능력 평가모델을 활용하고 있다. 사회적 삶에 필요한 능력들을 키우는 교육이라는 의미로 역량교육 개념을 포괄적으로 사용하는 추세지만, 현실의 교양교육에서 역량교육은 사회 진출 이후에 필요한 직무와 역할을 잘 수행하는 데 초점이 맞추어져 있다.

"비판적 자기성찰"(GS10.2, 676)에 입각한 올바른 의식의 형성을 통해 인간성의 실현, 곧 성숙한 인간의 양성을 교육의 근본이념으로 삼았던 아도르노의 시각에서 볼 때 어떠한 교육학적 수사로 포장한다 해도 역량교육 모델은 전문적 기능인의 양성에 지나지 않는다. 그의 시각에서 인문 예술 등 전통적인 교육의 영역까지 협의의 역량교육 개념에 포섭

---

[202] http://hokma.ewha.ac.kr/

시키는 것은 직업교육 시스템에 의한 교양교육 붕괴의 증상, 혹은 교양교육의 종말, 교육 공학주의의 전일화를 의미한다.

인간 교육을 '역량 설계-진단 측정-평가-환류 체계' 안에 가두는 것은 인간 교육의 불구화이며 완전히 기능화된 사회의 기능화된 성품과 인격을 만들어 내는 기능적 인간 만들기에 지나지 않는다. 아도르노의 표현을 빌리면 교양교육에서 역량교육 모델은 '최고로 계몽된 교육공학자들에 의해 자행되는 교육의 야만'이며 '성과 중심 교육(outcomes-based education)'의 또 다른 이름이다. 자율성에 기초한 교육이 아니라 수단의 합리성에 의해 설계된 인간공학적 역량교육이 자율성의 공간을 허용한다 해도 그것은 아도르노에게 '사이비 자율성', '사이비 자기 형성 교육'일 뿐이다.

'그 누구도 인간을 만들 권리가 없다'는 아도르노의 교육을 바로 보는 근본 시각을 기억해야 한다. 아도르노가 좋은 교사, 교육자에 대한 교육, 정당하고 투명한 교육 권위, 교육에 대한 사회의 요구에 대한 이해를 가지고 있다는 점을 고려할 때, 위의 말은 역량교육 모델에 대한 전면적인 부정이라기보다 교육 공학주의와 교수-학습 방법론 제일주의, 기능적 목적주의의 전일화를 문제 삼는 것이라고 봐야 한다.

아도르노의 시각에서 분석적 사고역량, 문제해결 역량이 증가했다고 해서 성숙한 인간이라고 말할 수 없다. 성숙함은 역량으로 환원될 수 없는 총체적 품성, 인격과 관련된 개념이기 때문이다. 그에게 직무수행을 위한 역량 소유자는 사회적 분업 체제에서 완전한 의미의 기능수행자이며 관리되는 사회의 소외된 자, 타율적인 존재이지 성숙한 인간이 아니다. 성숙한 인간 교육은 자기 형성, 자기 계몽적 교육을 지향해야 하며 그런 의미에서 교육의 주체는 자기 자신이어야 한다.

아도르노가 교육자의 핵심과제로 자신의 역할을 최소화해야 한다는 베커(Hellmut Becker)의 주장에 전적으로 동의[203]하는 이유가 여기에 있다. 지금의 역량 기반 교양교육에서 성숙을 위한 교양교육이 이행되기 위해서는 '교육목적-교육목표-수업설계와 운영-교수법-평가방식'에 대한 전면적인 재검토가 요구된다. 이러한 요구는 교양교육의 본래성 회복이라는 측면에서도 필요하다.

(3) 비판적 성찰을 위한 주체 형성 교육과 비판적 사고 교양교육 과정

아도르노에게 성숙을 위한 교육이 곧 주체 형성 교육이다. 비판적 자기성찰과 비판적 사유 능력은 한 개체로서 성숙함의 조건이다. 이것은 개인의 종말 테제와 관련해 "개인은 사유하는 자로서(als Denkendes) 비로소 개인이 된다"(GS6, 337)는 주장으로 변주되었던 바, 아도르노에게 주체 형성 교육의 궁극적 목적은 자기 비판과 사회 비판이다.

교양교육의 차원에서 기초적인 사유 능력을 기르기 위해 많은 대학에서 논증과 논리 분석을 중점적으로 다루는 논리학 강좌를 개설한다. 서울대의 경우처럼 학문의 기초 영역에 '논리와 비판적 사고'를 가르치거나 서울시립대의 경우처럼 '논리와 사고', 혹은 그 외 대학들이 '논리학 입문' 등의 강좌를 선택 교양으로 두고 있다. 이와 같은 전통적인 강좌 개설과 달리 논리적 사고 교육 과정 편성에서 새로이 나타나는 특징은

---

[203] Adorno, "Erziehung zur Mündigkeit," in: *Erziehung zur Mündigkeit. Vorträge und Gespräche mit Hellmut Becker 1959-1969*, G. Kadelbach (Hg.), Frankfurt/M. 1970, 148쪽 참조.

창의적 사고교육과 글쓰기 교육의 통합 및 대체다.

숙명여대 '융합적 사고와 글쓰기'[204], 서울시립대 '상상력과 창의적 글쓰기', '논리적 글쓰기', 한밭대 '창의적 사고'[205], 한국과학기술대 '창의적 사고와 글쓰기'[206] 등이 그 사례다. 이화여대는 '고전 읽기와 글쓰기', 부산대는 '고전 읽기와 토론'이라는 공통 교양과목을 편성해 비판적 사고 교육을 대체 혹은 보완하고 있다.[207] 부산대와 이화여대의 경우는 글쓰기와 독서토론 교육의 심화과정이라는 측면에서 비판적 사고 교육에 중점을 두고 있다고 보기 어렵다.

주체 형성 교육에서 스스로 생각하고 판단하는 힘이 중요하다고 생각한 아도르노의 시각에서 볼 때 위와 같은 교육 과정 편성은 개선이 필요하다. 교양 글쓰기 담당자들은 글쓰기야말로 종합적인 사고 교육의 중핵 교과라고 주장하지만, 교재들이나 수업 방식은 과거 대학 국어와 큰 차이를 보이지 않는 경우가 많다. 게다가 많은 대학에서 국문학 전공자들에 의해 강좌가 독점되는 상황을 고려한다면, 논증적인 비판적 사고 교육을 위한 전문 교과를 따로 편성할 필요가 있다. 오류 추리나 발견하는 논리학 수업, 요약과 정리 수준의 글쓰기 및 독서교육은 비판적 주체 형성이라는 본래적 목적의 상실을 보여 주는 것이며, 아도르노식으로 표현하면 "형식적 사고능력"[208]을 길러 주는 "지능의 협소화"[209]작업에 지

---

204 http://gei.sookmyung.ac.kr/

205 http://newclass.hanbat.ac.kr/ctnt/liberal/cms.php?mno=03.01.06

206 https://cms3.koreatech.ac.kr/general/1631/subview.do

207 https://culedu.pusan.ac.kr/culedu/14992/subview.do

208 Adorno, "Erziehung - wozu?," in: *Erziehung zur Mündigkeit. Vorträge und Gespräche mit Hellmut Becker 1959-1969*, G. Kadelbach (Hg.), Frankfurt/M. 1970, 121쪽.

나지 않는다.

'왜, 무엇을 위한 논리학이며 글쓰기이고 독서교육인가'에 대한 자기 의식이 교재, 수업 설계, 교수자의 수업 운영에서 확실하게 드러나야 한다. 이런 의미에서 주체 형성을 위한 비판적 사유 능력 교육은 일반 논리학, 형식 논리학의 수업 형식을 넘어서는 지문이나 교육 내용에서 사회논리학적 성격을 포함한 교과목 개발과 교육 과정 운영으로 나타나야 할 것이다.

주체 형성을 위한 비판적 사고 교육과 관련해 아도르노가 과거 극복을 위한 교육적 차원에서 제안한 사회학, 사회학과 역사학의 학제적 교육에 주목해야 한다. 그가 강조하는 사회학은 분과 학문으로서 사회학이 아니라 사회의 모순을 총체적 차원에서 다루는 학제적 차원의 비판적 인식 태도와 동일한 의미이다.

이러한 비판적 학습은 과거의 야만과 현대의 야만, 현존 사회의 모순과 현혹연관을 읽어 내는 데 그치지 않고 저항의 힘, '아니오'의 정신과 '다른 가능성'에 대해 모색하는 비판적 의식을 기르는 데 도움이 되며 동시에 '개인의 종말'을 회생시킬 수 있는 교육적 처방이다. 왜냐하면 '오늘날 개인은 저항의 힘의 중심으로서만' 살아남을 수 있기 때문이다.[210] 이것은 탈야만화와 성숙을 위한 교육이 궁극적으로 지향하는 것이다. 저항의 힘, 성숙의 조건으로서 강한 자아를 길러내야 한다는 점에서 사회학적 사유와 상상력을 위한 교과목이 더 많이 개설되어야 함은 명확하다.

---

[209] 같은 책, 1970, 121쪽.
[210] 같은 책, 1970, 124쪽.

그런데 소위 산업대에서 일반대로 변모한 대학들에서 사회학과 사회 문제를 다루는 선택 교양강좌들이 상대적으로 적게 발견된다. 그중에서도 경제정의나 사회정의 혹은 불평등의 문제를 교과목명으로 설강한 대학을 찾는 것이 쉽지 않다. 철학 전공자의 입장에서 주체 형성 교육을 위해서는 교양교육 과정에서 철학적 윤리 이론과 사회문제를 결합한 강좌, 이를테면 '윤리학의 사회학화', '사회학의 윤리학화'가 이뤄진 강좌의 개발이 요구된다.

(4) 성숙한 인간 교육을 위한 교수-학습 원리와 평가

성숙한 인간, 주체적인 인간 형성 교육을 논하며 교수-학습은 피해갈 수 없는 주제이다. 아도르노는 먼저 탈야만화를 위한 교육 문맥에서 교사의 권위와 교수 행위를 언급한다. 그는 권위적인 수업이 아닌 투명한 권위, 계몽된 권위 위에 자율성이 존중되는 수업을 강조한다. 특히 유년기의 학교 교육에서 "권위적 태도의 포기, 엄격하고 경직되고 외면화된 초자아 교육의 포기"[211]가 되어야 한다고 강조한다. 그는 충분히 '계몽된 권위'를 유년기 아동으로 하여금 경험하게 하는 교육이 탈야만화에 기

---

211 Adorno, "Erziehung zur Entbarbarisierung," in: *Erziehung zur Mündigkeit. Vorträge und Gespräche mit Hellmut Becker 1959-1969*, G. Kadelbach (Hg.), Frankfurt/M. 1970, 137쪽. 아도르노는 파시즘을 유발한 개인들의 성격을 권위주의적 성격으로 규정하며 권위주의적 성격의 특징으로 경직성과 무반응, 무기력, 관습주의, 동조 습성, 신념의 결여, 경험 능력의 결여, 현실 권력 및 거대 집단과의 동일시를 통한 자기보호 기제를 제시한다. 아도르노가 볼 때 아이히만은 새로운 유형의 권위주의적 성격으로 간주할 만한 조작적 성격의 소유자로 거대 집단에 자신을 무조건적으로 편입시키며 무감정과 현실의 무조건적 수용이라는 심리 경향의 소유자다(Adorno, *Studien zum autoritären Charakter*, Frankfurt/M. 1982, 17쪽 이하 참조).

여하는 교육이며, 폭력의 원칙에 따르지 않는 교육이라고 생각한다.[212]

주체로의 전환을 통한 자아의 강화와 권위의 상관성은, 비단 유치원 교육에서만이 아니라 오늘날 우리 대학의 교양교육에서도 설득력이 있는 논변이다. 2000년 이후 전국의 대학에서 교수학습센터들이 생기면서 교양교육에서 권위주의적 수업모형에 대한 교육적 반성이 있었고, 자기주도학습인 'PBL(Problem-Based Learning)', 프로젝트형 수업, '캡스톤 디자인(capstone design)', '플립 러닝(flipped learning)' 등의 교수 방법론이 활용되기 시작했다.

그런데 필자가 볼 때 학생의 완전한 자기주도학습은 충분한 학습능력과 학습동기를 전제로 하지 않는 이상 기본적으로 불가능하다. 일선 교육 현장에서 확인되는 자기주도학습 준비도는 학교, 학년, 성차비율, 학과, 반구성도에 따라 편차가 매우 심하다. 대부분의 교양교육 강좌들에서 볼 수 있는 강의형 수업은 여러 경험 조사 연구에서도 확인되듯이 선호도가 가장 높은 강좌 유형이다. 이러한 현장 교육 상황을 고려할 때 학생들의 자율성을 보장하고 자기주도학습을 통한 '주체로의 전환'은 요원한 문제이다.

이 문제와 관련해 아도르노가 권고하는 '교수법을 사용하지 않는 교수법'에 주목해야 한다.[213] 이는 성과 중심 교육에서 자율성을 키우는 교육을 위한 최적의 대안이며 눈으로 보이지 않지만, 작용하는 최고의 교수법이다. 아도르노의 제안을 부분적으로 현실화하고자 한다면 자기주도

---

212 같은 책, 1982, 136쪽 이하 참조.
213 같은 책, 1982, 133쪽 이하 참조.

학습 비율의 평가점수 상향조정, 교수-학습 동기부여를 통한 견인책과 교수자와 학습자가 동의할 수 있는 수준의 객관적이고 공정한 표준평가 지표의 개발이 필요하다. 교양교육의 교수-학습에서 성숙에 이르는 길은 자기주도학습 유형을 활성화하는 방법 외에는 뚜렷한 방안이 없다.

성숙을 위한 교수-학습 평가방식과 관련해 아도르노가 말하는 '경쟁이 아닌 놀이의 원리'가 매우 중요하다. 그는 경쟁이 인간 교육에 반하는 교육 원리임으로 교육에서 경쟁의 원리를 배제할 것을 촉구한다. 그는 경쟁 본능을 강화하는 교육, 성취 동기를 부추겨 살아남는 비인간적인 교육이 아니라, 놀이가 우선인 교육이 인간 교육이라고 강조한다. 경쟁이 아닌 놀이적 교육은 '이상적'이다. 도구 과목, 실용 교과와 같이 경쟁력을 촉진하는 교육을 교양교육 과정에서 완전히 배제할 수 없기 때문이다. 그러나 여타 교양교육 강좌에서는 제한적 적용이 가능하다. 경쟁 원리의 합리적 관리와 놀이적 성격에 관해 아도르노의 생각을 평가방식에 반영할 수 있다.

이제 우리는 다음과 같은 질문을 던질 수 있다. 왜 교양교과목 수강생을 상대평가 비율에 맞추어 평가해야만 하는가? 왜 가치교육을 지향하는 과목인 철학 과목이나 이론형 인문학 강좌 수강자에게 등급을 평가해야 하는가? 필자가 볼 때 철학과 같은 가치교육과 관련된 교양교과목들은 'P/F(Pass/Fail)'로 평가하는 것이 타당하다. 이와 같은 교과목에 기계적 상대평가를 하는 것은 가치교육을 지식으로 교육하는 것에 지나지 않으며, 대학을 고등학교와 유사한 교양교육 학원으로 만드는 추세를 조장할 뿐이다.

지식은 평가의 대상이 되지만 가치는 평가의 대상이 아니라 변증법적 대화의 대상이며, 타자들 간의 소통 논리가 작동되는 담론 공간이다. 더 많은 지식의 축적이 아닌, 지평의 확대와 융합의 가능성을 타진하는 놀이식 교수-학습 및 평가 원리가 교양교육 전반에 자리 잡아야 성숙을 위한 교육으로 나아갈 수 있으며, 위와 같은 평가방식의 도입이 그 단초가 될 수 있다.

(5) '절반의 교양'의 두 형식과 성숙을 위한 진지한 교양교육

아도르노는 절반의 교양, 가벼운 교양이 지배하는 교양교육하에서 성숙한 인간은 존재할 수 없음을 강조한다. 그가 지적하는 절반의 교육의 교양교육적 현실은 크게 ① 자아 없는 자기유지를 위한 교육, ② 절반의 이해와 절반의 경험자를 양산하는 교양교육을 의미한다. ①은 자유 교양이 배제되거나 빈약한 교육, 다시 말해 기초교육과 도구 과목 및 취업역량 강화나 진로설계로 채워진 교양교육 과정으로 나타난다. ①의 경우를 대표하는 교양교육 과정 운영 사례로는 논산 소재의 모 대학이 있다. 이 대학은 계열별 글쓰기 1과목, 리얼잉글리시 1·2, 학습동기유발 1, 자기개발과 진로탐색 1, 기업가 정신과 리더쉽 1, 취업전략과 경력관리 1, 파트너십 트레이닝 I·II·III·IV를 교양필수과목으로 편성하고 있다. 인성과목을 표방하는 파트너십 트레이닝 I·II·III·IV의 교과목 강의계획서를 살펴보면 공연 관람, 기천문, 영화감상, 독서, 산책 등 포괄적인 의미의 실천적 인성교육 주제들로 구성되어 있으나 강좌명이 보여주듯이 가벼운 교양의 종합적 성격과 전략적 인적 자원개발 의도를 결합한 교과목임을 알 수 있다.[214]

인하대가 2018년 2학기에 개설한 창업관련 선택교양 과목들은 '창업

시뮬레이션', '진로설계 포트폴리오', '실전 스타트업', '스타트업 아이디어 발상', '스타트업 시작의 이해', '기술경영창업', '경영전략과 스타트업', '세상을 바꾸는 스타트업 이야기', '기업가 정신과 창업', '스타트업 이슈 리서치'를 포함하여 무려 10개 교과목이다.[215] 이러한 교육 과정은 교양교육의 개념을 찾아볼 수 없는 취업역량 강화교육에 지나지 않으며 실용주의, '유용성의 논리가 전통적 교양교육과 화해할 수 없다'는 아도르노의 말을 상기하게 만든다. 이 대학만이 아니라 취업을 강조하는 대학들은 공통 교양의 자율 역량, 인성 역량 영역에 취업 관련 과목이나 미래 설계나 진로지도 과목들을 상대적으로 많이 개설한다. 이러한 교과목 편성과 관련해 흥미로운 점은 인성교육과 진로 및 취업 문제를 연계시켜 교과목명에 반영하는 추세를 보인다는 것이다.

인하대의 경우 '가치형성과 진로 탐색' 같은 진로 및 미래 설계 과목과 가치형성 교육을 연계한 공통 교양과목을 운영하고 있다.[216] 이 강좌는 신입생 진로 탐색 교육의 진화된 형식이라 할 수 있다. 서원대의 공통 교과목인 '인성지도와 코칭'도 같은 경우다. 이러한 현상을 아도르노식 과장의 어법으로 표현하면 '반(反)교양으로서 절반의 교양교육의 역설'이다. 필자가 볼 때 자기 형성 교육, 성숙한 인간의 육성이라는 교양교육의 이념에 반하는 위와 같은 과목들은 공통 과정, 중점 교양, 선택 교양에서 배제하고 각 대학마다 운영하는 취업 교육센터의 특별 교육 과정 혹은 무학점 졸업 인증으로 관리하는 것이 현실적 필요성과 교양교

---

214 https://www.konyang.ac.kr/prog/curriculum/kor/sub03_11_03_03/lac/view.do
215 http://generaledu.inha.ac.kr/curriculum/curr_020403.aspx
216 http://generaledu.inha.ac.kr/curriculum/curr_020101.aspx

육을 살리는 길이다.

절반의 교양과 관련해 두 번째 문제는 절반의 이해자와 경험자를 양산하는 '가벼운 교양의 지배' 문제다. 학습자 중심, 매체 활용 교육 바람이 불면서 교육 수요자로서 미디어 세대의 입맛에 맞는 강좌들이 2000년대 초반부터 선택 교양강좌의 큰 흐름을 이루고 있다. '영화 속의 철학', '영화 속의 도시 문화', '역사와 영화', '영화와 과학', '애니메이션 속의 XXX' 등의 이름으로 대표되는 강좌들은 가벼운 소재에서 출발해 진지한 교양을 지향한다고 표방하지만, 자칫 흥미 위주나 표피적인 이해로 그치고 마는 경우가 대부분이다.

이것은 교강사 워크샵과 교강사 그룹 집담회에서도 확인된다. 절반의 교양자 취향을 겨냥한 '생활과 재테크', '와인과 생활'류의 강좌들은 여타 대학에서 흔히 볼 수 있는 문화센터형 생활 강좌다. 이보다 더 심각한 것은 연세대의 선택 교양 영역 '생활·건강'에서 개설하는 성격과 같은 강좌들이다.[217] 비단 연세대뿐만 아니라 서울대를 포함한 전국 대학들이 공통적으로 골프, 배드민턴, 스쿼시 등등의 각종 스포츠 종목의 교양강좌들을 개설한다.[218] 이와 더불어 '현대인의 생활영양', '건강과 운동', '생활습관과 건강증진', '금연과 건강한 삶', '현대인의 식생활' 등의 강좌들이 대학마다 제공된다.

이러한 교양교과목은 교양 개념에 비추어 반교양적 교과목이며 아도르노식으로 말하면 '신선하고 즐거운 교양의 확산' 사례이다. '진지한 교

---

217 http://universitycollege.yonsei.ac.kr/fresh/refinement/course_selection06.do
218 http://liberaledu.snu.ac.kr/index.php?hCode=EDST_LIST&idx=140

양'을 위해서는 교양교과목들의 '학술성'이 강화되어야 하며 '지식 모으기, 생활 지능 키우기 교양'이 아닌 '한 주제나 몇 가지 키워드를 가지고 한 학기 동안 공동 탐구하는 교양강좌'들이 개설되어야 한다.

필자가 볼 때 '가벼운 교양'의 득세는 교양교육 과정 편성자들의 관성과 교육적 유기, 교양강좌 수강생들의 빈곤한 교양 인식 태도의 타협물이다. 강좌 개설자의 입장에서 가벼운 강좌는 교양교육의 중요성이 인식되기 이전인 80년대식 관성의 잔존과 교양교육에 대한 철학의 빈곤과 몰이해, 이해 조정자의 책무성 결여, 학과 이기주의의 산물이다. 한편 학생들은 교양수업을 '쉬어 가는 시간', '학습 에너지 조절 법칙에 근거한 선택 원리 향유의 장'으로 간주하는 경향이 농후하다. 여기에 취업과 생활에 도움이 되는 강좌를 선호하는 실용주의적 학습태도가 덧붙여진다. 가벼운 교양의 득세를 극복하기 위해서는 한국형 '리버럴아츠칼리지(Liberal Arts College)'로 만들거나 교양교육에 관한 대학 본부, 학내 이해당사자 그룹, 학생들의 자기계몽이 필수적이다.

아도르노가 정치교육을 위해 교육자 교육을 제안하듯 한국기초교양교육원을 활용한 전국대학 핵심 보직자들의 교양교육 연수 의무화는 교양교육에 부합되는 진지한 교양교육으로의 정책 전환에 도움이 될 것이다. 국책사업과 기관평가에서의 교양교육 평가라는 외부 자극만으로는 가벼운 교양의 득세를 해결할 수 없다는 것을 대부분 대학의 교양교육 편성표가 보여 주고 있다는 점에서, 필자의 위 제안은 의미가 있다. 절반의 교양과 가벼운 교양은 아도르노의 지적처럼 단순히 절반의 교양을 갖춘 자, 절반의 경험을 갖춘 자의 양산에서 끝나지 않는다. 그의 시각을 확장하면 그 끝은 그가 말하는 "인간의 평준화와 표준화"(GS3, 270)로 나타날 것이며 성숙한 인간의 육성이라는 교육과 교양교육의 목적은 요원한 것이 될 것이다.

6) 반교육, 반교양교육에 대한 아도르노 관점의 전유와 변형의 가능성

지금까지 아도르노 교육 담론의 성격과 내용을 고찰하고 그의 시각에서 한국대학의 교양교육 현실을 진단하고 무엇이 개선되어야 하는가를 검토했다. 또 필자의 관점에서 교육 과정의 부분적인 개선안을 제시했다. 아도르노의 시각에서 "스스로를 완전히 자각하고 강력한 힘이 계몽"(GS3, 234)된 교양만이 거짓된 계몽으로서의 야만의 교양교육, 반(反)교양교육으로서 절반의 교양, 가벼운 교양을 지양할 수 있다. 이러한 지양을 위한 실천적 태도로서 요구되는 것은 아도르노가 총체화된 사회에 대항하는 유일한 자세로 간주한 '지독한 진지함'과 같은 비타협적 태도다(GS4, 241 참조). 여기서는 아도르노의 교육적 사유가 갖는 몇 가지 한계와 그것의 보완을 위한 현실적인 제안을 하고자 한다.

첫째, 탈야만화 교육에서 야만 개념이 지나치게 포괄적으로 사용된 측면이 있다. 아우슈비츠 이후에도 아우슈비츠는 상존하며 야만과 새로운 야만이 존재한다는 그의 논제 자체는 시대 비판가나 교양교육 종사자들도 동의할 수 있고 탈야만의 교육원리로 비판적 수용이 가능하다. 문제는 포괄적인 야만 개념을 교육 과정에 적용하는 경우 교육 과정과 교과목 개발 운영상의 난점이 나타날 수 있다. 특정 교양교과목을 탈야만 (집중)교육 교과목으로 개설할 수 있지만 교양교육 과정 전체를 탈야만의 관점에서 설계하는 데에는 한계가 있다. 교육 과정 설계 원리로서 구체성 확보라는 문제만이 아니라 오늘날 한국대학 교양교육 설계 원리의 제1원칙이 될 수 있는지는 이론의 여지가 있을 수 있다.

둘째, 성숙을 위한 교육이 교양교육의 목적임은 이론의 여지가 없고 교양교육의 개별 과목들의 수업설계와 운영도 그것을 지향한다는 데에는 원칙적으로 동의할 수 있다. 문제는 수백에서 일천 개가 넘게 개설되는 교양교과목의 설계와 교수자의 수업운영이 그와 같은 궁극적 목적을 지향하도록 하는 데 근본적인 한계가 있다는 것이다. 도구 과목, 취업진로 교과목 이외에 리버럴아츠 교과목에서, 그중에서도 중핵 교과목을 선정해 '성숙을 위한 교양교육'을 트랙화하는 것이 현실적인 대안일 수 있다. 비판적 사고 교육, 고전 교육, 정치사회 교육, 역사 교육, 문화예술 교육 영역에서 중핵 교과목을 선정하고 사회 이슈를 중심으로 한 대안모색형 토론수업, 학생 주도의 열린 세미나 형식의 열린 교육을 생각해 볼 수 있다.

셋째, 아도르노에게 살아 있는 '경험능력(Erfahrungsfähigkeit)'을 만들어 내는 것은 매우 중요하다. 그것이야말로 의식을 만들어 내는 매우 본질적인 것이며, 그것을 통해 억압 메커니즘과 반응 형성들을 해체할 가능성이 열린다. 왜냐하면 경험 능력 없이 공인될 만한 성찰의 수준이 존재할 수 없기 때문이다.[219] 그가 의식 철학이 죽여 버린, 감각에 선행하는 '경험의 육체적 계기성'과 주체에 의해 항상 대상화된 '객체의 우선성'을 강조하는 이유가 거기에 있다(GS6, 184 이하 참조).

---

219 Adorno, "Erziehung – wozu?," in: *Erziehung zur Mündigkeit. Vorträge und Gespräche mit*

살아 있는 경험 능력이란 개념에 의해 규정적 객체와 개념에 의해 포착되지 않은 객체 사이를 구별하는 능력의 작동을 말한다. 이와 관련해 아도르노는 경험 능력의 회복을 위한 구체적인 교육프로그램을 제안하는 구체적인 사유를 보여 주지 못하고 있다.[220] 아도르노의 논점을 살리려면 교양교육의 정규 교육 과정과 비정규 교육 과정에서 단순히 감각 경험 이상의 육체적 경험이 가능한 체험 기반 학습프로그램과 상상력을 자극하는 교육이 강화되어야 한다. 이를 위해 필자는 '감정에 대한 학제적 교육프로그램', '문화예술 창작 체험 교육프로그램', '자연미 경험 교육프로그램', '차이의 발견과 공존을 위한 협동프로젝트', '매체 제작, 모니터링 및 비평 교육 과정' 등의 교과목 운영과 관련 연구교육센터의 설립을 통한 통합적 감성교육을 제안한다. 이러한 통합적 교육관리 체계에서 중요한 것은 인지적 차원과 체험기반 교육 간의 균형을 찾는 것이다. 이를 위해서는 교육 과정에서 교양 예술교육의 강화가 우선적으로 요구된다. 이와 같은 교육은 '의식의 감각'을 키우는 데도 도움이 될 것이다.

다섯째, 아우슈비츠의 재발을 막기 위한 교육의 정언명법, 탈야만화와 주체로의 전환을 통한 성숙에 이르는 문제와 관련해 아도르노는 교양교육 종사자들의 문제를 쟁점화하지 못하고 있다. 그는 교수자의 탈권위적인 태도, 교수자 양성과정에서의 심리분석을 언급하는 데 그치

Hellmut Becker 1959-1969, G. Kadelbach (Hg.), Frankfurt/M. 1970, 120쪽 이하.

220 홍은영은 아도르노가 말하는 살아 있는 경험 능력의 회복이 제한적일 수밖에 없으나 '세계의 복잡함과 불확정성을 표현할 수 있는 교양교육의 장'이 필요함을 제기한다. 문제는 홍은영도 아도르노와 마찬가지로 전략과 방법에 대한 논의를 전개하지 않는다(홍은영, 「아도르노의 "절반의 교육"에 대한 비판을 통해 본 교양교육」, 『교육의 이론과 실천』 20권 3호, 2015, 208쪽).

고 있다. 성숙을 위한 교육프로그램, 환경 및 시스템이 구축되었다 하더라도 교양교육 담당자들이 먼저 계몽된 자, 성숙된 자가 아닌 이상 성숙을 위한 교육적 처방, 교수자와 학생 간의 서로 성숙됨의 교육적 실천은 기대할 수 없다. 성숙한 교육자의 양성을 위해서, 기존의 교수법 중심의 교강사 워크샵과 같은 교수방법론적 접근을 최소화하는 대신, 인간성의 이념, 교양교육의 이념과 방향 등 본질적인 문제와 직결된 교강사의 계몽을 위한 집중연수 프로그램을 제안한다. 아울러 성숙을 위한 교육을 위해서 학생의 강의평가에 의한 강사 배정 원칙을 수정해, 강의평가를 50% 이하로 축소하고 학술성을 포함한 정성평가 요소를 강화해야한다. 이는 성숙을 위한 교양교육의 정착을 위해 필요한 사항이다.

여섯째, 아도르노는 훔볼트(Wilhelm von Humboldt)식의 교육 이념인 '훌륭한 사회적 기능인 양성과 자기 형성적 교양의 조화'가 원리상 불가능하며, 현재의 조건에서는 그것의 균열을 메꾸려는 시도보다 인식시키는 것이 교육에서 중요하다는 것을 지적한다.[221] 그러나 필자가 볼 때 그의 생각과 달리 직업교육과 성숙을 위한 자기 형성 교육의 균열과 긴장은 불가피하며, 그것은 교육의 운명이자 영원한 숙제이다. 오늘날의 국내 대학은 말할 것도 없고 아도르노의 나라인 독일의 대학교육도 부분적으로는 사회적 생존을 위한 '개인사업가 교육(Bildung der Ich-AG)'[222]처럼 변해 버린 것을 부정할 수 없다.

이러한 대학교육 및 교양교육의 위기 상황에서는, 균열과 파행의 인

---

[221] Adorno, "Erziehung – wozu?," in: *Erziehung zur Mündigkeit. Vorträge und Gespräche mit Hellmut Becker 1959-1969*, G. Kadelbach (Hg.), Frankfurt/M. 1970, 124쪽 참조.

[222] 안드레아 리스너는 오늘날 대학의 개혁 노력이 성공과 실패의 책임을 개인에게 떠넘기

식이 선행되어야 한다는 아노르노식의 주장이 규범적 호소력을 가질 수 있다. 그런데 문제는 인식 이후의 문제해결이다. 핵심은 '어떻게 문제를 해결할 것인가'인데 이것은 대학의 규모나 수준, 설립 목적과 지향점에 따라 다를 수밖에 없으며, 균형과 긴장을 위한 특정 대학 주체들 사이의 협동적 노력의 수준이 성패를 결정하게 될 것이라는 점이다.

마지막으로 아도르노가 "단지 교육만으로 결코 이성적인 사회를 가져올 수도, 보장할 수도 없다"(GS8, 575)는 입장을 취해 왔다는 점을 지적하고자 한다. 사회개혁과 교육개혁의 암묵적 동시성에 대한 그의 일관된 입장은 '사회개혁-교육개혁-대학교육개혁-개별 대학 교육개혁-교양교육의 개혁-성숙을 위한 교육-진지한 교양'이 긴밀한 관계에 있음을 의미하며 일면 타당한 주장임에 틀림없다. 하지만 현실적으로 성숙한 사회를 위한 사회개혁이나 교육개혁이 항상 동시적이지 않다. 또한 사회개혁의 우선성을 강조하는 것으로 해석될 수 있는 이 주장에는 교육을 통한 탈야만화 교육, 성숙을 위한 교육 내재적 한계에 대한 회의적 시각이 반영되어 있다고 볼 수 있다. 구제에의 희망과 회의에의 아도르노식 줄타기가 그의 교육적 사유에서도 드러나는 것이다.

는 방식으로 진행되며 대중교육기관으로서 대학의 직업교육이 대학화하고 있음을 비판한다. 그는 학문의 근간을 흔드는 이러한 사태에 학자와 학문세계가 비판에 나서야 함을 강조한다. 미하엘 빔머는 '경제적 사유방식에 의한 교육적 담론의 식민지화'를 주장하며 글로벌화와 함께 교육이 사회경제적 생산성 문제로 수렴되어 버렸으며 그 결과는 교육의 붕괴로 나타난다고 비판한다(A. Liesner, "Die Bildung einer Ich-AG. Lehren und Lernen im Dienstleistungsbetrieb Universität" in: *Bildung der Universität. Beiträge zum Reformdiskurs*, A. Liesner/O. Sanders (Hg.), Bielefeld 2005, 44쪽 이하 참조; M. Wimmer, "Ruins of Bildung in a Knowledge Society: Commenting on the Debate about the Future of Bildung," in: Educational Philosophy and Theory 35, No. 2, 2003, 168쪽 참조).

개인의 종말과 해방

1) 오늘날 개인은 존재하는가?

오늘날 한국 사회에서 개인, 혹은 진정한 개인주의가 존재하는가? 이 문제에 관한 대답만큼 다양한 이론적 입장을 보여 주는 문제도 없다. 집단주의에서 초개인주의 사회론까지 이 문제에 대한 답변은 제각각이다. 쌍방향 미디어의 발전과 그것의 적극적 활용, 촛불집회 참여자 분석, SNS의 등장과 영향력, 시민사회의 대정부 감시 능력의 향상, 합치에 대한 의식의 확대와 같은 일련의 기술적 측면과 사회의 변화를 적극적으로 해석하는 필자들은 한국 사회에서 개인의 위상과 개인주의에 대한 긍정적인 평가를 내놓고 있다.

그런가 하면 사회과학적 경험 연구들은 한국 사회가 여전히 '집단주의' 성향이 강한 사회라는 논거들을 제시한다. 한국 사회에서 개인과 개인주의에 관한 상충하는 분석 틀이 병존함에도 불구하고, 한국 사회담론의 중요한 이슈가 될 만한 '한국에서 개인과 개인주의'에 대한 담론은 집중적으로 이루어지거나 논쟁적으로 다루어지지 않았으며 이 문제를 둘러싼 학제 간 연구도 본격적으로 이루어지지 않았다. 단지 인문·사회과학의 개별 분과 학문이나 개별 연구자들의 부분적인 관심의 차원에 머물고 있다.

이 장에서는 한국 사회에서 개인과 개인주의의 문제를 성찰하기 위한 예비적 단계로서 아도르노의 개인에 관한 논의를 살펴보고자 한다. 아도르노가 천명하는 비판이론의 목적은 야만의 세계를 극복한 해방된 인간 사회다. 따라서 그의 비판이론은 해방된 사회의 구조에 관한 탐구와 함께 해방된 사회에서 개인의 모습을 그려 내고 있다. 여기서 아도르노가 그려 내는 사회구조와 개인의 모습은, 현대 사회의 구조와 개인의 현실에 대한 '부정적 인식'의 방법을 통해 서술된다.

이런 측면에서 그는 "개인의 존재를 은밀한 것까지 규정하고 있는 객관적인 권력"(GS4, 13)에 대해 탐구하고 "지속적으로 개인적인 것의 영역"(GS4, 16)을 검토한다. 이와 같은 검토 뒤에 나온 것이 '개인의 종말 테제(These vom Ende des Individuums)'[223]다. 이 테제는 자유, 책임, 양심에 근거한 근대의 시민적 개인 개념이 나치 체제하의 국가 독점 자본주의 시대와 이후 현대 자본주의 시대에 들어 경제적 차원과 사회적 차원에서 개

---

[223] 아도르노는 '개인 종말' 테제의 의미를 "개인의 종말(Ende des Individuums)", "개인의 폐기(Abschaffung des Individuums)", "개인의 청산(Liquidation des Individiuums)" 혹은 "죽음(Tod)"이라는 개념을 사용해 표현한다. 그의 다양한 표현들은 '개인의 위기'를 지시하기 위한 것이지 개인의 생물적 혹은 사회적 죽음을 의미하는 것은 아니다.

인이 위기에 봉착했다는 것을 의미한다.

이 테제는 사실 판단의 성격보다는 사회 속에서 개인의 실상에 대한 비판과 개인의 진정한 가능성을 탐색하려는 의도를 담고 있다는 점에서, 오늘날 우리 사회의 '개인의 문제'를 논구하는 데에도 의미 있는 전거가 될 수 있다. 특히 개인의 문제를 단순히 이념상의 문제가 아니라, 사회와의 관련 속에서 파악하는 아도르노의 관점은, 한국 사회의 특수성과 현대 자본주의 사회의 보편성의 담지자로서 개인의 문제를 천착해야 함을 시사한다.

아도르노의 개인에 관한 논의와 한국 사회의 개인 문제에 관한 논의에서 아도르노 분석이 유효함을 논증하기 위해, 개인과 사회의 관계, 기존의 개인 개념에 대한 아도르노의 비판, 현대 자본주의 사회에서 개인의 위상과 현실, 개인의 종말에 대한 아도르노의 분석과 진정한 개인의 실현 가능성, 한국 사회에서 개인과 개인주의의 문제 그리고 개인의 위기 논제와 현재성, 한계를 순서에 따라 다룰 것이다.

2) 개인과 사회의 관계

아도르노는 개인과 사회의 관계를 변증법적으로 파악한다. 이것은 개인과 사회가 긴장과 대립의 관계이면서 동시에 상호 규정적인 관계라는 의미다(GS6, 322 참조). 개인과 사회의 긴장과 대립은 사회의 통합력과 이에 대항하는 개인의 자유와 자율성을 위한 대항 속에서 성립한다. 아도르노는 이러한 긴장과 대립을 개인과 사회발전의 원동력으로 보았다. 개인과 사회의 관계는 "사회와 개인의 대립이 핵심 테제"[224]이며 긴장과 대립의 상실이 근본 문제가 된다. 개인과 사회를 보는 이러한 기본 시각에 기초해 아도르노는 먼저 순수 개인의 이념이나 개별성을 추상적 차원에서 절대화한 사상들을 비판하고 그 비판의 중심에는 칸트와 헤겔이 있다. 아도르노에게 절대적인 개인 혹은 순수한 개인과 같은 개념은 허구이며 추상에 불과하다. 이러한 개념은 개인이 사회의 변증법적 관계를 경시하고 개인을 사회와 분리함으로써 획득된 개념이다. 이 맥락에서 그는 칸트식 선험적 자아나 헤겔의 정신의 실체화를 순수 개인의 이념에 바탕을 둔 허구적 산물로 비판한다.

아도르노가 보기에 칸트는 의지와 자유의 문제를 논함에 있어 의지와 자유를 결정하는 순간에 수많은 사회 현실의 계기를 배제하고, 그것을 개인의 순수한 결정의 문제로 축소하는 오류를 범한다. 칸트가 의지와 자유의 문제를 경험 세계와 분리함으로써 개인의 자유는 순수자아의 영원한 이념의 문제로 간주된다. 결국 칸트의 순수한 개인의 이념이야말로 구체적 개인의 자유를 결여한 자기기만과 나르시시즘의 산물이다(GS6, 215 참조). 아도르노는 헤겔의 경우, 헤겔이 주관성을 보편이면서 총체적 동일성으로 이해함으로써 '구체적 개인'의 설 자리를 제거했다고 비판한다. "객관성이 개인들에게 내재적이고 그들 속에서 작용하고 있으며 진정으로 그들 속에서 나타난다면, 그런 식으로 본질과 관련된 개별성은 본질에 종속"(GS6, 343)될 뿐이라는 것이다.

아도르노에 따르면 헤겔이 개인의 의지를 국가에 복종시킴으로써 개

---

224 H.-E. Schiller, "Philosophie und Gesellschaft bei Adorno," in: *Soziologie im Spätkapi-talismus. Zur Gesellschaftstheorie Theodor W. Adornos*, G. Schweppenhäuser (Hg.), Darmstadt 1995, 213쪽.

별성의 파괴와 함께 구체적 개인의 실종을 야기했다고 보았다. 또한 개인들을 세계정신의 수행자나 사회적 부와 투쟁의 단순한 가담자로 격하시키는 헤겔의 논리에서 개인은 존재하지 않는다(GS6, 299 참조). 앞 장에서 언급했듯이 개인과 사회는 분리될 수 없으며 개인은 사회와의 관계 속에서 규정될 수 있을 뿐이다. 개인이 "사회로 인해 존재하는 것"(GS4, 175)이라는 아도르노의 입장에서 칸트나 헤겔이 말하는 순수 개인의 이념은 거짓이다.

순수한 것이 자신 스스로 주장한 정체성을 이미 넘어서는 순수한 것으로 규정됨으로써 그 순수한 것이 순수하게 되자마자 순수한 것은 거짓이 된다(GS4, 176).

계속해서 아도르노는 칸트나 헤겔, 그 밖의 자유주의 사상에서 나타나는 개인의 자유와 자율성에 대한 과도한 신념과 믿음이 갖는 위험성을 경고한다. 그것은 바로 개인의 위축을 야기하는 결과를 가져온다.

개인을 근원으로 과대 선전하는 개인의 제한과 개인의 강화에 대한 주장은 개인을 제한하고 빈곤하게 만들며 축소한다(GS4, 175).

실제로 아도르노는 자유가 도덕법칙을 통해 현존재로 확인된다는 칸트의 믿음이 구체적 개인을 자유에 대립하는 부자유한 존재로 만드는 것이라고 주장한다(GS6, 253 참조). 사회적 현실에서 개인의 자유와 자율성의 폭과 깊이는 자유와 자율성에 대한 믿음과 논변에 의해서가 아니라 사회적 억압에 대항하는 개인들의 활동 속에서 구체화되고 결정된다 (GS6, 262 참조). 계속해서 아도르노는 절대적 개별성의 이념이 어떻게 종교 도그마와 결합해 개인의 이념을 왜곡하는지를 보여 주고자 한다. 그는 절대적 개별성의 이념이 기독교 교리에서 불멸의 이념과 결합하는 사례를 제시한다. 이 결합은 개인이 추구하는 자기보존의 원리가 불합리한 방식으로 종교 교리에 투영됨으로써 성취된다. 아도르노가 보기에 절대적 개별성 이념의 종교적 투영 방식은 미래의 불멸을 얻기 위해서 현세의 개인을 포기하는 모순 속에서 유지된다(GS4, 171 참조). 이러한 모순 속에서 현세의 개인은 교리의 권력에 순응하는 개인일 뿐이다.

아도르노에 따르면 절대적 개별성의 이념이 사회적으로 투영될 때 '개인의 절대화' 혹은 '위인화'로 나타난다. 이와 같은 투영 방식은 "사회적인 관계의 보편적 매개가 … 강자들의 직접적인 지배로 전환되는 과정을 의미"(GS4, 171)하며 사회의 비정상 상태에서 흔히 나타난다. 아도르노의 이러한 언급은 나치즘의 히틀러와 현실 사회주의 체제하의 독재자를 염두에 두고 있는 셈이다. 순수 개인의 이념과 개별성에 대한 절대적 의미부여에 대한 아도르노의 비판 목적은 그 속에 감추어진 정치적 함의를 밝혀내는 데에 있다.

그에 따르면 순수 개인이라는 이념의 배후에는 개인을 향한 "절대 통치권에 대한 표상"이 숨겨져 있다. 그와 같은 표상은 곧 사회와 기존 질서의 정당화 논리를 함축한다. 위와 같은 아도르노의 주장은 순수 개인의 이념에서 사회와 개인 간의 대립과 갈등 개념을 원천 배제함으로써 개인과 사회와의 원초적 화해 상태를 가정하며 바로 그러한 가정에 순수 개인에 대한 원초적 지배 논리가 암암리에 깔려 있다는 입장에서 출발한다. 결국 순수 개인의 이념은 개인들로 하여금 "권력의 순수한 사제자들(Echtheitsapostel)"(GS4, 177)이 되게 만들며, 기존의 사회적 순환과정에 순응하는 논리를 대변하는 역할을 한다. 이 점에서 아도르노는 순수 개인의 이념이 아닌 구체적인 현실 속에서 개인의 존재 양상에 주목하고 그것을 기술하며 규범적 의미를 부여하고자 한다.

아도르노에게 개인은 생물학적인 개별 존재 개념이 아니며 대자적이고 유일한 존재라는 인간학적 범주의 개념도 아니다. 즉 개인 개념은 사회적이고 역사적인 범주로 그것에 의해 매개된 개념이다. 초기 르네상스 시대로 거슬러 올라가는 개인의 개념, 오늘날 개인의 개념이나 사회, 역사적 맥락에 따라 그 위상과 내용이 달라진다. 자유 시장경제가 봉건 체계를 위협하면서 등장한 근대적 개인 개념이 책임성, 선견지명, 충실한 의무수행, 자족적인 개인, 양심, 권위의 내적 형성을 그 요소로 한다면, 현대 자본주의 사회에서 개인의 사회적 위상과 대사회 관계는 변화하기 마련이다. 왜냐하면 개인과 사회의 관계는 사회적, 역사적 변화와 조응하기 때문이다.

역사적으로 발생한 개인의 개념은 역사의 변호에 따라 그 한계에 이르며 새로운 개인 개념이 등장하게 된다(GS8, 450 참조). 이러한 기본 관점 하에서 아도르노는 역사적으로 발생한 개인 개념의 종말이 단순히 개인의 복권이 아니라, 개인과 사회의 긴장 관계가 어떻게 발생하고[225] 유지되어야 하며 오늘날 그러한 긴장 관계가 어떤 이유로 해체되었는지를

---

[225] Th. Bonacker, "Ohne Angst verschieden sein können. Individualität in der integralen Gesellschaft," in: *Die Gesellschaftstheorie Adornos*, D. Auer/Th. Bonacker (Hg.), Darmstadt 1998, 142쪽 참조.

밝히는 데 관심을 집중시킨다.

3) 개인의 종말과 현대 사회에서 개인의 존재 양상

개인과 사회의 관계 양상의 변화는 개인의 사회적 위상을 결정한다. 아도르노는 현대 자본주의 사회에서 개인의 종말 담론을 지속적으로 제기한다. 그런데 문제는 그것이 어떤 종류의 개인인가에 있다. 아도르노가 말하는 개인은 근대적 개인이다. 근대적 개인은 자유로운 시장경제 하에서 책임감과 모험정신을 갖고 자기를 실현하는 시민적 부르주아로서의 개인이다. 이러한 근대적 개인은 근대적 자유경제 체제가 붕괴되고 거대 기업과 거대 기업 집단들의 등장, 독점자본주의 체제의 확립과 함께 이에 대항할 경쟁력을 상실했으며 근대의 산물인 근대적 개인은 그 '역사적 한계(historische Grenze)'에 봉착했다(GS8, 450 참조).

이 역사적 한계는 단순히 경제적 의미의 위기만이 아니라 개인의 사회적 위기를 포함한다. 그렇다면 아도르노는 근대적 개인의 위기 원인을 구체적으로 어떻게 분석하는가? 개인의 위기를 일으킨 원인이 무엇인가에 대한 아도르노의 대답은 크게 자본주의 체제의 내적 메커니즘의 차원, 기술적 노동 과정의 차원, 개인의 내적 구조화의 차원으로 구분할 수 있다. 그는 먼저 자본주의 체제의 내적 메커니즘으로서 사물화 논거를 제시한다.

아도르노는 민주적으로 관리되는 사회에서는 더 이상 직접적 지배와 억압의 방식이 아니라 매개(Vermittlung)의 범주를 통해 사회가 운용된다. 매개의 범주가 사회적 총체성인데 이것은 "개인들 간의 사회적 관계의 총괄 개념"(GS8, 292)이다. 매개에 의해 모든 사회적 관계가 기능연관 관계로 편입된다. 아도르노는 이것을 "보편적으로 사회화된 사회(universal vergesellschaftete Gesellschaft)"(GS6, 264)로 칭한다. 이러한 메커니즘하에서 개인은 기능연관 체계의 특정한 기능수행자로 전락한다. 이것은 사회적 차원에서 보면 개인이 사회의 부분 요소로 축소되고 개별화된다는 것을 의미한다. 기능연관 체계는 교환이라는 사회적 매개를 통해 개인의 모든 사회적 노동과 활동을 교환가치로 환원시킨다(GS8, 13 참조). 사물화의 논리는 교환법칙 속에 내재한다. 문제는 사회화된 사회에서 기능수행자로 개별화된 개인이 자기유지의 논리와 결합해 사물화 논리를 내적으로 내면화하고 실행할 수밖에 없다는 데 있다.

아도르노는 『계몽의 변증법』에서 이성이 교환의 보편적 수행자임을 지적한다. "이성 자체가 모든 것을 포괄하는 경제기구의 단순한 보조 수단"(GS3, 47)으로 기능함으로써 인간은 상품교환의 운반자이자 행위자로 전락한다. 교환가치의 보편적 수행자로서 인간은 다시 자신을 교환가치로 환원하는 사태를 아도르노는 "인간이 인간으로서 간주되지 않음으로써 인간 존재는 사물"(GS4, 119)이 되었으며 "상표 딱지가 붙은 상품(Markenartikeln)"(GS4, 113)으로 전락했다고 지적한다. 사회의 모든 관계의 사물화와 물신적 성격은 개인에게 완벽하게 내면화된다. 사회적 관계에서 개인의 자기평가는 자신의 성공적인 상품화에 달려 있다.

> 개인의 척도는 자기유지, 자신의 기능이 객관성에 성공적으로 동화됐는지 혹은 동화에 실패했는지의 판단과 그러한 기능을 위해 설정된 표준에 달려 있다(GS3, 45).

사회의 구조 원리로서 교환법칙의 전일화와 그것의 내면화는 사물화의 수행자로서 한편으로는 개인의 자유의지를 보증하지만, 다른 한편으로는 진정한 개인의 가능성을 차단한다. 사회 속에서의 사물화의 논리를 거부하지 못하는 개인은 위기에 봉착할 수밖에 없다. 아도르노가 탈자본주의적 삶의 양식을 추구하거나 대안적 삶을 추구하는 사회운동이나 소수의 개인을 고려할 수 있었겠지만, 문제는 그것이 사물화에 대항하는 사회의 보편적 삶의 질서로 자리 잡는 데 한계가 있음을 인식했다고 볼 수 있다. 개인의 위기를 불러오는 또 다른 원인은 '기술적 노동과정(der technische Arbeitsprozeß)'이 삶의 전 영역에 확장되는 데 있다.

삶의 생산과 재생산이 기술적 노동과정의 방식에 따라 이루어짐으로써 개인이 주체로서의 지위를 상실하게 되었다는 것이다. 특히 획일화된 노동조건과 노동문화는 획일화되고 무기력한 노동자를 양산하며, 이것이 산업 사회의 논리적 귀결이라고 보았다. 노동분업의 세분화, 조직화, 전문화는 개인을 고립시키는 데 멈추지 않고 개인의 통합 능력을 해체시켜 버린다. 그는 "개인 속에서 완성된 노동 분업, 즉 개인의 극단적인 객관화가 개인의 병적 분열"(GS4, 263)을 가져왔다고 진단한다. 공장이나 사무실 등의 "노동과정에서의 해방"(GS3, 159), 다시 말해 '의미 있는 노동의 가능성'은 배제된다. 기술적 노동과정에서 개인의 사회적 역할은 경제적 가치 증식의 수단, 즉 생산의 주변 계기, 생산 단위로 축소된다.

생산과정의 기술공학적 요구에 의해 파악된 것과 구조화된 것 일반에서 자본의 기술적 결합에 있어 변화가 계속 일어나고 있다. 이것이 인간의 유기체적 결합을 증대시킨다. 주체들은 그 자체로 활력 있는 목적으로서가 아니라 생산수단으로 규정될 경우 주체들이 가변자본에 대한 기계의 부분으로 올라서게 된다(GS4, 261).

이른바 삶의 세계에서 기술적 노동과정의 논리를 차단하지 않는다면, 개인의 위기를 피하기 어렵다. 아도르노는 노동 패러다임의 전환을 통한 기술적 노동과정의 변화를 염두에 두고 있지만, 그것의 구체적 내용을 제시하지는 못한다. 한편 아도르노는 노동의 결과로 분배되는 재화의 증가가 오히려 개인의 위기를 초래하는 결과를 야기한다고 지적한다. 그에 따르면 개인에게 분배되는 재화의 양이 증가할수록 개인에 대한 사회의 조종 가능성은 커지고 개인의 자율적 공간은 협소해진다(GS3, 15. 참조). 재화와 삶의 질의 외형적 성장이 개인 해방의 물적 조건 중 하나임에도 불구하고 오히려 경제 시스템의 강력한 조정의 수단으로 기능함으로써 개인의 위기를 가져온다는 주장이다.

개인의 위기를 촉진하는 세 번째 원인은 문화산업에 의해 유포되는 이데올로기이다. 아도르노의 이데올로기 개념은 협의의 개념이 아니라, 사회가 생산해 내는 의식의 범주들의 총체, 개인의 위기를 야기하는 집단적 억압 체계로서 사회의 모든 활동성을 포함하는 포괄적인 개념이다. 이데올로기는 개인과 사회의 거짓된 통일, 다른 말로 주체와 객체의 거짓 동일성을 산출하는 역할을 한다. 아도르노에 따르면 사회는 이데올로기를 통해 개인이 사회에 요구하는 논리를 개인들 속에서 부단히 재생산한다(GS6, 341 참조). 이데올로기를 확산시키는 수단이 문화산업이다. 문화산업의 이데올로기적 기능은 "욕구를 생산하고, 조종하고, 훈련"(GS3, 166)하며 "복제, 고착, 강화"(GS10.1, 338)함으로써 사회의 요구로 부터 빠져나갈 통로를 차단한다. 이를 통해 기존 지배 체제의 재생산에 일조하며 사회의 개인 지배에 봉사한다.

이 시각에서 문화산업은 기존 사회의 모순을 은폐하고, 변호하며 사회적 통제를 용이하게 하는 이데올로기적 지배 기제이다. 문화산업은 순응을 통한 사회통합을 목적으로 하며 더 이상 '다른 가능한 사회'를 묻지 않게 만든다. 이러한 현실에서 사회적 커뮤니케이션이나 소위 여론은 진정한 의미의 커뮤니케이션이 될 수 없다. 이 점에서 아도르노는 오늘날의 커뮤니케이션은 억압된 개인들을 압도하는 소음에 지나지 않는다고 보았다. 그는 합리성에 기초한 의사소통 상황이 체제에 의해 배제되었다고 선언한다(GS6, 341 참조).

지배 이데올로기의 작용과 문화산업의 논리는 개인에 대한 잘못된 표상, 개인의 상상력, 살아 있는 경험영역, 자발성을 퇴화시킴으로써 '사이비 개성(Pseudoindividualität)'과 '사이비 활동(Pseudoaktivität)'을 낳고 개인의 위기 인식 능력도 마비시킨다. 티이스(Christian Thies)는 지배 이데올로기와 결합한 문화산업이 특히 잘못된 '체험 지향(Erlebnisorientierung)'을 가져오며, 이것이 사이비 활동을 강화하는 촉매 역할을 한다고 주장한다.[226]

---

226 C. Thies, *Die Krise des Individuums*, Hamburg 1997, 90쪽 이하 참조. 티이스가 현대 개인의 주요한 특징으로 주장하는 체험 지향은 게르하르트 슐체(Gerhard Schulze)가 주장하는 체험사회 개념과 상당한 거리가 있다. 슐체의 체험사회에서 개인은 고립되고 조정의 대상으로 파악되지 않는다. 오히려 개인적 선택의 증가는 다원화된 사회의 중심이 개인이며 현대 사회에서 개인의 삶은 더 이상 사회에 의해 규정되는 것이 아니라 개인의 선택하는 방식에 의해 구성된다고 보았다. 이 점에서 티이스의 개념 선택은 슐체와 아도르노의 체험 개념을 면밀하게 비교분석하지 않는다는 점에서 체험 지향 사회의 반쪽 진실만을

문화산업이 전파하는 체험 지향은 진정한 내적 상태의 만족을 추구하는 것이 아니라, 감각적 자극과 늘 자유를 향유하는 무엇을 기획하는 사이비 활동을 산출한다. 티이스의 주장처럼 아도르노는 문화산업과 여가산업 및 자유시간에 대한 비판을 통해 잘못된 체험 지향 숭배와 문화산업이 제공하는 체험 지향 프로그램 속에 진정한 개인이 존재하지 않음을 역설해 왔다.[227]

아도르노 시대나 현대 한국 사회나 개인은 존재한다. 문제는 여전히 기형적이고 무력한 형태로 존재한다는 데 있다. 아도르노는 개인의 존재 방식이 표준화되어 있고 기존 사회의 수용 범위 안에서 왜곡된 형태로 보호와 육성을 받고 있을 뿐이라고 말한다.

> 표준화되고 관리되는 인간 통일체들 한가운데에서도 개인은 계속 현존한다. 개인은 더욱 보호되며 독점적 가치를 획득한다. 그러나 개인은 실제로는 단지 자신의 고유한 단일성의 기능일 뿐이며, 이전에 다른 아이들이 비웃었던 기형아들처럼 일종의 전시 물품과 같다. 왜냐하면 개인은 그 어떤 독립적인 경제적 삶을 더 이상 영위하기 어렵기 때문에 개인의 특성은 객관적인 사회적 생활과 모순 관계에 빠진다. 바로 이러한 모순으로 인해 개인은 자연보호 공원에서 육성되며 한가로운 명상을 향유하게 된다(GS4, 153).

드러내는 개념 선택이라고 봐야 한다(G. Schulze, *Die Erlebnisgesellschaft. Kultursoziologie der Gegenwart*. Frankfurt/New York 1992).

[227] 아도르노의 여가시간과 개인의 관계에 대한 상세한 논의는 이종하, 「문화사회에서 노동과 여가」, 『철학과 현상학연구』, 2006, 147쪽 이하 참조.

이러한 개인은 자립적, 자기실현적 존재가 아니라, 사회의 논리를 체화한 사이비 개인으로 살아간다. 따라서 현대 사회에서 "개인이라는 관념은 개인과 보편성과의 완전한 동일성이 문제시되지 않을 경우에만 용납될 수 있다"(GS3, 177).

개인은 진정한 개인이 아니라 보편적인 경향들이 만나는 정류장이 됨으로써 무리 없이 보편성 속에 흡수될 수 있는 것이 된다(GS3, 178).

현대 사회에서 개인은 "겉보기에 자유를 갖고 있는 것 같지만 사실은 사회라는 경제적, 사회적 장치의 산물"(GS3, 178)에 불과하다는 것과 사회의 억압적 성격을 인식하지 못하는 존재다. 사회가 제공하는 사이비 자유 속에서 "언어와 지각에 이르기까지 현대 생활의 모든 분야를 사전 규제하는 관리기구의 단순한 객체"(GS3, 56)임을 자각하지 못하는 개인은 개인의 진정한 자유와 자율성이 사회에 의해 잠재적으로 부정되었다는 사실 역시 인식하지 못한다(GS6, 259 참조). 아도르노가 보기에 자신의 삶을 스스로 자유롭게 구성해 낼 수 있다는 일상적 믿음은 개인을 파편화한 사회 자체가 강요하는 자유에 대한 환상과 무비판적 개인의 일상적 의식이 일치할 때 생겨난다.[228] 그렇다면 도대체 어디에서 개인의 구제 가능성, 자유로운 개인의 실현 가능성이 남아 있는가? 가능성이 있다면 어디에 존재하는가? 이제 이 문제에 관한 아도르노의 논의를 살펴보자.

---

[228] F. Buhren, *Totale Vergesellschaftung. Adorno, Foucault und moderne Kontrollgesellschaft*, Berlin 2009, 45쪽 참조.

4) 개인의 구제와 해방의 사회이념

앞서 살펴본 바와 같이 아도르노는 개인의 죽음 테제를 말해 왔다. 실제로 그의 논의에서 과연 개인의 구제 가능성이 존재하는가가 의심될 만큼 회의 어린 시선을 던진다. 그럼에도 불구하고 아도르노는 "개인의 구제(Rettung)"(GS4, 153)를 강력히 요청하며 그 가능성을 찾아내고자 한다. 이것이 그가 개인의 죽음 테제를 최종적으로 선언하지 않는 이유다. 그의 개인의 죽음의 테제는 개인의 위기를 강조하기 위한 수사학적 전략이라고 봐야 하며, 특히 그가 말하는 과장(Übertreibung)의 수사학으로 해석해야 할 것이다(GS8, 319 참조).

먼저 아도르노는 개인의 구제 가능성을 사회적 지배에 물들지 않은 개인의 정신과 비판의식에서 그 단서를 찾는다. 실제로 사회에 의해 완전히 관리되는 세계에서 개인이 관리되는 세계의 총체성을 직접 포착하기 어렵다. 왜냐하면 현대의 개인은 정신적 생산력들을 조종하고 가위질하고 여러모로 불구화하는 교육조건하에서는 상상력의 빈곤에 처해 있기 때문이다. 관리되는 세계의 총체성을 파악할 수 있다는 가정은 정신분석학이 현재의 모든 것을 유년기의 과정에서 파악할 수 있다는 가정만큼 허구적인 것이다.

관리되는 사회의 조망 가능성의 어려움, 사회적 총체성에 관한 인식의 어려움으로 인해 이러한 사회에 대항할 수 있는 가능성은 상당히 제한적이다. 그러나 "관리되는 세계가 완전히 주물러놓지 않은 자들"이 분명히 존재하며 이들이 "관리되는 세계에 정신적으로 대적"(GS6, 51)할 주력군이 될 수 있다. 계속해서 아도르노는 이들이 갖는 특수한 정신 능력에 주목한다. 그에 따르면 사회의 총체적 지배하에서 '고립된 개인'이 집단이나 집단적 자아보다 객관적 상황을 더 명료하게 인식할 수 있다. 여기서 고립된 개인은 집단과 집단적 자아와 인지적, 내적 거리두기 수행 능력을 전제로 한다고 봐야 할 것이다. 총체적 지배로 인해 획일화된 가치지향과 입장들 사이에서 거리두기를 하는 "한 개인의 정확한 환상은 장밋빛의 통일된 안경을 쓰고 자신이 보는 것을 진리의 보편성과 혼동함으로써 퇴행하게 되는 수천의 눈들보다 더 많은 것을 볼 수 있다"(GS6, 56). 아도르노는 총체적 지배에 물들지 않고 비판적 거리두기를 하는 고립된 개인의 정신과 부정성의 인식 능력을 활성화할 것을 촉구한다.

아도르노에 따르면 개인의 사회에 대한 저항 가능성, 다시 말해 저항의 폭과 깊이는 사회에 대한 개인의 올바른 표상과 의식에 달려 있다. 여기서 그가 강조하는 것이 '지성적 양심'의 역할이다.

[사회에 대한] 개인적 저항의 힘으로 나타나는 그러한 힘은 결코 개인적 종류의 것이 아니다. 그러한 힘이 집중된 지성적 양심은 … 사회적 계기를 갖는다. 그 양심은 올바른 사회와 시민에 대한 표상에서 형성된다 (GS4, 31).

올바른 사회에 대한 의식이 불분명한 개인은 사회에 저항할 수 없으며 그 자리에 "야만적 문화가 개인에게 남긴 쓰레기들인 절반의 교양, 자유방임, 어설픈 친밀감, 조야함만이 나타난다"(GS4, 31). 아도르노는 개인의 구제 가능성을 "개인들의 사유와 행위"(GS4, 128)에서 찾고 있으며 그 가능성을 믿는다. 왜냐하면 "때때로 개인은 비록 부분적이기는 해도 이성을 통해 자신의 관심사를 추구할 수 있는 자립적 존재로서 사회와 대립"할 수 있으며, "사회의 맹목적 연관 관계를 일시적으로 탈피"(GS6, 218)할 수도 있기 때문이다. 이때 대립과 탈피는 "사회의 목적들과 직접 동화되지 않는 자신들의 목적을 추구"(GS6, 259)하는 것을 의미한다.

그러나 개인의 구제를 개인의 사유와 행위, 지성적 양심만을 가지고 달성할 수는 없다. 아도르노가 개인의 위기 분석을 사회구조에서 찾았다면, 사회구조의 변화에 대한 요구는 불가피하다. 그가 반복적으로 말하듯이 "개인의 내용"을 결정하는 것은 "사회에서 나오거나 혹은 오로지 객체와의 관계"(GS4, 175)에서만 싹트기 때문이다. 이 점에서 아도르노는 개인 구제의 문제를 사회 해방의 이념과 결부시킨다.

아도르노는 개인 구제의 문제는 내적 자유나 내면적 의미를 추구하는 방식을 통해서 해결할 수 없다고 지적한다. 또한 사회적 모순을 약화시킨다는 차원에서 말해지는 소위 '조직과 사회의 인간화' 논변들도 사회적 모순이 지양되지 않는 이상, 근본적인 한계가 있다는 것을 분명히 한다. 개인의 재등장과 실현은, 어떤 국면의 개선과 부분적인 수정을 통해서가 아니라, 사회적 토대의 근본적인 변화를 통해서만이 가능하다는 것이다(GS8, 453 참조). 자유로운 개인의 가능성은 건강한 사회, 정의로운 사회에서 가능하다. 이것을 아도르노는 『부정 변증법』에서 자유의 문제와 결부시킨다. 즉 "자유에 대한 물음은 사회가 개인에게 약속하는 만큼 개인이 자유로울 수 있도록 사회가 허락하는가"의 문제이며 동시에 "사회 자체가 그만큼 자유로운가"(GS6, 219)의 문제로 환원될 수 있다. 결국 진정한 개인의 실현 문제는 사회의 해방 가능성과 동일한 문제이다.

해방된 사회에 대한 아도르노의 규범적 개념은 사회에 대한 그의 규범적 의미부여에서 비롯된다. 아도르노는 사회의 본질을 포착해 내기 위해서는 어떻게 세계가 만들어졌고 지금 어떤 상태인지를 부정성의 관점에서 파악해야 한다고 보았다. 여기서 말하는 사회의 본질이란 슈베펜호이저의 지적처럼 형이상학적 본질이 아니라, 기존 사회에 대한 판단, 본질을 벗어난 잘못된 사회라는 판단에 기인한다.[229] 본질은 사회 자체에 내재한 추상적인 본질이 아니라 인간의 본질, 개인의 이념이 실현되어야 할 구체적 공간으로서의 개념이다. 인간성, 개인이 실현된 사회로서 해방된 사회의 실현이 곧 사회의 본질이다. 여기서 중요한 것은 비동일자로서 개인의 파악, 다양한 질적 계기로서의 존재로서 개인에 대한 사회적 재인식이다.

> 해방된 사회란 그 어떤 통일국가가 아니라 차이의 화해 속에서 보편적인 것을 실현하는 사회이다. 따라서 그런 것을 진지하게 생각하는 정치는 인간의 추상적인 평등성을 하나의 이념으로 선전하지 말아야 한다. 그와 같은 이념을 선전하는 대신에 정치는 오늘날의 사악한 평등성, 가령 영화 관계자와 무기 관계자와의 동일성을 설명해야만 하며 불안 없이 다양하게 존재할 수 있는 상태를 보다 나은 상태로 파악해야 한다 (GS4, 116).

해방된 사회는 개인에 대한 사회의 총체적 지배가 사라지고 개인 간의 차이와 개인의 유일성이 지배적인 교환관계에 종속되지 않으며(GS4,

---

[229] G. Schweppenhäuser, *Theodor W. Adorno*, Hamburg 1996, 73쪽 참조.

136 참조), 경제 시스템에 의한 개인의 조정 가능성, 이데올로기와 문화산업에 의한 개인의 부정적 사회화가 제어되는 사회이다. 또한 '사회화된 사회'와 달리 모든 개인이 사회적으로 필요한 도덕의 능력을 갖추고 도덕적 실천과 지성적 양심이 실현 가능한 사회이다(GS6, 294 참조). 그런데 아도르노의 개인 해방에 대한 논의는 몇 가지 문제를 안고 있다. 첫째는 앞서 언급한 고립된 개인 간의 상호 연대를 어떻게 구축할 것인가의 문제에 대하여 아도르노가 침묵하고 있다는 것이다. 아도르노는 이 침묵을 고수하면서 사회 해방의 이념과 개인의 구제를 연계시킨다. 규범적 차원과 실천적 차원의 논리적 연결고리가 빈약하다고 평가할 수 있다. 오늘날처럼 이론과 실천 영역에서, 하위 정치, 참여 민주주의, 합치가 강조되는 시대에 개인을 사회개혁과 정치적 실천의 '행위자'로 간주하지 못하는 아도르노의 관점은, 소수의 깨어 있는 비판 정신에 대한 그의 '희망'에도 불구하고 이론 내적 한계를 인정할 수밖에 없다.

둘째, 개인 해방의 사회적 조건과 사회 해방의 그것을 동일시하면서도, 그는 개인의 위기를 가져온 사회적 조건을 어떻게 변혁시킬 것인가에 대한 구체적 논의를 진행하지 않은 채, 해방된 사회에서의 개인의 모습을 규범적으로만 제시하고 있다는 점이다. 많은 아도르노 연구자들이 인정하듯이 아도르노가 자본주의를 비판하는 경우에도 정치경제학적 분석을 제대로 한 적이 없으며, 그럴 생각이 없었다는 점을 고려하더라도 개인의 위기 분석에서 핵심적 역할을 하는 경제 원리와 시스템에 대한 분석이 규범적인 차원에서만 제시된 데에는 아쉬움이 있다. 이 점에서 아도르노는 분석적이기보다는 "메타 비평적 성격"[230]을 보여 준다.

셋째, 아도르노의 개인의 위기 테제가 역사적으로 완결된 결과로 받아들여지기 위해서는 무리가 있음을 지적할 수 있다. 클라우센(Detlev Claussen)의 지적처럼 개인의 죽음을 선언하기 위해서는 죽음의 시점과 죽음을 둘러싼 힘들의 상호작용 관계가 좀 더 분명히 드러나야 한다. 그렇지 않다면 아도르노의 테제는 결정론이나 죽음 환원론으로 몰릴 수 있다.[231] 이러한 클라우센의 지적은 아도르노의 분석에서 더 많은 '사회학적 상상력'이 필요했음을 지적하는 것이다. 실제로 아도르노의 개인 죽음 선언이 그의 의도처럼 개인의 사회적 위기를 담론화하기 위한 수사학적 전략이었음을 감안하더라도 그가 자신의 논변 구성을 위해 더 많은 정치경제학적, 사회학적 분석을 해야만 했다는 지적은 타당한 것이다.

넷째, 앞의 지적들보다 더 결정적 문제는 아도르노 자신의 모호한 입장이다. 그가 '개인의 위기'를 줄기차게 강조하고 있지만, 앞서 살펴본 바와 같이 "체념과 주체의 계몽에의 고수 사이에서의 흔들림",[232] 다시 말해 개인의 위기와 개인의 해방 사이의 입장 사이에서 줄타기를 모호하게 반복하고 있다. 이 문제 역시 현실 인식과 규범적 방향성의 불일치에서 아도르노가 실천적 전략을 구성해 내지 못한 데에서 기인하는 문제이다.

다섯째, 해방된 사회 속에 묘사된 진정한 개인은 아도르노가 이상적

---

230 프리드릭 제임슨, 『후기 마르크스주의』, 김유동 역, 한길사, 2006, 113쪽.

231 D. Claussen, *Unter dem Konformitätszwang. Zum Verhältnis von kritischer Theorie und Psychoanalyse*, Bremen 1988, 24쪽 참조.

232 J. Ahrens, "Der Rückfall hat stattgefunden. Kritische Theorie der Gesellschaft nach Auschwitz," in: *Die Gesellschaftstheorie Adornos*, D. Auer/Th. Bonacker (Hg.), Darmstadt 1998, 58쪽.

으로 생각한 '근대적 개인'의 모습이다. 독립성과 자율성, 자유와 책임이 강조된 근대적 개인의 상을 현대 자본주의 체제하의 '진정한 개인' 상으로 그리는 일은 개인을 역사적이고 사회적인 범주로 규정한 아도르노 자신의 개인 개념에 반하는 것이다. 따라서 아도르노는 근대적 개인의 상을 다시 규범적으로 제시하는 것이 아니라, 현대 자본주의 체제하에서 변화된 새로운 개인상으로 제시해야 할 것이다. 그것은 근대적 개인과 같이 덜 독립적이지만, 사회적 억압에서 상대적으로 자유롭게 긴장과 협력적 관계를 구사하는 개인상이 될 것이다.

여섯째, 아도르노는 관리되는 사회에 대항하는 개인, 지성적 양심으로서의 개인이 어디에 어떻게 존재하는지에 대한 문제, 근대적 개인의 역사적 한계, 종말, 죽음, 파산을 말하면서 그들의 도덕적 능력에 대한 신뢰 사이의 간격을 논리적으로 해명할 필요가 있다. 해방을 위한 교육이나 화해의 이념이라는 '철학적 답변' 이전에 아도르노는 그의 사회적 문제 제기에 대한 그의 답변을 먼저 제시해야 한다.

5) 개인의 위기 논제의 현재성과 한계 그리고 한국 사회에서 개인

이번 장에서는 아도르노의 개인 종말 테제가 한국 사회에서의 개인 문제를 이해하고 개인에 대한 담론에 어떠한 영향을 줄 수 있는지에 대하여 살펴보고자 한다. 이것은 아도르노의 관점을 수정 보완해 한국 사회에서 "개인에 대한 질문을 새롭게 제기"(GS4, 147)하는 예비적 논의의 성격을 갖는다. 아도르노의 '개인의 위기' 담론은 "한국 사회에 '개인'이 존재하는가"하는 질문으로 번역될 수 있다.[233] 이 문제에 관해서는 르노

(Alain Renaut)가 지적한 바와 같이 개인의 독립성과 자율성을 어떻게 볼 것인가가 핵심적인 판단 준거가 될 것이다.[234] '한국 사회에서 개인은 존재하는가'의 문제를, 서구적 관점에서 개인의 종말 테제를 통해 개인의 위기를 강조했던 아도르노의 관점에서 해석하는 데에는 기본적인 한계들이 있다. 왜냐하면 개인의 발생과 위상의 사회 역사적 조건들이 다르기 때문이다.

한국 사회에서 아도르노가 이상으로 삼았던 근대적 개인은 발생하지 않았다. 아도르노가 염두에 두는 시민적 개인 개념을 한국 사회에 무리하게 적용한다 해도, 법률적 의미의 국민국가·민주국가의 이념을 내세운 대한민국 정부 수립을 기점으로 삼을 것인지, 군부독재가 종식을 고한 문민정부 이후로 삼을 것인지, 시민사회의 정치적 권리와 경제적 욕구가 분출한 1987년 이후를 기점으로 삼을 것인지, 실로 그 시점을 잡는 데 어려움이 있다. 1987년은 사회정치적 의미의 시민사회가 출현했지만, 아도르노적 의미의 자유로운 기업가로서의 자율적 경제 주체가 출현했다고 보기는 어렵다.

개인의 위기 논제를 유연하게 해석해 위기의 시점을 잡아 내는 것도 쉬운 일이 아니다. 해방 이후, 미군정기, 이승만 정부, 장면 정부, 그리고 군부독재 시대에 서구적 의미의 '시민적 개인'은 탄생하기도 전에 그

---

233 이 질문에 대하여 수많은 답변들이 존재하지만, 크게 다음과 같이 유형화할 수 있다. ① 진정한 개인주의 결여론, ② 집단적 자아론, ③ 개인주의 확산론, ④ 개인주의 시대론, ⑤ 개인주의와 집단주의 혼재론, ⑥ 개인 위기론이다. 이것을 좀 더 단순화하면 ① 집단주의, ② 개인주의, ③ 혼재론으로 나눌 수 있다.

234 알랭 르노, 『개인』, 장정아 역, 동문선, 1995, 49쪽.

존재를 부정당했다. 신자유주의가 뿌리를 내리기 전에 한국의 관리되는 시장경제 체제하에서 경제적 자율 주체로서 개인은 존재하기 어려웠다고 볼 수 있다. 정경유착과 관치 경제가 판치던 경제 영역에서 보편적 차원의 경제적 자율 주체를 가정하기란 어려웠다. 문화의 측면에서도 해외여행과 유학 제한, 문화개방이 법으로 제한되던 1990년대 이전의 문화지형에서 문화적 개인은 존재하지 않았다고 보는 것이 타당할 것이다. 사회심리의 차원에서도 독립된 개인보다는 집단적 자아, 관계 지향적 상호관계가 오늘날까지 뿌리 깊게 작용하는 것을 부인할 수 없다.

21세기를 사는 한국 사회에서 개인의 사회적 관계망을 구성하는 중요한 수단은 여전히 학연, 지연, 혈연이다. 결혼문화, 가정문화, 교육문화에 있어서 '관계 속 개인'이 '독립적이고 자율적인 개인'에 우선하는 것을 부인할 수 없다. 이것은 국가 청렴도, 부정부패지수, 행복지수 등과 같은 계량적 지표에 영향을 미치며 엄청난 사회적 비용을 지불한다. 한국식 개인주의의 양상을 '억울하면 출세하라'로 요약하는 강준만의 주장[235]이나 한국 사회에서 "전복적인 자유주의자나 개인주의자"[236]는 존재하지 않는다는 사회학자 김동춘의 주장에 대체로 동의할 수밖에 없다. 소수의 진정한 개인과 가치공동체를 부정할 수는 없지만, 사회적 차원에서

---

235 강준만은 "한국 사회의 토양은 아직 진정한 의미의 개인주의가 서기에는 매우 척박한 땅"이라고 주장한다. 그는 그 토양을 구체적으로 ① 저항시대의 개인주의 타령에 대한 혐오, ② 70-80년대 인물들이 사회적 주요 요직을 독점하고 영향력을 행사한다는 점, ③ 개인주의를 이기주의로 치부하는 문화, ④ 문화지체와 역사지체 현상, ⑤ 인맥과 연줄에 의한 사회적 관계망의 구축을 제시한다.(강준만, 「한국 '개인주의'의 역사: "억울하면 출세하라" 이데올로기와의 결탁」, 『인물과 사상』 76집, 2004, 153쪽 이하 참조.)

236 김동춘, 「탈정치시대에 '정치'를 생각한다」, 『현대사상』 겨울호, 1997, 263쪽.

논하기에는 부족한 수준으로 보인다.

그렇다면 책임성과 도덕성, 자율성에 대한 자기의식을 전제로 하는 아도르노식의 개인이 1930년대 신인류와 신여성들에게서 혹은 1990년 대의 신세대 문화에서 찾을 수 있는가? 이 문제 역시 이론의 여지가 많다고 봐야 한다. 그러나 30년의 압축성장과 1997년 IMF 사태, 그 이후 신자유주의 체제와 자본, 노동, 문화영역에서의 세계화 경향, 개인 미디어에 기반을 둔 소통 통로의 변화 등이 아도르노가 말하는 근대적 개인과 다른, 그러나 아직 뭐라고 지칭하는 데 명확한 특성을 보여 주지 못하는 복잡한 양상의 한국적 개인을 만들어 가고 있다.

특히 주목할 만한 사회경제적 변동을 야기한 IMF 사태는 아도르노가 말하는 사물화의 논리를 삶의 전 영역에 확장하고 사회 심리적 차원, 개인 심리적 차원에서 내면화하는 계기를 만들었다. 평생직장의 신화가 사라지고 비정규직의 양산, 사회 전영역에서의 무한경쟁 체제의 돌입은 '자기유지'를 최고의 가치로 여기게 만들었다. 사회적 삶에서 자기유지를 최고선으로 삼게 되는 사회적 환경의 변화는 수단-목적의 가치적 위계를 전복하며 '살아남는 자의 도덕'을 수용하는 도덕적 퇴행과 살아남기 위한 방법의 기술을 미덕으로 강조하는 '이기적이며 착취적 개인'을 양산해 냈다. 다른 한편으로 IMF 사태를 극복하는 과정에서 카드 대란과 이후 세계화 과정에서 소위 명품 소비의 광풍은 체면 문화와 왜곡된 평등의식 그리고 차별에 대한 축적된 사회문화적 경험과 결합하며 소비 지향적 개인을 폭발적으로 증가시켰다.

이제 아도르노가 말하는 자본주의적 질서에서 개인의 위기 논제를, 오늘날 다른 역사 사회적 범주로 존재하는 한국의 개인을 분석하는 데 적용할 수 있는가에 대해 생각해 보자. 아도르노의 개인의 위기 논제는 한국 사회에서 '개인의 위기'를 논하는 데 여전히 유효하다. 앞서 언급한 IMF 사태 이후의 경제 질서와 그것에 의해 재생산된 새로운 패러다임의 사회적 삶은 자본주의의 보편 논리인 '사물화 논리'와 공정하지 못한 사회 메커니즘, 전통적 집단주의적 가치 그리고 천민자본주의 구조들이 서로 결합하며 '극단의 사물화' 논리를 공적, 민간 영역에 확대 재생산했다. 조정의 일상화, 공익성을 배제한 경제가치의 절대화, 노동영역에서 사라진 사회적 연대와 사회적 대타협의 가능성은 오늘날 여전히 우리 사회를 움직이는 '신자유주의 영혼의 사제자'와 그들의 그러한 경제사회 정책을 내면화한 '신도'들의 합창이다. 바로 그 합창 뒤에는 신자유주의적 개인의 천박한 얼굴이 숨어 있다.

문제의 심각성은 무한경쟁으로 몰고 가는 이 체제와 사회 운영의 메커니즘이 '생존 기계'를 양산하며 합창에 참여하는 개별화된 개인들로 하여금 합창하고 있는 사실을 자각하지 못하게 한다는 데 있다. 사이비 개성과 사이비 활동, 사이비 자유 개념을 강요하는 한국의 문화산업은 서구의 방송 매체와 비교하는 것이 무의미할 정도다. 왜냐하면 선정성의 강도, 미디어의 사회문제에 대한 사회적 의제화 능력, 감각적 직접체험과 기분전환용 흥미 위주 방송물의 비율 등이 비교를 무색하게 만들기 때문이다. 부패와 불륜 뉴스, 걸그룹의 허리 돌리기, 연예인의 신변잡기, 성폭력과 반인륜적 폭력 영상에 일상적으로 노출된 한국 사회의 개인이 아도르노가 말하는 도덕적 능력을 지닐 수 있는가? 비도덕적 사회에서 도덕적 삶의 불가능성을 주장하는 그의 관점에서 볼 때 한국 사회에서 개인은 단순히 사회적, 실존적 위기 이상의 도덕적 위기상황에 봉착한 것이다.

개인의 구제와 해방에 대한 아도르노의 관점을 한국 사회의 개인 문제와 관련해 보면, 그가 말하는 '관리되는 세계가 완전히 주물러 놓지 않은 자들'이나 '지성적 양심'으로서의 개인이 적어도 정치 영역에서는 저항적 방식으로 존재한다. 소셜네트워크에 저항적 개인들에 의한 사회적 의제 설정과 웹상의 행동 동원 그리고 오프라인과의 결합은 2008년 촛불집회를 통해 확인할 수 있다. 또한 〈나는 꼼수다〉 같은 저항적 성격의 비판적 미디어 운동에 직간접적으로 참여하는 '움직이는 개인들'에게 정치 영역의 의제가 한정되어 있더라도, 아도르노가 말하는 해방적 잠재력의 담지자라고 볼 수 있다. 이들은 상대적으로 개인의 해방을 가능하게 만드는 사회적 조건들에 대해 보수 체제의 동조자들보다 비판적이라고 볼 수 있기 때문이다.

이들의 이념 지향적 정치 의제가 사회적 의제로 건설적으로 확장된다면, 개인과 사회의 해방을 가져오는 데 촉매로 작용할 수 있을 것이다. 이것은 곧 기존의 자본주의적 삶의 질서가 아닌 따듯한 자본주의, 인간의 모습을 한 자본주의에 대한 사회적 의제화, 개인의 자율성을 확장하기 위한 기존의 법률, 의식, 관례, 문화에 대한 범사회적 반성, 개인과 개인의 차이를 전제로 한 인정 원리의 보편적 실천에 대한 확고한 의식과 사회적 실천을 요구한다. 이러한 사회적 실천이 가능하기 위해서는 아도르노가 말하는 개인의 도덕적 가치와 도덕 능력이 전제되어야 한다.

개인의 진정한 도덕적 실천 능력이야말로 소비지향적 개인, 착취적 개인, 자기도취적 개인, 이기적 개인과 같은 부정적 방식의 개인과 개인주의를 넘어 새로운 형태의 개인과 개인주의를 탄생시킬 것이다. 이럴

때만이 '생존 기계'로 살아가도록 강요하는 무한경쟁의 사회 시스템하에 공존과 연대의 도덕적 가치가 중요시되는 새로운 형태의 개인이 등장할 것이다. 이것은 기든스가 말했던 '이기적 시장 개인주의'를 극복한 형태의 새로운 개인 개념과 궤를 같이 하는[237] 것이며, 테일러가 말하는 자기 진실성, 진정한 자아실현으로서의 개인의 자기 해방인 것이다. 아도르노가 해방적 사회를 전제하지 않는 도덕 능력이 무의미하다는 것을 지적하듯이 한국 사회에서 개인의 실현과 해방은 한국 사회의 개혁과 함께 개인의 도덕적 실천력을 동시에 요청한다.

---

[237] 앤서니 기든스, 『제3의 길』, 한상진 역, 생각의 나무, 1998, 75쪽 참조.

4부 ——————————————————— 예술과 사회

예술과 사회의 매개

1) 예술의 사회에 대한 관심

'예술과 사회는 어떻게 만나는가'라는 질문은 전통적으로 사회 미학, 예술사회학의 중심 화제다. 이 질문은 예술에 대한 전통적인 개념의 재정의를 통해 '예술이 사회에 어떻게 반응하는가', '예술이 사회를 어떻게 반영하고 대응하는지'에 대한 질문으로 치환될 수 있다. 이 질문에 대한 답변은 '본질적으로 예술이란 무엇인가에 대한 상이한 정의로부터 시작된다. 예술과 사회의 관계를 설명하는 기존의 논점은 예술 발생론적 관점, 예술 제도론적 관점, 예술 양식론적 관점, 예술 기능론적 관점, 예술 생산론적 관점, 예술 가치론적 관점, 예술 자율론적 입장, 사회결정론적 입장, 상호작용론적 입장 등 다양하며 같은 범주적 입장에서도 미묘한 차이들이 상존한다.

이 문제에 관한 아도르노의 이론적 관심은 사회 결정론과 예술 자율론적 입장 간의 대립을 지양하고 두 입장을 결합하면서 동시에 예술작품 내에서 상호작용이 어떻게 이루어지는가에 있다. 이것은 다름 아닌 매개의 문제이다. 아도르노는 매개의 문제를 형식과 내용의 대립을 지양하고 예술작품 내에서 사회적인 것, 다시 말해 '진리 내용(Wahrheitsgehalt)'이 어떻게 매개되는가를 탐구한다. 그는 작품의 생성과 작품의 소재 및 재료, 작품 자체에서 사회적 매개의 내용과 작품 내에서 사회적인 것의 매개 문제를 내재적 방법론에 따라 전개한다. 이와 같은 내재적 관점에서 예술과 사회의 매개 문제에 관한 접근은 예술에 관한 독특한 이해를 전제한다.

아도르노에게 예술은 "인식의 한 형태"로서 "현실에 대한 인식"을 의미한다. 이때 현실은 화해될 수 없는 부정적인 사회 현실을 의미하며 예술은 이것을 자신의 내재적 구성에 의해 파악해야 한다. 내재적 구성은 "본질에 대해 이야기"하거나 본질을 "그림으로 그리거나 혹은 그것의 모방"을 통해서가 아닌 "본질을 파악"(GS7, 384)함으로써 현실을 인식한다. 예술의 사회적 부정성의 인식은 다름 아닌 매개에 의해 이루어지는 것이다. 그런데 매개의 개념과 매개의 층위, 예술작품 매개의 성공 여부에 관한 아도르노의 논의는 문제의 성격만큼이나 명료하지 않다. 이 장에서는 위의 문제를 고찰하기 위해 크게 다음과 같은 두 가지 측면을 중점적으로 다루게 될 것이다. 첫 번째 부분은 예비적 논의로서 아도르노의 관점에서 사회와 예술의 관계에 관한 다양한 입장들을 다룬다. 두 번째 부분은 그의 매개 개념과 그가 제시한 매개의 성공적 사례에 대해 비판적으로 검토할 것이다.

2) 예술과 사회의 관계

예술과 사회의 관계에 관한 아도르노의 입장을 확인할 수 있는 첫 번째 통로는 아도르노의 예술 개념에서 찾을 수 있다. 그는 '예술이란 무엇인가'에 대한 답변을 예술 자체에서 찾지 않는다. 아도르노는 "예술의 본질을 예술의 근원에서 연역해 내는 방식"(GS7, 384)과 과거의 예술적 관점에서 현재의 예술을 규정하려는 방식을 단호하게 거부하며, 동시에 예술 자체의 고유한 메커니즘, 예술의 자기 법칙성이란 개념을 부정한다. 그에게 예술이란 개념 자체가 '자명한 것'이 될 수 없지만, 예술은 '예술이 아닌 예술과 관계하는 것과의 관계 속에서' 그것이 형성되는 과정과 그 요인과의 과정 안에서 규정되어야 한다. 이것을 아도르노는 "예술 개념이 역사적으로 변화하는 계기들의 구도에 의해 이루어진다"(GS7, 384)라고 서술한다. 여기서 말하는 '역사적 변화'란 특정 예술의 예술성 인정 여부, 소재, 재료, 기술, 노동 분업의 변화, 예술을 둘러싼 특정한 시기의 사회 정치적 의식을 모두 포함한다.

위에서 말하는 역사적 변화는 사회적 변화의 다른 표현이다. 아도르노는 예술을 사회와의 관계 속에서 파악해야 하는 이유로 ① 사회적 생산물로서 예술작품, ② 예술작품의 내적 관계와 사회의 법칙과의 유사성, ③ 사회적 생산 관계의 예술작품에의 반영, ④ 예술가의 사회적 위상의 변화를 들고 있다. ①의 경우 아도르노는 예술작품과 사회적 생산물 사이에 본질적인 차이가 없다고 간주한다. 예술작품의 재료 선정과 생산력은 과학과 사회발전에 따라 직간접적인 영향을 받는다. 아도르노는 게오르게(Stefan George)의 장식적 언어 배열과 60년 후 그의 언어 재료 선정의 낙후성, 올림 바장조를 즐겨 사용한 쇼팽(Frédéric Chopin)과 1900년경 현대 음악에서 그러한 음악적 재료가 배척당한 경우의 사례를 통해 예술적 재료 선정과 사회와의 관련을 해명한다(GS7, 31 참조). 예술의 제작방식에 있어서도 사정은 마찬가지다. 특정한 시대의 생산력과 생산관계의 제작방식에 일정하게 투영된다(GS7, 335 참조). 예술작품의 소재 선정에 있어서도, 사회적 상황의 수용여부나 예술작품이 지향하는 바가 무엇인가와 관련 없이, 사회와 창작자 사이의 상호작용의 결과가 예술작품이라는 점에서 예술은 사회적 생산물이라고 간주된다.

아도르노는 19세기와 20세기 초의 소설에서 중요 소재였던 간통 문제가 현대의 통속 문학에서 주로 등장하는 소재상의 변화를 그 사례로 들고 있다. 이러한 변화는 소가족의 해체와 일부일처제의 이완현상이라는 사회적 현실이 문학에 투영된 결과라는 것이다(GS7, 13 참조). ②의 경우는 예술이 구체적으로 사회(사회의 원리, 계급관계, 모순)를 어떻게 작품 속에 매개시키는가와 관련된 주장이다. 이와 관련해 그는 '작품 내의 내적 긴장과 사회의 내적 긴장의 상호 연관성', '예술 발생의 체험과 사회적 체험 층위의 유사성'도 주장한다. 이것은 그가 선정한 '매개에 성공한 작품 분석'을 통해 확인되어야 할 것이다.

③과 관련해서 아도르노는 예술작품이 "사회적 생산관계의 침전물이거나 복사품"(GS7, 16)이라고 말한다. 왜냐하면 "제반 사회적 투쟁이나 계급관계는 예술작품의 구조에 그 흔적"(GS7, 344)을 남기기 때문이다. 여기서 '흔적'이란 반영의 다양한 내용을 말한다. 생산관계를 특징짓는 것으로 아도르노가 지적하는 것이 예술의 상품 형식이다. 예술의 상품 형식이란 예술에서 사용가치적 측면이 사라지고 교환가치, 상품화, 물

화가 보편적으로 일어나는 현상을 말한다. 예술이 상품 형식으로 변화하면서 소비재, 오락물로 전락하며 탈예술화(Entkunstung)된다. 아도르노의 탈예술화 테제는 생산관계의 변화가 예술작품의 변화에 어떻게 관계하는지를 잘 보여준다.

지금까지 언급한 예술과 사회의 관계에 관한 아도르노의 논의는 현대예술에서 예술이 사회에 어떻게 의존하는가에 집중되어 있다. 그런데아도르노는 예술의 사회적 관계 방식의 또 다른 측면을 예술의 정신과이념에 입각해, 사회의 안티테제로서 예술이 사회와 관계 맺는 독특한성격을 규명한다. 예술을 사회의 안티테제로 규정하는 것은 예술이 사회의 대립 개념이라는 의미가 아니다. 예술이 사회에 대한 비판적 기능을 수행하는 차원에서 사회와 관계 맺는 것을 의미한다.

> 예술이 사회적인 것은 그때그때의 생산력과 생산관계의 변증법이 집약
> 되는 예술의 산출 방법에 의해서도 아니고 예술의 제재 내용의 사회적 유
> 래에 의해서도 아니다. 오히려 반대 입장에 의해 예술은 사회적인 것이
> 되며 예술은 자율적인 것으로서만 그러한 입장을 취할 수 있다(GS7, 355).

예술의 자율성은 '예술을 위한 예술'이나 관념 미학과 유미주의가 말하는, 사회와 완전히 분리된 자족적인 예술을 말하는 것이 아니라, 사회와 관계하면서, 사회의 논리에 종속되지 않고, 사회를 비판하는 예술의성격을 말한다. 아도르노가 말하는 "무의식적 역사 서술"(GS7, 272), "역사철학적 해시계"(GS11, 60)로서의 예술이란 예술의 자율성이 가장 잘 구현된 상태를 의미하는 것이다. 사회의 안티테제로서 예술의 자율성은

예술이 비판적인 것에서 벗어날 수 없고 기존의 사회에 대한 비판과 저항으로부터 예술 자신의 생명과 존재 의미를 확보할 수 있다는 입장에 기초한다. 다시 말하면 예술의 자율성은 그 "자체가 사회적인 근원을 가진 자율성"(GS3, 353)인 것이다. 아도르노에게 비판으로서 자율성은 사회와의 거리두기, 저항, 부정, 치유, 유토피아 등 다양한 형식을 취한다. 그럼에도 불구하고 사회와 비판적으로 관계하는 형식의 다양성이 궁극적으로 들춰내고자 하는 것은 사회에 의해 발생하는 고통과 그것의 비진리성이다.

> 예술작품이 가하는 사회 비판의 영역은 고통이다. 즉 작품의 표현을 통해 역사적으로 규정된 가운데 사회적 상황의 비진리가 드러나게 되는 영역이다(GS7, 353).

3) 예술과 사회의 관계 양상에 대한 비판

(1) 예술을 위한 예술 비판

앞서 서술한 관점에 입각하면, 아도르노는 예술과 사회의 관계를 둘러싼 대립적인 두 입장인 '예술을 위한 예술'과 '정치예술' 모두를 거침없이 비판한다. 먼저 아도르노는 예술을 순수한 정신적 존재로 간주하거나 예술의 순수한 개념이 초시간적이며 초역사적으로 통용 가능하다는 믿음, 예술의 절대적 자율성에 관한 주장을 소박한 믿음으로 치부한다. 또한 그는 '예술을 위한 예술'은 예술을 바라보는 귀족적 태도, 다시 말해 예술 향유 계층의 특권으로서의 예술에 관한 이해가 은밀히 감춰져 있다고 보았다. 아도르노는 '예술을 위한 예술(das l'art pour l'art)'이라는 입장에 내포된 미학적 차원의 문제로, ① 사회와의 대립의 추상성과 안이함, ② 형식의 이상과 미의 규칙에 어긋난 예술의 배제, ③ 소재 집착, ④ 미적 커뮤니케이션의 거부로 인해 사회에 쉽사리 통합되는 성향을 지적한다(GS7, 352 참조). 예술을 위한 예술의 범주에는 의고주의, 유미주의, 넓은 의미의 자연주의를 포함된다.

그렇다면 그는 예술을 위한 예술이라는 구호에 내재한 어떤 모순을 비판하는가? 의고주의에서 나타나는 이 구호에는 사회의 안티테제로서 예술의 저항이 드러나지 않는다. 또한 사회에 추상적으로 대립함으로써 쉽게 굴복할 뿐만 아니라 정치적 반동과의 결탁이 은폐되어 있다. 아도르노가 보기에 의고주의에서 예술의 고결함은 흔들리지 않고 저항력 있는 예술의 형식과 내용에서 구현되어야 하는데, 그것이 드러나지 않는 의고주의에서 말하는 고결함은 허위일 뿐이다(GS7, 354 참조). 작가에 의해서 계획된 유미주의 예술작품은 사회적인 문제를 시끄러운 잡음으로 간주함으로써 유미주의 자체가 스스로 허위임을 드러낸다(GS7, 369 참조).

아도르노의 관점에서 자연주의는 유미주의보다는 좀 더 나은 사회성을 확보하지만, 자연주의자들의 작품에 형상화된 "사회의 비판적 사상 내용은 거의 피상적이며 그들 자신이 진지하게 받아들인 적은 없어도 이미 그 당시에 완전히 형성된 사회이론의 수준"(GS7, 369)에 도달할 수 없다. 결국 예술을 위한 예술은 "예술 자체가 순수한 내재성을 지닌다는 허위"에 토대를 둔 것이며 "사회적으로 무관하고 궁극적으로는 모독적인 반동적 작품이라는 판결"(GS7, 369)을 피할 수 없다.

(2) 정치예술 비판

아도르노는 기본적으로 '완전히 비이데올로기적인 예술의 불가능성'을 인정하면서도 정치예술, 참여예술에 비판적이며 심지어 "반정치적 성격"[238]을 드러낸다. 앙가주망(Engagement)이 미학적 범주인 것은 분명하지만 선전 예술, 정치예술, 계급주의 예술의 직접적 표현과 선동성, 메시지의 명시성 등은 예술이 가지는 독특한 비판적 반성과 예술적 실천에 대한 그릇된 이해에 기초한 것이다.

> 예술에서는 사회에 반대하는 예술의 내재적 운동이 사회적인 것이지 예술의 명시적인 입장표명이 사회적인 것이 아니다(GS7, 336).

넓은 의미의 정치예술에 대한 아도르노의 비판은 여러 장르와 작가 및 계급주의 예술 이론가를 포함한다. 먼저 그의 리얼리즘 연극에 대한 비판을 살펴보자. 아도르노는 연기자가 연기하기 전에 '무슨 말을 하는지' 관객이 이미 알고 있다는 점과 연극 방식 자체의 양식화로 인해서 사실주의 자체의 내적 자기 가능성을 제약한다는 비판을 가한다. 같은 맥락에서 아도르노는 아이슬러(Hanns Eisler)의 음악, 홀츠(Arno Holz)의 빈민문학, 사르트르(Jean-Paul Sartre)의 참여문학, 브레히트(Berthold Brecht)의 실천주의, 그리고 사회주의 리얼리즘의 강제적 규범을 통해 예술의 좌파성을 강조한 마르크스, 레닌(Vladimir Lenin), 주다노프(Andrei Zhdanov), 울브리히트(Walter Ulbricht)에 비판적이다. 아도르노는 문학작품에 대한

---

[238] 프리드릭 제임슨, 『후기마르크스주의』, 김유동 역, 한길사, 2006, 421쪽.

사회주의적 혹은 계급론적 해석에 대해서 제한적 유효성을 주장한다. 가령 브레히트가 수행한 셰익스피어 문학의 계급론적 해석을 작품의 본질적 측면을 지나치게 간과하고 관점에 의해 매개된 과도한 해석의 전형을 보여 주는 사례로 평가한다.[239]

아도르노가 정치예술을 비판함에도 불구하고 예술의 정치적 함의 자체를 부정하지 않으며 예술의 정치적 실천 자체 또한 부정하지 않는다. 제임슨은 이를 다음과 같이 서술한다.

> 아도르노는 정치적 예술작품의 가능성을 —가끔은 격렬하게— 거부하는 것 같지만 그가 실제로 반대하고 있는 정치예술이란 직접적인 상황 속에서 즉 하루하루 투쟁과 사건 속에서 예술의 기능을 강조하고 부추기는 정치예술이지 사회적 갈등이나 역사적 모순에 대한 좀 더 깊은 표현을 뜻하는 정치예술은 아니라는 것이다.[240]

그는 "예술이 실천적 거리를 두면서 사회적 실천의 도식"(GS7, 339)이 되어야 한다고 말한다. 그렇다면 실천과 거리를 두면서 예술은 어떻게 사회적 실천의 도식이 될 수 있는가? 그것은 예술이 사회적 모순을 형상화하고 그것 속에서 사회적 실천을 담아내는 방식을 통해 가능하다. 여기서 아도르노는 예술적 실천과 일반적 사회적 실천을 구분한다. 예술적 실천이란 다름 아닌 "모순들을 명료하게 표현하는 형상화"(GS7, 345)

---

239 같은 책, 378쪽 참조.
240 같은 책, 422쪽.

작업을 의미한다. 예술적 실천은 직접적인 행위와 정치적 앙가주망을 의미하지 않으며 그것을 하지 않는다고 해서 예술이 실천을 방기하는 것으로 간주해서는 안 된다는 것이 아도르노의 입장이다.

> 예술작품은 열변을 토함으로써가 아니라 사물화할 수 없는 의식의 변화를 통해서 실천적인 영향력을 행사한다(GS7, 360).

그에게는 예술 그 자체가 실천이다. 예술적 실천은 "예술작품의 진리 내용 속에"(GS7, 367) 감추어져 있다. 다시 말해 형식과 내용의 변증법적 매개를 통해 예술 내재적 차원에서 예술적 실천이 구현된다는 것이다. 예술적 실천의 검증은 "경험적 현실을 지양하면서도 지양된 현실에 대한 관계의 구체화"(GS7, 379)에 달려 있다. 이와 같은 예술적 실천에 대한 아도르노의 이해는 예술이 적극적인 정치적 행동주의를 표방한다고 해서 과연 그것을 달성할 수 있는지에 대해 의심하며 소위 참여예술, 정치 예술의 실제적 영향력에 대해서도 의구심을 갖는다. 아도르노에게 예술의 사회적 영향력은 철저하게 '간접적'이다. 그것은 화해와 평화, 해방의 상태에 대한 "기억과 동경 속에서"(GS7, 29) 간접적인 영향력을 갖는다.

(3) 경험적 예술사회학 비판

아도르노의 예술사회학에 대한 비판은 다우스(Markus Dauß)의 지적처럼 사회와 자율적 예술의 영향관계와 그것의 방법론적 개방성에 기초하고 있다.[241] 그는 예술의 이중적 특성과 변증법적 예술-사회관계론에 입각해 경험적 예술사회학을 비판한다. 경험적 예술사회학의 근본적인 한

계는 예술과 대중적 예술작품의 영향관계에 대한 양적 연구에 머문다는
데 있다. 아도르노에게 영향관계에 관한 경험적 분석은 예술과 사회관
계의 객관적 인식을 저해한다. 왜냐하면 예술사회학이 문제 삼는 "영향
관계 그 자체는 모든 관계들의 총체성 내의 하나의 계기성"(GS10.1, 367)
만을 갖기 때문이다. 이 맥락에서 아도르노는 질버만(Alphons Silbermann)
으로 대표되는 경험적 예술사회학을 비판한다. 질버만은 예술과 예술작
품의 영향에 대한 정확한 정보와 데이터라는 사회적 사실만이 예술사회
학적 고찰의 출발점이자 핵심이 되어야 한다고 강조한다.[242]

질버만의 경험적 예술사회학의 문제는 예술과 예술작품 자체로부터
읽어야 하는 질적 측면을 배제한다. 이뿐만 아니라 예술 창작자나 예술
수용자들의 예술 경험, 예술적 상상력, 예술적 자발성과 판타지를 해석
하지 못하며, 심지어 그것을 약화 및 축소하는 위험을 내재한다는 것이
다. 경험적 예술사회학의 또 다른 문제는 분위기, 의미, 형식, 구성, 기술
과 같은 진정한 예술이 담지해야 하는 요소들에 대한 내재적 비판이 처
음부터 고찰의 대상으로부터 제외된다는 점이다.

아도르노에게는 예술작품의 영향관계보다 작품의 구조분석이 우선
적인 문제다. 예술작품의 사회적 내용을 파악함으로써 작품의 이해에
도달할 수 있다는 점에서도 내재적 분석이 영향관계보다 선행되어야 한

241 M. Dauß, "Kunst ist die gesellchaftliche Antithese zur Gesellschaft. Zum Konzept der
Kunstsoziologie," in: *Die Gesellschaftstheorie Adornos*, D. Auer/Th. Bonacker (Hg.),
Darmstadt 1998, 61쪽 이하.

242 A. Silbermann, *Empirische Kunstsoziologie. Eine Einführung mit kommentierter
Bibliographie*, Stuttgart 1973, 21쪽; A. Silbermann, "Kunst," in: Fischer-Lexikon Soziologie,
Frankfurt/M. 1967, 87쪽.

다. 아도르노의 이러한 시각은 특히 현대 예술에 있어서 유효성을 갖는다. 이미 그가 지적하듯이 현대 예술은 구성과 기술에 대한 이해 없이는 난해성에서 벗어날 수 없기 때문이다. 아도르노의 입장은 이해에 바탕을 두지 않는 영향 연구의 표피성도 염두에 두고 있는 셈이다. 예술작품에 대한 경험적 예술사회학은 예술이 예술의 논리, 예술작품 자체의 논리성에 의해서만 객관적으로 파악되어야 한다는 아도르노의 기본입장과 화해할 수 없다.

> 예술의 논리성은 예술을 어떤 고유의 존재 혹은 이차적인 자연으로 구성하는 예술의 힘들 가운데 하나이다. 논리성은 예술작품을 그 영향에 근거하여 파악하려는 모든 노력을 방해한다. 예술작품은 일관성을 통하여 작품의 수용과 아무 관계 없이 자체 내에서 객관적으로 규정된다(GS7, 206).

경험적 예술사회학에 대한 아도르노의 비판은 일관되게 생산 미학적 관점에서 수행되며 벨머의 지적처럼 '지나치게' 생산 미학적 측면이 있는 것이 사실이다.[243] 그에게 수용과 영향보다 중요한 문제는 예술작품의 생산 문제이다. 특히 예술의 탈예술화, 소비예술 시대의 등장 이래 예술작품의 수용, 분배, 영향관계는 부차적인 문제라는 것이다. 아도르노의 예술 생산자 중심의 생산 미학적 관점에서 보면 예술작품의 영향관계의 조사와 분류, 영향과 작품 내용을 동일시하는 것보다 예술작품의 사회

---

[243] 알브레히트 벨머, 『모더니즘과 포스트모더니즘의 변증법』, 70쪽 참조; GS7, 338쪽 이하 참조.

적 근거와 그것의 객관적이고 사회적인 내용을 탐색하는 것이 우선적으로 요구된다(GS8, 338 참조). 수용 문제와 관련해서 아도르노는 과연 의미 있는 수용이 얼마나 가능한가에 근본적인 의구심을 버리지 않는다.

대중들은 예술작품의 부분적이고 감각적인 것에 치중하며 오락음악을 포함한 대중예술의 생산은 일시적 효과만을 추구한다.[244] 아도르노의 관점에서 소비를 위한 예술 생산과 구매는 '가벼운 예술'과 '산만한 수용'의 일반화를 의미하며 이러한 상황에서 경험적 예술사회학과 수용 미학적 이론은 진정한 미적 경험이나 예술 수용과 관련이 없다. 야우스(Hans Robert Jauß)가 말하는 수용자의 기대 지평이나 지평 변화와 같은 개념은 그에게서 처음부터 배제되는 것이다.[245] 오늘날 생산 미학적 관점의 유효성이 아도르노 당시보다 퇴색된 측면이 있지만, 수요와 대중의 경향성을 예술창작에 반영하는 측면이, 단순히 수용 미학적 관점의 유효성을 효과적으로 증명한다고 볼 수도 없다. 아도르노의 관점에서는 예술의 수요 창출을 위한 '현명한' 예술 생산자 논리로 이해될 수 있기 때문이다.

한편으로 아도르노는 경험적 예술사회학이 이론적으로 전제하는 가치중립 테제의 비판을 통해 경험적 예술사회학의 이론적 결핍을 논증하고자 한다. 그는 예술작품의 수용에서 가치중립 테제는 도그마이자 조야한 전제라고 폄하한다. 예술작품의 수용자 평가에서 무엇이 좋고 무

---

244 대표적 오락음악인 재즈에 대한 아도르노의 신랄한 비판은 재즈의 상품적 성격, 거짓 자유 관념 등이다(GS18, 795쪽, GS17, 78쪽, GS10.1, 125쪽; H. Steinert, *Die Entdeckung der Kulturindustrie, oder, Warum Professor Adorno Jazz-Musik nicht ausstehen konnte*, Wien 1992, 64쪽 이하 참조).

245 H. R. Jauß, "Literaturgeschichte als Provokation der Literaturwissenschaft," in: ders., *Literaturgeschichte als Provokation*, Frankfurt/M. 1970, 144쪽 이하 참조.

엇이 나쁜가를 결정하는데 가치중립적 접근이 불가능하다(GS10.1, 372 참조). 왜냐하면 예술작품은 본질적으로 주체의 고유한 체험의 영역이지, 객관적 측정의 문제가 아니기 때문이다. 아도르노는 자극과 정보를 측정하는 것과 예술작품의 영향 관계를 측정하는 것은 전혀 다른 범주의 문제로 본다. 질적이고 구조적인 범주로서 예술 체험은 양적으로 측정될 수 없는 것이다. 그의 관점에서 경험적 예술사회학의 영향 관계 분석은 그 자체로 목적이 되어서는 안 되며 예술작품의 내재적이고 사회적 인식을 규명하는 데 부분적으로 봉사해야 한다.

아도르노의 경험적 예술사회학 비판 및 예술-사회관계의 이론화와 사례분석의 성공 여부는 예술과 사회의 상호침투와 영향 관계를 어떻게 방법론적으로 수행하는가에 달려 있다 해도 과언이 아니다. 이상적 방법론은 예술작품 내재적 분석과 수용 및 영향 관계가 유기적으로 결합된 방식일 것이다. 여기에는 예술학, 예술사회학, 철학적 미학, 사회학과 구조적이며 특수한 영향 관계에 대한 이론이 융합되고 통섭되는 방식을 취하게 될 것이다(GS10.1, 389 참조).

아도르노의 경험적 예술사회학의 비판과 관련해 가장 흔히 등장하는 비판은, 슈바프(Gustav Schwab)와 벨머가 언급한 바와 같이, 수용 주체의 측면에서 주관성의 확장, 소위 주체의 탈경계화에 따른 예술 수용에서 '새로운 종합'의 가능성을 부정했다는 데 있다.[246] 문제는 아도르노가 예술의 사물화 테제와 수용 주체의 자율성을 부정하며, 동시에 예술 자체를 이들에 대한 부정으로 파악하기 때문에 비판의 논점과 아도르노 논

---

[246] 알브레히트 벨머, 『모더니즘과 포스트모더니즘의 변증법』, 녹진, 1990, 58쪽 이하 참조.

점의 접점을 찾기는 불가능하다.

4) 예술과 사회의 매개 문제

아도르노의 예술과 사회의 매개 문제는 간단하지도 명료하지도 않은 문제이다. 매개의 문제는 예술-사회관계의 상호작용이나 한쪽으로의 수렴 문제를 다루지 않으며 매개 과정의 논리적, 단계적 순서를 논하지도 않는다. 매개는 단순히 예술과 사회와의 관계를 지시하거나 예술가의 사회에 대한 주관적, 인지적 인식 내용을 의미하지도 않는다. 예술과 사회의 매개는, 예술과 사회 간의 선행적 상호작용의 결과로 경험하는 예술가적 주체와 예술가가 다루는 소재나 재료와 같은 객체에 발생하는 질료적 과정을 포함하는 개념이다.

아도르노가 개념적으로 구분하지 않지만, 그는 예술과 사회의 매개를 크게 두 가지 측면, 즉 작품 내적 매개와 작품 외적 매개로 나눈다. 아도르노의 작품 외적 매개에 대한 분석은 마르크스의 생산력과 생산관계의 개념을 예술-사회관계에 전용시키는 데에서 출발한다. 아도르노의 생산력 개념은 예술창작의 주관적 능력, 예술의 창작 과정, 소재와 재료의 처리 과정뿐 아니라 넓게는 연주 능력과 공연까지를 포함하는 개념이다. 생산관계는 경제적이며 이데올로기적 규정들을 의미한다.

뷔르거(Peter Berger)는 아도르노가 마르크스의 개념을 수용하면서 예술 생산과 일반적인 물적 생산을 동일하게 간주했다고 비판한다. 그런데 그의 주장과 달리 아도르노는 후에 경제 영역에서의 생산력과 생산관계의 도식이 예술 영역에서 동일하게 적용되는 데 한계가 있다는 것을 인식했다(GS14, 425 참조). 작품 외적인 측면에서 매개의 문제를 논하는 데 있어 '기술(Technik)'과 '재료(Material)' 역시 중요하다. 아도르노는 기술을 "재료의 장악에 대한 미학적 명칭"(GS7, 316)이자 예술을 발생시키는 구체적 수단이며 "객관적으로 예술 자체가 요구하는 바를 따를 수 있는 축적된 능력"(GS7, 320)으로 이해한다. 이와 같은 측면에서 아도르노는 예술 이해에 있어 기술 이해의 필요성과 함께 작품의 객관성 문제를 기술의 복합적 관계에 대한 파악의 문제로 이해한다. 아도르노의 관점에서 기술은 결국 예술가와 재료를 매개하는 위치를 점유한다. 그에게 기술의 적용 대상인 재료는 "예술작품과 사회가 만나는 장소"[247]다.

이 점에서 아도르노는 재료 개념을 기존의 형식과 내용의 대립 구도를 넘어서는 형식과 내용의 통일로 본다. 이러한 관점은 재료 개념을 포괄적으로 이해함으로써 가능해진다. 말, 색채, 음, 처리방식뿐 아니라 심지어 형식까지도 재료 개념에 포함된다. 다시 말하면 재료는 '예술가가 작품을 만들기 위해 결정해야 하는 모든 것'을 의미한다. 그런데 정작 재료를 예술가가 자유롭게 사용하는 데에는 제한이 있다. 재료의 선택과 사용은 재료 선택의 필요성, 재료 상태 자체와 재료 선택과 사용 가능성을 제공하는 기술적 발전 수준이 전제되어야 한다. 이런 의미에서 재료는 자연적인 것이 아니라 철저하게 역사적인 것이며 재료가 순수하다고 간주하는 재료에 관한 예술적 입장 자체도 역사적이고 사회적으로 규정된 것이다(GS7, 222 참조).

아도르노는 재료 개념에 재료 자체의 자기운동과 자율성의 개념을 배

---

[247] 페터 뷔르거, 『미학이론과 문예학 방법론』, 김경연 역, 문학과지성사, 1987, 99쪽.

제하며 재료 자체를 예술과 사회가 매개된 산물로 간주한다. 재료 발전의 논리는 특정 시대의 특정 재료와 개별 작품의 재료 선택의 내적 연관성을 전제로 한다. 그런데 아도르노는 특정 기술 수준에서 재료의 다양성과 함께 재료를 사용한 개별 작품 생산의 다양한 병존을 논의하지 않는다. 그는 단지 재료와 작품의 사회적 매개를 유물론적 관점에서 설명하는 데 그치고 있다. 재료 개념을 제시하면서 그가 염두에 두고 있는 아방가르드 예술작품이나 무조음악의 음악 재료 이외의 동시대의 다른 예술작품에서 예술과 사회의 문제가 논의에서 배제된 것이다.

한편 예술작품 내적 측면에서 예술과 사회의 매개는 "풀리지 않는 상호 얽힘"[248]의 관계가 어떻게 구현되는가의 문제가 관건이다. 아도르노에 따르면 예술작품에서 사회적인 것의 매개는 예술작품의 형식에서 가장 잘 드러난다. "예술작품을 바로 예술작품으로 만드는 요인이 형식"(GS7, 216)인 것이다. 아도르노에게는 형식 개념 자체가 매개를 의미한다.

> 형식은 부분들 상호 간의 관계, 혹은 전체에 대한 관계인 점에서 또 세부적인 요인들을 철저히 형상화하는 점에서 매개다(GS7, 216).

형식에 의한 매개는 '주관적'이지 않다. 그에 따르면 예술작품에서 매

---

[248] Theodor W. Adorno Archiv, *Frankfurter Adorno Bläter I*, München 1992, 38쪽. 페터 뷔르거는 아도르노의 예술과 사회의 매개 문제에서 예술작품의 사회적 영향과 사회가 예술작품에 어떻게 영향을 미치는가에 대한 문제는 전혀 논의되지 않고 있으며, 아도르노의 관심은 예술작품 내의 사회적 매개에 한정되어 있다고 주장한다(페터 뷔르거, 『미학이론과 문예학 방법론』, 문학과지성사, 1987, 92쪽 참조).

개는 "하나의 객관적 규정"(GS7, 214)이다. 여기서 객관적 규정은 화면구성 기법이나 대칭관계나 반복, 수학적 작품 처리 기술과 기법, 예술작품 창작의 형식주의를 의미하지 않는다. '객관적 규정'이란 달리 말하면 작품의 '매개적 성격'을 의미하는 것으로 소재와 재료, 작품 내에서 관계의 요소들을 일관성 있게 조직한다는 의미를 갖는다.

예술작품 형식의 매개적 성격은 예술작품의 진리 내용을 파악하는 단서이다. 예술작품의 진리 내용이 직접적으로 전달되는 것이 아니라 예술작품의 형식을 통한 "매개된 상태로만 인식"(GS7, 195)될 수 있다. 아도르노에게 "예술작품의 진리 내용은 작품이 의미하는 바가 아니라 작품이 자체로서 참이냐 거짓이냐"(GS7, 197)를 결정하는 것인데 그것은 "주체에 의한 좀 더 특유한 방식의 매개"(GS7, 245)와 관련이 있다. 특유함이란 주체와 객체가 작품 자체의 계기이며 이러한 상호관계가 주관적으로 매개된 형식으로 나타나는 데 있다. 결국 관건은 작품 내용에 있어 주체와 객체의 매개 문제다.

예술작품의 진리 내용을 결정하는 내용의 매개는 작품에 있어서 주관(감상자)과 객관(예술작품)의 매개라는 관점에서 보면 크게 3가지 차원에서 수행된다. 첫째, 작품 내용의 매개는 무엇보다도 예술작품에 대한 경험의 직접성을 전제로 한다. 아도르노가 미적 체험에서 객체의 우선성을 거듭 강조하지만 미적 체험에서 작품에 대한 주관의 직접적 체험은 '형성 과정으로서의 예술작품'을 논하는 데도 이미 전제된 문제다. 두 번째 단계는 개별적 미적 경험의 차원을 넘어서 작품의 집합적인 파악에 천착하는 것이다. 예술작품 자체는 창작자 역시 작품 내용의 한 부분일 뿐이며 개별적인 예술작품이라 할지라도 그 예술작품에는 '나'가 아닌

'우리'가 내포되어 있다.

예술작품의 '우리'는 그것의 사회적, 역사적, 예술 내적 논리를 다 포함한 스스로 말하는 언어적 성격으로서의 작품의 성격을 지시한다. 세 번째 방식은 매개된 것이 주관적 판단의 요소들에 의해 근거하더라도 곧 임의성의 위험에 빠지지는 않는다. 예술작품의 감상에서 상대성의 늪에 빠진다고 하더라도 우선적으로 분석 대상이 작품인 이상 감상자의 주관적인 반응은 사회적인 조건의 요소들에 의존할 수밖에 없기 때문이다.[249]

앞서 언급했듯이 아도르노에게 형식에 의한 매개의 적절성은 진정한 예술을 판단하는 척도다. 그의 매개 개념은, 전통적 예술에서 형식 개념에 내재한 '형식의 속박'을 넘어서 형식의 한계와 형식의 해방을 그 자체로 승인하는 열린 매개 개념이다. 예술작품은 형식을 통해 내용을 매개한다. 다시 말해 예술의 내용과 형식이 예술 형식에 의해 하나의 단일성을 확보한다는 것이다. 아도르노가 말하는 '단일성'이나 '통일'은 형식과 내용의 동일성을 의미하는 것이 아니다. 형식에 의한 내용의 매개가 총체적으로 이루어졌다고 해서 예술작품에서 형식과 내용이 단일해지는 것으로 볼 수 없다.

또한 형식에 의한 내용의 매개로 확보된 단일성이 형식에 의해 다양한 것의 단일화나 종합에 이른 상태를 의미하지도 않는다. 현대 예술작품에서는 조화로운 종합보다는 산만한 것들을 모순이 있는 상태로 형식화함으로써 이른바 '혼란한 종합'을 보여 준다. 실제로 아도르노는 현대

---

249 M. Dauß, "Kunst ist die gesellchaftliche Antithese zur Gesellschaft. Zum Konzept der Kunstsoziologie," in: *Die Gesellschaftstheorie Adornos*, D. Auer/Th. Bonacker (Hg.), Darmstadt 1998, 68쪽 참조.

예술작품에서 "형식의 단일성이 허용되지 않는다는 점"(GS7, 221)을 지적한다. 여기서 형식의 단일성이란 전통적 예술 개념의 맥락에서 형식의 단일성을 말하는 것이다. 전통적 예술 개념에서 보면 아도르노가 사례로 들고 있는 쇤베르크의 세레나데나 행진곡, 베케트(Samuel Beckett)의 문학 작품들은 의도된 형식의 결핍과 왜곡 및 형식의 파괴를 통해 내용을 형식에 매개하는 것이다. 매개의 총체성이 구현되었음에도 매개 속에서 형식과 내용의 차이를 발견할 수도 있다. 아도르노는 특정한 곡의 '음악적 시간' 전체를 내용으로 볼 때 작곡가가 처리해야 할 가사, 음, 색채와 같은 음악적 재료나 이것의 조합과 결합을 결정하고 제시하는 작곡가의 음악적 재료의 선별 과정에서 형식과 내용을 구분해 낼 수 있다고 믿는다.

예술작품이 사회를 매개하는 데 있어 가장 중요한 것은 전체와 부분의 관계가 '간접적', 내재적 차원에서 이루어져야 한다는 점이다. "예술작품 속의 사회의 내재성이 사회에 대한 예술의 본질적 관계"이므로 예술작품의 "사회적 내용"(GS7, 345)은 간접적 방식을 취해야 한다. 이것이 매개의 성공 여부를 판가름한다.

> 평범한 작품들은 형식의 얄팍한 껍질 속에서 그러한 부분적 전체성을 건드리지 않고 놓아두며 그것을 용해시키기보다 오히려 은폐한다. 형식의 한 가지 본질적 측면인 전체에 대한 부분의 관계는 간접적으로 즉 우회로를 거쳐서만 형성된다. 이 점은 거의 규칙으로 생각할 수도 있다. 이는 또한 형식과 내용이 얼마나 깊이 맞물려 있는지를 말해 준다(GS7, 220).

5) 예술과 사회의 성공적 매개 사례분석

아도르노가 예술과 사회의 가장 성공한 매개 사례로 제시하는 작가는 베케트와 카프카(Franz Kafka)다. 그는 정치적 술어를 전혀 사용하지 않아도 '총체적 조직에 의해 억압받는 요인들'을 자신의 작품 속에 형상화한 카프카와 베케트야말로 매개의 전형으로 간주한다.

> 카프카의 작품에는 독점 자본주의가 단지 희미하게만 나타날 뿐이다.
> 그러나 그의 작품은 관리되는 세계의 찌꺼기 같은 인간을 통하여 부패
> 한 산업 트러스트를 다룬 소설들보다 더 충실하고 강력하게 총체적인
> 사회적 억압하의 경험을 작품화하였다(GS7, 342).

아도르노의 카프카 해석의 출발은 기존의 카프카 문학에 대한 실존주의적 해석과 심리주의적 해석을 거부하면서 시작된다. 그는 예술작품에서 사회적 매개의 카프카적 전형을 찾기 위해 카프카가 어떻게 현실의 쓰레기들로 이미지를 조립함으로써 떠오르는 사회의 상을 직접적으로 구상하지 않은 채 "후기 자본주의의 암호문"(GS10.1, 268)을 만들어 내는지 분석한다. 아도르노에게 중요한 것은 후기 자본주의의 총체적 지배라는 사회적 현실이 직접적이고 정치적인 술어에 근거한 비판의 형식이 아닌 '암호문'의 형식을 통해 '매개'의 성공 여부를 증명해 내는 것이다. 그에 따르면 카프카는 지루하고 장황한 모티브의 반복을 시도한다. 왜 이렇게 서술하는가? 그가 보기에 '요세프 K', 'K', '디토렐리'의 반복과 그의 단조로운 '끄적거리는 문체'의 숨겨진 의도는 "사물의 동일성 혹은

교묘한 유사성"을 서술하는 데 그 목적이 있다.

카프카 작품의 등장인물들이 "컨베이어 벨트에서 제작되는 인간들, 기계적으로 재생산되는 표본들, 헉슬리가 형상화한 Y들"과 같이 극단적으로 묘사하는 것은 무제한적 관리 통제에 의한 "개인의 절멸"(GS10.1, 264)을 말하고자 하는 데 있다. 아도르노가 보기에 카프카는 무제한적 권력에 무기력하게 반응하는 소설적 주체를 등장시킴으로써 권력 자체의 실체를 드러내고 소설적 주체에게 가해지는 총체적 권력을 독자들이 다시 인식하게 만드는 전략을 구사한다.

매개의 성공 여부를 결정하는 암호적 요소로 아도르노가 파악하는 카프카 소설의 형식적 특징은 알레고리와 메타포, 말 그대로 의미를 받아들이는 '축어성의 원칙(das Prinzip der Wörterlichkeit)'과 사진을 찍는 듯한 묘사들이다. 이를 통해 총체화된 사회적 지배가 서술될 수 있고 주체의 사물화와 관리사회에 대한 암호적 매개가 가능하게 된다. 동시에 사물화의 논리를 철저히 흡수하는 주체의 서술은 그것을 넘어서 '구제'와 '희망의 장소'를 내재적으로 암시한다. "카프카는 적의 힘을 흡수하는 데에서 구제를 추구"하며 철저히 "자신이 사물화"(GS10.1, 285)되는 방식을 통해 '쓸모없는 것', '버려진 장소'와 '교환될 수 없는 것'에 대한 구제의 전망에 다다르게 된다. 이것이 아도르노가 카프카 소설에서 보는 진리 내용이다. 위와 같은 아도르노의 카프카 해석은 철저하게 계몽의 변증법적 논리와 부정 변증법적 논리를 카프카 해석에 적용한 것이라고 봐야 할 것이다.[250]

---

250 이 점은 아도르노의 카프카 수용에 관한 라트와 호퍼의 글에서 설득력 있게 논증되

아도르노의 시각에서 보면 베케트의 연극은 카프카의 문학보다 더 극단적으로 총체적 지배하의 무화된 개인을 표현한다. 베케트의 연극은 부정적 현실로부터 추론된 것으로 지금 여기서 이루어지고 있는 그대로의 것에 대한 체험이 기본 층을 다루며 객관적 상황으로 인해 객체가 소멸하고 있다는 사실과 이에 상응하여 주체가 빈곤해지고 있다는 점을 다룬다. 베케트가 보여 주는 '의미 없음', '죽음의 알레고리'와 '아무것도 없는 지점'은 다름 아닌 베케트가 총체화된 지배가 현실화된 사회와 그것의 지배하에 있는 개인의 죽음이라는 현재적 사태에 대한 다른 이름인 것이다. 베케트의 절망적 사회인식, 절망적인 지옥으로 전락한 사회를 문학적으로 매개한 작품이 『고도를 기다리며』와 『최종승부Endspiel』다. 이 작품은 절망적인 현실을 몽타주(Montage), 다큐멘터리식 서술, 세계의 질서에 대한 저항 없는 서술, 언어 부조리(Absurdität)와 말문의 막힘(Verstummen)과 같은 베케트식 형식 문법을 통해 현실을 작품과 매개한다.

아도르노는 『최종승부』를 "이해될 수 없는 것을 이해하고 어떤 의미도 없는 것의 의미를 구성해 보려는 것"(GS11, 283)으로 이해한다. 특히 그는 『최종승부』의 영웅의 질문과 대답에 나타나는 부조리와 말문이 막

고 있으며 슈미트 뇌르 역시 아도르노의 문학비평이 그의 철학에 기초한 해석임을 분명히 하고 있다. 여기에 대해서는 N. Rath, *Adornos Kritische Theorie. Vermittlungen und Vermittlungsschwierigkeiten*, Paderborn 1982; W. Hofer, "Adorno und Kafka. Anmerkungen zu einer Konstellation," in: *Hamburger Adorno-Symposion*, M. Löbig/ G. Schweppenhäuser (Hg.), Lüneburg 1984, 140쪽; G. Schmid Noerr, "Der Schatten des Widersinns," in: *Neue Versuche, Becketts Endspiel zu verstehen*, H.-D. König (Hg.), Frankfurt/M. 1996, 50쪽 이하 참조.

힘의 서술형식에 주목한다. 베케트의 연극에서 나타나는 이와 같은 특성을, 아도르노는 객관적인 언어 파괴 시대에 적합한 표현 수단으로 이해한다(GS11, 305). 그는 '함'과 '클로프'의 대화에서 나타나는 말의 기만적 요소에서 산출되는 말의 부조리가 자기유지의 원리에 의해 수행된 세계의 총체적 합리화에서 비롯되었다고 파악한다. 베케트에서 언어적 부조리와 말문이 막힘의 서술형식은 사회적 현실을 매개하는 적절한 수단이다. 부조리한 언어형식의 역사적 필연성은 비합리성으로 치닫는 자연 지배 역사의 필연성의 결과이며 그러한 언어 형식 자체가 함의하는 바를 아도르노는 동일성의 논리에서 유도된 의미 연관에 대한 부정으로서 비동일성을 암시하는 것으로 해석한다(GS11, 319 참조). 달리 말하면 베케트의『최종승부』에서 언어적 형식이 갖는 비합리이고, 모순적인 특징은 합리적인 관점, 동일성의 관점에서 보면 비합리적이지만, 그러한 비합리적 언어 자체는 동일성의 논리가 만들어 조정되는 세계의 비합리성 자체를 드러내는 것이다.

아도르노의 베케트 해석은 카프카 해석의 경우와 마찬가지로 그의 철학적 관점을 일관되게 관철시키고 있다. 이런 이유로 아도르노의『최종승부』에 대한 해석은 논란의 여지가 많다.[251] 논점을 확대해 음악 예술에서 사회 현실을 성공적으로 매개시키고 있다는 쇤베르크에 대한 해석이나 재즈에 대한 해석 역시, 해석의 자의성과 편향성에 대한 지적이 항상

---

251 벨머, 뇌르 등은 아도르노의 베케트 해석을 적절하게 평가한 반면, 슈라더는 해석의 오류를 지적한다(G. Schrader, *Expressive Sachlichkeit. Anmerkungen zur Kunstphilosophie und Essaystik Theodor W. Adornos*, Königstein 1986, 38쪽 이하 참조).

문제되어 왔다.[252] 자기 철학적 입장에 부합되는 근거에만 기초해 자의적인 해석을 가했다는 것이다.[253] 여기서 중요한 것은 아도르노의 본래 의도이다.

아도르노가 『신음악의 철학』에서 밝히고 있듯이 그의 의도는 "철학적 의미부여"(GS12, 13)이다. 이러한 관점은 아도르노의 카프카, 베케트, 프루스트(Marcel Proust), 아이헨도르프(Joseph von Eichendorff), 조이스(James Joyce)에 관한 해석이든, 베토벤(Ludwig van Beethoven), 바흐(Johann Bach), 쇤베르크, 말러(Gustav Mahler), 스트라빈스키(Igor Stravinsky), 피카소(Pablo Picasso)에 관한 해석이든, 예술이 사회를 어떻게 구체적으로 매개하는가의 문제와 관련해 일관되게 관철되는 것이다. 아도르노 자신의 고유한 철학적 프리즘에 입각한 '의미부여'의 유효성 주장은 그 효력 범위가 제한적일 수밖에 없다. 그런데 자기 철학을 구성하려는 어떤 종류의 이론적 시도에서 이와 같은 점은 피할 수 없는 일종의 자기수행적 모순으로 봐야 할 것이다.

---

252 D. de la Motte, "Adornos musikalische Analyse," in: *Adorno und die Musik*, O. Kolleritisch (Hg.), Graz 1979, 53쪽 이하 참조.

253 이 점이 가장 잘 드러나는 부분은 쇤베르크의 무조음악에 대한 아도르노의 철학적 해석에 쇤베르크가 냉소적으로 반응한 사실일 것이다. 쇤베르크는 아도르노의 추상적이고 사변적인 음악 해석에 반대했다. 또한 아도르노의 음악 사회학적 분석들은 달 하우스로 대표되는 음악학자들에 의해 초보적이고 잘못된 음악적 재료분석에 근거하고 있다는 비판을 받아 왔다. 그런데 음악학자들의 아도르노 비판은 음악학의 입장에서 전개하는 음악철학에 대한 비판에 지나지 않는다. 여기에 대해서는 C. Dahlhaus, "Aufklärung in Musik," in: *Geist gegen den Zeitgeist. Erinnern an Adorno*, J. Früchtl/M. Calloni (Hg.), Frankfurt/M. 1991, 124쪽; C.-S. Mahnkopf, "Adorno und die musikalische Analytik," in: ders., *Mit den Ohren denken*, Frankfurt/M. 1991, 246쪽 참조.

6) 아도르노의 매개 개념의 포괄성

아도르노의 예술과 사회의 관계에 대한 이론적 분석은 마르크스의 방법을 원용하면서도 마르크스나 마르크스주의적 미학 전통과 구별된다. 참여예술에 대한 비판이나 경험적 예술사회학과 수용 미학 비판에서 아도르노의 미학이 갖는 이상주의적이고 규범적 성격이 잘 드러난다. 예술작품에 과도하게 의미부여를 하는 아도르노를 향한 뷔르거와 야우스의 고전적 비판은 생산 미학적 패러다임에만 의존하는 아도르노 예술작품론의 한계를 적절히 지적하고 있다. 예술과 사회의 매개를 다룰 때 아도르노의 문제는 매개 개념을 지나치게 포괄적으로 사용한다.

매개의 문제는 외적인 층위로서 ① 재료의 물질적 측면, ② 내용 구성적 측면(주체의 의식), ③ 생산, 분배 및 소비의 사회적 측면, ④ 재료의 선정과 활용에 관련된 역사적 측면으로 구분된다. 매개의 성공 여부는 드러내지 않으면서도 사회의 안티테제로서의 부정성을 드러내는 매개인데, 이러한 내재적 방식만이 진정한 예술의 진리 내용을 담지한다는 주장과 이를 뒷받침하는 아도르노의 예술 텍스트 분석은 그러한 텍스트의 선정과 분석 관점에 있어 임의성과 자의성이라는 비판에서 자유로울 수 없다. 아도르노 미학의 전제인 '미학적 비판과 사회 비판의 일치'나 이를 해명하기 위한 '내재적 분석'의 타당성은 이상주의적인 예술작품 개념에 관한 자비의 원리가 가동될 때만 수용이 가능하다.

아도르노 시대보다 예술의 상업화가 더 가속화되고 '가벼운 예술'이 예술시장을 지배하는 상황에서 예술에 대한 사회적 규정력은 한층 강화되었다. 이것은 예술작품 내의 매개에 의한 아도르노식의 '무의식적 역사 서술'이 더욱 제한적으로 이루어질 수밖에 없다는 것을 의미한다. 위의 사태는 한편으로는 아도르노의 매개에 의한 부정성의 인식으로서 예술의 지위와 사회 비판적 인식을 다시금 상기하게 만들지만 다른 한편으로는 오늘날의 예술과 사회의 매개 문제를 해명하고자 할 때 그의 입장이 새롭게 재해석되거나 수정 및 보완이 불가피함을 암시한다.

인식으로서의 음악

1) 사회 비판의 관점에서 음악 탐구

〈슈퍼스타 K〉에서 시작한 오디션 음악 프로그램이 유행이다. 케이블 TV나 공중파 방송에서도 음악 장르별 오디션 프로그램이 등장하고 있으며 〈나는 가수다〉나 〈불후의 명곡〉과 같이 기성 가수를 대상으로 음악적 경쟁을 유도하는 음악 프로그램들이 오늘날 한국 방송의 메가트렌드(Megatrend)를 형성하고 있다. 이러한 오디션 및 경쟁을 중심으로 한 음악 프로그램이 방송 트렌드를 구축하는 이유는 무엇이며, 그것이 사회에 미치는 영향은 무엇인가? 그러한 음악 방송에서 쏟아 내는 음악은 어떤 사회적 기능과 역할을 수행하는가? 이러한 문제에 대한 직접적인 대답을 제시하지는 않더라도 그 문제에 대한 의미 있는 대답의 단서를 찾는 데 전거로 삼을 만한 철학이 아도르노의 음악 사회학적 논의다. 수많은 동서양의 철학자들이 음악에 대한 철학적 입장을 피력해 왔지만, 아도르노만큼 음악 문제를 자신의 철학으로 주제화하고 사회이론적 관점에서 설득력 있게 논의를 전개한 철학자도 드물다.

그의 음악에 대한 논의는 음악철학, 음악해석학, 음악사회학, 음악심리학, 대중음악 비평을 유기적으로 결합시키고 있으며, 그의 중심사상의 이론 틀에 입각해 각론을 전개하는 특징을 보인다. 이 장은 아도르노의 음악 비판 중 사회 비판적 관점에 논의를 한정하고 그것을 규명하는 데 목적이 있다.[254] 그는 음악을 사회의 암호이자 사회적 산물로 간주하며 사회 비판의 일환으로서 음악 비판을 수행한다. 사회 비판으로서 음악 비판을 수행하기 위해 아도르노는 음악의 물신화 양상과 이데올로기적 기능 비판에 논의를 집중시키며 '다른 음악'의 가능성에 관한 논의 역시 여기서부터 출발한다. 아도르노의 사회 비판으로서 음악 비판의 논제를 살펴보기 위해 ① 음악의 인식적 성격, ② 음악과 사회의 변증법적 관계 구조, ③ 음악의 물신화와 이데올로기적 기능 분석, ④ 다른 음악의 가능성과 한계를 순서에 따라 검토할 것이다.

---

[254] 아도르노가 밝히고 있듯이 그의 음악철학, 특히 신음악의 철학은 『계몽의 변증법』의 보론 성격이 강하다. 그밖에 그의 음악철학에는 『부정 변증법』과 『미학이론』의 관점이 농축되어 있는 것이 사실이다. 이러한 사정은 음악철학과 그것의 내적 연관성을 해명하는 연구가 그의 음악철학 연구에서 중요한 흐름을 형성했으며 상대적으로 사회이론적 연구가 덜 이루어졌다는 점에서 알 수 있다. 관련 연구로는 A. Tatsumura, "Musik und Natur," in: *Mit den Ohren denken*, R. Klein/C.-S. Mahnkopf (Hg.), Frankfurt/M. 1998, 337쪽 이하 참조; 노명우, 『계몽의 변증법을 넘어서: 아도르노와 쉰베르크』, 문학과지성사, 2006.

2) 인식으로서의 음악

음악은 아도르노의 예술론에서도 독특한 지위를 갖는다. 그는 음악에서 문학이나 회화와 같은 조형예술 분야보다 "엄격하고도 순수한 예술 개념"(GS4, 281)을 발견할 수 있다고 믿었다. 회화와 비교해 음악은 대상 모사적 성격을 갖지 않는다. 이것이 회화를 포함한 다른 예술과 음악의 본질적인 차이다.[255] 비모사성은 음악의 비대상성에서 비롯된다. 비대상성(Gegenstandslosigkeit)은 음악 자체가 "외적 세계와 동일화될 수 없다는 것"을 의미한다. 아도르노에게 음악은 그 자체로 자기 조직적이며 자기 규정적이다. 달리 말하면 음악 자체는 대상세계와 동일화할 수 없는 내적 논리를 갖는다는 것이다. 음악 자체의 내적 논리가 곧 음악의 '언어'이며 이 언어는 "개념이 없는 언어"(GS14, 224)이다. 개념 없는 언어로서 음악은 다른 예술과 마찬가지로 하나의 '인식'의 심급을 갖는다.

아도르노에게 음악은 "현실에 대한 하나의 태도이며 현실을 이미지로 그럴 듯하게 꾸미는 것이 아니라 현실을 인식"(GS12, 122)하는 매체이다. 음악은 "현실과의 모순을 자체의 의식과 형태"(GS12, 118) 속에서 자신을 표현한다. "음악이 스스로를 인식으로서 의식"(GS12, 113)하는 한에서 음악은 음악이 될 수 있다. 이러한 인식으로서의 음악은 비판적일 수밖에 없으며 철저한 부정의 상태에서 유토피아를 드러내는 음악이다. 아도

---

[255] 아도르노는 회화와 음악의 본질적 차이를 '시간'에서 찾는다. 그는 회화가 시간을 초월하는 것이라면 시간성은 음악의 본질적 특성이라고 본다. 음악에서 시간성은 곧 음악의 내용과 의미를 구성한다(GS16, 629쪽 이하 참조).

르노가 말하는 음악의 진리성이란 이것이다.[256] 인식으로서 음악의 진리성에 대한 논의는 '진지한 음악(ernste Musik)'과 '가벼운 음악(leichte Musik)'을 구분하는 척도이기도 하다(GS14, 428 참조).

이 구분은 고급과 저급 음악의 위계적 구도나 클래식과 대중음악을 구분하는 개념이 아니라 인식으로서 음악의 역할과 그것이 진리 내용을 담고 있는가를 기준으로 한 구분이다. 진지한 음악은 전통적인 클래식 고전의 개념을 벗어나 음악의 자율성을 강조하는 쇤베르크류의 모더니즘 음악을 가리킨다. 음악의 진리성을 드러내는 진지한 음악은 음악적 재료의 형식화와 기술 및 처리 기법을 통해 사회의 내적 모순과 고통을 지각하고 체험하게 만들며 사회를 총체성의 관점에서 성찰하는 음악이다(GS16, 18).

음악이 말하는 어법보다도 음악에 내재하는 구조 가운데 모순된 사회가 전체로써 표현된다. 청자와 음악과의 관계에 이르기까지 미치는 이 모순관계를 음악이 은폐시킴으로써 절망적, 미적 모순으로 빠져 버릴 것인가 혹은 음악이 그 구조를 매개로써 사람들이 이 모순관계를 체험하고 지각하게 할 수 있는가 하는 것은 음악의 진실성에 대한 하나의 판단 기준이다. 음악 내부의 긴장관계는 사회적 긴장관계의 무의식적 나타남

---

[256] 음악에 진리성이 내재한다. 패디슨의 지적처럼 음악의 진리성 논의는 아도르노 음악철학에서 크게 ① 내재적 차원(기술적 정합성 차원), ② 사회이론적 차원, ③ 철학적-역사적 차원에서 다루어진다. 음악의 사회적 기능분석은 사회이론적 차원의 진리성이 중심이다. 각각의 진리성에 대한 논의는 개념 맥락적 구분일 뿐 분리되지 않는다(맥스 패디슨, 『아도르노의 음악미학』, 최유준 역, 작은 이야기, 2010, 94쪽 이하 참조).

이다(GS14, 251).

다시 말해 진지한 음악은 사회의 안티테제를 자처하는 음악인 것이다. 또한 진지한 음악은 이데올로기적 기능과 물신성을 거부하는 음악이다. 그러나 진지한 음악의 사회적 효과와 권위가 항상 청중에게 이해되는 것은 아니며 진지한 음악 속에 '가벼운 요소'도 있고 가벼운 음악적 요소를 흡수하기도 했다. 아도르노는 이에 대해 바흐의 〈골드베르크 변주곡〉, 모차르트(Wolfgang Amadeus Mozart)의 〈마적〉뿐만 아니라 베토벤, 차이콥스키(Pyotr Ilyich Tchaikovsky), 라흐마니노프(Sergei Rakhmaninov) 등 많은 사례를 지적한다.

진지한 음악과 달리 가벼운 음악은 진정한 '인식'으로서의 기능을 수행하지 못하고 오히려 '거짓 화해(falsche Versöhnung)', 거짓 자유와 사이비 개성화와 같은 이데올로기적 기능을 수행하며 동시에 문화산업의 지배 하에 있는 물신화된 음악을 말한다.

> 결국 문화산업 자체는 음악 전체를 자신의 지배하에 두려고 한다. 다른 음악도 그러한 음악에 대항하는 문화산업의 보호 안에서만 경제적으로나 사회적으로 생존을 유지할 수 있다(GS16, 23).[257]

---

[257] '가벼운 음악'에 대한 아도르노의 정의를 찾기 어렵다. 오락음악, 재즈, 대중음악, 유행가, 소비음악, 가벼운 음악을 아도르노는 동의어로 사용한다(W. Sander, "Popularmusik als somatisches Stimulans: Adornos Kritik der leichten Musik," in: *Adorno und die Musik*, O. Kolleritisch (Hg.), Graz 1979, 125쪽 참조).

문화산업의 물신성은 과거의 진지한 음악이었던 고전음악까지도 영화음악이나 효과음악, 광고음악 등으로 상품화시킨다. 아도르노의 관점에서 상품화된 음악이 지배하는 현대의 음악적 상황은 음악의 "완벽한 자기소외"(GS16, 23)에 도달하였다. 이러한 가벼운 음악에서는 음악의 진리 내용을 찾아낼 수 없다. 그런데 아도르노가 주목하는 것은 진지한 음악과 가벼운 음악의 대립과 모순 및 병존이 사회적인 것을 반영하고 사회적 긴장관계 안에서 운동하며 사회를 매개한다는 점이다. 진지한 음악은 부정적(진지한) 인식의 방식으로, 가벼운 음악은 긍정적(사이비) 인식의 방식으로 사회를 매개한다.

3) 음악과 사회의 관계

"사회적 사태의 암호"(GS10.1, 706)로서 음악이나 인식으로서의 음악 개념에서 알 수 있듯이 아도르노에게 음악은 문화현상이며 동시에 사회현상이다. 따라서 음악에 대한 사유는 헤겔과 같은 개념 차원의 논의나 순수주의자들이 말하는 '작품 자체의 말'에 귀 기울이는 것이 아니라 음악과 사회의 변증법적 매개(Vermittlung)에 대한 규명에서 출발해야 한다.[258] 아도르노에게 매개란 객관적인 사실의 상호영향 관계와 그 결과를 의미한다. 그는 매개를 음악의 안과 밖, 다시 말해 음악 외적 매개와 음악 내적 매개로 구분한다.

---

[258] 아도르노에서 예술과 사회의 매개에 대한 논의는 이종하, 「아도르노의 예술과 사회의 매개문제」, 『철학·사상·문화』 12호, 2011, 89-111쪽 참조.

이 둘은 각각의 다양한 층위에서 상호영향 관계에 놓여 있다. 음악 외적 매개에서 중심은 생산력과 생산관계에 대한 분석이다. 아도르노는 생산력과 생산관계의 의미와 그것의 역사적 변화, 생산관계에 의한 생산력의 규정성, 생산관계의 의한 생산력의 향상 등에 대한 마르크스의 입장을 따르며 변용한다. 음악 소재와 재료 및 처리능력, 작곡기법, 기술, 작곡 주체의 창조적 충동과 작곡 능력, 연주자의 곡 해석 능력, 재생산(연주) 능력이 생산력이라면 생산관계는 작곡 위탁과 작곡가, 지휘자와 연주자, 연주자와 청중, 유통과 소비의 절차와 그 메커니즘 전체를 아우르는 포괄적 개념이다.

생산 미학적 관점을 일관되게 견지했던 아도르노의 주된 관심은 뷔르거의 지적처럼 상호관계의 성격 분석이 아니라 사회의 음악 내적 매개가 얼마만큼 성공적으로 이루어졌는가에 달려있다.[259] 음악 내적 측면에서 음악과 사회의 매개는 "풀리지 않는 상호 얽힘"[260] 관계의 구성 문제이며 음악의 진리성을 파악하는 단서이다. 음악의 진리성은 매개된 상태로만 인식될 수 있다. 사회의 음악 내적 매개의 방향, 지향점과 방법을 명확히 한다. 매개의 방향과 지향점은 "사회적 모순의 힘과 사회가 그것을 극복해야 하는 필요성"에 대한 음악적 표현이며 매개의 방법은 "자기 자신의 재료로써 자기 자신의 형식 원리에 따라 자신의 테크닉"(GS14, 253)에 의한 것이다.

재료, 형식, 기술을 통한 음악 내적 사회 매개야말로 음악의 내용이자

---

[259] 페터 뷔르거, 『미학이론과 문예학 방법론』, 문학과지성사, 1987, 92쪽 참조.
[260] Theodor W. Adorno Archiv, *Frankfurter Adorno Bläter I*, München 1992, 38쪽.

넓은 의미의 형식 개념이다. 진정한 음악은 그 자체의 형식 법칙이 지니는 객관성을 통해 개인의 의식 영역을 넘어서는 자체의 진리 내용을 전개한다. 음악 형식은 논리성과 정합성을 통해 음악을 음악으로 만드는 음악적인 구조와 그것을 조직하는 모든 계기들을 포함하는 개념으로 자율적이며 동시에 사회적이고 역사적이다.

> 음악 형식, 즉 구성적인 음악적 반응 방식은 사회적 형식을 내면화한 것이다. 모든 예술과 같이 음악은 그 자체의 내부에서 형성되며 직접적인 사회적 필요에서 자유로우며 동시에 사회적인 것이다(GS17, 236).

음악 재료 역시 사회적이고 역사적인 장소다. 그에게 음악 재료는 시대적 상황과 기술의 수준, 사회적인 계기들이 만나는 장소이기 때문에 특정한 작곡에 사용된 음악 재료에서 사회적인 것의 매개 내용을 읽어낼 수 있다. 또한 음악 재료의 특성에는 재료 자체의 역사적 과정과 성격, 그것을 다루는 음악가의 역사적 경험이 녹아들어 있다. 결국 음악 재료에 관한 분석은 음악과 사회의 변증법적 매개의 문제이자 사회분석을 의미한다. 음악 내적 매개에서 기술의 문제는 빠질 수 없다. 아도르노에게 기술은 "재료의 장악에 대한 미학적 명칭"(GS7, 316)이자 예술을 발생시키는 구체적 수단이며, "객관적으로 예술 자체가 요구하는 바를 따를 수 있는 축적된 능력"(GS7, 320)을 말한다.

음악에서 기술은 작곡가가 재료의 구성을 통해 사회적인 것의 매개를 실현하는 능력이며 동시에 음악 해석의 열쇠이기도 하다. 음악을 이해하고 해석한다는 것은 음악에 대한 기술적 분석, 다시 말해 구조적 청취

능력 없이 불가능하다. 음악의 사회적 매개 내용을 파악하는 것은 "감성적으로 듣는 방법이 아니라 개념을 매개로 하여 각 요소와 그것들의 배열을 인식하는 방법에 의해서만"(GS12, 123) 가능하기 때문이다.

　재료, 형식, 기술에서 사회와의 얽힘관계를 규명한 아도르노는 '작곡'의 경우에도 같은 논리를 제시한다. 그가 매개를 문제 삼는 이상 작곡가는 전통적인 의미의 창조자가 더 이상 아니라 사회에 대한 음악적 인식자이자 매개를 구성하는 작곡 주체다. 이 작곡 주체는 예술적 자율성과 사회규정성을 의식하는 매개자이다. 바흐나 베토벤의 사례에서 보듯이 작곡 주체는 시대의 소재, 재료와 기술적 성과를 작품 구성에 구체화한다[261]는 점에서 사회 규정적이지만, 그것들을 완전히 장악하고 자유롭게 자신의 음악작품으로 형상화한다는 점에서 작곡 주체는 자율적이다.

　진정한 의미의 작곡이란 음악 언어의 추상성을 버리고 음악적 가상과 유희를 부정하고 현대 사회의 인간 소외와 무력함 및 사회의 부정성을 드러내는 사회적 인식 행위다. 이러한 의미에서 작곡은 어떠한 기록문서보다도 더 사회적이며 역사적인 의식화된 인식 내용이다. 사회의 음악 내적 매개에 대한 아도르노의 고찰은 음악 유형을 분류하는 데까지 이른다. 「음악의 사회적 상황에 관하여」에서 그는 사회적 상황에 대응하는 음악 유형을 제시한다. 음악적 대응 내용은 다름 아닌 매개의 안과 밖이었다. '안' 매개와 관련된 내용이라면, '밖'은 매개의 주변 문제들에 해당된다. 그는 음악을 크게 긍정적 음악과 부정적 음악으로 구분하고

---

[261] 아도르노는 바흐의 음악을 수공업에서 분업적 노동으로의 변화, 그러한 기술적 성과를 음악적 합리성으로 구체화한 사례로 간주한다.

다시 전자를 3유형으로, 후자를 4유형으로 분류한다. 개별 유형 구분과 해당되는 음악가의 유형 구분의 적정성의 문제에 대한 비판에도 불구하고 아도르노가 강조하는 바는 음악 내적인 매개의 성공이다.

그의 음악 철학적 전제들이 전제된 아래의 도식에서 성공적인 매개의 조건은 부정적 음악의 특징을 가장 잘 드러낸 쇤베르크와 그의 악파임이 드러난다.

	긍정의 음악	부정의 음악
음악의 목적	순수음악적 관심과 향유	음악을 통한 사회인식
상품성에 대한 입장	적극 수용	부정
이데올로기 기능	명시적 수행/암묵적 수행	이데올로기 비판적 기능 수행
사회와의 관계	수용적 관계	대립적이며 유토피아 제시
사회 심리적 기능	기분전환, 망각, 가상	의식화, 진지함
작곡적 주체	주체 망각, 상실	주체-객체의 해방

음악 유형	진지한 음악의 일부 및 가벼운 음악	아방가르드 음악, 신음악
유형	1) '가벼운 음악' = 재즈 및 대중음악	1) 음악의 내적 방법에 기초한 음악-사회적 대안 제시 ex) 쇤베르크, 제2 빈악파
	2) 상품성을 획득한 과거의 진지한 음악	2) 사회 인식 결여, 내재적 지양 추구, 객관주의 음악 ex) 스트라빈스키
	3) 상품성을 갖기 위해 타협하는 음악	3) 1)과 2)의 혼합형 ex) 쿠르트 바일
		4) 음악의 내적 형식 희생, 사회문제 해결 시 ex) 공동체 음악-힌데미트, 아이슬러

음악 유형	진지한 음악의 일부 및 가벼운 음악	아방가르드 음악, 신음악
유행과의 관계	유행 창조 및 추구	유행에 반기
수용에 대한 입장	수용자 관점 존중	수용자 관점 무시, 생산자 관점
수용의 청취 유형	교양적, 감성적 청취	구조적 청취

아도르노가 보기에 쇤베르크의 12음 기법 음악은 기존 사회를 부정하는 진보적 사회이론과 같은 음악이며 음악적 "처리 기법에 나타나는 일관성의 파기, 망각, 새로운 시도"(GS12, 125)는 사회의 소외와 모순, 인간의 무기력과 파편성을 음악 내적으로 매개하는 방식이다. 음악에서 사회의 매개 문제를 다루는 데 있어서 아도르노의 논의는 고전음악과 작곡가에 집중되어 있다. 여기서 아도르노는 매개에 있어 작곡-주체의 능력에 과도한 요구를 하고 있다는 비판에 직면한다. 자신의 음악철학에 부합되는 작곡가뿐만 아니라 모든 작곡 행위에 동일한 매개 능력을 요구하는 것은 무리다.[262] 한편 가벼운 음악에서 사회 매개의 문제는 대중음악의 물신화와 사회심리적 기능의 측면에 논의를 한정하고 있으며 대중음악 자체 내의 작품분석과 같은 내재적 비판은 수행되지 않고 있다. 설혹 있다 하더라도 추상적인 차원에 머물고 있다. 다음 장에서는 대중음악의 음악 외적 측면에서 매개의 부정적 측면을 살펴보도록 할 것이다.

---

[262] C.-S. Mahnkopf, "Adornos Kritik der Neueren Musik," in: *Mit den Ohren denken*, R. Klein/C.-S. Mahnkopf (Hg.), Frankfurt/M. 1998, 268쪽 참조.

4) 음악의 물화 비판

아도르노가 사회 비판의 일환으로 음악 비판을 수행하는 데 있어서 음악의 물화 비판은 핵심적 위치를 차지한다. 음악의 물화 비판은 포괄적인 관점에서 "음악의 경제적 토대"(GS14, 425)에 대한 분석이다.

음악 생활의 형식과 내용을 결정짓는 중요 변수와 관련해 아도르노는 경제적 측면을 가장 중요한 요인으로 간주한다. 그의 지적처럼 경제적 요인은 음악의 생산(작곡)과 재현(연주)의 차원과 공적 영역에서 연주 단체와 음악 관련 기관, 넓은 의미의 음악 경영뿐 아니라 사적 영역의 음악 학습, 취향, 소비와 동기에 직접적 영향을 미치는 것이 사실이다. 아도르노는 어떤 종류의 음악과 음악 생활도 자본의 논리를 벗어날 수 없다는 입장에 뿌리를 두고 있다. 실제로 "자본주의 시장에서 벗어났다고 생각되는 음악 생활 자체도 여전히 그 속에 구속되어 있으며, 그것을 지지해 주는 사회구조와 결합되어 있다"(GS14, 309).

위와 같은 아도르노의 주장은 홍대 인근의 인디밴드의 성쇠나 뉴에이지 음악, 명상음악, 종교음악, 제3세계 음악, 저항음악에서 찾아볼 수 있다. 위와 같은 음악 역시 일정한 소비를 견인하는 마니아층이 있고 그러한 소비자 계층을 위한 취향의 정치경제학과 함께 수요와 공급의 일반적인 자본주의 메커니즘이 작동된다는 점에서 아도르노의 지적은 타당한 것처럼 보인다. 자본주의 논리에 속박된 음악을 논하는 데 음악의 물화에 대한 비판은 필수적이다. 아도르노는 음악의 물화 양상을 음악 생산(작곡)과 분배(유통), 소비(청취)의 차원에서 분석한다.

물화를 추동하는 논리는 문화산업의 논리다. 주지하다시피 문화산업의 논리는 '이윤극대화'다. 문화산업은 음악의 자율성과 음악에 내재한 해방적 잠재력을 사멸시키며 음악의 자율성 자체도 상품화한다. 아도르노는 바흐, 모차르트, 베토벤, 쇼팽, 라흐마니노프, 차이콥스키의 음악도 예외 없이 영화음악이나 소비를 위한 음악 상품으로 포장된다고 주장한다(GS14, 200 참조). 음악에 침윤된 문화산업 논리는 이윤의 극대화를 위해 대중의 음악적 취향을 조종, 조작하고 대중의 욕구를 채워 사이비 만족감, 사이비 개성주의, 거짓 동일시를 낳는다. 특히 대중음악, 소비 음악에서 이러한 특징은 더욱 두드러지게 나타난다. 그렇다면 음악 생산(작곡)에서 물화는 어떻게 나타나는가? 음악 생산에서 물화의 측면은 "상품적 성격이 모든 미적 성격보다 우선"(GS14, 213)시하는 데 있다.

가벼운 음악은 "판매를 고려해 대단히 진부하게 만들어지고 관리"(GS14, 206)된다. 음악 상품의 생산에서 상품적 성격은 유행과 트렌드 조작에서 잘 나타난다. 실제로 한국 대중음악 전문가들에 따르면 한국 대중음악의 생산은 대형 음반 기획사와 홍대 중심의 인디음악이 생산의 두 축을 형성한다고 말한다.[263] 독립음악으로서 인디음악과 달리 대형 기획사에 의한 작곡과 음반 제작은 감각적이고 비주얼한 "인상적 효과"(GS14, 221)를 산출해 이익을 창출하는 '산업논리' 그 자체라고 해도 과언이 아니다. 물화를 전제로 한 대중음악의 제작 방법은 크게 두 가지 측면이 있다. 첫 번째는 표준화다. 이러한 표준화는 "곡 전체의 구성으로부터 곡의 세부에까지" 이루어진다. 규격화된 표준화의 사례로 아도르노는 미국 대중음악의 작곡기법을 들고 있다.

---

[263] blog.naver.com/thekiss1907/80118940795 참조.

후렴은 32마디로 이루어지며, 후렴 중간에는 반복으로 유도되는 부분인 브릿지 구간이 있어야 한다(GS14, 204).

이와 같은 표준화의 목적은 청취의 표준화를 통한 특정한 음악을 선호하는 취향의 조작이며 다른 종류의 음악에 대한 거부감을 가지도록 만드는 데 있다(GS14, 208 참조). 아도르노의 설명은 과거 온라인 음악 차트를 석권하다시피 했던 〈나는 가수다〉의 편곡 패턴 분석에서도 상당 부분 적용된다. 탈락 시스템에 의한 경연 자체가 인위적인 긴장과 관심을 집중시키며, 탈락하지 않기 위해 편곡에 있어 일정한 패턴화가 나타난다.

패턴은 크게, ① 편곡 시 1절은 원곡을 살리고 2절부터 원곡을 좀 더 강렬한 비트나 댄스풍으로 하고, ② 곡의 마지막 부분에 가수의 모든 발성 역량을 드러낼 수 있게 '지르기 편곡'을 하며, ③ 감정선을 자극할 수 있도록 선율의 진폭을 넓히고, ④ 공연 중 퍼포먼스가 가능하도록 원곡에 변형을 가한다. 〈나는 가수다〉의 편곡 패턴의 규격화는 실험적 공연 시도보다는 '안정된 공연'을 지향하는 가수의 규격화된 공연 패턴과도 논리적 궤를 같이한다.

다음으로 물화를 가속화하는 대중음악의 작곡기법은 특정한 '놀이 규칙(Spielregel)'을 따르는 것이다. 놀이 규칙을 따른다는 말은 유행과 트렌드를 작곡에 적극적으로 반영하는 것을 의미한다. 아도르노는 미국의 '노스탤지어 노래(Nostalgia Song)'를 그 사례로 들고 있다. 노스탤지어 노래는 과거 경험에 대한 동경과 미화된 과거의 기억을 불러내는 음악 어법과 작곡기법들을 사용한다.

한국의 경우에 2007년을 전후해 소위 '1990년대' 대중음악의 유행적 확산이 그 사례가 될 수 있다. '서태지와 아이들' 세대인 80, 90년대 음악의 유행은 비주얼과 포퍼먼스 중심의 '보여 주는 음악'에 대한 싫증이 중요한 원인이 되었으며 이것은 리메이크 붐이라는 대중음악 상품의 생산과 공급으로 나타났다.[264] 음악 작곡이라는 측면에서 음악의 물화는 결국 음악작품 고유의 무게와 작곡가의 창조적 충동을 사라지게 만들고 음악 자체의 존재 이유까지 의심하게 만든다(GS12, 30 참조).

대중음악의 유통 측면에서도 물화를 촉진하는 측면을 찾는 것은 어렵지 않다. 아도르노는 이를 '플러깅(Plugging)' 사례로 제시한다. 플러깅은 대중음악 소비자가 기억할 수 있을 정도로 끊임없이 반복해서 들려주는 것을 말하는데, 특정한 곡의 히트와 음반 및 음원 판매를 촉진하기 위한 방식이다. 이수완의 지적처럼 오늘날 플러깅 테크닉은 대중음악 자체뿐만 아니라 스타 숭배와 결합하며 가수, 연주자의 스타일과 개성도 플러깅하게 만들며 그것 자체가 하나의 유행상품이 되기도 한다.[265]

음악 소비의 측면에서 물화 양상의 사례로 들 수 있는 것이 예약 판매이다. 예약 프로모션은 음악 공연의 판매율을 높이는 전형적인 마케팅 기법이다. 아도르노는 오페라의 예약 판매에서 음악과 무관한 상품의 구매 욕구에 내재한 물화 현상을 읽어 낸다.

막연하게나마 공연 계획이 통지되면 예약 회원 희망자는 부리나케 백지

---

264 http://www.seoulpost.co.kr/news/3543 참조.
265 이수완, 「아도르노의 대중음악」, 『낭만음악』, 제18권 3호, 2006, 33쪽 참조.

수표에 서명한다. … 현대의 대부분의 오페라 청중 중에서 '무엇'이 '어떻게' 연주되는지보다는 좌우간 '연주된다'는 것이 중요하다는 가설을 세우더라도 이것은 결코 요점을 벗어난 것이 아니다. 욕구 자체가 욕구 대상인 사상(Sache)의 구체적 형태로부터 유리되어 있으며 이 경향은 조직화된 문화 소비 전체에 퍼져 있다(GS14, 268).

아도르노의 지적처럼 예약 프로모션의 구매행위에서 '물화 양상'은 분명해 보인다. 그런데 문제는 그가 음악 공연 청중들의 '자율적이며 독립적인 선택'을 배제하는 데 있다. 오늘날처럼 수많은 음악 공연과 음반이 제공되는 클래식 음악 시장에서 청취자는 때로는 음악적 유행이나 연주자의 명성과 무관하게 '찾아 듣는' 음악 애호가층이 있는 것도 사실이다. 구조적 청취자나 훌륭한 청취자가 아니더라도 교양적 청취자나 감성적 청취자 층에서도 위와 같은 현상을 찾아볼 수 있다.

다른 한편으로 대량으로 제공되는 음악 공연과 음반 소비시장에서 음악 마케팅의 세련화와 함께, 역으로 클래식 음악 인구의 확대, 음악청중의 음악적 취향의 발전과 공연 및 음반 선별능력을 촉진하는 긍정적인 측면이 있다. 아도르노는 위와 같은 점을 지나치게 간과하고 있다. 예약 마케팅 기법에서 나타나는 물화 양상과 함께 아도르노는 '체험과 소통'이 단절된 대중화된 공연프로그램 속의 물화 양상을 비판한다. 익숙한 레퍼토리로 채워진 음악 공연을 이해한다는 것은 소유물을 획득하는 것에 불과하며 소유되는 순간 사라지는 것으로 생명이 없는 주조물을 지각한다는 의미 이상이 아니라고 비판한다(GS12, 18 참조).

이것은 아도르노가 비판 음악회에 참석하는 모든 청중을 염두에 두고

하는 주장이라기보다는 엄밀히 말하면 그가 분류한 음악 청취유형 중 교양 소비자 유형과 감성적 소비자 유형들에 해당된다고 말할 수 있다. 이들은 대량생산되고 반복 연주되는 레퍼토리에 익숙해진 음악 외적 요소에 관심을 갖고 음악 소비 태도와 삶의 가치를 동일시하는 유형이며 물화된 청중이다. 음악 소비의 관점에서 취향의 문제 역시 중요한 문제이다. 아도르노에 따르면 "어떤 인간은 치터(Zither)를 연주하게끔 그리고 다른 이는 바흐를 듣게끔 운명 지어져 있는 인간의 소질은 자연적인 것이 아니라 사회적 상황"(GS14, 310)에 의해 결정된다는 것이다. 그렇다면 음악 취향의 사회적 결정에 영향을 미치는 주요 원인은 무엇인가? 아도르노가 특히 주목하는 것은 교육적 특권이다. 취향을 결정짓는 데 특정한 음악에 대한 교육적 혜택을 충분히 누릴 수 있는 사회적 계급과 그렇지 않은 계급 간의 취향에 불가피한 차이가 나타난다는 것이다. 아도르노의 이러한 지적은 음악적 환경에서 자란 그 자신이나 상류계층은 아니었지만 전통적인 음악가 집안에서 성장한 바흐, 베토벤, 모차르트에게도 해당된다.

그 밖의 음악 취향의 사회적 결정요인으로 아도르노가 손꼽는 것은 음악을 둘러싼 미디어의 역할이다. 대중이 갖는 고전음악에 대한 심리적 저항감이나 특정한 취향을 선택하고 촉진하는 음악의 생산과 공급 메커니즘에서 미디어는 주요한 역할을 담당한다. 앞서 언급했듯이 아도르노는 미디어의 조정과 조작이 음악 생산과 유통, 음악 소비와 음악 생활 전반에 광범위하게 영향력을 행사한다고 믿었다. 아도르노의 음악적 취향과 사회계급과의 관계는 훗날 보드리야르의 '사회적 구별 짓기로서의 취향의 사회학'적 경험 연구나 그 밖의 경험 연구에서 논증의 타당성이 증명되었다. 여기에서 주목해야 하는 점은, 아도르노 자신은 한편으로는 음악 취향 및 소비와 사회계급의 상관성에 대한 경험 연구의 중요성을 강조하면서도 다른 한편으로는 그러한 경험 연구가 별다른 성과를 가져오지 못할 것이라고 주장한 것이다(GS14, 241 참조).

위와 같은 아도르노의 입장은 단지 질적 분석이 배제된 피상적 경험 연구의 한계라는 인식보다 더 근본적인 그의 음악 문화산업에 대한 비판적 시각이 내재해 있다. 아도르노에 따르면 음악적 취향과 계급의 상관관계는 음악 문화산업의 '취향의 평준화' 메커니즘에 의해 희석된다고 믿는다. 음악취향과 계급의 관계가 어느 정도 타당성을 갖는다고 해도 음악의 소비 영역에서 음악 문화산업에 의한 취향의 평균화가 광범위하게 이루어져서 상위 음악, 중간 음악, 하위 음악과 계급 간의 취향의 상관성을 고찰하는 것이 더 이상 큰 문제가 되지 않는다는 것이다.

아도르노의 이러한 지적은 적어도 대중음악 일반에 대해서는 일정 부분 타당하다고 할 수 있다. 그러나 대중음악에 관한 대중적 취향과 계급의 연관성을 묻는 경험 연구가 이루어지지 않는 이상, 그의 주장은 타당성을 확보하기 어렵다. 게다가 취향의 평준화에 관한 논제는 순수 클래식 음악의 영역에서는 유용한 주장이 되기 어려워 보인다. 한국의 경우 뮤지컬이나 대중가수 공연 입장료가 클래식 대가의 연주회 입장료와 큰 차이를 보이지 않는다고 하더라도 순수 클래식 음악시장의 주요 고객의 계급적 성향이 순수 대중음악의 마니아층과 동일하다고 보기 어렵다.

아도르노가 말하는 '지불능력'과 취향의 밀접한 연관성은 그가 가정한 만큼의 비례관계가 성립된다고 보기 어렵다. 소비 취향과 관련해서는 지불 능력 이외에 문화 자본의 생산과정과 자본 활용에 있어서 가치지향의 차이가 고려되어야 한다. 선택적 음악 소비계층은 지불 능력과 상관없이 취향을 위한 음악 생활을 할 것이다. 클래식 음악 시장에서 감식력 있는 적은 수의 청중이 지불 능력이 있는 관객으로 대체되었다(GS12, 17 참조)는 그의 주장은 경험적 연구가 뒷받침되지 않는 과도한 주장이라 할 수 있다.

5) 이데올로기로 비판으로서 음악 비판

음악 그 자체를 이데올로기라고 말할 수 있는가? 말할 수 있다면 이때 이데올로기 개념은 어떻게 정의할 수 있는가? 사회 비판으로서 음악 비판을 시도한다면 음악에서 이데올로기 비판은 불가피하다. 문제는 일반적인 이데올로기 개념과 음악에서 이데올로기 개념이 동일한 것인지 확인되어야 한다. 아도르노는 이데올로기 개념을 대단히 포괄적으로 사용하면서 이데올로기 개념의 범위를 확장시켰다. 그에게 이데올로기는 '이데올로기적 작용과 효과를 불러일으키는 모든 것'을 의미한다. 이러한 관점에서 보면 음악 그 자체가 이데올로기라고 말할 수 없다. 음악이 이데올로기인가 아닌가의 문제는 음악이 이데올로기적 기능을 수행하고 이데올로기적 효과를 산출하는가에 달려 있다.

음악은 그 자체가 이데올로기가 아니며 그것이 허위의식인 한에서만 이데올로기적이다. … 작품이 그 내부에 파열이나 모순을 지닌 그런 것인한, 그 모순을 드러내기보다 자신의 성부 구성적 성격이라는 표면으로 모순을 덮어 버린다면, 그것은 확실히 이데올로기적이며 그 자체는 허위의식 속에 사로잡혀 있다(GS14, 245).

아도르노에게 음악의 이데올로기적 기능은 진지한 음악과 가벼운 음악에서 모두 나타나는 현상이다. 음악의 이데올로기적 기능은 음악을 매개로 사회의 가치와 지배 이념을 내면화시키고 사회의 통합력으로부터 개인을 빠져나가지 못하게 만든다는 점이다. 따라서 "음악의 이데올로기적 내용, 이데올로기적 작용"을 분석하는 일은 "하나의 사회 비판론"(GS14, 428)이 될 수밖에 없다. 음악에 내재한 이데올로기적 내용을 분석하기 위해서는 특정한 음악이 담지하는 '의식'이 옳은 의식인지 그른 의식인지 그 판단 기준의 설정과 그러한 의식이 음악 속에 어떻게 나타나는지를 추적해야 한다. 이것은 구체적으로, ① 작품의 진리 성격에 관한 분석, ② 음악적 의식의 역사적·사회적·음악 내적 조건에 대한 분석, ③ 사회적 의식과 음악적 의식의 분리와 상호작용에 관한 검토가 요구된다(GS14, 428 참조). 여기서는 재즈, 오락음악, 소비 음악, 대중음악을 포괄하는 개념인 가벼운 음악의 이데올로기적 기능에 관한 아도르노의 논의를 살펴보고자 한다.

아도르노는 생산 노동 현장에서 음악은 쾌활함, 근면과 적극성, 팀워크를 위한 헌신이 중요한 노동윤리임을 각인시키는 데 사용된다고 말한다. 생산성 증가와 소비촉진을 위한 심리적 자극제로서 음악이 적절히 활용된다는 점을 이해한다면, 아도르노의 이 주장을 과도한 비판이라고 보기는 어렵다. 의식적인 사용이든 의식적이지 않은 사용이든 그 이면에는 이데올로기적 기능이 작동된다는 점을 아도르노는 지적하는 것이다. 음악의 이데올로기적 기능의 또 다른 측면은 앞서 언급한 음악을 통한 가치 내면화의 적극적 측면과 달리 더 나은 사회, 더 이성적인 사회 상태에 대한 '체념적 심리'로 이끄는 기능을 한다. 아도르노는 오락음악이나 가벼운 음악이 '생각을 정지시키게' 할 뿐만 아니라 사회의 방향과 자기 삶의 가치와 자신의 사회적 역할에 대한 무기력의 체험과 체념을 유발하는데 기여한다고 본다(GS14, 234 참조).

가벼운 음악은 개인들에게 권태의 치료, 공허한 시간의 채색과 장식으로 기능할 뿐만 아니라 사회적 환상을 만들어준다. 가벼운 음악은 "모든 것이 간접화된 이 사회에 직접성이 존재하며 낯선 사람 사이에도 긴밀함이 존재하는 듯한 환상을 주며, 모든 사람을 상대로 싸우는 생존경쟁의 냉엄함을 느끼기 시작한 사람에게 차가움 대신 따뜻함이 존재하는 듯한 환상"(GS14, 227)을 제공한다. 동시에 가벼운 음악이 제공하는 혼잡함, 시끄러움, 소음은 대중에게 현실의 중요 행위자로 참여하고 있다는 사이비 존재감과 함께 심리적 도피처를 제공할 뿐만 아니라 사회 부정성의 인식을 저해하며 사회와의 사이비 동일성을 촉진한다.

> 소비 음악은 주관적인 시간의 흐름을 의미 있는 것으로 드러내고 자신을 사회의 힘과 동일시되도록 하며 '거기에 존재한다'라는 의식을 통해 개인에게 암시를 준다. 즉 개인 스스로에게 국한시켜 자신에게 몰입하고 증오해야 할 현실로부터 도피함으로써 그는 전체와 하나가 되며, 전체에 받아들여지고 전체와의 화해가 가능해지며 이런 것들이 의미 있는 것이라고 암시한다(GS14, 231).

가벼운 음악, 오락음악, 소비 음악의 이데올로기적 기능은 음악 소비

자들로 하여금 사회에 순응하고 사회 상태에 대한 정당성 물음을 제기하지 못하게 하며, 조종당하고 있음을 인지하지 못하게 만든다. "대중은 오락음악 속에서 허우적댐으로써"(GS14, 429) 가벼운 음악의 이데올로기적 기능은 결국 개인들로 하여금 "행복 그 자체가 아닌 사기와 같은 행복을 약속"(GS14, 226)하는 데 있다.

가벼운 음악 중의 대표적인 것으로서 재즈 역시 이데올로기적 기능을 수행한다. 먼저 아도르노는 재즈 애호가들과 재즈 저널리즘에서 발견되는 자기 생산적 이데올로기를 비판한다. 이들은 재즈가 다른 대중음악보다 세련되고 예술적이라고 신성시하며 기존의 음악과 다른 특별함과 반사회성, "무정부적인 근원들에 대한 기억"(GS10.1, 132), 자유와 생명성의 이념을 담지한 독특한 예술 장르라고 이해한다.

이와 같은 유럽적 재즈 이데올로기는 아도르노가 보기에 허구적인 것이다. 상업 재즈는 가벼운 음악이며 음악 문화산업의 논리 안에 작동한다고 본다(GS14, 213 참조). 재즈가 다른 대중음악 장르와 비교해 기술적 완벽성, 집중력, 다채로운 음향과 리듬을 표현하지만, 음악의 내적 측면에서는 가벼운 음악임이 틀림없다. 그는 음악평론가인 사전트(Winthrop Sargeant)를 인용하며 가벼운 음악인 대중음악의 제작 메커니즘과 마찬가지로 재즈가 철저하게 표준화된 음악 상품이라고 주장한다.

재즈는 지극히 단순한 멜로디, 화음, 운율, 형식의 구조를 지니며 원칙적으로 마치 훼방하는 듯한 분절음들로 악상의 진행 과정을 엮어 놓으면서 기본 리듬의 완고한 통일성, 동일하게 유지되는 박자, 즉 4분음표는 건드리지 않는 음악이다(GS10.1, 123).

재즈의 생명력이라 할 즉흥연주 역시 속임수에 불과하다. 아도르노는 기본 공식들의 변형이며 그 변형 역시 도식화되어 있다는 것이다. 즉흥연주는 "변형 속에서도 규격화되어 있는 컨베이어 벨트 방식의 생동성"(GS10.1, 126)이라는 것이다. 재즈 애호가나 재즈 저널리즘에서 "근원적이고 통제되지 않는 본성의 분출 혹은 낡은 문화재들에 대한 승리"나 "반항의 제스처"(GS10.1, 124)로서 재즈의 의미를 규정하는 것에 대해 아도르노는 근본적으로 의구심을 드러낸다. 오히려 재즈는 "변하지 않는 상태의 제도화"와 "꿈 없는 현실주의"(GS10.1, 134)를 편곡, 연주 등과 같은 음악적 실천을 통해 표현한다. 이것이 아도르노가 말하는 재즈의 이데올로기적 기능이다. 재즈는 음악적 기술(Technik)을 통해 곡의 모든 것을 치장하고 쉽게 이해할 수 있게 만들어 거리감을 제거하며 재즈의 작곡과 연주에 재즈 청취자의 요구와 뜻이 반영되고 있다고 믿게 만든다는 것이다.

이를 통해 재즈 청취자는 '무엇인가 끌린다는 것'의 경험에 과도한 의미부여를 하며 "저음 재즈 가수의 목소리에 실신"하고 재즈의 리듬에 맞추어 "반사적으로 움직이는 딱정벌레"(GS10.1, 132)[266]가 된다. 또한 재즈 작곡가와 연주자, 재즈 댄서, 재즈 청취자들에게 요구하는 음악적 '숙련' 속에는 재즈의 기술에 '순응'하게 하는 기제가 작동한다는 것이다. 아도르노는 재즈 기술의 미적 실천 속에 사회의 그것에 상응하는 체제 통합과 관리라는 메커니즘이 작동되고 있다고 보는 것이며 양자 간의 질적

---

[266] 이런 점에서 재즈는 와해된 개체성을 표현한 것이며 개성, 직접성, 자발성의 속성을 상실했다. 아도르노는 개인의 활동성, 차이성, 자유의 입장에서 재즈에서 주체 문제를 분석한다(D. Kipfer, *Individualität nach Adorno*, Tübingen/Basel 1998, 56쪽 참조).

차이가 거의 없다고 간주한다. 이와 같은 재즈의 기술은 궁극적으로 "현재 존재하는 것과 같지 않은 것은 어느 것도 존재해서는 안 된다"(GS10.1, 137)는 믿음을 양산하는 음악적 실천이다. 바로 이 점에서 재즈는 사회 구성원으로 하여금 "사회적 순응"(GS10.1, 136)을 하게 만드는 이데올로기적 작용을 한다.

재즈나 가벼운 음악의 이데올로기적 기능에 관한 아도르노의 분석은 비판과 논란의 대상이 되었다. 그는 재즈를 댄스음악으로 협소하게 이해했으며 자신의 주장을 뒷받침하는 작품 내재적 분석을 보여 주지 못했고 엘리트주의라는 비판에 직면하기도 했다.[267] 위와 같은 비판은 그의 주장이 개별 작품 분석에 근거한 것이 아니었다는 점에서는 정당하다고 할 수 있다. 그러나 엘리트주의라는 비판은 진리미학적 관점에서 음악을 부정성의 인식으로 파악하는 아도르노의 기본 시각을 경시하는 데에서 오는 비판이라 할 수 있다.

음악이 이데올로기이며 이데올로기적 기능을 수행한다는 아도르노의 주장은 명백한 정치음악이 아닌 이상 사실 쉽게 이해되기 어려운 주장이다. 이 점을 규명하기 위해서 그는 먼저 이데올로기 개념을 일정 부분 수정한다. 그에게 이데올로기는 정치적, 사회적 이념만을 의미하지 않는다. 명시적인 강령의 형식을 갖고 있느냐 그렇지 않느냐 역시 중요한 잣대가 아니다. 아도르노에게 이데올로기는 형식과 내용의 다양성과 차이에 상관없이 개인의 행동과 사고 및 특성을 형성하고 작용시키

---

267 H. Steinert, *Die Entdeckung der Kulturindustrie, oder, Warum Professor Adorno Jazz-Musik nicht ausstehen konnte*, Wien 1992, 64쪽 이하 참조; V. Kriegel, "Adorno und Jazz," in: *Der Rabe* 14, 1986, 20쪽 이하 참조.

는 데 영향을 미치는 모든 것을 지칭한다.

이데올로기는 분명히 다양하며 애매함이 존재하기 때문에 이데올로기를 과소평가하는 것은 근본적으로 잘못된 것이다. 이데올로기가 사회에 대해 구체적인 관념의 형태로 존재하는 일이 드물어지고 그 특유의 내용이 증발되어 버릴수록 이데올로기는 개인의 반응형태로 들어오며 이와 같은 애매한 이데올로기는 명백한 이데올로기에 비해 심리적으로 더욱 깊은 곳에 위치하기 때문에 그 작용력은 명백한 이데올로기를 압도한다. 이로써 이데올로기는 행동 방식에 대한 지시로서 치환되며 궁극적으로 개인의 성격 형식이 된다(GS14, 234).

그럼에도 불구하고 음악에서 이데올로기적 기능과 효과를 추적하고 논증하는 작업은 쉽지 않은 일이다. 음악 자체와 이데올로기적 기능 간의 관계를 명확하게 포착하기 어렵기 때문이다(GS14, 240 참조). 경험적이고 과학적인 논증이 쉽지 않다는 것을 아도르노가 인정한다고 해서 음악의 이데올로기적 기능을 완전히 배제할 수도 없는 것이 사실이다. 실제로 계급성을 고취하기 위한 음악들은 음악의 이데올로기적 기능을 명백히 실행하는 좋은 사례이다. 그 한 사례가 한스 아이슬러의 〈노동자의 노래〉다. 아도르노는 자신과 같은 유물론적 입장에서 음악이론을 전개하였고 수십 년의 우정 관계에 있던 아이슬러를 비판의 대상으로 삼는다. 그는 1920-1930년대 전반부의 아이슬러의 〈노동자의 노래〉의 직접적, 전투적, 비내재적 음악 형식을 비판한다.

그의 작품에는 독특한 표현을 위해 순수하게 음악적인 형식을 위해 고도의 기술적 능력과 진정한 작곡가의 상상력이 발휘되고 있으며 여기에 덧붙여 음악 외적인 모든 강령이나 내용 등에 우선하여 일종의 신랄한 공격성이 있다. 그의 음악은 과격한 가사와 밀접히 연관되어 있다. 때때로 직접적으로, 구체적으로 그리고 공격적으로 울린다(GS14, 250).

위와 같은 아도르노의 아이슬러 비판 논리는 브레히트의 서사극 비판과 같은 맥락인데 "직접적 개입"이 아니라 패디슨(Max Paddison)이 옳게 지적한 바와 같이 "음악 고유의 형식 법칙"[268]을 통해 사회 비판을 실천해야 한다는 자신의 입장에서 출발한다. 음악은 대안을 제시하는 것이 아니라 음악적 형식을 통한 사회 부정성의 내재적 비판이 되어야 한다. 아이슬러의 정치음악에 대한 아도르노의 비판은, 아이슬러의 수많은 작품들과 한 묶음으로 매도되어 구체적인 작품 분석을 수행하지 않은 채 비판하고 있다는 반론에 부딪혀 왔다.[269]

여기서 중요한 것은 광고음악과 달리 일반 음악의 애매하고 불명료한 이데올로기적 작용이다. 아도르노가 지적하듯이 음악 기술에 대한 이해가 결여된 상태에서는 위의 작용을 찾아내기 어려우며 인간의 심층심리에 미치는 영향력에서도 광고음악과 비교가 되지 않는다. 일반 이데올로기의 작용에 관한 관점에서도 애매한 이데올로기가 명백한 이데올로기보다 더 많은 영향력을 행사하기는 마찬가지다(GS14, 234 참조).

---

268 맥스 패디슨, 『아도르노의 음악미학』, 최유준 역, 작은 이야기, 2010, 125쪽.
269 G. Mayer, "Adorno und Eisler," in: *Adorno und die Musik*, O. Kolleritsch (Hg.), Graz 1979, 135쪽 참조.

6) 다른 음악의 가능성을 위하여

사회 비판으로서의 음악 비판을 수행하기 위해서는 그것이 고전음악이든 대중음악이든 관계없이 물화와 이데올로기 기능을 의식하는 음악이 되어야 한다. 이것을 아도르노는 '다른 음악'이라고 명명한다.

우리가 성공의 환상을 지나치게 가지지 않고 할 수 있는 유일한 일은 인식한 것을 언어로 표현하는 것이다. 또한 전문 음악 영역에서 이데올로기적인 소비 대신 가능한 한 음악과 대상에 적합하고 그것과의 인식적인 관계를 맺으려 노력하는 일이다. 이데올로기에 의해서 조종된 소비에 대항할 수 있는 것이라면 더 이상 음악과의 관계가 파편화되어 파괴된 모델이 아니라 그것은 하나의 다른 음악이다(GS14, 235).

위의 인용구에서 아도르노가 언급하는 다른 음악은 먼저 음악의 인식적 기능을 회복하고 활성화하는 음악을 의미한다. 음악이 인식이 되지 못하고 "사회적 긴장의 저 너머에 하나의 즉자존재로서의 입장을 고수하는 한, 이데올로기의 범주"(GS12, 123)를 벗어나지 못하기 때문에 다른 음악의 가능성은 인식으로서의 음악 없이 불가능하다. 인식으로서의 음악은 "비극적 이미지든 무엇이든 제대로 된 삶의 이미지를 만들어 내겠다는 생각"(GS12, 166)에서 출발해 신음악이 보여 준 이념처럼 인간과 문명의 "불행을 인식하는 데 자신의 모든 행복"(GS12, 126)을 찾는 음악적 태도에 달려 있다.

오늘날 인식으로서의 음악의 가능성을 확보하기 위해서는 문화산업과의 대결이 불가피하다. 따라서 아도르노는 음악이 모든 음악의 영역까지 확장된 문화산업의 안티테제가 되어야 함을 역설한다. 다시 말하면 음악의 모든 영역에서 상업주의적 합리성을 배제하고 음악이 산업주의적 관리 체제에서 벗어나는 것을 의미한다. 이렇듯 음악의 인식적 기능과 문화산업 논리에 대한 저항의 가능성은 음악의 본래성 회복에 있다.

음악의 내적 기능이라는 측면에서 아도르노는 이것을 음악의 무기능적 기능의 회복, 즉 "기능을 지니지 않은 기능"(GS14, 291)의 회복이라고 말한다. 이것은 칸트가 예술을 '목적 없는 합목적성'이라고 지적한 것과 크게 다르지 않다. 무기능성의 기능성은 단순히 물화에 저항하는 차원을 넘어서 음악의 이데올로기적 기능 수행 자체를 부정하는 논리를 함축한다. 사회적 욕구를 극단으로 거부함으로써 음악은 자기 고유의 논리를 통해 음악에 함축된 부정적 이데올로기를 제거해 낼 수 있다는 것이다.

규범적 차원에서 위의 주장은 충분히 수용할 수 있다. 문제는 실천적 차원에서 과연 얼마만큼의 가능성을 담지하고 있는가이다. 이 문제에 관해 아도르노는 스스로 결코 쉽지 않다는 것을 시인한다. 비타협적인 진실한 음악은 "맹목적인 문화산업에 한눈을 팔지 않고 자체 내에서 총체적 계몽을 실현함으로써 문화산업이 지향하는 총체적 통제에 대해 작품 자체의 진리를 대립시키지만, 그와 동시에 문화산업의 본질적 구조에 동화되어 작품 자체의 소망과도 대립하게 된다"(GS12, 24). 아도르노의 고백처럼 아방가르드 음악이나 소위 대중음악 분야의 인디음악이 문화산업의 논리인 시장법칙을 부정하면서도 동시에 시장의 법칙에 예속되어 있다는 것은 주지의 사실이다. 이러한 사태에 관한 아도르노의 입장은 '체념'이 아니라 사태의 심각성을 부각하려는 의도가 깔려 있다.

그가 사물화와 부정적 사회인식으로서 쇤베르크 악파의 신음악을 "빈 병 속에 넣어져 물결에 따라 흘러온 구조 요청 쪽지"(GS12, 126)라고 비유한 데서 볼 수 있듯이 음악이 물화의 논리를 분쇄하는 일은 어려운 일이지만, 음악의 해방을 위해 포기할 수 없는 과제이며 의식적으로 수행해야 하는 과제인 것이다. 음악적 부정의 정신을 지키는 어려움과 상업주의에 포획된 딜레마적 상황에서 음악에 내재한 부정의 정신이 좌초되지 않도록 하는 '경계설정'이 중요하다. 그러나 쇤베르크의 음악이 비록 음악의 물화에 대항하는 하나의 대안이 될 수 있지만, 해방을 위한 음악이 되기에는 한계가 있음을 아도르노는 인식했다. 12음 기법은 폐쇄적이고 음열의 강제성으로 인해 작곡 주체의 자율과 자유를 억압하고 작곡 주체를 절멸시키는 결과를 가져왔기 때문이다. 조성 체계의 파괴를 통해 전통적 음악으로부터 해방을 성취했지만, 음열 기법의 합리성이라는 억압적인 규칙에 굴복하게 됨으로써 음악을 구속하게 된 것이다.

아도르노에게 쇤베르크의 사례는 부정 정신의 음악적 범례이자 사물화를 부정하는 정신의 극단적인 비합리성을 보여 준다. 여기서 다시 그는 사물화에 대항하면서 이데올로기로부터 자유로운 '해방적 음악' 찾기의 어려움과 음악사회학적 설명 도식의 난점에 봉착한다. 그럼에도 불구하고 그러한 자신의 요구는 사회적 요구보다 앞서 의식적으로 문제 삼아야 할 사안이라고 본다. 음악의 진리성은 장식이나 유희가 아니라 사회적 '진실'을 드러내는 데 있으며 그 '진실' 속에서 부정의 힘에 내포한 유토피아를 확인할 수 있기 때문이다.

카프카에서 사회적인 것

1) 카프카 제국으로 가는 길

카프카는 거대한 제국이다. 그가 하나의 거대한 제국을 이룰 수 있던 것은 전적으로 그의 작품의 난해성과 해석의 다양성에 기인한다. 그의 제국으로 들어가는 길은 종교적-신학적 해석, 실존적 해석, 정신분석학적 해석, 정치사회적 해석, 기호학적 해석, 해체주의적 독법 등 다양하다. 도드(Bill Dodd)는 카프카의 작품들이 마치 모든 해석을 환영하는 듯하지만, 특정 관점에서 그의 작품을 해석하는 것은 작품의 복잡성과 의미의 다층성을 해치는 것으로 보았다.[270] 그의 주장은 개별 해석 틀이 가

---

270 B. Dodd, "The Case for a Political Reading," in: *The Cambridge Companion to Kafka*, ed. Julian Preece, Cambridge 2002, 133쪽; 서술 기법과 내용 분석의 측면에서 난해성에 관한 국내 연구로는 한봉흠, 「카프카의 난해성과 그 구성 요소」, 『카프카 연구』 1집, 1984, 50쪽

지는 한계가 자명하다는 점에서 지극히 타당한 주장이다.

철학자들에게 카프카 문학은 지나칠 수 없는 주제다. 사회주의자로서 루카치(György Lukács)는 카프카를 실패한 작가, 신비주의자로서 폄하하였다.[271] 브레히트는 주관성과 환각, 불투명성과 대안적 사유의 부재의 한계를 지적한다. 사르트르는 그에게서 실존주의 문학의 실체를 보고자 했다. 숄렘(Gershom Scholem)의 유대교적 해석에 반대했던 벤야민은 카프카가 파국적 미래에서 희망을 보여 준다는 의미에서 실패했지만 좌절된 자의 순수함과 아름다움을 보여 주고 있다고 말한다.[272]

그는 정신분석학적 해석과 신학적 해석이 카프가 작품의 본질적인 면을 간과하는 것이라고 평가했다.[273] 들뢰즈(Gilles Deleuze)와 데리다(Jacques Derrida)의 카프카 해석은 기본적으로 정신분석학적, 신학적 해석을 거부한다.[274] 이들과 달리 부정의 비판이론가로서 아도르노의 카프카 읽기는 철저하게 사회철학적 독해를 보여 준다. 그는 먼저 실존주의적 해석을

이하 참조.

271 루카치는 카프카 문학의 주제를 현대 자본주의의 악마적 성격, 무기력한 인간이나 허무주의적 알레고리를 보여 주는 작가, 막연한 불안의 공포에 의해 지배받은 작가, 주관적 경험과 현실을 동일시한 모더니티 작가로 파악한다(루카치, 「프란츠 카프카냐 토마스 만이냐」, 『카프카와 마르크스주의자들』, 임철규 편역, 까치, 1986, 76쪽 이하 참조).

272 벤야민, 「카프카에 대한 몇 가지 고찰」, 『벤야민의 문예이론』, 반성완 역, 민음사, 2003, 97쪽 이하 참조; 브레히트, 숄렘, 벤야민의 카프카 해석에 대한 논의는 윤미애, 「발터 벤야민의 후기비평—브레히트와 카프카의 교치로에서」, 『카프카 연구』 6, 1998, 393-417쪽; 고지현, 「발터 벤야민의 역사 철학에 나타나는 역사의 유대적 측면—벤야민의 숄렘과의 카프카 토론」, 『사회와 철학』 10호, 2005, 31-37쪽 참조.

273 벤야민, 「프란츠 카프카」, 『벤야민의 문예이론』, 반성완 역, 민음사, 2003, 81쪽.

274 김재희, 「탈경계의 사유—카프카를 통해 본 해체와 탈주의 철학」, 『철학사상』 20집, 2005, 107쪽 이하 참조; 들뢰즈·카타리, 『카프카 문학을 위하여』, 이진경 역, 동문선, 2001, 29쪽 이하 참조.

비판의 무대에 올린다. 실존주의적 해석을 거부하면서 정신분석학적 해석을 시도한다는 것은 그 경계를 분명히 하지 않는 한 난점을 갖기 마련이다. 아도르노가 이러한 난점을 인식했는지는 불분명하다. 카프카 텍스트에 대한 그의 정신분석학적 해석은 사회철학적 분석을 위한 보조적 수단의 성격을 갖는다. 이와 더불어 아도르노는 신학적 해석을 거부하면서 동시에 사회적 구원의 관점에서 카프카의 텍스트를 읽고 있다.

아도르노의 카프카 읽기의 기본적인 특징은 기존의 해석들에 대한 비판적 전거들을 구체적으로 제시하지 않은 채 자신의 관점을 모든 분석에 일관되게 관철한다는 데 있다. 이것은 아도르노의 약점이기도 하지만 그의 해석의 고유성을 보여 주는 효과적 방법이기도 하다. 그의 카프카 읽기는 크게 두 부분으로 나눌 수 있다. 첫째는 축어성(蓄語性), 표현주의적이며 초현실주의적 글쓰기, 밀폐성으로 대표되는 카프카 텍스트의 서술 기법에 대한 분석이며, 둘째는 사회 비판가로서 카프카를 드러내기 위한 사회철학적 분석이다. 이 논문은 아도르노가 분석하는 카프카 작품의 기본 특성을 비판적으로 검토하며 실존주의적 해석, 정신분석학적 분석, 신학적 해석에 대한 그의 비판과 새로운 해석의 시도를 다룰 것이다. 이와 같은 논의는 카프카적인 카프카를 발견하기 위한 아도르노의 독해가 아도르노적 카프카로 귀결되고 있음을 확인하게 될 것이다.

2) 카프카식 문학 언어와 텍스트의 성격

(1) 카프카의 문학 언어에서 사회적인 것

카프카 작품의 분석에서 아도르노가 처음 주제화하는 것은 그의 문학언어와 언어형식에서의 사회적인 것이다. 그는 "사회적 내용의 장소 (der Ort des gesellschaftlichen Gehalts)는 형식이라는 점이 카프카의 경우 언어를 통해 구체화"(GS7, 342)되었다고 주장한다. 그가 볼 때 카프카의 "그렇게, 그리고 다르지 않게, 존재한다(So-und-nicht-andres-seins)는 언어적 형상"(GS7, 342)이야말로 사회적 속박을 현상으로 나타나게 하는 적절한 수단이다. 이것은 카프카가 "언어를 통해 사회적 현혹 연관 관계"(GS7, 342)를 보여 준다는 것을 의미한다. 카프카는 사회적 속박을 구체적으로 명명하고 적시하는 참여문학의 언어를 사용하지 않는다.

아도르노에게 "예술에서 형식적 특성들을 무조건 정치적으로 해석할 수는 없지만, 예술에서 내용적 의미를 포함하지 않는 형식적 요인은 존재하지 않는다"(GS7, 379). 또한 "예술에서 사회에 반대하는 예술의 내재적 운동이 사회적인 것이지, 예술의 명시적 입장표명이 사회적인 것은 아니다"(GS7, 336). 그는 카프카가 위장된 문학언어를 통해 사회적 속박과 현혹 연관을 드러내며 그렇게 함으로써 내재적 사회 비판을 보여 준다고 평가한다.[275] 지루하고 장황한 모티브의 반복, 단조로움, 축어적 표현, 끄적거리는 문체 등은 현대 사회의 물화된 의식을 보여 주는 것이며 "물화에 대한 미메시스"(GS7, 342)적 서술방식이다. 아도르노에게 카프카의 문학언어는 동일화, 물화, 사물화된 "현실에 대한 한 가지 태도"(GS7, 168)다. 그는 「카프카 노트」에서 축어성과 표현주의적 요소, 밀폐성 원칙과의 관계에 관한 논의를 통해 그 속의 사회적 함의를 규명한다.

[275] W. Hoffrer, "Adorno und Kafka. Anmerkungen zu einer Konstellation," *Hamburger Adorno-Symposion*, M. Löbig/G. Schweppenhäuser (Hg.), 1984, 137쪽 참조.

(2) 카프카 문학 언어의 축어성

카프카 소설의 이미지에 대한 아도르노의 생각은 비평가나 일반인이 생각하는 바와 크게 다르지 않다. 그의 소설은 단조로움, 다의성, 불확실성, 접근할 수 없는 것에 관한 서술 등이 지속적으로 반복되며 우울한 정조로 일관되어 있다. 아도르노가 볼 때 카프카 소설은 단절되어 있고 지평선이 없으며 확정적이다. 이러한 텍스트의 성격은 그의 문장이 "문자 그대로(buchstäblich) 존재"(GS10.1, 255)하기 때문이다. 이것은 역설적으로 문자 그대로가 아니라 문장마다 해석이 필요하다는 것을 의미하며, 그의 텍스트가 갖는 '해석을 강요하는 힘'이다.

아도르노의 주장은 카프카 소설에 대한 일반적 평가를 넘어서는 것은 아니다.[276] 그는 표현 중단과 해석을 강요하는 힘의 관계를 살펴보며 위의 문제를 다시 강조한다. '해석을 허락하지 않는다'는 의미는 그의 문장이 확정적이며 비유 없는 비유문학이라는 점, 다시 말해 "표현의 거부, 일종의 표현 중단을 통해 표현"(GS10.1, 255)되는 방식에 힘입고 있다는 것을 뜻한다. 아도르노는 위와 같은 방식을 통해 카프카가 텍스트와 독자 사이의 미적 거리를 제거하는 효과를 만들어 낸다고 평가한다. 그에 따르면 미적 거리의 제거는 독자가 작품과 거리를 두면서 작품의 주인공과 자신을 동일시하는 읽기 방식을 해체하고 텍스트가 독자에게 직접적인 방식으로 텍스트의 주제를 자기 주제화하게 만드는 것을 의미한다.

---

[276] 해석의 다양성을 넘어 무한성은 아도르노처럼 카프카 제국으로 표현되거나 대양으로 표현되기도 한다. 이지은은 의미 도출 거부, 사조로서의 해석 틀 거부가 카프카 텍스트의 기본 성격이며 막스 브로트 역시 그 점을 인식했다고 본다(이지은, 「F. 카프카의 "유형지에서"와 "식민주의"담화」, 『뷔히너와 현대문학』 4, 1991, 75쪽 참조).

그의 텍스트들이 추구하는 바는 텍스트와 그 제물인 독자 사이의 지속
적인 거리를 유지하는 거리가 아니라 최근의 3차원 영화 기법에서 기관
차가 관객을 향해 돌진해 오듯이 독자의 감정을 부추겨서 텍스트의 이
야기 내용이 독자에게 돌진해 올 것을 걱정할 수 없게 만드는 것이다
(GS10.1, 256).

아도르노는 고전적인 작가중심주의 독해 방식으로 카프카를 읽어 낼
수 없으며 그가 적극적인 '의미화 작용'을 독자에게 요구한다는 것을 강
조한다. 아도르노가 볼 때 주인공과 독자 자신을 동일시하기 어려운 이
유는 '문자 그대로'라는 카프카 작법의 특성 때문이다. 아도르노는 이것
을 축어성의 원칙이라 지칭한다. 그에 따르면 축어성은 카프카 텍스트
의 권위를 갖게 만든다. 왜냐하면 축어성은 작가의 철학을 작품에 집어
넣는 방식이 아니라 모든 것을 문자 그대로 받아들이게 만들기 때문이
다. 텍스트의 권위는 독자가 문장을 통해서 작가의 철학을 유추하는 것
이 아니라 독자들로 하여금 문장 하나하나와 충실하게 마주하게 하는
데에서 오는 권위다.

카프카 소설에서 축어성이 연상의 유희를 부여한다는 아도르노의 주
장에 동의하는 것은 어렵지 않다. 그는 『성』에서 관리인 '소르티니'가 소
방대 축제 기간에 '소화전' 옆에 머물러 있었다는 것에서 '소화전'이 '의
무에 대한 충실성', '존경받는 인물' 등의 연상을 낳는다고 본다.[277] 이러
한 연상작용은 축어성의 원칙이 적용되지 않는 다른 작가의 작품에서도

---

277 카프카, 『성』, 김정진 역, 신원문화사, 2006.

충분히 찾아낼 수 있지만, 그가 강조하고자 하는 바는 축어성이 그러한 연상작용을 더 강하게 자극한다는 점이다. 축어성은 '의미부여를 통해 은폐되어 있는 경험의 흔적들'로서 제스처와 언어(개념)를 대조시킴으로써 제스처들에 대한 복잡한 해석을 거부하게 만든다.

또한 축어성은 작품의 깊이와 의미의 모호성을 결합하려는 해석 관점들을 차단하는 효과가 있다. 아도르노에 따르면 『심판』에서 카프카는 현실과 꿈을 대조하는 방식을 통해 다뤄진 사건이 꿈이라고 확정함으로써 모호성의 부각과 해석의 다의성을 차단한다. 다층적이고 중의적인 모호성을 배제하려는 시도는 꿈 자체를 배제하는 것과 같은 효과를 낳는다(GS10.1, 258 참조). 카프카식의 꿈의 배제 효과는 곧 해석 요구의 배제를 뜻한다. 아도르노는 단순한 보고, 사건에 대한 객관적 기술 이상을 하지 않는 카프카의 의도가 거기에 있다고 본 것이다.

아도르노가 말하는 축어성과 꿈의 배제 효과의 상관성과 관련해 필자는 그가 말하듯이 카프카가 단순히 현실과 꿈의 대조 및 꿈이라고 단정하는 방식을 통해 꿈의 배제 효과를 가져왔다고 평가할 수 없다고 본다. 필자가 볼 때 카프카는 구체적 현실과 꿈(추상) 세계의 경계 허물기를 통해, 즉 꿈이 현실이 되고, 현실이 꿈이 되는 기법에 의한 경계 허물기로 꿈의 배제 효과를 유발하는 것으로 보인다. 이 기법은 모호성을 구성하고 난해함을 수반하는 듯 보이지만 사태의 단일성을 드러냄과 동시에 축어성의 효과를 강화하는 카프카적 기법이다.

아도르노에게 무엇보다 중요한 것은 카프카 작품의 축어성과 그것의 효과 자체가 아니라 그것이 가지는 사회 역사적 성격과 함의다.

이러한 표현 속에는 이미 역사적 과정들과 기능들이 침전되어 있으며, 이것들은 또 그러한 표현을 통해 말을 하게 된다. 이 점에서 카프카는 예술의 제스처에 대한 본보기가 되고 있다. 또한 그는 그와 같은 표현을 사건 속으로 다시 변형시키고 이 사건은 그 속에서 암호로 된다는 점에서 불가항력적 힘을 발휘한다(GS7, 170).

그에 따르면 카프카의 표현 중단, 축어성은 가장 적극적 표현방식이자 현대 자본주의 사회에 대한 객관적 표현방식이며 그러한 의미에서 최고의 예술 표현이다.

(3) 카프카적 표현주의와 밀폐성의 원칙

아도르노의 카프카 읽기에서 주목해야 하는 것은 그가 카프카를 표현주의 작가로 이해하며 동시에 표현주의를 넘어서는 작가로 평가한다는 점이다. 카프카가 1930년대 이뤄진 표현주의 작가인가 아닌가에 대한 논쟁에서 쟁점은 서술의 역동성과 리듬감 같은 문체의 문제와 소외, 절망, 주체의 상실 등 주제의 문제였다.[278] 그가 카프카를 표현주의 작가라고 주장하는 근거는 제1차 세계 대전 이후 표현주의를 주도한 작가들이 주로 책을 낸 '쿠르트 볼프(Kurt Wolff)' 출판사에서 카프카가 『최후의 심판일』, 『선고』, 『변신』, 『화부』를 출간했다는 사실에 있다. 카프카는 표현주의 작가들과 지속적으로 교류했다. 그가 작가로 활동한 시기도 표현주의 운동의 시기와 일치한다. 당대의 많은 사람도 카프카를 표현주

---

[278] Th. Anz, *Literatur des Expressionismus*, Stuttgart/Weimar 2002, 67쪽 이하 참조.

의 작가로 평가했다. 그러나 이것이 그가 표현주의 작가인가에 대한 답이 될 수는 없다.

서술 기법의 측면에서 보면 표현주의 작가의 특징은 문체의 역동성과 격렬함, 리듬감, 적극적 묘사 등이 있다. 아도르노는 문체적 특성에서 카프카를 표현주의 작가로 간주할 뿐만 아니라 다른 작가들과 비교할 때 서술 기법이 매우 뛰어나다고 평가한다. 그는 카프카가 완숙한 표현주의 문체를 구사했다는 근거로 "페피는 거만하고, 고개를 뒤로 젖히고, 늘 같은 미소를 지으며, 자신의 품위가 논란의 여지 없는 것임을 의식하면서 고개를 돌릴 때마다 머리를 흔들며 이리저리 서둘러 간다"(GS10.1, 274) 등과 같은 문장을 제시한다. 역동성과 리듬감이란 기준에서 위 문장이 표현주의 문체의 특성을 갖는다고 볼 수 있다.

표현주의와 표현주의 이념 구제의 상관성에 대한 논증으로 아도르노가 "표현주의 회화의 양태를 문학에 적용"(GS10.1, 278)에서 찾는다. 표현주의 회화 기법이란 작가의 시선에 드러나는 객체들에 대한, 객체의 정서를 제거하고 단편적으로 산재해 있는 것들을 조합시키는 방식으로 현실의 이미지를 만드는 것을 의미한다. 이 방식은 카프카의 일정한 법칙성을 갖지 않는 "끄적거리기(Kritzeln)"(GS10.1, 274)의 글쓰기로 나타난다. 아도르노는 『심판』의 끝부분의 K에 대한 기술을 언급하며 표현주의 회화를 글로 옮긴 것과 같다고 말한다. 그러나 '표현주의 회화의 양태의 문학적 적용'에 대한 아도르노의 논의는 각론 차원에 그치고 있다.

표현주의 문체를 넓은 의미에서 이해하면 아도르노의 판단이 맞다. 하지만 구제와 관련해 여전히 쟁점이 되는 것은 문체다. 카프카를 표현주의 작가로 보지 않는 라베(Paul Raabe)는 건조하고 공문서 같은 문체가 표현주의적 문체라고 볼 수 없다고 주장했다. 아도르노와 라아베의 주장은 제각각 이론의 여지가 있다. 표현주의 논쟁에서 카프카가 표현주의 작가임을 주장한 조켈(Walter Sokel)이나 이에 반대한 라아베의 입장은 이후 논쟁에서 카프카적 표현주의가 특별한 경우 혹은 시대의 주변 현상이라는 생각으로 정리된 것으로 볼 수 있다. "왜냐하면 그의 작품이 표현주의적 특징을 보여 주지만 동시에 다른 중요한 표현주의 문학들과 중요한 차이를 보여 주기 때문이다."[279]

이론의 여지가 있는 문체와 별도로 아도르노가 카프카를 표현주의와 연결하는 근본적 이유는 그의 소설의 내적 특성인 밀폐성과 관련이 있다. 그에게 '밀폐성의 원칙(Das hermetische Prinzip)'이란 "완전히 소외된 주관성의 원칙"(GS10.1, 274)이다. 이와 같은 밀폐성은 '극단적'이다. "왜냐하면 절대적인 주관적 공간과 절대적인 주관적 시간 속에서는 그 자체의 원칙을, 곧 어찌할 수 없는 소외의 원칙을 방해할 수 있는 어떠한 것도 자리 잡지 못하기 때문이다"(GS10.1, 274). 밀폐적 주체는 폐쇄된 주체다. 폐쇄된 주체에게 자신과 같지 않은 것은 무의미한 것이 된다. 이 경우 밀폐적 주체와 객체 사이의 구분 자체가 의미를 잃게 되는 것이다. 이것은 '주체 없음'이 되며 "인간적인 것과 사물 세계의 경계선이 사라짐"(GS10.1, 276)을 의미한다.

밀폐성과 관련해 아도르노는 카프카의 특정 작품을 분석하지 않는다. 절대적인 주관적 공간과 시간 속에서 주관성의 원칙을 고수하는 카프카

---

[279] T. Steenbock, *Kafka bei Adorno und Benjamin: Versuch über eine hermeneutische Konstellation*, Hamburg 2014, 61쪽.

적 소설의 주인공과 그 주인공의 주변 인물들과의 관계는 신태호가 지적하듯이 움직임도 생명도 없는 시각에서 찾아볼 수 있다, 사라지는 실체 없는 인물들'인 것이다.[280] 그러나 위와 같은 특징은 비단 카프카에서만 볼 수 있는 것은 아니며 아도르노가 말하는 주체와 객체 구분의 무의미성으로 인한 '주체 없음'을 충분히 설명해 주지 못한다. 필자가 볼 때 완전히 소외된 주관성의 원칙과 주체 없음 혹은 인간과 사물의 경계선이 사라짐을 보여 주는 소설이 『변신』이다.

이 소설에서 벌레로 변한 '그레고르'는 더 이상 인간의 언어를 사용하지 못하게 된다. 가족으로부터, 노동의 세계로부터의 완전한 소외를 상징하는 벌레인 그레고르는 가족으로 받아들이는 가족의 인내가 고갈된 이후 폐쇄된 자아가 되어 버린다. '오빠라는 말을 사용하지 않겠다'는 동생, 쉬쉬 소리를 내어 쫓아 버리고 마침내 사과를 던져 사망에 이르게 하는 아버지, 연민의 정을 갖는 듯하지만 아버지와 크게 다를 바 없는 그레고르의 어머니, 세 가족에 의해 신체적 감금과 인간임을 부정당하는 그레고르가 밀폐적 자아인 것은 그가 의식을 갖고 있으며 여전히 혼자서 인간의 언어로 사고하는 벌레라는 데 있다.

소외된 주체인 그레고르와 객체인 가족 사이의 경계는 '경계 없음'의 형식으로 사라진다. 경계 없음은 주체와 객체의 관계 자체가 성립되지 않게 됨을 의미한다. 의식을 가진 벌레인 그레고르 입장에서도 주체와 객체의 경계는 해체된다. 왜냐하면 그는 서서히 의식마저 동물화되는 것을 감지할 뿐만 아니라 스스로 완전한 단절과 죽음을 선택하기 때문

---

[280] 신태호, 「카프카와 클라이스트의 소설기법」, 『카프카 연구』 1집, 1984, 303쪽 참조.

이다. 음식의 거부가 역설적으로 주객의 '관계 맺기'를 시도한 것이라면, 그의 죽음 선택은 그 '구분 자체가 더 이상 의미를 갖지 않는다는 것'을 뜻한다. 그의 죽음은 그가 의식을 갖고 행한 자발적 주체와 객체의 완전한 해체 작업이다. 그레고르에게 '자신과 같지 않은 것은 더 이상 의미를 갖지 않는 것'이다. 그가 동생의 바이올린 소리를 듣고 '내가 동물이었나'라고 생각하는 것은 한때 의식의 주체였던 그의 의식 없음, 주체와 객체의 완전한 해체의 완성이다. 그리고 밀폐성 자체를 해체해 밀폐성을 완성하는 사건이라고 해석할 수 있다.[281]

3) 카프카 텍스트의 사회이론적 읽기

(1) 실존주의적 해석 비판

카프카 텍스트를 읽는 방식으로 아도르노는 리얼리즘적 상징 문학으로 해석하는 관점, 종교적 해석, 허무주의적 독해, 순응주의적 관점 등을 언급하며 동시에 그는 위와 같은 독해 방식에 근본적인 회의를 제기한다(GS10.1, 254 참조). 그가 기존의 독해 방식 중 가장 문제 삼는 것이 실존주의적 해석이다. 실존주의적 해석은 카프카의 친구 막스 브로트(Max Brod)가 키르케고르에게 영향을 받았다는 언급에서 그 출처를 찾을 수 있다. 카프카 작품의 실존주의적 해석은 자신의 근본적 불안에 대한 고백, 죽음의 불안에 대한 편지글, 그레고르, K, 게오르크 등 카프카 소설 속의 주인공들이 공통적으로 갖는 실존적 위기, 가령 『변신』에서 '그레

---

281 카프카, 『변신』, 권혁준 역, 지식을 만드는 지식, 2013, 107쪽 참조.

고르 잠자'가 잠에서 깨어나니 벌레로 변했다거나, 『소송』에서 주인공 '요세프 K'가 영문도 모른 채 하루 아침에 체포되는 경우와 같은 위기 상황에 바탕을 두고 있다.

아도르노는 하이데거와 키르케고르의 실존주의 철학을 비판할 때 자신이 사용했던 논리를 카프카 문학의 실존주의적 해석에 그대로 적용한다. 그는 실존주의가 존재에 대한 사회역사적 우위를 고려하지 않고 무기력한 상태와 한계상황을 자신과 동일시하고 자신의 현실적 속박에 대한 기계적이며 주관적 반응에 경도되어 있다고 비판한다(GS6, 74 참조). 그에게 카프카의 작품은 "영원한 인간 상황 혹은 현대적 인간 상황에 대한 안내 사무소"(GS10.1, 274)이자 완결한 체제로서 후기 자본주의에 대한 "거울 문자(Spiegelschrift)" 혹은 "후기 자본주의의 암호문"(GS10.1, 268)이다. 아도르노는 다음과 같이 말한다.

카프카의 작품에는 독점 자본주의가 단지 희미하게 나타날 뿐이다. 그러나 그의 작품은 관리된 세계의 찌꺼기 같은 인간을 통해 부패한 산업 트러스트에 대한 소설보다 더 충실하고 강력하게 총체적인 사회적 속박 하의 인간들이 겪는 일을 작품화한다(GS7, 342).

카프카 작품에서 실존의 근본 기분인 불안을 다루고 있는 것은 분명한 사실이나 그의 소설에서 "대부분을 차지하는 것은 무제한적 권력에 대한 반응"(GS10.1, 267)이다. 카프카 문학 연구자들에서 무제한적 권력에 대한 논의는 대부분 '법'과 '관료제' 비판에 모아지며 『법 앞에서』나 『소송』 등이 주요 분석의 대상이었다. 이에 반해 아도르노는 '후기 자본주의' 체제에서의 권력 문제에 집중한다. 카프카 문학이 아도르노의 주장처럼 암호문의 성격이 있음은 분명하다. 그러나 그는 명확하고 분명한 목소리로 자본주의를 비판하기도 한다. 카프카는 야누흐(Gustav Janouch)와의 대화에서 자본주의와 총체적 권력화를 다음과 같이 비판한다.

자본주의는 안에서 밖으로, 밖에서 안으로, 위에서 밑으로, 밑에서 위로 가는 종속 체제다. 모든 것이 종속되어 있으며 모든 것이 멍에를 매고 있다.[282]

자본주의의 총체적 권력화는 종국에 "사람들이 자기 자신이 아니라는 점, 그들 자신이 사물이라는 점"(GS10.1, 267)을 불명확하게나마 인식하게 만든다. 출근을 위해 매일같이 4시에 자명종을 맞추고 5년 동안 노동의 압박으로 인해 아파 본 적도 없는 그레고르, 벌레로 바뀐 후 7시 15분이 될 때까지 무슨 일이 있더라도 침대에서 꼭 일어나겠다는 외판원 그레고르의 말과 출근 담당자의 보고, 지배인과 사장이 불호령을 내리리라는 그레고르의 불안[283]은 분업화된 자본주의 사회에서 사회적 기능을 체화한 노동자의 의식을 표현한다. 그레고르의 사회적 노동은 교환가치로 물화된 노동이다(GS8, 13 참조). 출근에 대한 그의 강박적 의식은 기능연관 체계에 대해 "성공적 동화와 동화의 실패"(GS3, 45)에 대한 체화된 자기유지 원리의 표현이다. "인간이 인간으로서 간주되지 않음

---

[282] 구스타프 야누흐, 『카프카와의 대화』, 편영수 역, 지식을 만드는 지식, 2013, 312쪽.
[283] 카프카, 『변신』, 권혁준 역, 지식을 만드는 지식, 2013, 32쪽 이하 참조.

으로써 인간 존재는 사물"(GS4, 119)이 되었으며 "상표 딱지가 붙은 상품(Markenartikeln)"(GS4, 113)으로 전락한다. 그레고르의 말은 적응과 억압의 기제인 사회에 완전히 편입된 파편화된 개인의 위기를 단적으로 보여준다.

루프(Urs Ruf) 같은 카프카 문학의 전문가들이 『변신』을 읽는 방식도 아도르노와 크게 다르지 않지만, 더 낮은 강도의 분석을 보여 준다. 루프는 그레고르가 역할갈등(적극적 외판원, 순응적 직원, 순종적 아들, 부양 책임자)에서 실패한 인물이며 그 퇴행적 결과가 벌레로 변신한 것이라고 이해한다. 아도르노의 관점에서 본다면 루프의 해석은 엄밀한 의미에서 사회학적 분석이라기보다 정신분석학적 해석에 가깝다. 아도르노처럼 구조가 우선이 아니라 그레고르가 역할갈등의 퇴행적 결과로 벌레가 되었다고 보기 때문이다. 루프의 입장과 논의를 순수한 사회학적 해석으로 소개하는 권혁준은 사회가 그레고르에 부여한 역할 수행에서 비롯된 심리문제와 결과를 사회학적인 것으로 잘못 파악한다.

'사회학적'이란 분석에 있어서 사회적 기능수행의 메커니즘을 문제 삼는 것이다.[284] 개인과 사회의 관계에서 "개인의 사회적 근원은 결국 개인을 말살하는 권력"(GS10.1, 264)임을 가장 잘 보여 주는 소설이 『소송』이다. 침실이라는 가장 내밀한 곳에서 낯선 남자에게 체포당하는 장면과 애인인 뷔르스트너의 방에서 심문받는 장면은 그의 모든 사적 공간이 권력의 감시망에 포섭되었다는 것과 공권력이 법정이자 가정집으로 쓰이는 빈민가 다락방이라는 생활공간에까지 미치고 있다는 것을 의미한다.[285]

---

[284] 권혁준, 「카프카의 변신에 나타난 신화적 계기들」, 『카프카 연구』 16집, 2006, 7쪽 참조.

이와 같은 장면은 벤담(Jeremy Bentham)의 판옵티콘, 푸코(Michel Foucault)의 감시사회 개념의 카프카적 선취라고 할 수 있다. 요세프 K의 체포는 아도르노가 말하는 '개인을 말살하는 권력'을 의미하며, '개처럼 처형'되는 K의 모습은 권력이 개인을 어떻게 없애는지를 여실히 보여 준다. 현대 사회에서 개인의 종말 테제[286]를 주장한 아도르노의 관점에서 보면 카프카의 소설은 현대의 관료적 통제 속에서 "최초의 폭력을 재인식하고 그러한 통제에서 배제된 것을 원역사적인 것으로 인식"(GS10.1, 273)하게 만든다. 아도르노가 실존주의적 해석을 비판하는 근본적 배경에는 사회의 개인 억압과 개인의 무기력 및 살아 있는 경험의 상실로 인한 개인의 종말이라는 인식이 깊이 자리 잡고 있다.

(2) 사회이론에 기초한 정신분석학적 읽기

아도르노는 카프카가 "자기소외라는 정신분석학적 개념을 훌륭하게 예견"(GS10.1, 267)했다고 본다. 그는 자기소외가 개인적 성격과 사회적 성격의 분열에서 발생하는 것으로 간주하고 카프카의 작품을 "정신분열의 사회적 발생학"(GS10.1, 267)으로 분석한다. 여기서 확인할 수 있는 것은 아도르노가 카프카를 사회철학으로 변용된 정신분석학으로 읽는다는 점이다.

아도르노는 먼저 개인심리학으로서의 정신분석학적 해석을 거부하

---

285 카프카, 『소송』, 권혁준 역, 문학동네, 2010.
286 이하준, 「아도르노의 개인의 위기 논제의 현재성」, 『동서철학연구』 69, 2013, 390쪽 이하 참조; G. Schweppenhäuser, *Theodor W. Adorno*, Hamburg 1996; C. Thies, *Die Krise des Individuums*, Hamburg 1997.

는 기존 논거를 다음과 같이 정리한다. ① 카프카 작품에서 자주 등장하는 관계망상이나 박해망상은 카프카 자신 문제의 합리화 차원이다. ② 심리학적 텍스트 쓰기는 마지막 방법이라는 것이 카프카의 기본 입장이다. ③ 유물론적 이데올로기의 방어 차원이다. ④ 정신분석학적 방법 이외의 다양한 해석 틀이 동원되어야 한다. 아도르노는 이러한 논거들이 카프카와 정신분석학의 무관계성을 지지해 주지 못한다고 주장한다. 그는 카프카의 '깊이'와 정신분석학 사이의 "위계질서에 대한 시각은 거의 구분"(GS10.1, 260)되지 않는다고 말한다.

아도르노가 볼 때 『토템과 터부』에서 왕과 신민의 관계, 『심판』에서 고급 관리와 셋째 문지기와의 관계가 시사하는 것은 위계질서에의 개입의 금지다. 그는 여기서 프로이트와 카프카의 유사성을 강조한다. 아도르노는 『성』에서 여주인이 측량사에게 '클람과 직접 대화하는 것이 절대불가하다'는 주장 역시 프로이트의 접촉 망상과 유사하다고 말한다. 원시 집단에서 우두머리 살해와 같은 금기의 파괴가 금기의 구속력을 강화시킨다는 점에서 카프카 문학과 정신분석학의 연관성을 주장한다. 이 밖에도 아도르노는 카프카가 충동적 성격과 강압적 성격의 관계에 대한 프로이트의 정신분석학적 통찰을 적극적으로 수용했다고 평가한다. 계속해서 그는 '문화와 시민적 개별화의 허위 문제'라는 관점에서 볼 때도 정신분석학과 카프카의 접점을 찾을 수 있다고 본다. 위와 같은 시각에서 아도르노는 카프카를 충실한 프로이트주의자로 평가한다 (GS10.1, 261 참조).

프로이트적 카프카의 모습을 확인한 아도르노는 자신의 읽기 방식을 통해 카프카를 사회심리학자로 평가한다. 그는 카프카가 '자아에 대한 회의'가 강하며 그것을 통해 프로이트를 넘어선다고 말한다. 프로이트가 '무의식(Es)'에서 '자아(Ich)'를 도출하는 반면에, 카프카는 동물로의 변신이라는 방식에 의해 전통적 자아를 해체함으로써 프로이트를 넘어선다는 것이다. 이와 같은 넘어섬은 순수 자아개념을 부정하는 아도르노의 관점과 카프카적 동물 변신의 사회적 함의를 상기한다면 수용이 가능한 주장이다. 그가 말하는 카프카식 프로이트를 넘어서는 방식은 정신분석학적 충실성을 통해 정신분석학을 파괴하는 것이다. 파괴란 개별자들이 받은 상처의 치료나 위안이 아닌 해체의 힘을 통한 폭로를 의미한다. 아도르노에 따르면 카프카는 기존 예술의 현실 인식과 달리 현실의 쓰레기들을 모아 조립하고 현재의 쓰레기의 이미지를 구성함으로써 현실을 해체한다.

신경증을 치료하는 대신 그는 신경증 자체로부터 치유의 힘, 내지 인식의 힘을 찾는다. 즉 개인은 사회가 개인에게 새겨 놓은 상처들을 사회적 허위의 암호로, 진리의 음화로 읽는다. 그의 힘은 해체의 힘이다. 그는 엄청난 고통 앞에서 위안이나 하는 표피를 벗겨 버린다(GS10.1, 262).

'허위'를 벗기는 카프카식 해체 방식은 소설의 소재적인 측면과 인간의 의식이 완전히 붕괴된 상태로 단순히 현존하는 인간을 보여 주는 방식의 결합으로 나타난다. 아도르노는 이와 같은 카프카식 해체 작업을 "발작적 무저항"이라 지칭한다. 이 무저항은 단순히 현존하는 것으로 퇴락한 인간 현존재성의 무기력을 표현하는 것 이상의 의미를 갖는다. 또다른 카프카의 해체 방식은 일종의 데자뷔 기법이다. 아도르노는 카프카가 개별화에서 은폐된 것, 비규범적 경험들, 강압에 의해 퇴행되어 사라진 것들, 망각된 것들을 찾아내 병 속에 넣고 그 폐쇄 상태를 기술하는 방식을 통해 해체를 수행한다고 말한다. 그는 카프카가 데자뷔를 개인화하지 않고 집단화, 만인의 것으로 돌려놓음으로써 지금의 상태와 타협하는 것이 아니라 지금의 상태를 폭로하고 해체하는 무기로 삼는다고 본다. 프로이트적 카프카와 카프카를 넘어서는 사회병리학적 탐구자로서의 카프카의 모습을 조명하려는 아도르노의 카프카 읽기는 여기서 멈춘다. 그가 사회철학적 관심에서 카프카 읽기를 철저하게 하고자 한다면 그는 수많은 카프카 연구자들에 의해 수행된 개인심리학적 관점에서의 카프카와 아버지 관계에 대한 분석을 비판해야 한다. 아도르노는 폭군의 아버지와 카프카 간의 권력 관계[287]를 잘 보여 주는 『판결』이나 『아버지에게 보내는 편지』 등에서 아들-아버지 관계에 스며있는 사회적 그림자와 흔적을 분석했어야 하며 그 속에 카프카를 넘어서는 카프카의 모습을 찾아냈어야 한다.

사회철학으로 변용된 카프카 작품에 대한 아도르노의 논의와 관련해 간과하지 말아야 할 것은 아도르노의 철학 내적 논리에서 보면 그러한 변용이 불가피하다는 점이다. 왜냐하면 그는 교환가치 논리의 전일화가 삶의 전 영역과 심리적 자율성을 위축시켰으며 정신분석학이 자신의 "본래 영역(Heimatbereich)"(GS8, 84)을 넘어 사회 전체를 총체적으로 다룰 수 없다는 인식을 갖고 있었기 때문이다. 그에게 정신분석학은 사회

---

[287] 자기 글쓰기의 평생의 주제가 아버지였다는 카프카에게 아버지는 "두려움의 근원", "완벽하게 유죄판결을 내리는 분노에 찬 분투", "의사소통의 불가능", "최고의 권위를 가진 심판자"였다(카프카, 『아버지께 드리는 편지』, 정초일 역, 은행나무, 2015, 7, 59쪽 참조).

의 총체적 분석을 위한 보충 학문 이상이 될 수 없다. 따라서 카프카 문학에 대한 순수한 의미의 정신분석학적 분석은 큰 의미를 갖지 못한다. 그럼에도 불구하고 그는 "객관적 비합리성의 주관적 조건들에 대한 연구"[288]를 위해 정신분석학이 필요하다고 보았다. 이 점이 정신분석학과 사회철학을 결합하게 만든다.

(3) 종교적 해석에 대한 사회이론적 비판

막스 브로트에서 시작해 오늘날까지 이어지는 카프카 작품에 대한 종교적 해석은 유대교적 문화 배경, 카발라(Kabbalah), 하시디즘(Hasidism)과 카프카의 관계를 연결하는 전략에 기초한다. 브로트는 「『성』에 대한 후기」, 「작가 프란츠 카프카」, 「카프카의 신앙과 학술. 카프카와 톨스토이」, 「프란츠 카프카에 대하여」, 『프란츠 카프카 자서전』, 「프란츠 카프카의 작품에 나타난 절망과 구원」, 『잠언』 등에서 카프카 자신이 종교적 인간이라는 점을 강조함과 동시에 그의 작품에 대한 종교적 해석을 수행한다.

그는 종교적 해석의 중요한 단서인 '신성', '파괴할 수 없는 것'에 대한 카프카의 믿음을 신앙 상실-방황-신성에 대한 신뢰-긍정적 인식 가능성에서 찾는다. 헬러(Walter Heller), 옌스(Erich Jens), 호프만(Werner Hoffmann) 등은 카프카의 『성』에서 성을 신적 장소, 초월성의 공간으로, 주인공 K를 그것에 대한 동경과 도달을 위해 분투하는 자로 간주한다.[289] 카프카

---

288 같은 책 42쪽; M. Schwandt, "Der Praxisbegriff der Kritische Theorie," in: *Kritische Theorie - Psychoanalytische Praxis*, O. Decker/Ch. Türke (Hg.), Gießen 2007, 52쪽 참조.

289 편영수, 「종교적 인간, 카프카」, 『사회와 이론』 44, 2013, 121쪽 이하 참조; 서영수, 「카프카

작품에 대한 종교적 해석이 많은 반론에도 불구하고 그와 같은 해석은 국내외 연구자들에게 여전히 이어지고 있다. 이에 반해 편영수는 종교적 해석의 단서를 제공한 브로트의 관점은 철저하게 그가 보고 싶은 카프카에 대한 임의적 투사라고 보고 있다.

아도르노는 카프카 소설의 종교적 해석에 대한 문제점을 구체적으로 논의하지 않지만, 누구보다도 종교적 해석에 적대적이다. 벤야민[290]이 '종교적 창시자'도 아니고 신비주의자도 아님을 주장하면서 카프카의 작품에 대한 사회학적 시각을 소극적[291]으로 드러낸 것과 달리 아도르노는 사회철학적 해석의 전환을 꾀한다. 특히 그는 카프카 작품의 사회 역사적 배경에 주목한다. 그는 『성』에서 관료들의 제복과 나치 SS요원의 제복에 주목해 카프카 작품과 제3제국 사이의 일정한 유사성이 있음을 시사한다(GS10.1, 272 참조).

자신의 논점을 강화하기 위해 아도르노는 카프카가 '변증법적 신학을

의 절망의식과 메시아 도래의 지연」, 『동서비교문학저널』 22, 2010, 43쪽 이하 참조.

290 카프카 작품에 실존주의적 해석이 주류를 형성하던 시기에 실존주의 문학의 기수 중 한 명이었던 카뮈는 『성』과 『소송』 읽기를 통해 사르트르와 같은 실존주의 해석의 길이나 벤야민의 반종교적 해석의 길이 아닌, 실존주의적 해석과 종교적 해석을 절충시키는 시도를 한 것으로 파악된다(카뮈, 「카프카문학에서의 희망과 부조리」, 『카프카』, 정혜영 역, 문학과지성사, 1978).

291 벤야민은 「프란츠 카프카」에서 카프카의 주된 관심이 '삶과 노동이 어떻게 조직되었는가' 라는 문제에 몰두했다고 언급하는 데 그치고 있다. 아도르노는 벤야민의 카프카 에세이에 변증법적 유물론, 카프카의 부정적 특성에 대한 분석이 부족하다고 보았다. 아도르노는 카프카의 작업에서 원역사와 근대성의 관계에 대한 개념화가 충분히 성공할 때 벤야민 자신이 주장하는 미완성이 보완될 것으로 보았다(Adorno/Benjamin, Briefwechsel 1828-1940, H. Lonitz (Hg.), Frankfurt/M. 1995, 90쪽; 벤야민, 「프란츠 카프카」, 『벤야민의 문예이론』, 반성완 역, 75쪽 참조).

탄핵'했다고 주장한다. 그는 카프카가 초월적 메시아와 인격신 개념을 부정했다는 일반적 해석을 넘어 신화화된 신의 이념을 해체했다고 말한다. 또한 아도르노는 위협적이고 처벌하는 신, 불안과 두려움을 산출하는 신의 신화를 수정한다는 의미에서 카프카를 계몽주의자로 평가한다. 이런 점에서 카프카는 키르케고르의 상속자가 아니라 비판자라는 것이다. 실제로 카프카는 자신이 "키르케고르처럼 무겁게 가라앉는 기독교의 손에 의해서 삶 속으로 인도되지 않았다"[292]고 선언했다. 아도르노는 절대적 소외의 구원을 신에서 찾는 키르케고르와 완화되지 않는 현재적 고통에서 구원의 가능성을 보고자 하는 카프카를 대비시키며 그를 염세주의자나 절망의 정조 속에 있는 실존주의자가 아니라 탈주를 모색하는 인물로 간주한다(GS10.1, 284 이하 참조). 키르케고르식 종교적 구원을 비판하고 탈주하는 방식은 절망이라는 또 다른 안식처에 자신을 은폐하는 것이 새로운 구원을 추구하는 것이다. 아도르노의 카프카 해석의 고유성은 바로 이 지점, 즉 '카프카가 구원의 문제를 사회적 차원에서 다루고 있음'을 보여 주는 데 있다.[293] 그가 설정하는 구원은 카프카가 문제 삼는 자본주의라는 변형된 새로운 신화로부터의 구원을 의미한다. 그는 신화와 계몽의 논리적 구조를 이 문제에 적용한다.

아도르노가 볼 때 카프카는 세계의 정당성을 인정함과 동시에 그 정

---

[292] Kafka, Franz (Malcolm Pasley 엮음), *Nachgelassene Schriften und Fragmente* II, Frankfurt/M. 1992, 98쪽.

[293] 콘골드는 아도르노가 카프카의 작품을 마르크스-프로이트적 우화로 간주하고, 사회적 구원을 위한 저항으로 이해하며, 카프카 작품의 전도된 신학의 성격을 무시한다고 보았다(St. Corngold, "Adorno's 'Notes on Kafka': A Critical Reconstruction," in: *Monatshefte*, Vol. 94, No. 1, *Rereading Adorno*, University of Wisconsin Press, 2002, 24쪽 참조).

당성을 상실하게 만드는 방식을 통해 탈주와 구원의 가능성을 찾는다. 세계의 정당성을 시인하는 것은 세계의 모든 '무기력한 희생자'를 그리는 것이다. 이 무기력한 희생자의 모습은 사물화된 희생자의 모습이다. 아도르노는 카프카 작품이 궁극적으로 보여 주고자 하는 것이 "사람들이 자기 자신이 아니라는 점, 그들 자신이 사물이라는 점"(GS10.1, 276)이라고 단언한다. 이러한 인식에 기초해 그는 카프카가 어떻게 사물화되어 무기력한 희생자를 구원하려고 하는지에 주목한다. 그에 따르면 카프카는 자본주의 사회에서 속박의 논리를 체화해 자기 자신이 사물화되는 방식으로 사물화의 논리를 와해한다. "세계가 요구하는 주체의 사물화를 통해 가능하다면 세계를 넘어서려고 한다"(GS10.1, 286)는 것이다. 주체는 스스로 개인화의 원칙을 버리며 반항하지 않는 방식으로 세계에 저항한다. 이때 드러나는 것은 그것을 강요하는 '권력의 실체'다. 아도르노는 이것이야말로 카프카가 드러내려고 했던 것이며 그의 교리이자 거부할 수 없는 불멸의 사실성이라고 본다.

아도르노식의 독해를 『변신』에 적용해 보면 그의 분석이 의미 있는 해석임을 확인할 수 있다. 이 소설에서 그레고르는 가정의 경제를 책임지는 자이며 그것을 통해 그는 가정 내에서 권력을 갖는다. 이러한 권력의 성격은 희생과 책임이라는 외투를 입고 있으나 본질은 '더 많이 사물화된 자'가 갖는 권력이다. 그레고르가 갖는 권력과 사물화가 직결되는 이유는 그레고르-어머니-여동생의 관계가 끈끈한 가족 연대감에 기초하고 있지 않으며 경제적 의존 관계가 그 중심을 차지하는 데 있다.

일어나 출근할 것을 종용하는 가족의 목소리와 벌레로 변한 이후 가족의 태도 변화, 특히 아버지의 사과 투척은 사물화된 관계와 그것의 왜곡을 결정적으로 보여 준다. 완전히 사물화된 자로서 그레고르는 성실과 희생의 덕목을 내면화하지만, 그럴수록 그 자신은 사물화 관계를 지탱하도록 만드는 역할을 하게 된다는 사실을 인지하지 못한다. 게으름을 피우면 문책을 가하는 지배인은 잉여가치 생산과 노동의 효용성이라는 이름으로 노동자를 관리하는 회사를 대변하는 자이면서 동시에 그 자신도 사물화된 자다. 아도르노식으로 보면 『변신』에 등장하는 모든 인물은 사물화된 주체 없는 주체다. 카프카는 그러한 사물화된 주체만을 보여 주는 글쓰기 전략을 통해 사물화를 넘어서려 했다고 볼 수 있다.

아도르노는 이것을 적의 힘을 완전히 흡수해 적을 깨는 카프카식 전략이라고 파악한다. 이와 같은 맥락에서 보면 소위 '무기력한 희생자 되기'는 사물화, 불의의 재생산과 교환 체계로서의 사회라는 신화의 새로운 형식에 대한 적극적인 계몽의 전략이 된다. 희생자 되기가 '적극적' 전략인 이유는 신화적 힘에 대한 이성의 저항이 자본주의라는 수정된 신화를 해체하는 것이 아니라 그것의 기만을 더 강화하는 촉매제가 되기 때문이다. 아도르노에 의해 계몽주의자로 채색된 카프카의 사회 구원의 전략은 "더 이상 죄의 연관 관계에 얽혀 있지 않은 것, 교환될 수 없는 것, 쓸모없는 것들의 구제"(GS10.1, 286)다. 카프카는 사물화 논리가 미약한 곳인 버려진 장소, 시대에 뒤처진 재고품 같은 것, 무용지물 같은 것에서 희망을 찾는다. 주체 문제와 관련해서 아도르노는 카프카가 부르주아적 주체가 아니라 동물과의 유사성에서 오는 행복의 기억에서 희망을 찾는다고 본다. 사물화된 자본주의라는 수정된 신화를 통한 사회적 구원은 폐차장으로 상징되는 교환가치 없는 것들의 공간에서만 가능하다는 것이다.

위에서 보듯이 아도르노는 카프카의 신학적 문제를 그의 종교적 사유의 내실에서 찾지 않고 사물화, 희생자 되기 등의 개념을 가지고 사회 구원의 관점에서 다시 읽었다. 또한 그는 비록 스케치 차원이지만 종교-사회(비판) 구원과 신화-계몽 관계를 같이 조명한다. 그런데 문제는 신화(종교의 신화성)의 폭로, 수정된 신화(사물화)의 탈주와 구원의 전략에서 아도르노가 항상 문제 삼는 계몽의 신화화와 계몽의 자기 계몽의 필요성에 관한 논의가 보이지 않는다는 점이다. 그는 카프카 텍스트에서 무기력한 희생자 되기, 사물화 되기의 적극성, 자발성, 의식성, 목적성에 주목할 뿐, 그 위험성과 '희생자 되기의 퇴행적 결과'에 대해서 말을 아낀다. 아울러 그는 카프카 소설에서 실패의 흔적을 찾지 않는다. 실패한 흔적 찾기의 의도적 배제는 애초에 그가 카프카를 염세주의자나 절망의 실존주의자가 아니라 사회 비판가이자 신화에 대적하는 계몽가, 그리고 저항자로 설정하는 데서 기인한다. 이런 의도적 배제는 아도르노 자신이 다른 저작에서 반복적으로 언급하는 사물화된 세계에 대한 해방의 가능성의 회의와 함께 그것의 가능성 찾기라는 이중적 시각이 위의 문제와 관련해 드러나지 않게 만든다.

종교적 해석에 반대해 사회 구원적 차원으로 카프카를 읽는 것이 전도된 신학의 성격을 갖는가에 대한 질문이 제기될 수 있다. 특히 기억, 고통, 화해, 해방과 같은 개념에 입각해 아도르노의 철학을 부정적 정치 신학으로 해석하려는 시도나 모든 철학의 관점이 "구제의 관점에서 서술"(GS4, 293)되어야 한다는 아도르노의 입장에서 그의 철학의 신학적 모티브를 찾아보고자 하는 시도들은 아도르노의 카프카 읽기의 배후에서

그의 부정신학의 흔적을 발견하려는 관심을 가질 것이며 그 연장선상
에서 카프카의 부정신학의 그림자를 찾으려고 할 것이다. 그러나 크로
트나 지베르트[294]가 올바르게 지적하듯이 아도르노의 종교 사유는 지극
히 반메시아적이며 마르크스주의적이다. 아도르노가 카프카 문학을 부
정신학으로 읽을 이유가 없는 셈이다. 실제로 그는 〈카프카 노트〉에서
카프카 문학이 전도된 신학으로 해석될 만한 단서를 전혀 제공하지 않
는다.

4) 아도르노적 카프카 이미지

아도르노의 카프카 읽기는 전통적 마르크스주의자들의 독해 방식과
다른 길을 걸었다. 그것은 문학 내의 사회성 발견이라는 원칙 때문이다.
그는 카프카 문학의 전문가들에서 볼 수 있는 낮은 수준의 사회학적 읽
기와도 다른 길을 갔다. 총체적 사회분석과 결합되지 않은 문학 내적의
국부적 접근을 통해 '사회의 거울'로서 카프카 문학을 읽을 수 없기 때문
이다. 다른 문학가인 베케트나 토마스 만(Thomas Mann)에 대한 아도르노
의 해석과 마찬가지로 그의 카프카 읽기에는 그의 사회철학적 시각이
철저히 녹아 들어가 있다. 아도르노에 따르면 표현의 중단과 축어성의
원칙, 전통적 의미의 표현주의 기법과 그것을 넘어서는 카프카식 끄적
거림과 같은 서술 기법은 물화된 세계의 원초적 미메시스로 문학 언어

---

294 J. Kroth, *Die Grenzen der Vernunft. Zu einem Kapitel Negativer Theologie nach Theodor
W. Adorno*, Norderstedt 2011, 391쪽; 「아도르노의 종교론」, 이경덕 역, 『현상과 인식』 10
집 3호, 1986, 97쪽 참조.

를 사용하여 사회적 현혹 연관을 보여 주는 것이다. 이것이 카프카 문학 언어에서의 사회적인 것이다.

아도르노는 자본주의의 총체적 권력화와 사물화 논리를 체화한 주인공들과 그 주변을 드러내는 방식을 통해 실존주의적 해석을 해체했다. 그는 파편화되고 사물화된 자본주의 사회의 인간 분석을 위해 정신분석학과 사회이론의 유기적 결합을 천명하지만, 정신분석학은 사회총체성의 인식을 위한 보조 수단 이상이 되지 못한다. 이런 점에서 정신분석학의 사회철학적 변용은 불가피했다. 사회철학자 아도르노의 카프카 읽기는 종교적 해석에 맞서 전도된 신학으로 카프카를 재해석하지 않고, 사회 비판가 카프카를 명확히 드러냈다. 그는 소극적 차원의 사회적 구원을 위한 문학적 시도로서 카프카를 읽는다. 전망의 제시를 보여 주지 않는 방식을 통해 지금, 여기의 저항에 몰입하는 것은 아도르노의 '상의 금지 원칙' 및 '부정의 정신'과 닿아 있는 측면이 있지만, 그는 자기 철학과의 유사성을 밝히지는 않는다. 종교적 해석에 대한 아도르노의 비판은 아도르노 철학의 종교적 해석에 대한 오해를 그 스스로 벗기는 부수 효과를 낳았다고 평가할 수 있다.

위에서 언급한 내용을 종합하면 아도르노의 카프카는 카프카적 카프카가 아니라 아도르노적 카프카다. 이것은 그가 문학비평의 전제로 밝히는 내재적 비판의 한계지만, 아도르노 자신이 감당해야 하는 수행적 모순일 수밖에 없다. 이러한 그의 모습은 다른 철학자의 카프카 읽기에서도 낯설지 않은 풍경이다. 카프카 작품에 대한 아도르노의 사회철학적 분석의 한계는 주요 쟁점과 관련된 카프카 작품 자체에 대한 각론적 분석이 불충분하다는 것과 자신이 비판하는 기존의 읽기 방식에 관한 심층적 분석이 생략되어 있다는 데에서 찾을 수 있다. 그럼에도 불구하고 아도르노의 카프카 읽기는 기존의 카프카 문학 연구자들이 보여 주는 불명료하며 각론적 차원의 사회학적 읽기를 넘어서는 사회철학적 읽기의 한 전형을 보여 준다.

참고문헌

1. 아도르노 저서

Adorno, Theodor. W., *Gesammelte Schriften* (GS), hrsg. von R. Tiedemann, Frankfurt/ M. 1998.

GS 1: Philosophische Frühschriften

GS 2: Kierkegaard. Konstruktion des Ästhetischen

GS 3: Dialektik der Aufklärung

GS 4: Minima Moralia

GS 6: Negative Dialektik

GS 7: Ästhetische Theorie

GS 8: Soziologische Schriften I

GS 9: Soziologische Schriften II

GS 10. 1: Kulturkritik und Gesellschaft I, Prismen, Ohne Leitbild

GS 10. 2: Kulturkritik und Gesellschaft II, Eingriffe, Stichworte

GS 11: Noten zur Literatur

GS 12: Philosophie der neuen Musik

GS 13: Musikalische Monographien

GS 14: Dissonanzen, Einleitung in die Musiksoziologie

GS 16: Musikalische Schriften I-III

GS 17: Musikalische Schriften IV

GS 20. 1: Vermischte Schriften I

Adorno, Theodor. W., *Nachgelassene Schriften* (NS), hrsg. von Theodor W. Adorno Archiv, Frankfurt/M. 1993 ff.

NS4/2: Einführung in die Dialektik, 2010.

NS4/10: Probleme der Moralphilosophie, 2001.

NS4/13: Zur Lehre von der Geschichte und von der Freiheit, 2001.

NS4/15: Einleitung in die Soziologie, 1993.

NS4/16: Vorlesung über Negative Dialektik, 2003.

Adorno, Theodor. W., "Etwas fehlt ···, Ein Rundfunkgespräch mit Theodor Adorno," in: E. Bloch, *Tendenz-Latenz-Utopie*, Frankfurt/M. 1996.

Adorno, Theodor. W., *Studien zum autoritären Charater*, Frankfurt/M. 1995.

Adorno, Theodor. W., *Erziehung zur Mündigkeit, Vorträge und Gespräche mit Hellmut Becker 1959-1969*, hrsg. von G. Kadelbach, Frankfurt/M. 1970.

Adorno, "Brief an Benjamin vom 17. 12. 1934," in: Adorno/Benjamin, *Briefwechsel 1828-1940*, hrsg. von H. Lonitz, Frankfurt/M. 1995.

Theodor W. Adorno Archiv, *Frankfurter Adorno Blätter I*, München 1992.

2. 인용된 2차 참고문헌

Agamben, G., *The Time that Remains*, Stanford University Press, 2005.

Albrecht, C., "Die Massenmedien und die Frankfurter Schule," in: *Die intellektuelle Gründung der Bundesrepublik. Eine Wirkungsgeschichte der Frankfurter Schule*, Frankfurt/M. 2000.

_____, "Im Schatten des Nationalsozialismus: Die politische Pädagogik der Frankfurter Schule," in: *Die intellektuelle Gründung der Bundesrepublik. Eine Wirkungsgeschichte der Frankfurter Schule*, Frankfurt/M. 2000.

Allkemper, A., *Rettung und Utopie*, Paderborn/München/Wien/Zürich 1981.

Baker, R. S., "Science and Modernity in Huxley," in: *Aldous Huxley, Between East and*

West, ed. C. C. Barfoot, Amsterdam/New York 2001.

Benjamin, W., *Gesammelte Schriften*, hrsg. von R. Tiedemann/H. Schweppenhäuser, Bd. V.1, Frankfurt/M. 1982.

Benzer, M., *The Sociology of Theodor Adorno*, Cambridge University Press, 2011.

Bierhoff, B., *Erich Fromm: Analytische Sozialpsychologie und Visionäre Gesellschaftskritik*, Obladen 1993.

Bonacker, Th., "ohne Angst verschieden sein können. Individualität in der integralen Gesellschaft," in: *Die Gesellschaftstheorie Adornos*, D. Auer/Th. Bonacker (Hg.), Darmstadt 1998.

Bourdieu, P., *Entwurf einer Theorie der Praxis*, Frankfurt/M. 1979.

_____, *The Rules of Art*, Cambridge 1996.

Brittain, Ch. C., *Adorno and Theology*, London/New York 2010.

Buhren, F., *Phänomenologie des Ungeistes. Dialektische Gesellschaftstheorie und Metakritik der praktischen Vernunft bei Theodor W. Adorno*, Berlin 2007.

_____, *Totale Vergesellschaftung. Adorno, Foucault und moderne Kontrollgesellschaft*, Berlin 2009.

Cambell, C., "Romanticism and The Consumer Ethic," in: *Sociological analysis*, Vol. 44, No. 2, 1983.

Claussen, D., "Kompromistische Identität. Zur Rolle der Sozialpsychologie in der Kritischen Theorie," in: *Soziologie im Spätkapitalismus*, G. Scheweppenhäuser (Hg.), Darmstadt 1995.

_____, *Unterm Konformitätszwang. Zum Verhältnis von kritischer Theorie und Psychoanalyse*, Bremen 1988.

Dahlhaus, C., "Aufklärung in Musik," in: *Geist gegen den Zeitgeist. Erinnern an Adorno*, J. Frücht/M. Calloni (Hg.), Frankfurt/M. 1991.

Dauß, M., "Kunst ist die gesellschaftliche Antithese zur Gesellschaft. Zum Konzept der Kunstsoziologie," in: *Die Gesellschaftstheorie Adornos*, D. Auer/Th. Bonacker (Hg.), Darmstadt 1998.

Dodd, B., "The Case for a Political Reading," in: *The Cambridge Companion to Kafka*, ed. Julian Preece, Cambridge 2002.

Enzensberger, H. G., "Bewußtsein-Industrie," in: ders, *Einzelheiten I, Bewußtsein-Industrie*, Frankfurt/M. 1964.

Erd, R., "Kulturgesellschaft oder Kulturindustrie?," in: *Kritische Theorie und Kultur*, R. Erd/O. Jakobi (Hg.), Frankfurt/M. 1989.

Fenton, R., "Conspicuous Consumption of the Leisure Class: Veblen's Critique and Adorno's Rejoinder in the Twenty First Century," in: *Politics and Culture* 1, 2012.

Ford, K./M. McColloch, "Thorstein Veblen: A Marxist Starting Point," in: *Journal of Economic Issues*, Vol. 46, No. 3, 2012.

Frei, N., *Vergangenheitspolitik. Die Anfänge der Bundesrepublik und der NS-Vergangenheit*, München 1996.

Frisch, R., *Theologie im Augenblick ihres Sturzes. Theodor W. Adorno und Karl Barth. Zwei Gestalten einer kritischen Theorie der Moderne*, Wien 1999.

Geyer, C.-F., *Aporien des Metaphysik- und Geschichtsbegriffs der kritischen Theorie*, Darmstadt 1980.

Görlich, B., "Die Kulturismus-Revisionismus-Debatte," in: *Der Stachel Freud. Beiträge zur Kulturismus-Kritik*, B. Görlich/A. Lorenzer (Hg.), Lüneburg 1994.

Habermas, J., *Theorie des kommunikativen Handelns I*, Frankfurt/M. 1988.

_____, *Die Neue Unübersichtlichkeit*, Frankfurt/M. 1985.

_____, "Bemerkung zur Entwicklungsgeschichte des Horkheimerschen Werkes," in: *Max Horkheimer heute: Werk und Wirkung*, A. Schmdt/N. Altwicker (Hg.), Frankfurt/M. 1986.

Habermas, J./Ratzinger, J., *Dialektik der Säkularisierung. Über Vernunft und Religion*, Freiburg 2005.

Heidegger, M., *Sein und Zeit*, Tübingen 1986.

Heider, M., *Geschichte und Erfahrung. Zur Geschichtsphilosophie Theodor W. Adornos*,

Paderborn 1979.

Heinlein, B., *Massenkultur in der Kritischen Theorie*, Erlangen 1985.

Hofer, W., "Adorno und Kafka. Anmerkungen zu einer Konstellation," in: *Hamburger Adorno-Symposion*, M. Löbig/G. Schweppenhäuser (Hg.), Lüneburg 1984.

Horkheimer, M., *Gesammelte Schriften*, hrsg. von A. Schmidt/G. Schmid Noerr, Bd. 3, Frankfurt/M. 1987.

Jauß, H. R., "Literaturgeschichte als Provokation der Literaturwissenschaft," in: ders., *Literaturgeschichte als Provokation*, Frankfurt/M. 1970.

Jay, M., "Positive und negative Totalität. Adornos Alternativentwurf zur interdisziplinären Sozialforschung," in: *Sozialforschung als Kritik*, W. Bonß/A. Honneth (Hg.), Frankfurt/M. 1982.

Kafka, F., *Briefe an Milena*, hrsg. und mit einem Nachwort von Willy Haas, Frankfurt/ M. 1952.

Keller, D., "Kulturindustrie und Massenkommunikation," in: *Sozialforschung als Kritik*, W. Bonß/A. Honneth (Hg.), Frankfurt/M. 1982.

_____, *Media Culture*, London 1995.

Kipfer, D., *Individualität nach Adorno*, Tübingen/Basel 1998.

Klein, R., "Gemischte Gefühle," in: *Kritische Theorie - Psychoanalytische Praxis*, O. Decker/Ch. Türke (Hg.), Gießen 2007.

Knoll, T., *Theodor W. Adorno. Ethik als erste Philosophie*, München 2002.

Kriegel, V., "Adorno und Jazz," in: *Der Rabe*, 14, 1986.

Kroth, J., *Die Grenze der Vernunft. Zu einem Kapital Negativer Theologie nach Theodor W. Adorno*, Norderstedt 2011.

Laplanche, J., *Marcuse und die Psychoanalyse*, Berlin 1970.

Lenger, A./Priebe, S., "Demonstrativer Konsum und die Theorie der feinen Leute: Geschmack, Distinktion und Habitus bei Thorstein Veblen und Pierre Bourdieu," in: *Pierre Bourdieus Konzeption des Habitus*, A. Lenger et al. (Hg.), Wiesbaden 2013.

Liesner, A., "Die Bildung einer Ich-AG. Lehren und Lernen im Dienstleistungsbetrieb Universität," in: *Bildung der Universität. Beiträge zum Reformdiskurs*, A. Liesner/O. Sanders (Hg.), Bielefeld 2005.

Lorenzer, A., "Psychoanalyse als Kritische Theorie," in: *Max Horkheimer heute: Werk und Wirkung*, A. Schmitt/N. Altwicker (Hg.), Frankfurt/M. 1986.

Lüdke, W. M., *Anmerkung zu einer Logik des Zerfalls: Adorno und Beckett*, Frankfurt/ M. 1981.

Mahnkopf, C.-S., "Adorno und die musikalische Analytik," in: ders., *Mit den Ohren denken*, Frankfurt/M. 1991.

Marcuse, H., *Der eindimensionale Mensch*, Frankfurt/M. 1989.

Mayer, G., "Adorno und Eisler," in: *Adorno und die Musik*, O. Kolleritsch (Hg.), Graz 1979.

Metzger, H.-K., "Mit den Ohren denken. Zu einigen musikphilosophischen Motiven von Adorno," in: *Frankfurter Adorno Bläter VII*, München 2001.

Meyer, L., *Absoluter Wert und allgemeiner Wille: Zur Selbstbegründung dialektischer Gesellschaftstheorie*, Bielefeld 2005.

Michael, S., "Der Praxisbegriff der Kritische Theorie," in: *Kritische Theorie – Psychoanalytische Praxis*, O. Decker/Ch. Türke (Hg.), Gießen 2007.

Miedzian, M., "On Herbert Marcuse and the Concept of Psychological Freedom," *Social research*, Vol. 49, No. 1, 1982.

Miller, G., "Political Repression and Sexual Freedom in Brave New World and 1984," in: *Huxley's Brave New World: Essays*, ed. D. G. Izzo and K. Kirkpatrik, Jefferson/ London 2008.

Müller, U., *Erkenntniskritik und Negative Metaphysik bei Adorno*, Frankfurt/M. 1988.

Rademacher, C., "Vexierbild der Hoffnung," in: *Utopie und Moderne*, R. Eikelpasch/A. Nassehi (Hg.), Frankfurt/M. 1996.

_____, *Nach dem 'versäumten Augenblick,"* Opladen 1997.

Rath, N., *Adornos Kritische Theorie: Vermittlungen und Vermittlungsschwierigkeiten*,

Paderborn 1982.

Sander, W., "Popularmusik als somatisches Stimulans: Adornos Kritik der leichten Musik," in: Adorno und die Musik, O. Kolleritsch (Hg.), Graz 1979.

Schiller, H.-E., "Philosophie und Gesellschaft bei Adorno," in: Soziologie im Spätkapitalismus. Zur Gesellschaftstheorie Theodor W. Adornos, G. Schweppenhäuser (Hg.), Darmstadt 1995.

_____, "Zergehende Transzendenz. Theologie und Gesellschaftskritik bei Adorno," in: ders., An unsichtbarer Kette, Lüneburg 1993.

Schmid Noerr, G., "Der Schatten des Widersinns," in: Neue Versuche, Becketts Endspiel zu verstehen, H.-D, König (Hg.), Frankfurt/M. 1996.

_____, "Moralischer Impuls und gesellschaftliche Reflexion, Das Verhältnis der Kritischen Theorie zur Mitleidsethik," in: ders., Gesten aus Begriffen, Frankfurt/M. 1997.

Schmidt, A., "Begriff des Materialismus bei Adorno," in: Adorno-Konferenz 1983, L. von Friedeburg/J. Habermas (Hg.), Frankfurt/M. 1983.

Schnädelbach, H., "Dialektik als Vernunftkritik. Zur Konstruktion des Rationalen bei Adorno," in: Adorno-Konferenz 1983, L. von Friedeburg/J. Habermas (Hg.), Frankfurt/M. 1983.

Schrader, G., Expressive Sachlichkeit. Anmerkungen zur Kunstphilosophie und Essaystik Theodor W. Adornos, Königstein 1986.

Schulze, G., Die Erlebnisgesellschaft. Kultursoziologie der Gegenwart. Frankfurt/ New York 1992.

Schwandt, M., "Der Praxisbegriff der Kritische Theorie," in: Kritische Theorie - Psychoanalytische Praxis, O. Decker/Ch. Türke (Hg.), Gießen 2007.

Schwarz, U., Rettende Kritik und antizipierte Utopie, München 1981.

Schweppenhäuser, G., Ethik nach Auschwitz, Hamburg 1993.

_____, Theodor W. Adorno, Hamburg 1996.

Seel, M., Die Kunst der Entzweiung. Zum Begriff der ästhetischen Rationalität, Frankfurt/M. 1985.

Silbermann, A., "Kunst," in: *Fischer-Lexikon Soziologie*, Frankfurt/M. 1967.

_____, *Empirische Kunstsoziologie. Eine Einführung mit kommentierter Bibliographie*, Stuttgart 1973.

Spindler, M., "Adorno's Critique of Veblen," in: *In Pratice. Adorno, Critical Theory and Cultural Studies*, ed. H. Briel/A. Kramer, Oxford/Bern/Berlin/Wien 2001.

Stanley, C., "Adorno's 'Notes on Kafka': A Critical Reconstruction," *Monatshefte*, Vol. 94, No. 1, *Rereading Adorno*, University of Wisconsin Press, 2002.

Steinert, H., *Die Entdeckung der Kulturindustrie, oder, Warum Professor Adorno Jazz-Musik nicht ausstehen konnte*, Wien 1992.

Stojanov, K., "Theodor W. Adorno – education as social critique," in: *Theories of Bildung and Growth*, Rotterdam 2012.

Tadeusz, G., *Der Zerfall der Metaphysik: Von Hegel zu Adorno*, Frankfurt/M. 2000.

Tatsumura, A., "Musik und Natur," in: *Mit den Ohren denken*, R. Klein/C. S. Mahnkopf (Hg.), Frankfurt/M. 1998.

Thies, C., *Die Krise des Individuums. Zur Kritik der Moderne bei Adorno und Gehlen*, Hamburg 1997.

Thomas, A., *Literatur des Expressionismus*, Stuttgart/Weimar 2002.

Thyen, A., "Es gibt darum in der verwalteten Welt auch kein Etthik. Moral und Moraltheorie," in: *Die Gesellschaftstheorie Adornos*, D. Auer/T. Bonacker (Hg.), Darmstadt 1998.

Tidemann, R., *Mythos und Utopie: Aspekte der Adornoschen Philosophie*, München 2009.

Timm, St., *Kafka bei Adorno und Benjamin: Versuch über eine hermeneutische Konstellation*, Hamburg 2014.

Tuerke, Ch., "Adornos inverse Theologie," *in: Adorno im Widerstreit. Zur Präsenz eines Denkens*, W. Ette/G. Figal/R. Klein/G. Peters (Hg.), München 2004.

Wimmer, M., "Ruins of Bildung in a Knowledge Society: Commenting on the Debate about the Future of Bildung," in: *Educational Philosophy and Theory*, Vol. 35, No. 2, 2003.

Winter, R./Zima, P. V., "Adorno als Medienkritiker," in: *Kritische Theorie heute*, R. Winter/P. V. Zima (Hg.), Bielefeld 2007.

Wolin, R., "Introduction to the Discussion of 'Need and Culture in Nietzsche'," *Constellations*, Vol. 8, No. 1, 2001.

강준만, 「한국 '개인주의'의 역사: "억울하면 출세하라" 이데올로기와의 결탁」, 『인물과 사상』 76집, 2004.

「고린도전서」, 『성경전서』, 대한성서공회, 2015.

고지현, 「발터 벤야민의 역사 철학에 나타나는 역사의 유대적 측면 — 벤야민의 게르숌 숄렘과의 카프카 토론」, 『사회와 철학』 10호, 2005.

구티에레즈, 구스타보, 『해방신학: 역사와 정치와 구원』, 성염 역, 분도출판사, 2000.

야누흐, 구스타프, 『카프카와의 대화』, 편영수 역, 지식을 만드는 지식, 2013.

권준태, 「상담의 본질과 그 적용 방안의 모색 — 하이데거의 존재론적 관점에서」, 『철학논총』 77집, 2014.

김누리, 「아도르노의 교육담론」, 『독일언어문학』 78집, 2017.

김동일, 「부르디외와 라투르의 대질과 심문」, 『사회과학연구』 18집 2호, 2010.

김동춘, 「탈정치시대에 '정치'를 생각한다」, 『현대사상』 겨울호, 1997.

김성종, 「레이몬드 윌리암스의 이데올로기와 아도르노」, 『영어권문화연구』 1집, 2008.

김영한, 「하이데거의 존재론적 해석학에 대한 성찰」, 『철학논총』 58집, 2009.

김재희, 「탈경계의 사유: 카프카를 통해 본 해체와 탈주의 철학」, 『철학사상』 20집, 2005.

김현생, 「올더스 헉슬리의 『멋진 신세계』의 과학, 축복인가, 재앙인가 — 디스토피아 과학」, 『인문과학연구』 14집, 2010.

김혜련, 「감정소통매체로서의 영화와 도덕적 상상력」, 『철학논총』 61집, 2010.

김효원, 「올더스 헉슬리의 현대 문명 비판에 대해」, 『현대영미소설』 4권 2호, 1997.

엘리아스, 노르베르트, 『문명화 과정 II』, 박미애 역, 한길사, 2006.

노명우, 「아도르노의 부정의 사회학 방법론과 개인」, 『현상과 인식』 31집 3호, 2007.

＿＿＿, 『계몽의 변증법을 넘어서: 아도르노와 쇤베르크』, 문학과지성사, 2006.

켈너, 더글라스, 『미디어 문화』, 김수정 외 역, 새물결, 2003.

들뢰즈·가타리, 『카프카: 소수적인 문학을 위하여』, 이진경 역, 동문선, 2001.

노이만, 러셀, 『뉴미디어와 사회변동』, 전석호 역, 나남출판, 1995.

자코비, 러셀, 『유토피아의 종말』, 강주헌 역, 모색, 2000.

지베르트, 루돌프, 「아도르노의 종교론」, 이경덕 역, 『현상과 인식』 10집 3호, 1986.

루카치, 「프란츠 카프카냐 토마스 만이냐」, 『카프카와 마르크스주의자들』, 임철규 편
역, 까치, 1986.

마르쿠제, 『에로스와 문명』, 김인환 역, 나남출판, 2004.

패디슨, 맥스, 『아도르노의 음악미학』, 최유준 역, 작은 이야기, 2010.

박삼경, 「민중신학과 라틴아메리카 신학의 해방의 의미」, 『기독교사회윤리』 24집,
2012.

박지영, 『몰트만의 교회론: 정치 윤리적 함의에 대한 연구』, 계명대 출판부, 2014.

베블런, 『유한계급론』, 김성균 역, 우물이 있는 집, 2014.

벤야민, 「카프카에 대한 몇가지 고찰」, 『벤야민의 문예이론』, 반성완 역, 민음사, 2003.

부르디외, 『구별짓기: 문화와 취향의 사회학』, 최종철 역, 새물결, 2006.

＿＿＿, 『사회학의 문제들』, 신미경 역, 동문선, 2004.

＿＿＿, 『텔레비전에 대하여』, 현택수 역, 동문선, 1998.

＿＿＿, 『사회학의 문제들』, 신미경 역, 동문선, 2004.

＿＿＿, 『혼돈을 일으키는 과학』, 문경자 역, 솔, 1994.

서관모, 「프로이트 맑스주의와 펠릭스 가타리」, 『사회과학연구』 21집 1호, 2004.

서영수, 「카프카의 절망의식과 메시아 도래의 지연」, 『동서비교문학저널』 22집, 2010.

성낙선, 「베블런의 진화생물학과 다윈주의」, 『동향과 전망』 100호, 2017.

손철성, 「마르쿠제의 사상에서 상상력과 유토피아」, 『철학연구』 59집, 2002.

신태호, 「카프카와 클라이스트의 소설기법」, 『카프카 연구』 1집, 1984.

아도르노, 『사회학 논문집 I』, 문병호 역, 세창출판사, 2017.

프레스, L. 안드레아, 「문화적 수용의 사회학」, 『문화사회학』, 고영복 편, 사회연구소, 1997.

르노, 알랭, 『개인』, 장정아 역, 동문선, 1995.

벨머, 알브레히트, 『모더니즘과 포스트모더니즘의 변증법』, 이주동 외 역, 녹진, 1990.

_____, 『사회비판이론』, 이종수 역, 종로서적, 1981.

기든스, 앤서니, 『제3의 길』, 한상진 역, 생각의 나무, 2001.

콩트, 어거스트, 『실증주의 서설』. 김점석 역. 한길사, 2001.

블로흐, 에른스트, 『희망의 원리』, 박설호 역, 열린책들, 2004.

깁슨, 윌리엄, 『뉴로맨서』, 김창규 역, 황금가지, 2005.

몰트만, 위르겐, 『희망의 신학』, 이신건 역, 대한기독교서회, 2002,

유기환, 「에로스의 기호학: 에로스와 문명을 바라보는 두 시각 — 바타이유와 마르쿠
제」, 『기호학연구』 23집, 2008.

윤미애, 「발터 벤야민의 후기비평: 브레히트와 카프카의 교차로에서」, 『카프카 연구』
6, 1998.

이상길, 「미디어와 문화산업」, 『언론과 사회』 14집 4호, 2006.

이수완, 「아도르노의 대중음악」, 『낭만음악』 18권 3호, 2006.

이종하, 「검은매체, 하얀매체 혹은 회색매체: 아도르노 매체비판의 재평가」, 『철학연
구』 95집, 2005.

_____, 「고통과 도덕 없는 사회를 위한 부정적 도덕철학」, 『사회와 철학』 20집, 2010.

_____, 「글쓰기의 철학과 좋은 글쓰기를 위한 전략 — 아도르노의 비동일적 글쓰기를
중심으로」, 『범한 철학』 58집, 2010.

_____, 「문화사회에서 노동과 여가 — 아도르노와 마르쿠제 '노동과 여가논의의 현재
성과 한계」, 『철학과 현상학연구』 27집, 2006.

_____, 「세계화 시대의 문화 획일화 비판과 반비판」, 『철학과 현상학 연구』 26집,
2005.

_____, 「소외된 교육과 해방의 교육 — 아도르노의 '교육현실' 비판」, 『시대와 철학』 16
권 2호, 2005.

_____, 「호르크하이머의 비판적 도덕철학」, 『철학논총』 60집, 2010.

_____, 「호르크하이머의 역사철학 비판과 부정적 역사철학」, 『철학논총』 58집, 2009.

_____, 「호르크하이머의 프로이트 수용과 비판」, 『철학탐구』 26집, 2009.

_____, 「후기 호르크하이머의 '아주 다른 것에 대한 동경'의 사회철학」, 『철학탐구』 28집, 2010.

_____, 『아도르노: 고통의 해석학』, 살림출판사, 2007.

_____, 『호르크하이머의 비판이론』, 북코리아, 2011.

이지은, 「F. 카프카의 "유형지에서"와 "식민주의"담화」, 『뷔히너와 현대문학』 4권, 1991.

이하준, 「인간중심상담과 철학상담의 친족성과 차이」, 『철학논총』 74집 4권, 2013.

보드리야르, 장, 『기호의 정치경제학 비판』, 이규현 역, 문학과지성사, 2014.

_____, 『소비의 사회』, 이상률 역, 문예출판사, 2000.

전석환, 「삶과 사회, 그리고 비판: 막스 호르크하이머 초기 사상에서 있어서 비판개념을 중심으로」, 『철학사상문화』 10집, 2010.

트위첼, 제임스 B, 『럭셔리신드롬』, 최기철 역, 미래의 창, 2003.

조수동, 「임상철학에 대한 인문학적 접근: 불교치료」, 『철학논총』 43집, 2006.

오웰, 조지, 『1984』, 정회성 역, 민음사, 2007.

짐멜, 「대도시와 정신적 삶」, 『짐멜의 모더니티 읽기』, 김덕영 외 역, 새물결, 2005,

「출애굽기」, 『성경전서』, 대한성서공회, 2015.

카프카, 『변신』, 권혁준 역, 지식을 만드는 지식, 2013.

_____, 『성』, 김정진 역, 신원문화사, 2006.

_____, 『소송』, 권혁준 역, 문학동네, 2010.

키에르케고르, 『죽음에 이르는 병』, 강성위 역, 동서문화사, 2011.

헉슬리, 토마스, 『진화와 윤리』, 이종민 역, 산지니, 2012.

뷔르거, 페터, 『미학이론과 문예학방법론』, 김경연 역, 문학과지성사, 1987.

편영수, 「종교적 인간, 카프카」, 『사회와 이론』 44, 2013.

후쿠야마, 프랜시스, 『역사의 종말』, 이상훈 역, 한마음사, 1997.

제임슨, 프레드릭, 『후기 마르크스주의』, 김유동 역, 한길사, 2006.

프로이트, 『꿈의 해석』, 김인순 역, 열린책들, 2005.

_____, 『문명 속의 불만』, 김석희 역, 열린책들, 2004.

_____, 『정신분석 강의』, 임홍빈 외 역, 열린책들, 2003.

프롬, 『자유로부터의 도피』, 원창화 역, 홍신문화사, 2010.

____, 『프로이트와 정신분석』, 최혁순 역, 홍신문화사, 1994.

샤이블레, 하르트무트, 『아도르노』, 김유동 역, 한길사, 1989.

한봉흠, 「카프카의 난해성과 그 구성 요소」, 『카프카 연구』 1집, 1984.

한수영, 「'nature'와 'nurture'의 관점에서 본 헉슬리의 멋진 신세계」, 『문학과 환경』 14권 1호, 2015.

헉슬리, 『다시 찾아본 멋진 신세계』, 안정효 역, 소담출판사, 2015.

____, 『멋진 신세계』, 이덕형 역, 문예출판사, 1988.

____, 『멋진 신세계/다시 가 본 멋진 신세계』, 이성규 외 역, 범우사, 1999.

____, 『아일랜드』, 송의석 역, 청년정신, 2008.

____, 『영원의 철학』, 조옥경 역, 김영사, 2014.

헬드, 『비판이론 서설』, 백승균 역, 계명대 출판부, 1999.

홍은영, 「아도르노(Adorno)의 "절반의 교육"에 대한 비판을 통해 본 교양교육」, 『교육의 이론과 실천』 20권 3호, 2015.

홍훈, 「마르크스의 착취관계와 소비 및 동양의 인간관계」, 『마르크스주의 연구』 8권 2호, 2011.

숙명여자대학교 기초교양대학: http://gei.sookmyung.ac.kr/

인하대학교 프런티어 학부대학 정규교양과정: http://generaledu.inha.ac.kr/curriculum/curr_020101.aspx

인하대학교 프런티어 학부대학 일반교양과정: http://generaledu.inha.ac.kr/curriculum/curr_020403.aspx

경희대학교 후마니타스 칼리지: http://hc.khu.ac.kr/v2/?pmi-sso-return2=none

경희대학교 후마니타스 칼리지 교양교육의 목표: http://hc.khu.ac.kr/v2/01/02.php

이화여자대학교 호크마교양대학: http://hokma.ewha.ac.kr/

서울시립대학교 교양학부: http://liberal.uos.ac.kr/liberal/intro/target/target.do?loginCheck=false

서울대학교 기초교육원 선택교양과정: http://liberaledu.snu.ac.kr/index.php?hCode=

EDST_LIST&idx=140

서울대학교 기초교육원 교육이념: http://liberaledu.snu.ac.kr/index.php?hCode=
EDUCATION_02_01

한밭대학교 인문교양학부: http://newclass.hanbat.ac.kr/ctnt/liberal/cms.php?mno=
03.01.06

연세대학교 교양학부: http://universitycollege.yonsei.ac.kr/fresh/refinement/course_
selection06.do

가톨릭대학교 교양학부: http://web.catholic.ac.kr/life/04_07_new2.html

서울여자대학교 바롬인성교육원 교과과정: http://www.swu.ac.kr/www/bahrome
du_3.html

한국기술교육대학교 문리HRD학부 교과과정: https://cms3.koreatech.ac.kr/general/
1631/subview.do

부산대학교 교양교육원: https://culedu.pusan.ac.kr/culedu/14992/subview.do

성균관대학교 학부대학 교육 과정: https://hakbu.skku.edu/hakbu/intro/objective.do

건양대학교 휴머니티칼리지 기초교육학부 교육 과정: https://www.konyang.ac.kr/
prog/curriculum/kor/sub03_11_03_03/lac/view.do

조호열, "한국 대중음악 7080 시대 끝나고 8090 시대 열린다", 서울포스트, 2007.05.20.
http://www.seoulpost.co.kr/news/3543

* 글의 출처

아도르노의 부정적 역사철학(『동서철학연구』 61집, 2011)

아도르노의 변증법적 사회이론의 기획은 성공적인가?(『현대유럽철학연구』 53집,
2019)

아도르노의 사회 비판으로서 종교 비판(『철학, 사상, 문화』 22집, 2016)

고통과 도덕 없는 사회를 위한 부정적 도덕철학: 아도르노의 도덕에 관한 사회철학적
비판을 중심으로(『사회와 철학』 20집, 2010)

반(反)교육과 반(反)교양교육을 넘어서: 아우슈비츠 이후 아도르노 교육사유와 절반의
교양 교육비판(『현대유럽철학연구』 52집, 2019)

아도르노의 개인의 위기 논제의 현재성(『동서철학연구』 69집, 2013)

아도르노: 사회 비판으로서 음악 비판(『철학논총』 66집 4호, 2011)

문화의 야만성 비판의 비판―아도르노의 베블런 다시 읽기(『동서철학연구』 85집, 2017)

계몽과 멋진 신세계―아도르노의 헉슬리 다시 읽기(『동서철학연구』 81집, 2016)

아도르노 철학의 유토피아적 모티브(『동서철학연구』 65집, 2012)

예술과 사회의 매개문제(『철학, 사상, 문화』 12집, 2011)

아도르노의 카프카 노트(『현대유럽철학연구』 47집, 2017)

찾아보기

저자소개_이하준

한남대학교 탈메이지교양교육대학 철학교수다. 베를린 자유대에서 "아도르노의 문화와 사회의 변증법"으로 박사학위를 받았다. 경희대, 중앙대, 한국외대 등에서 강의했고 연세대 철학연구소 전문연구원을 지냈다. 한국연구재단 전문위원, 학술지 〈현대유럽철학연구〉 및 〈철학·사상·문화〉 편집위원이며 대전인문예술포럼 부대표로 있다. 국내 최초의 호르크하이머 연구서인 『호르크하이머의 비판 이론』을 저술했고, 아도르노 연구서인 『아도르노의 문화철학』을 출간한 바 있다. 학계의 미진한 연구 분야인 비판이론학파 1세대 사상가 연구에 힘을 쏟고 있다. 교양교육사상과 교육의 현실에 관한 시리즈 연구논문을 발표하고 있다. 최근 몇 년간 철학의 대중화를 위한 저작 활동도 활발히 하고 있으며 현재 '편하게 읽는 비판철학' 시리즈를 집필하고 있다.

주요 저서로는 『고전으로 철학하기』(2017), 『막스 호르크하이머―도구적 이성 비판』(2016), 『오래된 생각과의 대화』(2016), 『철학이 말하는 예술의 모든 것』(2013. 세종도서 학술부문 우수도서), 『호르크하이머의 비판 이론』(2011), 『아도르노의 문화철학』(2007), 『아도르노: 고통의 해석학』(2007)이 있다. 공저로는 『역사철학, 21세기와 대화하다』(2015), 『문화 운동과 문화이론』(2008) 등이 있다. 이 밖에 「후기 호르크하이머의 아주 다른 것에 대한 동경의 사회철학」, 「아도르노의 변증법적 사회이론의 기획은 성공적인가?」, 「성숙과 계몽을 위한 고전교육―칸트와 아도르노의 성숙 개념의 고전 교육적 의미」 등을 포함해 50여 편의 학술논문을 썼다.